エクストリーム

リチャード・デイヴィス
Richard Davies

依田光江訳
Mitsue Yoda

大変革の時代に
生きる経済、
死ぬ経済

EXTREME ECONOMIES
Survival, Failure, Future-Lessons from
the World's Limits

ハーパー
コリンズ
ジャパン

Published by K.K.HarperCollins Japan, 2020

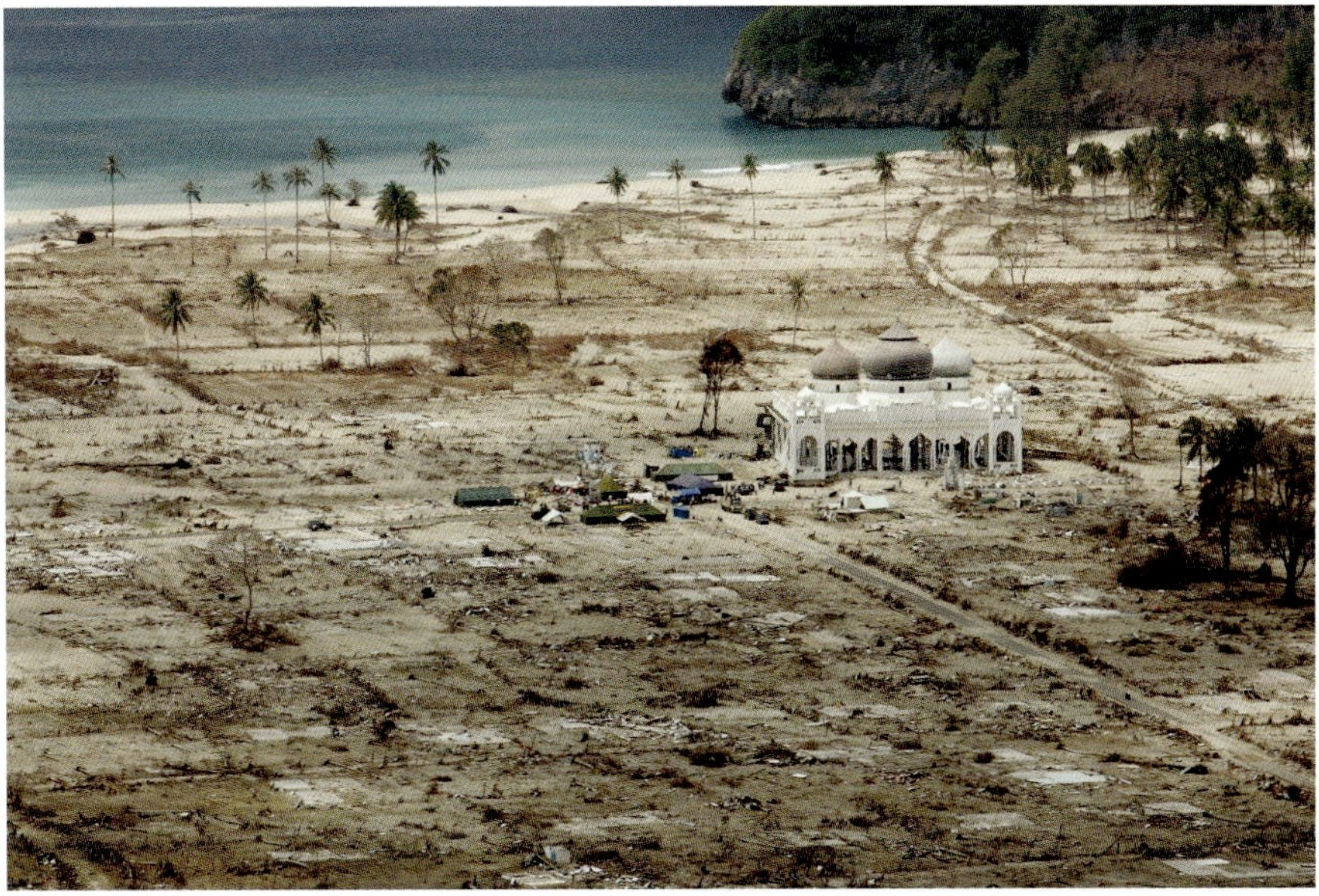

アチェ：高さ 30 メートルの波に襲われ、モスクだけが残ったランプウ村。

下：10 年後のモスク。

ザータリ：(上) 開設以来、急速に膨れあがり、2013年はじめには世界最大の難民キャンプになった。戦火から逃れてきたシリア人難民が、ヨルダンの何もない砂漠の上に売店や飲食店を次々に開き、その数は3000軒にのぼる。

(左) 難民が個性を顕示する方法のひとつは自転車だ。彼の愛車"ザータリのロールスロイス"を知らない者はいない。

(下) アズラク難民キャンプの市場。番号を振られた100軒の店が区画に沿って並ぶ。シリア人の店とヨルダン人の店が半々になるよう奇数・偶数で割り振られている。開業していた店は10パーセントほどしかなかった。

ルイジアナ：刑務所内の月刊誌『アンゴライト』を手にするウィルバート・リドー。

（下）アメリカの重警備刑務所として最も大きい、「アンゴラ」の名で呼ばれるルイジアナ州立刑務所。何世紀もまえから、刑務所は地下経済が栄える場所だった。

ダリエン：地峡の奥で暮らすエンベラ族の人たちと。かつて一攫千金を狙い多くの国から人が押し寄せた地は、いまはコロンビア革命軍（FARC）の元メンバーや麻薬ギャング、経済移民に脅かされる場所になった。

（上）ジャングルの悲劇。希少な野生生物が棲息する鬱蒼とした密林の木が切り倒され、草は牛が食い荒らした。

（右）パンアメリカンハイウェイを走る木材運搬トラック。

グラスゴー：（左上）海運・造船業の隆盛と衰退に翻弄されたグラスゴーは大胆な住宅政策の実験場でもあった。レッド・ロード・エステートは60年代末の建設当時欧州で最も高層の建物のひとつであり、未来を先取りした現代建築の粋ともてはやされた。だが、投資不足と破壊・暴力行為の横行によって建築計画は先細りになり、高層住宅の人気も急速にしぼんだ。グラスゴーのスカイスクレイパー（高層建築）プロジェクトの多くと同様、レッド・ロードもすでに取り壊されている。

（右上）仕事を終えてフェアフィールド造船所を出る人たち。

（下）1907年3月、巡洋戦艦「インドミタブル（不屈の闘志）」の進水に集まった群衆。

キンシャサ：(上)「海賊商人」として非公式経済のなかで暮らす人たち。この店の売り物は地元で人気の幼虫。卒業シーズンは街の親たちがわが子の卒業証明書を得るため高校教師に賄賂を渡さねばならず、食費にまわす金が減り、店の売上は減る。キンシャサのいびつな経済には、賄賂があたりまえに組み込まれている。

(下) 炭を小分けして売って生計を立てる人たちの住む集落。賄賂の取り立てとインフレに長く苦しめられてきた。

秋田：（左）介護福祉施設〈シルヴァーウイング〉では、癒やしのための介護ロボットが活躍していた。

（下）〈ラスベガス〉のゲーム卓。

タリン：（右下）市街地で試運転中の配達ロボット。世界で最も早く完全に行政を電子化したエストニアでは、ソフトウェアとロボティクスのスタートアップが次々に生まれている。

（左下）タリン郊外にある、ソ連時代に建設されたバイケ・ウィズマエ地区。エストニアの現代の成長戦略から取り残された場所で、中央の池には朝から酒を飲みながら魚を釣る人が大勢いた。

サンティアゴ：（上）富裕なラ・デエサ区を望む荒れ地で缶を拾う人。サンティアゴには、ゴミ捨て場で暮らしているのに国から「中流」に区分されている人たちがいる。

（左）機能する市場の例。貧しい地区で売られる格安チョコレートの塊。

（下）機能しない市場の例。貧しいレコレータ区で区長を務めるダニエル・ハドゥエは、薬の入手しやすさの不平等を解消すべく、みずからの手で区役所に「ファルマシア・ポプレール（人民薬局）」を開設した。掲げているのは薬の値段表。

リチャード・ボイド博士とアンソニー・クラキス氏に
感謝を込めて

エクストリーム・エコノミー　大変革の時代に生きる経済、死ぬ経済

第2部 ロスト＆エラー　失敗の経済

【第2部】

ダリエン地峡、パナマ

キンシャサ、コンゴ民主共和国

グラスゴー、イギリス

【第3部】

秋田、日本

タリン、エストニア

サンティアゴ、チリ

【第１部】

アチェ、インドネシア
ザータリ、ヨルダン
ルイジアナ、アメリカ

序章
極限の場所の経済

極限の状況でその仕組みを見せているときほど、
自然が奥深い秘密をあらわにするときはない。

――ウィリアム・ハーヴェイ医師、
“De Motu Cordis”（心臓の運動）、1628年

レジリエンスの重要性

スリャンディは2004年12月26日の朝のことをゆっくりと語った。いちばん強く記憶に残っているのは津波の立てる恐ろしい音だった。日曜のその日、インドネシア・アチェ州ランプウ村のにぎやかな場所に建つ食堂の開店準備に彼は忙しかった。海から霧の柱があがったと叫ぶ漁師たちの声が聞こえ、スリャンディはなんの騒ぎかと浜辺に向かった。いつもは海面の下にある岩礁《がんしょう》が現れ、湾内で2艘の船が座礁していた。ぼうぜんと見ている間《ま》に1・5キロほど北の岬に

波がぶつかった。爆弾が炸裂したような音がとどろき、スリャンディはたいへんなことが起こっているのを悟った。店まで走って戻り、オートバイのエンジンをかけ、村の狭い道を内陸のほうへ飛ばした。あちこちから叫びと祈りの声が聞こえた。ひたすら高いほうへと走るしかなく、家族や友人の様子を確認する時間はなかった。背後に、波の音が迫る。飛行機に追われているようだった。

災害を生き延びたアチェ州の人たちは、巨大な波が3回押し寄せ、とくに2回目がひどかったと回想する。スリャンディも、オートバイを乗り捨てて死にものぐるいでのぼった地元テレビ局の電波塔から、そのさまを目撃した。最初の波は多くのものに覆いかぶさったが、まだ家屋や果樹は残っていたし、店や牛舎などはほぼ無傷だった。第2波の轟音《ごうおん》は1番目と似ていたが、そこに、家々や木々が破壊されて流されていくバリバリ、メキメキという音が加わった。3番目の波ははるかに静かだった。轟音は短時間で消え、海水が引きはじめると、シュ―ッという低い音だけが響いた。村の水位が下がり、モスクの建物は現れたものの、それ以外はすべて消えていた。家も店も漁船も粉砕され、牛も全部流されていた。ランプウ村に響いた最後の音は、完璧な静寂だった――スリャンディはこの静寂が人生でいちばん恐ろしかったと言う。

スリャンディは現在、ランプウ村の浜辺で新しい食堂を経営している。〈アクゥン〉という名のその店は、まえと同じように湾岸の一等地にある。自慢のメニューは、ヤシ殻を燃料にしてあぶり焼きにした新鮮な魚に地元野菜の酢漬けを添えたものだ。生き延びたアチェのほかの人たちと同じように、スリャンディは、海から離れた場所に引っ越してはどうか、というアドバイスには耳を貸さず、住み慣れた村で暮らしを立て直しはじめた。手元には何もなかったので、流木を使って掘っ立て小屋を建て、商売を始めた。母親と婚約者と多くの友を一度に失ったあの恐ろしい日、スリャンディは嘆きと悼《いた》みのなかに立ち尽くした。だが、ほかのアチェ住民と同じく彼にも別の物語がある——創意工夫と決断と、そしてある意味では勝利とも呼べる物語が。スリャンディが直面した極限《エクストリーム》の逆境は、起きあがれなくても仕方のないほど強烈だったが、それでも驚異的な立ち直る力《レジリエンス》と順応力で彼は打ち勝った。アチェでの私の使命は、住民がどのようにしてコミュニティをあれほど早く再構築できたのか、彼らの驚くべきレジリエンスに経済が果たした役割は何か、そこから私たちが何を学べるのかを探ることだった。

3つの極限《エクストリーム》——再生、失敗、未来

極限の状況から重要な教訓が得られるという考えは、科学者のあいだで広く共有されている。医学の始祖のひとりに、17世紀のロンドン在住の解剖学者だったウィリアム・ハーヴェイがいる。ハーヴェイ医師は奇妙で稀《まれ》な症例の研究に価値を見いだし、なかでもヒュー・モンゴメリという少年の非凡な症例に注目した。ヒューは子どものころ、乗馬中に大けがをした。馬から落ちたときに左半身を強打したために胸郭が損傷し、心臓と肺の一部が露出した。少年が奇跡的に助かったのは、金属プレートで胸を覆って重要臓器を護ったからだ。プレートをそっと開け、ハーヴェイ医師はヒューの体内を見ては心臓の動きと手首の脈のタイミングを克明に記録した。人体の仕組みを新しい窓から観察し、世間の常識とは異なる人体のとらえ方――血液は人間の身体を絶えず循環している――のエビデンスを得たのだ。

当時のハーヴェイはほかの医師たちからばかにされたが、100年単位の時間を経て、血液循環という彼の偉大な発見は明らかな真理として認められ、その観察手法にも敬意が払われるようになった。

ほかにも身体の損傷を生き延びた人たちが貴重な知見を提供している。1822年、銃の暴発事故のせいでカナダの若者、アレクシス・セント・マーティンの腹部に穴が開いた。一命を取りとめた彼は、消化器官の働きをその穴から観察され、消化器学の礎《いしずえ》の構築に貢献した。1848年には、アメリカ・バーモント州の鉄道技術者だったフィニアス・ゲージが、爆風で飛んできた鉄棒に頭蓋骨を貫かれた状態で生き延び、彼のその後の人生は、能力や性格がいかに変化したかも含めて細かく観察され、脳の仕組みを解明する革新的な研究におおいに貢献した。

極限状態に置かれたこうした患者――重傷を負ったけれども生き延びた人たち――の驚くべきレジリエンスは、私たちの肉体がどのように機能しているかを考察するのに役立つ偉大な教訓を与えてくれた。

似た伝統が工学分野にもある。19世紀の半ば、産業革命の到来によって、イギリスでは、工場の崩壊事故やボイラーの爆発事故が相次いでいた。フランスでは、車軸が折れて列車が脱線し、52人が死亡するという大事故が起こった。こうした事故はスキャンダルとして政局を左右する一方、なぜその事故が発生したのかを技術者たちが精査するのにともない、科学調査の手法を進歩させていった。なかでも傑出していたのがスコットランド人のデイヴィッド・カーカルディだった。技術者としての訓練を受けたカーカルディは、人生のほとんどを、圧力のもとで素材が曲がったりゆがんだりする原因の追究に費やした。失敗を検証することに大きな価値を見いだし、曲がったりゆがんだりするまで金属を圧することのできる巨大な油圧機器を開発した。１８７９年にイギリスがテイ橋の崩壊という19世紀最悪の惨事に見舞われたとき、カーカルディは落橋の現場に呼び出され、水底に潜って原因の究明にあたった。

最先端の素材を評価する現代の科学者も同じように検査をおこなう。素材のサンプルをカーカルディのそれに似た複雑な検査機械にかけ、力を加えて破壊し、破片を綿密に分析するのだ。どのくらいの重さ、圧力に耐えられるか、どこまで曲げられるか、あるいは延ばせるか、熱伝導や断熱の度合いなど、素材の核心をなす性質はまとめて「ポテンシャル」と呼ばれる。ゴムが弾性を失い、金属が強度を失うなど、素材が損傷したということは、潜在的な特性、すなわちポテンシャルが失われたということだ。カーカルディの優れた着想は、ポテンシャルの限界を知り、どのような状況で限界が破られるのか、どのように防護できるのかを知るには、不具合が生じたときの断片を収集し、細かく調査する必要があると考えたことだった。

極限を研究することの意義は、高名な経済学者ジョン・メイナード・ケインズも１９２８年に述べている。経済の先行きを暗く見る風潮が世間に広がっていることを懸念し、ケインズはかなり楽観的な長期ビジョンを発表した。ビジョンには、正しい場所に目を向ければ、未来の姿を垣間見ることができるというケインズの知見が盛り込まれていた。やがて大通りになるはずの、いまはまだ細い道を歩いている人たちの様子を観察するのだ。ケインズは当時、多くの人がいずれ物質的な豊かさを手に入れて、働かなくてもすむようになると考えた。だから、未来の姿を知りたければ、すでにそうした暮らしをしている人たち、つまり、富をもち、娯楽をおおいに楽しんでいる人たちを観察すべきだと唱えた。ケインズは、経済活動のいわば極限で暮らす人たちを「（社会の）先兵隊」と呼んだ。彼らを観察することに意味があるのは、「私たちがいずれ行く〝約束の地〟を先に偵察し、そこで〝仮住まい〟を始めているから」だととらえたのだ。

9つの経済

この本で取りあげる9つの地域では、再生（サバイバル）、失敗（ロスト&エラー）、未来（フューチャー）という3つのタイプの極限《エクストリーム》のいずれかが人の暮らしに重大な影響を与えている。第1部には、ウィリアム・ハーヴェイ医師の着想にならい、物質的および心理的に極限状態に追いやられた人たちが驚異的なレジリエンスを発揮して立ちあがる地域を集めた。スリャンディに会って話を聞いたインドネシアのアチェは、２００４年12月26日に巨大な津波に襲われた場所だ。住民はすべてを失ったが、アチェは迅速に経済を立て直した。

ヨルダンの北、ザータリの難民キャンプで会ったシリア人の家族たちは、内戦の勃発した祖国に家も仕事も全部置いたままで逃れてきた。だが彼らも、世界最大の規模に膨れあがったこの難民キャンプで、安住の地ではないにしろ、自分たちの生活基盤をつくり直している。

人口に対する服役囚数の割合が高いことで知られるアメリカ・ルイジアナ州最大の刑務所で私が会った服役囚たちも、刑務所という新しい〝住処《すみか》〟に入るときにすべてをあとに残してきた。刑務所とはいえ、そこにはある種の経済的レジリエンスがあり、生きていくために必要な物々交換や取引がおこなわれている。

第1部に登場する彼らにとって、自然災害や戦争、あるいは収監は、もっていたすべてをぬぐい去るものだった。それでも彼らは強く生き、経済の力をうまく生かしながら、たくましい活力を示している。

次に私が訪れたのは、技術者だったデイヴィッド・カーカルディがもし経済学者だったら調査したであろう場所――潜在能力《ポテンシャル》を発揮できていないか、かつては発揮していたのに転落してしまった3つの地域だ。本書の第2部は、北南米大陸の連結部にあるダリエン地峡から始まる。16世紀ごろから、冒険心にあふれた人たちのターゲットとなってきた、豊かな自然と資源に恵まれた場所だ。それなのにいまも人の立ち入らない無法地帯のままで、世界で最も危険な場所との悪評にさらされ、環境破壊にも脅《おびや》かされている。

コンゴ民主共和国の首都キンシャサには、アフリカで最も成功した都市になれるだけの可能性があった。だがいまのキンシャサは発展から取り残されている。1000万人が暮らしているのに、大都市としては世界で最も貧しい。

グラスゴーはかつてイギリスの最上級の都市という称号をロンドンと争った場所で、科学や工学や芸術など多くの分野で画期的な業績をあげ、20世紀はじめにはこれほどすばらしい街はほかにないと言われていた。だがグラスゴーは転落した。にぎわいは去り、イギリスで最も問題を抱えた、不名誉な評判の街になった。これら3つの地域は、天然資源や人口や工業という巨大な可能性を活用しきれないまま現在に至り、問題の中核を占めるのは機能しない経済だ。

最後に取りあげるのは、ケインズがもし存命だったら、未来の経済を垣間見ることができるという自身の知見にのっとって訪問したであろう場所だ。21世紀に入ってかなりの年数が過ぎ、世界は経済の先行きを再び悲観的にとらえはじめているようだ。ほとんどの国が、次の3つの傾向に直面している——人口の高齢化、テクノロジーの進歩にともなう懸念、不平等の拡大だ。こうした傾向は一般に避けられないとされ、経済に深刻なダメージを及ぼす可能性が取り沙汰されている。どれもが社会のレジリエンスへの試練であり、ときにはその地の経済を転落させるだろう。そこで私はケインズの知見に従い、できるだけ高齢化が顕著な場所、できるだけテクノロジー的に進んだ場所、できるだけ不平等の大きい場所を探すことにした。日本列島の東北部に位置する秋田県は高齢化の最先端《フロンティア》の地で、エストニア共和国の首都タリンはテクノロジーのフロンティア、チリの首都サンティアゴは不平等社会のフロンティアだ。世界の人たちの大半はやがて、いま3つの場所が経験しているストレスとチャンスが交じり合った場所に住むことになるだろう。つまり、経済の「先兵隊」的なこれらの地域での暮らしが、私たちの起こりうる未来の窓となるのだ。未来の姿が希望なのか、それとも恐怖なのか、その答えを探すため、3つの場所を訪れ、経済を動かす力を知り、それぞれがもつレジリエンスと困難を比較し、考察した。

○データについての注記

世界各地から極限の場所を見つけて何カ所も調査することは簡単ではないため、場所の選定には気を配った。できるだけ数字の裏づけをもとにした客観的な方法で、最もインパクトのある事例を選ぶように心がけた。それぞれの細かいデータや数字、現実の状況、どのようにその地を選定したかについては、各章で明示する。データについては、可能なかぎり公的な統計機関や国際機関からダウンロードした。その他のソースを示す原注と参考文献は巻末にまとめる。現況を伝える図やグラフ、原注、情報源の一部は、本書のウェブサイトwww.extremeeconomies.com で参照できる。

第1部

サバイバル

再生の経済

SURVIVAL

アチェ

敵は砲火と剣によって国を滅ぼし、
その地にあった財産のほとんどを破壊するか奪い取っていく。
民衆は荒廃のなかに取り残されるが、
数年も経てば、以前と変わらぬ暮らしに戻っている。

―― ジョン・スチュアート・ミル、『経済学原理』、1848年

1 第1章

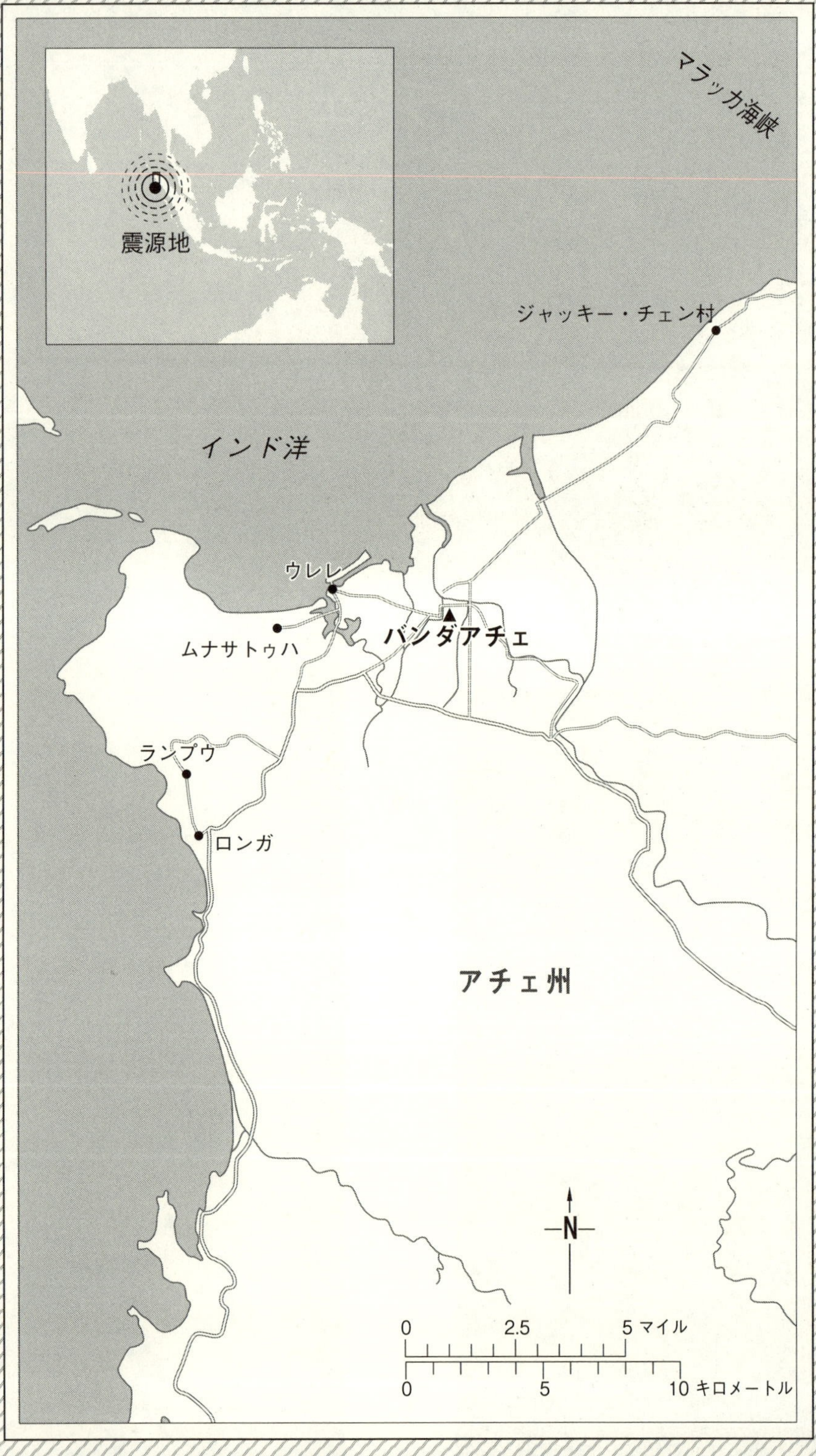
震源地
マラッカ海峡
インド洋
ジャッキー・チェン村
ウレレ
ムナサトゥハ
バンダアチェ
ランプウ
ロンガ
アチェ州
N
0
2.5
5 マイル
0
5
10 キロメートル

破壊の朝

2004年12月26日

「地震の揺れはそんなにひどくは感じなかった」とユスニダは言う。「でも、海の様子を見にいった息子が、浜辺じゅう魚だらけで、波が来るのが見えたと言ったの」。ユスニダと家族が住んでいたインドネシア・アチェ州の北西にあるロンガ村は、海岸線から500メートルしか離れておらず、すぐに避難しなければならなかった。自分たちは幸運だったと彼女は言う。地元の小学校の校長だったユスニダには安定した収入があり、家も村の基準からすれば裕福なほうで、オートバイを複数台もっていた。息子のユディは近所に行っていた妹を急いでオートバイに乗せた。ユスニダは家族で経営する民宿の鍵の入った小袋など貴重品を集めるのに手間取ったが、夫のオートバイの背に乗り、高台を目指した。

オートバイに命を救われたとユスニダは振り返る。オートバイがなければ、2004年12月26日の朝、ロンガ村を破壊した波に家族全員がさらわれていただろう。近所の人たちと同じように。60代後半になったユスニダは、いまはリタイアし、不自由のない暮らしを送っている。しわのないブラウスを身につけ、黒髪を白いヘアバンドでうしろに流し、当時の状況を語りながら、左肘あたりに光る太い金の腕輪をもてあそぶ。長年、旅行客の相手をして鍛えられたきれいな英語で、「村で民宿を始めたのはうちが最初だった」と教えてくれた。1981年のことで、客は世界の海を巡るサーファーたちだった。それまでは宿泊料を取らずに寝泊まりの場所を提供していたのをビジネスに転換したのだ。時流に乗って民宿は大きくなり、建物も増築していった。民宿から副収入が入るので、夫婦は子どもたちを高校と大学にやることができた。

その日、一家が逃げた道筋はいまもたどることができる。海岸道路から少し入るとすぐに高台になり、ほどなく鬱蒼《うっそう》としたジャングルが広がる。わずか数分で海抜100メートルほどの場所まで行き着ける。そこに到達できれば、一家は安全ということだった。だが木々が密生する丘の中腹からは浜辺も村も見えない。何時間かそこで待避したあと、一家は自宅に戻って被害の状況を確認しようと決めた。「鍵の入った袋をもって、自宅と民宿を見にいこうとしたの」。ところが、一足先に村境まで偵察に行っていた当時22歳の息子ユディが戻ってきて母親を止めた。「あの子が叫んだの、だめだ、ママ！　って。なんにもない、うちも小屋も民宿も、全部なくなってるって」

彼らが被害の深刻さを小さく見ていたのは無理もないことだった。ふつうの災害ではなかったのだ——その朝、解き放たれたエネルギーは地球を揺るがすほどで、およそ23万人の生命を奪い、500万戸の家屋を破壊した。ロンガ村とランプウ村、バンダアチェの町の人たちは、最も早く、最も強い波に襲われた。その朝、そこには恐怖しかなかった。だが一瞬後には、サバイバルとレジリエンスの物語が紡《つむ》がれはじめる。残っていた根っこから再び経済が芽吹いていったのだ。

大災害の話を終えると、ユスニダは何かをそっと放るような仕種《しぐさ》を見せた。何年も働いて手に入れた鍵の入ったバッグは、彼女が失ったそれまでの人生と村と経済の遺物となった。ユスニダはバッグをジャングルに投げ、ロンガ村に戻り、やり直したのだ。

地球がかたちを変えた日

地殻構造プレートは通常、1年に8センチ程度のきわめてゆっくりとした速度で動いている。だがその日の午前8時ごろ、アチェ西岸から50キロほど沖合を走るインドプレートが、ビルマプレートの干渉によって数秒で一気に30メートル沈んだ。この地点を発端とした断層のずれは、音速の約9倍、時速1万キロ近い速さで400キロ北まで到達した。

そのずれが「巨大断層型」と呼ばれる地震を引き起こした。マグニチュードは9・1、世界全体のエネルギー消費を80年間にわたってまかなえるほどの、40ゼタジュールのエネルギーが一気に放出したのだ。衝撃はあまりに大きく、地軸がずれ、地球の形状までも変えてしまった（その結果、私たちの惑星は地震前よりも完全な球形に近づき、自転速度が速まったため、1日が若干短くなった）。

地震はしばしば津波をともない、これほどの規模の地震だと津波の発生もある程度は予測できたが、スマトラ島沖地震において、なぜあれほどの巨大津波が発生したのか、海底調査の専門家が解明するまでには何年もかかった。主要断層のずれに沿って二次的な断裂が相次いで起こり、海底の大量の土砂が海中に押しあげられたことで、記録に現存するどの地震よりも高速で強大な波が発生したのだ。アチェ北西岸にあるロンガ村とランプウ村は、その波の進路上にあった。世界のどこであっても、波は幅が狭まると、そのぶん高くなり、速度がゆっくりになる。このとき、アチェの波は25メートル以上に達した。

この波によって世界14カ国の22万7898人が命を奪われ、なかでもインドネシア・アチェの被害がいちばん大きかった。ロンガとランプウでは、村の90パーセント以上が消滅し、人口が7500人から400人に激減した。海岸沿いにあった建物のうち、原形をとどめたのはラーマトゥラー・モスクだけで、それ以外のあらゆる住宅、宿泊施設、レストランは破壊された。それなのに、アチェの人たちはわずか2、3カ月のうちに、彼らの生活と経済を立て直し、驚くほどの速さで復興を遂げた。アチェでは、食堂店主スリャンディのような物語はごくふつうに存在する。彼らは海辺に戻り、以前と同じように暮らしはじめた。

第1部では、逆境を乗り越え、ある種の繁栄を示している極限の地の経済を紹介する。アチェは学ぶべき教訓の宝庫だ。インドネシア北端に位置する知る人の少ないこの地域は、ある日突然、どん底の状態に追いやられた。壊滅した海沿いの村から離れるべきだと助言された人も多かったが、彼らは残り、すばやく生活を立て直し、復活と繁栄への道を歩みはじめた。苦難に直面した人々がときに発揮する信じられないほどのレジリエンスはどこから湧くのか、何が彼らを

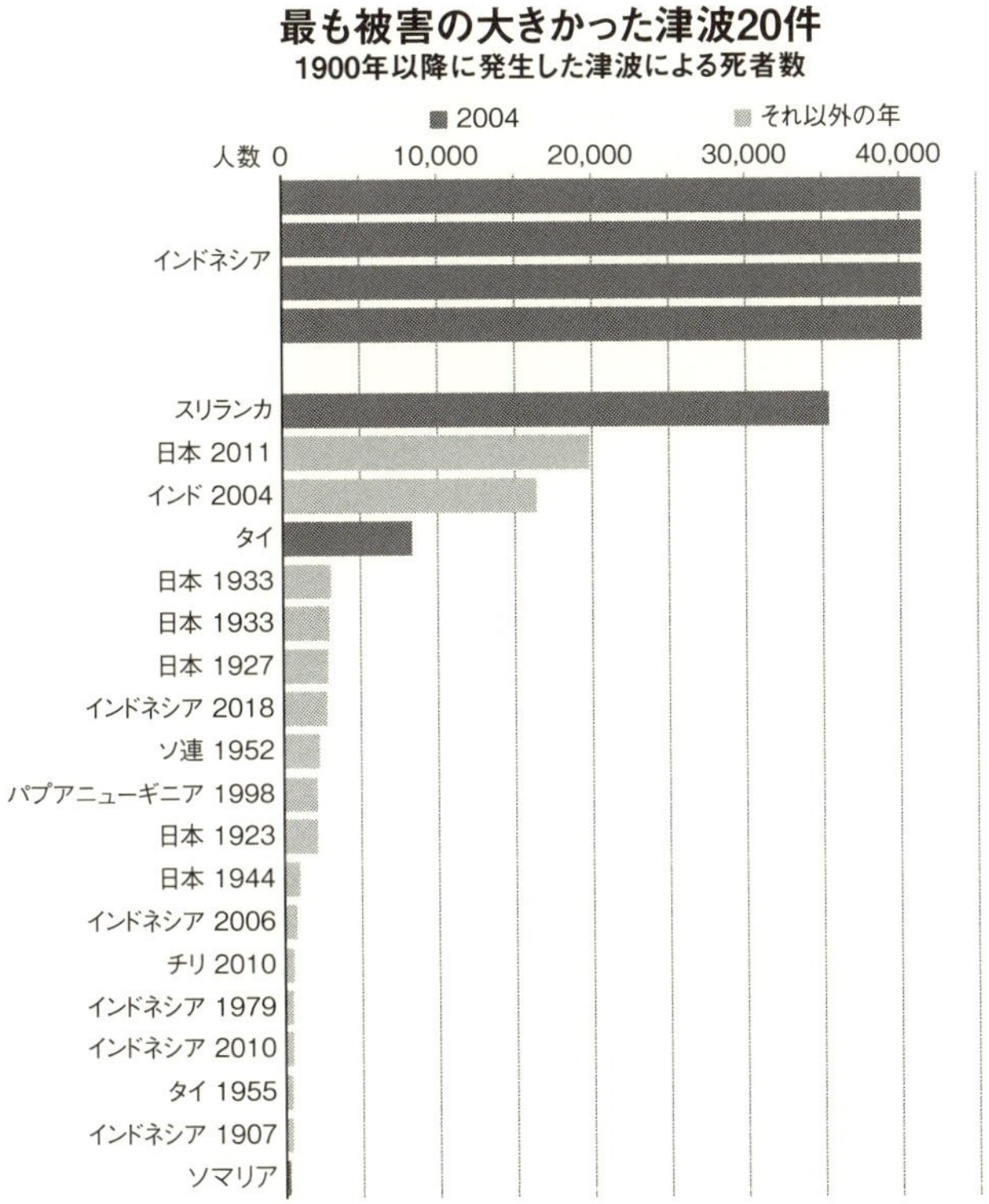

出典：国際災害データベース（EM-DAT）

駆り立てたのかを理解しようと私はアチェへ赴いた。

アチェの物語

アチェ州の州都、バンダアチェの岬周辺の被害は甚大だった。住民の55パーセントにあたる約17万人が落命した。整然と並ぶ家々を熱帯のシダやヤシが囲む美しい地区ウレレも、海に近く真っ平らな低地だ。岬を覆いつくした大波がこの地区に到達したとき、波の高さは10メートルあり、一帯のあらゆる建物を破壊していった。現在では以前と同じように、海のすぐそばを道路が走っている。地元のモスクの区画に平行して走るこの道路の近くは海抜1メートルしかなく、あたりに建つ家屋は、もしまた津波が来れば真っ先に均《なら》されるだろう。以前もいまも変わらずそこで暮らすのは、地元の陽気な警察官モハマド・イクバルだ。

イクバル一家はなぜこの場所に住むのか？　モスク周辺が地区の活動の中心だからだ。モハマドと私が話していると、彼の義兄が自転車に乗って現れた。自転車に連結したサイドカーには手製の商品陳列棚が載っていて、カットしたばかりのパイナップルやメロン、マンゴーといった果物、アチェの男性が好む、大きな茶色い宝石を飾った指輪などが並んでいる。いっしょにいた義兄の息子もモハマド・イクバルという名で、流暢《りゅうちょう》に英語を話し、あの日、母親と弟と妹を亡くしたと言った。アチェの人たちからはこのあとたくさんの話を聞くことになるが、最初に気さくに話しかけてくれたのは、この若いほうのモハマドだった。「ぼくたちの名前には、アラビア語、中国語、ヨーロッパの言語、ヒンドゥー語の意味が込められています」。昔から交易が盛んなアチェは、まさに商人によってつくられた場所なのだ。アチェの歴史と物語は、かけがえのないものとして、彼らの胸に深く刻まれている。

胡椒《こしょう》貿易の要《かなめ》

2004年に甚大な被害を受けたアチェは、その地理的な位置から、経済的に重要な資産として昔から重んじられてきた。海上貿易が栄えはじめた15世紀ごろ、バンダアチェは、主要な海上交路であるマラッカ海峡への玄関口として、太平洋とインド洋をつなぎ、インドとヨーロッパを、中国、日本、さらにその東方へとつなぐ役割を担った。香料諸島《スパイス・アイランズ》と呼ばれるインドネシアからは、胡椒、ナツメグ、メース、クローブ、ジンジャー、シナモンなどの荷がマラッカ海峡を渡り、スリランカやインドの港を経て、ヨーロッパへと向かった。香辛料は重量が軽く、肉の保存処理や薬の材料にも使えるきわめて貴重な品だった。イギリスでは重量においてナツメグは金《ゴールド》よりも高価とされ、ロンドンの港湾労働者はクローブでの支払いを喜んだものだった。香辛料を積んでマラッカ海峡をゆく船は、海に浮かぶ現金であり、船に安全な港を提供することは、バンダアチェにとっても他の港にとっても旨みのあるビジネスだった。

　アチェの人たちは戦略的に重要な港を管理するだけでなく、輸出業者としても力をもちはじめた。ナツメグ、クローブのほか、噛むとカフェインのような覚醒作用をもたらすビンロウジを売るようになった。最大の儲けをもたらしたのは、世界的な胡椒ブームだった。アチェの西側の海辺に植えられた胡椒の木はよく茂り、１８２０年代には地域の生産高が世界全体の約半分を占め、年間1万トンに達した。地元の農業従事者は米づくりをやめて胡椒の栽培を始め、自分たちの食べる米はよそから買った。支払いに用いる胡椒が米よりも高価すぎたため、価格調整の金《ゴールド》が米に上乗せされるほどだった。こうした取引のおかげでアチェはスマトラ島の他の地域よりも裕福になり、海上貿易の主導権を握りつづけることができた。海上貿易と、土地で獲れた作物の両方をコントロールできるスマトラ島北端という位置には、すばらしい価値があった。

　周囲もアチェの重要性に気づいていた。それゆえにマラッカ海峡の覇権《はけん》を狙う者たちとアチェとのあいだには何世紀にもわたって争いと衝突が続いた。初期の敵は、海を挟んだマレー半島（いまのマレーシアのあたり）を拠点としたマラッカ王国だった。のちにヨーロッパの列強が東方へ進出すると、イギリスが庇護者となり、アチェという戦略的要衝が敵の手に落ちないよう、その独立性を保証した。しかしイギリスは1871年に退き、オランダがスマトラ島全土を支配するようになる。アチェ住民は抵抗し、両者の衝突は第二次大戦が終結するまで続いた。戦後の和平プロセスの一環として、アチェはスマトラ島の他の地域とともに新生「インドネシア共和国」に組み込まれた。アチェ住民はこの合流に納得せず、アチェゲリラ軍とインドネシア政府軍との独立紛争に、みずからも武装して加わっていった。

私たちが経済の未来を考えるときに恐ろしいことのひとつは、人口の高齢化とテクノロジーの進歩と不平等の拡大によって、高齢者と若者、スキルをもつ者ともたざる者、金持ちと貧乏人のあいだの分断がさらに広がるのではないかということだ。アチェを訪問先に選んだ理由は、このような分断について知り、経済の復活とともに分断がどのように広がるのか、あるいは均されるのかを理解したかったからでもある。アチェはその特異な歴史ゆえに、実際の国境とは別に、独自の境界線があり、2004年の大災害のまえにはインドネシア政府と相反する主張や派閥争いがあった。のどかな楽園に見えるこの地は和平交渉が失敗した場所であり、地元の武装組織が政府軍に取り囲まれた過去を知るアチェの人々は、みずからをインドネシア人であるまえにアチェ人だと考えている。このような歴史をもつアチェが災害からの復興に取り組んだとき、それまでの分断が悪化しただろうか、それとも結束が強まっただろうか。

レジリエンス

500万ルピアからの再生

「ここに到達したとき、波の高さは8メートルあった」。コーヒー店を営む52歳のサヌシは、近くにある2階建ての屋根を指して言った。彼の店〈サヌシ・コーヒー〉は、バンダアチェの西岸からオートバイで15分ほど行ったランパセ地区の中心にある。豊かなひげをたくわえ、店主らしい清潔な服装のサヌシは、私と話すあいだも店を忙しく切り盛りしていた。通勤客がひっきりなしに訪れてはエスプレッソコーヒーをテイクアウトしていく。店外の席では、強い日差しをさえぎる日よけの下、客が冷たい緑茶をすすり、軽食をつまんでいる。あの日、サヌシは津波を振り切って逃げようとはせず――道路が人と車であふれ、とてもオートバイを走らせられる状態ではなかった――ココヤシの木にのぼって生き延びたそうだ。波が引いて、ココヤシの木からおりたときには、それまでの貯金すべてが入った金庫とともに店は跡形もなく流されていた。自宅のあった場所に行くと、家はつぶれ、妻と長男は亡くなっていた。何も考えられず、2日ほどはただぼんやりとそこに座っていたという。

2日目の終わりに、彼はコーヒー店を再開しようと決意した。「これが自分の仕事だし、助かった子どもたちとお客さんもいてくれるから」。大事な家族を何人も失い、家と店と貯金すべてを流されて、彼はどうやって店を再建できたのだろうか。

いくら波が巨大だろうと、コーヒービジネスについてのサヌシの知識は破壊されなかった。10代のころから、はじめは卸《おろし》の店員として、「値段のつけ方や、最高の豆はどこで手に入れられるかを学びながら」、この業界で働いてきたのだ。サヌシは若い店員にコーヒーの緑色の生豆が入った袋をもってこさせると、焙煎機にかける丸みのある豆と、廃棄する痩せた豆をいくつか選り抜いて見せてくれた。彼の店に豆を卸す栽培農家は標高の高いガヨ地区にあり、災害の影響を受けなかったので、原料の豆の供給には問題がなかった。私と話しながら、彼は注意深く、いい豆と悪い豆の選別を続ける。アチェの人たちは酒は飲まないが、コーヒーは大量に飲む。サヌシはコーヒービジネスをよく知っている。店の再建を決意した彼にとって必要なのは現金だけだった。

ふつうの状況なら、真っ先に考えるのは銀行からの融資だろう。原料の調達方法も売り方も、利益の出し方も熟知した起業家なのだから。しかし、災害後のアチェでは地元の銀行は軒並み倒壊し、駆けつけた国際援助団体は、事業融資より住宅や衛生施設の確保を優先した。貯金を失い、融資してくれる機関も見つからず、サヌシは途方に暮れた。

そのとき、常連客のひとりが手を差し伸べた。以前から定期的にアチェを訪れていた、ジャカルタ在住の研究者で、500万ルピア（当時の相場でおよそ500ドルに相当）を彼に貸してくれたのだ。サヌシはこの金を元手に人を雇い、設備を注文し、災害から5カ月後に〈サヌシ・コーヒー〉を再開した。「この場所に建てたのは、自分のためだけではなくて、みんなのためなんだ――ほら、見てください」。そう言って、バナナの葉で包んで蒸したもち米を彼の店の客に売る露天商や、ライスと各種のカレーをシュロの葉できっちり巻いたテイクアウト用の軽食を売る屋台をうれしそうに指す。彼の店は、知識や能力や努力と結びつければ、援助の大小は関係なく大きなことを成し遂げられると教えてくれる。地元のにぎわいの中心地にある〈サヌシ・コーヒー〉は、ひとつのビジネスが他のビジネスをサポートして、ともに栄えるミニ経済圏を体現していた。地元のコーヒー・キングは、ゆったりと椅子に座り直し、淡い笑みを浮かべた。彼のまえにはコーヒー豆の山ができている。いい豆は左、悪い豆は右に。

非公式経済の力

バンダアチェに昔からあるパサールアチェ市場《いちば》は、買い物客がおおぜい訪れる魅力的な場所だ。果物売り場には、果皮がヘビのうろこのようなスネークフルーツ、赤いランブータン、ラグビーボールに似たかたちのドリアン（果物の王様と呼ばれる。独特の強烈な臭いを放つため、屋内へのもち込みを禁止する地元ホテルも多い）など、アチェ人の大好物が並んでいる。断食月《ラマダーン》の迫った、1年でいちばんの結婚シーズンでもあるこの時期、雑貨屋はドレス用の生地や新居にかけるカーテンの布を探す女性たちでにぎわっている。細い路地には仕立て屋が軒を連ね、何台ものミシンがカタカタと音を立てている。ある店主の話では、花嫁衣装にも流行《はや》り廃《すた》りがあって、いまはふんだんなレースづかいが人気だそうだ。カーテン生地は昔からあまり変わらず、アチェの旗の色に似た深紅が好まれている。アチェの経済にとって、パサールアチェ市場の中心地は重要な場所だ――そこには宝石と金《ゴールド》を売り買いする店が並んでいる。

地元のゴールド取引業者協会の会長ハルン・ケゥチ・レウミセは、市場にある彼の店の事務室にいた。部屋は涼しく静かで、かすかに香辛料の匂いが漂う。隅の流し台には赤と青のヘアクリームの容器が重ねられ、上の棚にはさまざまな形状のオーデコロンの瓶が並んでいる。70代のハルンは、品のよいコロンの香りに、キュロットのように裾の広がった黒いシルクのズボン、黒いヘビ革の靴、真っ赤なモチーフの半袖のバティックシャツというしゃれた装いをしている。右手の薬指にはアチェの男性によく見られる大きな青い宝石が、左手の薬指にはこのあたりではあまり見かけない大きなダイヤモンドが輝く。事務室の壁には、ゴールド専門家の認定証やジャーナリスト時代の表彰状が飾られていた。手首につけたソリッドゴールドのロレックスを動かしながら、ハルンはこの地域の家庭がこれほどまでに早く悲劇から立ち直れたのは、何世紀も受け継がれてきた伝統があったからだと言った。「何の目的で市場に来たにせよ、ここで客が真っ先にすることといえば、ゴールドの相場をチェックすることだ」。アチェでは、ゴールドこそが王だ。アチェ人には「ゴールドの地金」を表す独自の用語があり、重さや評価基準の体系も独自のものをもっている（基本単位「マヤム」は、1マヤム＝約3・3グラムに相当）。アチェ人が宝石店でゴールドの市場価格を調べるのは、欧米人が銀行口座の残高をチェックするのに似ている。アチェでは銀行はあまり利用されず、「信用の基盤はゴールドだ」とハルンは力説する。彼らの〝貯金〟は地金か嵩《かさ》のある宝石で、市場価格を見て自身の〝貯金〟残高を、きょうは節約すべきか散財できるかを確認するのだ。

ゴールドには非公式の保険の役割もあると語るのは、市場でいちばん繁盛しているこの宝石店の跡継ぎ、36歳のソフィだ。婚礼を控えたアチェの男性は、地元で「結婚料」と呼ばれるゴールドを買い増す必要があるという。この「結婚料」は花嫁の父ではなく花嫁に渡され、花嫁自身が身に着けることから、いわゆる結納金とは異なる。バンダアチェでの結婚料の相場は20マヤム（約２８００ドル、４０００万ルピアに相当）。ソフィとハルンの店のショーケースで輝くソリッドゴールドの腕輪《バングル》１個を買うのにだいたい足りる。農業や漁業を中心とした経済では、その年々で儲けに浮き沈みがあり、アチェの人たちは豊作・豊漁の年にはゴールドを買い増し、不作・不漁の年にはそれを売って、生活費の足しにするのだ。こうした文化では、女性のゴールドは自身の装身具という役割と家計の緩衝器という役割を併せもつ。アチェの労働者の年間賃金は、平均３０００万ルピアほどなので、ゴールドの腕輪は、１年間無収入でも生活していけるだけの現金を手首につけているのと同じなのだ。

ゴールドを基本にした貯金と保険のシステムは、明文化されていない非公式なものだが、その歴史は長い。２００４年の災害のあとも、このシステムは迅速かつ効率的に力を発揮した。パサールアチェ市場で最も早くビジネスを再開したのはゴールド取引業者の店だった。ハルンとソフィも災害直後の３カ月間、駆けずりまわった。ゴールドを売るためではなく、住民が生活を立て直す資金を得られるよう地金と宝石を買ってまわったのだ。災害でゴールドを流された者もいたが、身に着けていた宝石を売ることのできた多くの住民に私は会った。しかも、売買は公正な価格でおこなわれた。ふつうなら、ある地域で何かを売る人の数が増えればその品の値は下がるが、ゴールドには世界共通の商品相場がある。ハルンとソフィは、ジャカルタなど他の地域の取引先には国際相場価格で売れることがわかっていたので、住民のゴールドを公正な価格で買うことができた。この伝統的な金融システムがアチェを護り、起業を考える住民がすばやく現金を手にすることができたのだ。

私が訪れた極限《エクストリーム》経済の地で、最初に取りあげるテーマがこの伝統的な金融システム、すなわち「商取引」「価値の交換」「通貨」さえも包含した非公式システムの重要性だ。公式経済がたちゆかなくなったときに、商取引や価値の交換、保険の意味合いも含めた、伝統的だが非公式なシステムが真っ先に機能し、レジリエンスの原動力となることは往々にしてある。重要な教訓としてまず掲げたいのは、そうした非公式経済の価値をより深く知るべきだということだ。アチェ人の金融システムはすばらしい一例だ。欧米の経済専門家からすれば、アチェの経済の仕組みは、時代遅れで効率が悪いと映るかもしれないが、実際には時宜を逃さず、効率よく作用する力をもっている。銀行自身が金を借りてレバレッジすることが、混乱を収めるどころかかえって増幅しがちな欧米の金融システムと比べても、そのちがいは際立っている。

ゼロからの再建

バンダアチェの近くに住む人たちが暮らしを立て直そうと必死になっていたころ、食堂店主スリャンディの住むランプウ村は、まだ荒れ地状態だった。国際援助団体といっしょに道路のがれきや木々を撤去する作業に従事したのち、スリャンディは街なかのレストランに働きに出た。まもなくランプウ村にはテントが次々に設営され、内戦時のような、地元住民が「難民キャンプ」と呼ぶ姿になった。スリャンディは故郷の姿に胸を痛め、村に戻り、ひとつしかない仕事――漁――を始めた。だが「船酔いがひどく、海の上は退屈」だったため、漁業は彼には向かなかった。3カ月間、インド洋で嘔吐しつづけたのち、スリャンディは食堂の再開を決意する。

最初の難関は認可を得ることだった。災害の日、地元の漁労長は天の怒りだと叫び、年長者を中心に賛同の声が集まっていた。ランプウ村の多くの住民が怠惰な人間への罰だと受け取ったのだ。「問題の根っこは欧米からの旅行客じゃないんだ」。長老たちの懸念は、地元の若者がろくに仕事もせず、勉強も祈りもおろそかにし、海辺で遊んでばかりいることだった。長老たちは浜の無期限閉鎖を言い渡した。

この厳しい規制に風穴を開けるため、起業家たちは経済問題をもち出した。村には仕事がほとんどないが、海辺をまた開放すれば雇用が生まれる、と。3カ月にわたる話し合いの末、最終的には条件つきで長老側が折れた。災害直後の大混乱のさなか、村の埋葬のしきたりを破って、地元住民の遺体が村から遠く離れた場所に埋葬されるケースがいくつか見つかっていた。長老側の条件とは、起業家たちが遺体を掘り返し、ランプウ村に連れて帰ることだった。胸の痛むこの仕事は成し遂げられ、海辺の事業は再開された。だが問題はまだ残っていた。村人のなかには、不吉だといって海をいやがる者、精神的ショックから立ち直れていない者、海を怖がる者も少なくなかった。かつて村のにぎわいの中心だった浜は、荒れたままだった。

村に戻ったスリャンディは、裕福な後援者がいないまま、岸に打ちあげられた流木を使って自分の店を建てた。その後、援助団体の外国人が来て、思いがけない方法で助けてくれた。スリャンディの店に援助金がまわってきたのではない。「外国人は私を助けてくれた——海を怖がらずに店の最初の客になってくれたんだ」。援助団体の外国人が足しげく通っているという話を耳にした地元住民は、やがて意を決して少しずつ海辺に戻ってきた。スリャンディは流木でつくった小屋で営業を続け、1500万ルピアという充分な資金が貯まったところで、店を建て替えた。いま、彼の食堂〈アクゥン〉は、安全な海水浴エリアを従えた湾の突端という一等地に位置している。隣には、腕用浮き輪やライフジャケットのレンタル店が並ぶ。海辺はかつてのにぎわいを取り戻した。経済も好調なため、スリャンディの店のような建物をいま買おうと思ったら、最低でも1億ルピアが必要だ。

破壊と成長

しばらく歩いてまわれば、こうしたすばやい再建がスリャンディの店だけではなく、この地ではありふれた話だと気づくはずだ。ある晩、私は61歳の理髪店主ユスフにカフェで出会い、麺にスパイスとたっぷりの野菜を添えたミーアチェを食べながらしばらく雑談した。２００４年のその日、ユスフは波に呑み込まれ、気づいたら自宅から8キロ離れた場所で、亡くなった人の身体に挟まれて横たわっていた。犠牲者の列に加えられていたのだ。右脚の骨が何カ所も折れていたが、どうにか身体を起こすことができた。「村人にゾンビだと思われたよ」と笑う。死の淵から生還し、彼は1年で理髪店を再開した。

　再建のスピードの速さ、加えて、外部からの支援が到達するまえに非公式の商取引ネットワークと伝統的な金融システムが効率よく機能したという事実には目を瞠《みは》らされる。さらに驚くのは、地元経済が立ち直っただけでなく、強くなったことだ。61歳の連続起業家アクヤル・イブラヒムは、私立学校や職業訓練機関を運営するほか、広大な水田を所有している。経験豊富なエンジニアでもあり、１９８０年代後半にみずから設計して建てたという自宅に招待してくれた。中心に何本もの柱を据え、その周囲に居室がある型破りなかたちの家は、あの津波を耐え抜いた。緑茶とクラッカーをまえに、アクヤルはことばを選びながら、大災害によっていかに物事が変わったかを話してくれた。「経済についていえば、多くのことがまえよりずっとよくなった」。あのとき、アクヤルは5人の息子のうち次男を亡くしたが、それでもこう続ける。「生活そのものもよくなっている。あの災害は多くを奪っていったが、プラスの面もあったんだ」

　災害によって地域に恩恵がもたらされたという考えはすぐには信じられなかった。身内や友人を亡くした精神的な痛手から、博物館に展示されている物理的な破壊のありようまで、この地にあるすべてが立ちあがれないほどの打撃をこうむった場所だと訴えている。それでも、あの津波のあと、アチェはさまざまな方法で歩を進めてきた。そこで大きな役割を果たしたのが、強くなった経済だ。エコノミストからすれば、アチェの短期的な好況は驚くにはあたらない。あまり声高には指摘されないが、自然災害が経済成長を早めるという事例は世界じゅうで見られる。その理由を知っておけば、アチェがなぜ奇跡的な復興を遂げられたのかがより理解しやすくなるし、経済学で使う重要な指標の意味もわかってくる。

ＧＤＰと自然災害

経済の規模と強さを体系的に測ろうとする試みは、１６５０年代にウィリアム・ペティが手がけている。ペティは、オックスフォード大学の解剖学の教授であり、農場経営者、農業・海事関係の発明家など、さまざまな肩書きをもつ博識家で、公務員としても高い地位に就いていた。イギリスは当時、マラッカ海峡を含む海の覇権をオランダと争っており、ペティはおそらくアチェのことを知っていたと思われる。１６５２〜１６７４年にかけて3回勃発した英蘭戦争に金《かね》がかかったため、イギリスはペティのような大地主に戦費調達のための税金を課した。不公平だと考えた彼は、イギリスの経済を精確に測り、誰にどれだけ課税するのが適正かを突き止めようとした。その発想の核心は、土地や建物は国の富の一部にすぎず、労働にともなう年間のキャッシュフロー――就業者の賃金や企業の収入と利益――が国の経済力の根幹をなすということにあった。事業主や就業者からももっと税を徴収すべきではないのか。

ペティの掲げた、為政者はすべての収入源とすべての経済活動を把握したうえで、経済本来の強さを測る必要があるとする主張は受け入れられなかった。経済学者は以後２５０年にわたって、工業生産高や石炭の採掘トン数や製品の輸出高といった、ひとつの専門分野だけを研究してきた。つまり、経済分析と政策づくりが、全体像を把握する尺度のないまま断片的におこなわれてきたのだ。１９３０年代のアメリカは大恐慌時代のさなかにあり、深刻な不況に陥っていた。この大恐慌がきっかけとなって、経済成長の源泉を詳細に調査しようという気運が生まれた。経済の働きのすべてを測る、包括的な尺度が必要になったのだ。ケンブリッジ大学の研究者グループが解決策を思いつき、１９４１年にイギリス経済を測る指標を設定した。これが、国内総生産（ＧＤＰ）を重視する現代の状況につながっている。

ＧＤＰは、ある国の経済の付加価値を金銭に換算する尺度であり、生産、所得、支出という３つのレンズを通して、経済の姿を写すカメラと見なすことができる。何かが生産されるとＧＤＰは上昇し、就業者の賃金や工場の利益によって所得が増えればＧＤＰは上昇し、個人や企業、政府が金を使えばＧＤＰは上昇する。おそらくＧＤＰ関連で最も意義深い点は、３つのレンズを通して、過去ではなくいま現在の経済活動を捕捉できるところだ。昨年度に建てたり売られたりした工場や店舗や住宅は、本年度のＧＤＰにはカウントされない。どれも大切な物的資産だが過去の経済活動であって、今年の生産、所得、支出には属さないのだ。ＧＤＰの狙いは、国民がいま何をしているかを把握することであり、以前に何をしてきたかを知ることではない。

2004年の大災害は、被害地域の物的資産を破壊し尽くした。ロンガとランプウという双子のように並んだ村ではあらゆる家屋が流され、アチェ州では13万9000戸が失われた。大型工場は原形をなくし、10万5000社の小さな会社とその建物が消滅した。バンダアチェの港では、流木にたたきつけられた1万4000艘の漁船が消え、魚介類を洗ったり売ったりするために使っていた海辺の小屋も流された。岸にあったカフェは跡形もなくなり、パラソルもサーフボードもそれっきりになった。長年の労働の結果として築いてきた物的資産は、どれも貴重だが、過去に生産され購入されたものなので、「現在の経済活動」としてGDPに計上されることはない。あの恐ろしい朝、大きな波が一帯を破壊し尽くした瞬間も、GDPから見たアチェの経済規模は縮んではいなかった。

ただし、経済の潜在力は当然失われた。工場やレストランは、地域の人が生計を立てていた職（働き口）といっしょに流されていった。だが、生産と所得の能力が減少した分を埋め合わせたのは、村や町を再建するために必要になった大量の新鮮な経済活動だった。たとえば住宅の場合、災害後の4年間で14万戸の新しい家がアチェに建てられている。1戸ごとに、建築業者はレンガや木材や電線などの建材を調達し、作業員に賃金を支払う。これらすべてが、コンクリート業者や輸送業者などの企業所得となり、自分の腕で稼ぐレンガ職人や建具職人、電気技師などの個人所得となる。彼らの仕事が終わったということは、新しい家が生産されたということだ。建築とは、GDPに算入する3種類の活動、すなわち「生産」と「所得」と「支出」が大量に集まったものと考えることができる。食堂店主のスリャンディとコーヒー店店主のサヌシの話にもあったように、アチェ人は家と学校と店と道路の迅速な再建を決意した。こうしてGDPで測る経済は、自然災害直後に成長する傾向を示すことになるのだ。

支援の殺到

ゴールドを使った昔ながらの貯蓄システムは、起業資金を急いで調達しなければならない起業家の役に立ったが、大規模な再建事業の費用をまかなうには、外部からの支援も必要だった。村々をオートバイで数日間走ってみれば、どこから現金が入ってくるかをはっきりと見ることができる。南のほうからロンガ村に向かうと、海岸道路は、アメリカの援助で建造したことを示す「USAID」(米国国際開発庁)のロゴがくっきりと浮かぶ鉄骨トラス橋の上を通る。村には小さな平屋の家々が並び、正面の壁には住宅建設資金のおもな寄贈者だったサウジアラビアのエンブレム――交差した2本の剣の上にヤシの木――を深緑の円で囲んだ紋様が描かれている。ランプウ村に向かって北へ1キロメートルほど進むと道路が内陸のほうへ曲がる。災害の日にスリャンディが懸命に逃げたこの道の両側には、トルコの国旗を模した、星と三日月の紋様がポーチの上に描かれた建物が並んでいる。地元住民の話では、各国の支援団体による家屋のなかで、トルコから寄贈されたものがキッチン設備が充実していていちばんよかったそうだ。

災害後4年間で、アチェには総額67億ドルの資金が投じられた。巨額の金《かね》は好況をもたらし、地域は熱っぽい雰囲気に包まれた。援助機関が連れてきた就業者は、支給された妥当な額の給料をアチェで消費した。援助機関はまた、多くの地元住民を雇用して、再建のためのレンガやコンクリート、木材を調達した。需要が急増すれば、価格は高騰する。インフレ率は２００４年の５パーセントから２００５年には20パーセントに跳ねあがり、翌06年には35パーセントを記録した。事業主がいまもこのときの不満を漏らすのは、彼らの儲けが減ったからだ。砂糖や米、コーヒーのような必需品の原料コストが急騰しても、それに合わせて消費者への販売価格をあげることはむずかしい。とはいえ大筋では、災害直後の数年間は、経済の観点からだけ見ればいい年だったと記憶されている。国際援助機関の資金は地元の雇用と賃金を支え、地元の事業に流れていった。援助を基盤としたアチェの経済は昇り調子だった。

当時の海外からの援助を思い出させるものは、いまでは色褪《あ》せたエンブレムや旗やロゴだけになってしまった。４年間の集中的な援助活動ののち、２００８年に援助機関は引きあげていった。アチェの外国人労働者は８０００人から数百人までに減り、一方で地元住民が職に就けるチャンスは急拡大した。援助活動を取り仕切っていたインドネシアの政府機関は２００９年に役割を終え、アチェのインフレ率は、援助資金の額が落ち着くにつれて国の平均水準に戻っている。

支出や賃金や建設プロジェクトなど経済活動が収束すれば、ＧＤＰはふつう急落する。ＧＤＰという尺度は、その年の活動に基づいているため、開発経済学の専門家は、再建活動は短期的なものであり、ＧＤＰの観点では地域の経済は縮小し、不景気に陥るのではないかと懸念した。だから、その後に起こったことはミステリアスといえた。国際援助機関による支出がなくなり、関連する職が整理されたあとも、経済は成長しつづけた。援助関係の資源が集中的に投下されていた災害後4年間の経済成長率は19パーセント、そのあとの4年間の経済成長率は23パーセントだったのだ。この成長を支えた新しい「生産」「所得」「支出」はどこから来たのか？

創造的復興――ビルドバック・ベター

ロンガ村で温かい食事がしたければ、〈ダイアンの店〉に行くといい。年中無休で開いていて、うまい魚介のマリネやカレー料理をたっぷりと出してくれる。静かな晩にテーブルについたら、店主ダイアンとアチェの景気と下水設備の話になった（食事どきの話題としてはどうかと思うが）。いまのほうが悪くなったところもある、と彼女は言う。住宅のデザインとしては、コンクリートの平屋という新築のものより、木造で2階のある、伝統にのっとったもののほうが本当はみんな好きよ、と。だが大きく変わったのは、各住宅にトイレができたことだ。災害まえのロンガ村には下水システムがなく、近くを流れる川は飲み水の供給元であり、汚水を流す場でもあった。いまの住宅は、トイレの配管工事がされており、川まで歩いていかなくていい。

再建作業のさなかに繰り返し叫ばれたのは、「災害からのよりよい復興」「創造的復興」を意味する「ビルドバック・ベター」というスローガンだ。次の災害に備えつつも持続可能で快適な住環境をつくるため、なるべく最新の設計や素材を活用して、地元のインフラを以前よりよくしよという意図が込められている。ＵＳＡＩＤが敷設した新しい海岸道路は、石を敷いてあった旧来の道路より幅が広く、距離も長くなった。かつての道路の名残は、折れた歯のように川から突き出ている残骸しかない。ロンガ村とバンダアチェの中間あたりにある、以前はココナツをペーストや食用油に加工していた家族経営の工場は、いまではセメント工場に生まれ変わり、外には真新しいミキサー車が並んでいる。原料は、海岸に向かって車で数分ほど走ったところにある、フランス企業のラファージュ社が所有する大きなセメント工場から送られてくる。ラファージュ社の工場も２００４年に破壊されたが、２０１０年に製造能力を30パーセント増強して再開した。住宅の設計が一律なことには多少の批判もあるが、援助による再建事業がアチェに、災害まえよりもいい道路や橋、工場、衛生設備を残したことは事実だ。これらすべてが、観光業を含む産業全般の可能性を膨らませた。

だが現地に長く恩恵をもたらしているのは、こうした巨額の投資ばかりではない。当初の意図とはちがうかたちで、あるいは非公式経済として住民の暮らしに役立っているものも多いのだ。災害後に大きく変わったと住民が口をそろえるテクノロジーを例にとってみよう。食堂店主のスリャンディにとって、事業環境の好転をもたらしたのは、携帯電話をつうじて外部の人たちと連携できるようになったことだった。飲食店のほかの店主たちも、プリペイド式の携帯電話を買い、来店客が多くて手が足りないときや、新鮮な食材をすぐにほしい場合などに電話で助けを呼べるようになった。民宿のオーナーだったユスニダは、オートバイの普及で村の暮らしがよくなったと言う。災害まえには金持ちしか所有できなかったが、活発に援助がおこなわれていた時期にみなが収入を得られたことで、どの家庭も1台はオートバイを、暮らし向きのよい家庭は自家用車を所有できるようになった。こうした変化がアチェを都市化し、職場にもそのとき行くべき場所にも、簡単にすばやく到着できるようになった。

村長のズヒルは、あの災害が引き起こした変化が積み重なり、地域の経済と社会全体に大きな影響を与えたと語る。43歳の彼は、村の長老たちの大半があのとき亡くなったことで、自分の仕事は困難になったと言う。災害が起こるまえは、長老たちが村の規則を決め、村長はそれを実行すればよかった。財産権やしきたりに関する重要な情報は、口伝《くちづ》てで継承されてきたので、いまとなっては、争いを解決する拠り所が見つからないことがある。「大切な情報が長老たちとともに消えてしまった」とズヒルは嘆く。アチェのなかでも小さく、素朴さの残る村では、年長者によって長年受け継がれてきた特有の伝統が永久に失われてしまった。

こうした損失があったとはいえ、新しい発想や習慣がこの地を快適にしたことはたしかであり、ズヒル村長も「アチェは以前より開放的になった」と言う。同じことばがアチェのあちこちから聞こえる。かつてインドネシアを支配していたオランダに対する見方もそうだ。災害まえは、あからさまな憎しみから、言動の端々にさまざまな嫌悪の感情が表れていたそうだ。いまではほとんどの人が、かつて憎んだ相手を好意的に迎えているのは、アチェの災害に多大な援助をしてくれたことはもちろんだが、昔の敵対意識が波に流されたからでもある。同じことは村レベルの敵対意識にも当てはまり、仲違《たが》いが少なくなったという。災害まえには、村で生まれた者しかその村で商売を始めることはできなかったが、いまでは越してきた者もあたりまえに商売をしている。

こうした変化があったからこそ、短期間に集中した援助プロジェクトと資金投下が終わったあとも、アチェの地域経済は成長しつづけているのだ。衛生設備、交通機関、通信技術が向上し、地元の人たちは効率よく働けるようになった。大人数が乗れる安全な乗り物で整備された道路を走り、短時間で工場まで通勤できるため、生産性が向上し、その結果、暮らし向きがよくなった。災害直後にレジリエンスの中心を担ったのは非公式経済だったが、以降は、現地に滞在して援助プロジェクトに従事した人たちの消費活動にもおおいに助けられた。

さま変わりした例としては、教育もそうだと村長は言う。アチェの教育市場は急拡大した。いまでは州都バンダアチェの中心街には、アジアのほかの国のようにさまざまな塾が軒を連ねる。朝8時から午後1時までの公教育が終わると、子どもたちはこうした塾へ向かう。ロンガ村出身の会社員ニナは、まだ幼いわが子をいずれはこうした塾にやりたいと言った。国際援助機関を見ていて学位の大切さがわかったし、経済状況が上向いたために塾の費用を払う余裕ができたからでもある。さらに、暮らしの優先順位が変わったという理由もある。ある日の朝、たった数時間で物質的な世界が破壊されるさまを目の当たりにした地元住民の多くは、いまや自分や家族への投資に高い価値を置くようになった。「いまでは〝人が第一〟なのよ」

大災害のあとに

インドネシア政府からの分離独立を目指して、数世紀にわたって闘争を続けてきたアチェでは、大災害の勃発には別の意味があった。発生直後には戦闘が悪化するかのように見えた。武装組織「自由アチェ運動（GAM）」のメンバーは、災害直後に森の隠れ家からランプウ村に出てきた。当時、23歳でGAMに属していたアルミャは、そのときのことを振り返って、村が水に浸かっていたのは45分ほどだったと思うと言った。「おれたちはすぐ浜に出て、息のある人がいないか11時ごろまで探し回った」。3日後、インドネシア政府軍がおおぜいの兵士を引きつれて到着した。公式には闘争はまだ続いていたので、政府軍とGAMの兵士は銃を向け合うことになった。食堂店主のスリャンディが、海水がすぐには引かなかった低地の村での恐ろしい数日間のことを話してくれた。すでに息絶えた人の身体が流されないよう、彼がわずかに残った木にくくりつけてまわるあいだ、周りでは軍と武装組織が撃ち合っていて、戦闘員ではない少なくとも3人が流れ弾に当たって死亡したそうだ。

事態はまもなく逆に振れる。話し合いが始まり、政府とGAMとのあいだで覚書が交わされることになった。2005年8月15日に署名されたこの覚書（実質的には和平協定）は、1870年代に初めてオランダに侵攻されて以来、最も安定した時期をこの地にもたらした。災害によってアチェに世界の目が集まったことで、人道援助界の大立者たちが和平交渉の仲介に乗り出し、それまではけっして成功しなかった和平協定の署名が実現したのだ。GAM側は840挺の武器を放棄し、兵士3000人がバッジを外して戦闘服を脱いだ。引き換えにインドネシア政府軍はアチェから全軍を撤収し、政治犯を釈放した。覚書には、以下のような、新しい権利についても記された——アチェは独自の議会と裁判制度と国旗的な旗と国歌的な歌をもつ。通貨はインドネシアのものを使うが、公定歩合は国の他の地域と異なってもよい。アチェの行政府には税率を独自に引きあげたり、石油を含む天然資源の販売によって得た収入を保持したりする権利が与えられる——この取り決めは、国のなかに別の国をつくった。現代のアチェはインドネシアの国土のなかに位置しているが、特別な主権を有している。

和平が実現したことでアチェの生活は、とりわけ少年や青年にとって著しく向上した。「覚書を交わすまえは、親たちは息子を外に出したがらなかった」と、小学校の元校長だったユスニダが、かつて息子たちのことをどれだけ心配していたかを思い出すように語った。多くの人が、彼らにとってつらい時期だったことを認めている。「中立」という立場は政府軍からも独立軍からも受け入れられず、ひとりでいるところを捕まった者は尋問されたり、兵士にされたりする怖れがあった。ランプウ村とロンガ村の少年は、とくに戦闘の激しかったキーデ・ビエン地域には近づくことを禁じられていた。近隣の村を自由に移動できなかったために、バンダアチェにある大学へ通う道も閉ざされていた。

戦争の終着点が見えないことが経済の大きな足かせだったと、食堂店主のスリャンディは言う。アチェは1990年ごろには戦闘地帯であり、インドネシア政府軍の憲兵は頻繁に夜間外出禁止令を出し、かき入れどきのレストランを閉めさせた。ユスニダも、軍事行為を怖れてサーフィン客が減ったために、何年間かは民宿業が干上がったと言う。

地元住民の話では外国人には危険はなかったそうだが、武装組織の一員だと疑われたサーファーが、政府軍の基地に目隠しのまま連行され、尋問されるという事件があった。このサーファーは実際には日本人旅行客で、すぐに解放されたものの、アチェは恐ろしいという噂が世界じゅうのサーファーのあいだで広まり、ロンガ村の経済の大半を支えていたサーフィン客の足を遠のかせた。

快適な住宅や道路、外国から入ってくる新しい発想、平和な時間——すべてを考え合わせると、大切な人の死を悼《いた》む気持ちをいまももちつづける一方で、災害後の生活をありたがいと思うアチェの人たちの気持ちを理解しやすくなる。

地元の有力者であるアクヤル・イブラヒムとその妻は、彼らが設計したあの大波に耐えた自宅に私を案内し、台所の壁に残る海水が到達した跡（床から約1・7メートルのところ）を見せた。アクヤルは家族の写真を示しながら、アチェを離れて勉学に励む息子たちと、その隣に写っているあの日亡くなった息子についても話してくれた。恐ろしい日だった、と彼は振り返る。だが、そのために大きな変化がもたらされ、外に目を向けることができるようになった。より開かれた社会と、長い戦争の時代から平和への道が開けたことを、村の住民は大切に思っている、と。経済が上向いて雇用や収入が増えたことだけに価値があるのではないのだ。

アイデアの力

アチェには別の脆《もろ》さが残っている。欧米人の目から見て、すぐに気づくリスクは、シャリーア（イスラム法）の台頭だ。災害まえから、イスラムの法体系が大衆に広まりつつあり、災害後には宗教心が一気に強まった。シャリーアに従う義務は２００６年に世俗法で明文化され、鞭打ちのような身体刑を科す新しい刑法が２０１５年に導入されている。以来、アチェでは公衆の面前での鞭打ちが法にのっとっておこなわれてきた。欧米のメディアは鞭打ちを写真入りで報じた。アチェの観光関連のウェブサイトは、女性にも同じ罰が与えられることや、女性はスカーフで頭を覆うことが新たに必須の規則となったことに懸念を示している。インターネットで情報を収集する欧米人に、アチェは恐ろしい、遊びに行く場所ではないと感じさせてしまうからだ。

だが、経済のレジリエンスが伝統に根差していたように、アチェでは、この地にまつわる歴史や伝説のような非公式で目に見えないものが、政治や宗教の急激な揺れ動きを受け止める土台の役割を果たしている。「アチェには伝説があって、みんながそれを憶えています」と、バンダアチェ郊外の公立高校の校長エカは言う。校庭のかなりの面積をバスケットボールのコートが占め、周囲をジャングルに囲まれた高校のすぐそばには小高い丘があり、もしまた津波が来たら生徒はそこに避難するように指示されている。37歳のエカはロンガ村で育ち、バンダアチェの大学へ進んだ。仕立てのいいピンストライプのジャケットをはおり、銀色のヒジャブをかぶっている。「この地域は女性によってつくられました。だから、男性と同等の役割が女性に与えられているのよ」。より強固になった宗教法は、建国の物語とも折り合いをつけなければならない。建国の物語には、アチェ人とは何かを定義づけるふたりのヒロインの伝説の生涯も含まれる。

海に臨むこの地は、船と貿易と戦争の象徴であり、バンダアチェには世界初の女性提督マラハヤティから名を取った港がある。1500年代後半、艦隊を率いたマラハヤティ提督は敵艦の司令官を追いつめて殺害、マラッカ海峡の防衛に成功した。高い名声を築き、貿易路へのイギリスの関与についても、女王エリザベスI世と直接交渉できるほどだった。ポルトガル人への抵抗活動のさなかに殺害され、波乱の一生を終えた。こうした歴史から、今日《こんにち》、バンダアチェ最大の商業港に彼女の名がつけられているのだ。

提督の伝説はいまも強く残るが、さらに強烈な英雄となった女性といえば、チュ・ニャ・ディンだ。名家に生まれた彼女は1890年代、オランダに対するアチェ人の抵抗運動を率いた。森で待ちぶせ、敵の大軍勢を打ち負かした武勇伝はとくに有名だ。1908年に亡くなったが、1964年に国の最高の栄誉である「インドネシア国家英雄」の称号を贈られ、切手や紙幣に肖像が使われるようになった。自由のための闘争にまつわるこうした伝説がイスラムの教えと合わさって、アチェ独自のシャリーア（宗教法）が生み出されたようだ。この地でしばらく過ごしてみると、地域外の人たちがアチェに怖れを抱くのは、誤った先入観に踊らされているにすぎないと感じる。エカは言う。「ここの女性たちに怖いものはありません。私たちは自分のしたいように行動しますし、宗教は問題ではないのです」

ジャッキー・チェン村

ロンガ村とランプウ村の事例からは、伝統ある村の立て直しがどれほど迅速に進んだかがわかる。これとは逆に、「ジャッキー・チェン村」と呼ばれる地域の事例は、新しいものをつくるのには、はるかに長い時間がかかることを教えてくれる。「尼中（インドネシアと中国）友好の村」という正式な村名があるが、再建の状況を視察に来たハリウッドスターの名からわかりやすいニックネームがつけられた。災害で打撃を受けた村には、再建の取り組みがゆるやかなところも多い。もとの家があった場所に住民が木枝と防水布で間に合わせの住まいをつくり、そこからレンガの家へと時間をかけて建て替えていくのだ。だがジャッキー・チェン村では、行政府が野心的な計画を立てた。「高さこそが安全」の信念のもと、高台に空き地を探し、海抜５００メートルの山腹に新しい村をつくったのだ。

計画の青写真には、村に必要なあらゆる公共サービスと設備が含まれていた。村への入口となる立派な門の近くにはモスクがあり、丘の頂上には大きな学校がある。中腹には、険しい斜面に沿ってひな壇状に連なる大きな市場《いちば》をつくった。村の新しい中心になるこの市場は、地元の商業の中心地として設計されており、売り物を積んだ車が楽に行き来できるよう動線をととのえ、屋台のためにナンバリングした区画を用意したり、涼しい日陰ができるようにブリキの屋根をつくったりした。村長のダルマナインは、トップダウン式のこの計画にはメリットがあったと、鮮やかなピンク色の蒲桃《ふともも》がいっぱいに生った木の陰で、竹製のベンチに座って語った。予算と建築のタイミングはがっちりと政府の管理下にあった。中国資本の建設業者が自国から棟梁を36人連れてきて、地元の2000人の作業員を監督し、14カ月で600棟の家屋を建てた。仕事が速く、効率も仕上がりの質もよかったと、村長は市場にほど近い、敷地の中心に建つ自宅を指しながら言う。ジャッキー・チェン村は、アチェでの暮らしの平等感を高めることも目指していた。住宅を割り当てられた人たちの大半は地元生まれではなく、災害まえにはバンダアチェの粗末な部屋に住むしかなかった境遇の者たちだった。

平等な村を新たにつくる試み自体はすばらしかったが、ジャッキー・チェン村の住民にとって状況は何も変わらなかった。住民はいまもバンダアチェの低賃金労働を担っており、家を所有できたとはいえ、町のにぎわいから遠く離れた丘の上に押し込められ、毎日の通勤のために時間と金を失っている。市場は閑散としていて、屋台が並ぶはずだった場所には雑草が茂っている。日中は大人は全員仕事に出かけるので、村に残っているのは学校に行っていないティーンエイジャーか、アチェの言語もインドネシア語も話さない中国出身の高齢者だけだ。この村の家を与えられた人々はどこの家庭も貧しく、スキルもなく、災害まえから問題を抱えており、この事実は災害後も変わらなかった。話すうちに村長が蒲桃の実をもぐように勧めてくれたが、収穫しても売る場のない、枝に長く放置されたままの実は、芯まで腐っていた。

レジリエンス経済

物理的なインフラが失われたなかでアチェの経済の立ち直りは速かった。この速さから、経済のふたつの側面が浮かびあがる。ひとつはＧＤＰだ。ＧＤＰの基本は、経済が「成長しているかどうか」を把握することにある。経済の成功の尺度としてＧＤＰを使うことに批判的な意見はあるし、公平度や幸福度なども含めた他の尺度のほうを好む人も少なくない。ＧＤＰのレンズを通して経済の強さを測ると、災害直後には高い数値が出て、人を当惑させる側面があるのもたしかだ。だがこうした留意点はあるにしても、冷徹な経済の本質をとらえる根拠としてＧＤＰが利用されるのは、物や工場といった物理的資産がもつ価値ではなく、現時点での人間の活動、すなわち支出や賃金、所得、生産などを測定するものだからだ。客観性や継続性への指摘はあるが、人間の活動をとらえた生きた尺度をエコノミストは好む。

津波を生き延びた人々のなかで、災害後に経済も社会もよくなったと私に言った人はみな、経済活動の増加——製品をつくる、新しい職が生まれる、新しい商品を買うなど——について触れたが、これらはまさにエコノミストが経済成長を見るときに追跡する項目だ。ただし注記しておきたいのは、ＧＤＰの数字と経済成長の恩恵はふつうは一致しているが、アチェで私がおこなったインタビューではむしろ、それとは別の点が目についたことだ。ロンガ村やランプウ村のような場所で起こったことの大半は、非公式経済、すなわち知人から金を借りたり、身に着けていたゴールドを売ったりしておこなわれたもので、これらは測定されず、査定の対象でもないということだ。公式経済がたちゆかないとき、こうした潜在的な取引のネットワークが表に出てくる。エコノミストの観点では、成長のレンズで経済を見るＧＤＰはやはり適切な指標だし、人が「強い経済」と考えるものとの乖離《かいり》も小さい。ただしＧＤＰは完全ではないこと——目指す方向は正しいものの、経済を決定づける活動の多くが目に見えず、ＧＤＰでは全体の一部しかとらえ切れていないことも、知っておくべきだろう。

アチェの経済活動から浮かびあがるもうひとつの側面は、人の真のレジリエンスがどこで発揮されるかということだ。１８４８年、哲学者で経済学者のジョン・スチュアート・ミルは戦争あるいは災害によってそのコミュニティの経済が「荒廃した」のちに回復することはよくあると論じ、しかしながら多くの人は回復を驚きの念で見る、と指摘している。人が驚きを感じるほどのレジリエンスの源として、ミルはその国やコミュニティに暮らす人たちの想像力やスキルや努力のほうが、橋や外壁や倉庫などの物理的資産よりも重要であり、なぜなら失われたものの再建に取り組むのは人そのものだからだと唱えた。[*] アチェは、ミルの指摘が的確であることをいまの時代に証明した。あらゆる物理的資産が失われても、生き延びた人たちのスキルと知識は失われて

＊１６６２年、医師で経済学者のウィリアム・ペティも、実刑判決の過度な適用を批判する議論のなかで同じ点を指摘している。すなわち、地域の富は人によってもたらされるのだから、監獄に人を送り込みすぎると国が貧しくなると説いた。

おらず、だからこそ迅速な再建が可能だったのだ。アチェの事例は、グローバル経済がこれから難題に直面するとき、人的資本そのものと、人的資本が経済の変動によって、どのくらい損傷を受けたか、あるいは護られたかが、成否を分ける重要な要因となることを教えてくれる。

経済の変動がもたらす社会の分断を見据えれば、アチェは重要な警告を発している。この地は災害のあった2004年以来、経済と社会に革命に近い変化が起こるのを目撃してきた。現代ふうな家が建ち、道路も橋も新しくなり、店には新しいブランドやしゃれた品々が並ぶ。祈りの流儀も、遊びやビジネスの仕方もさま変わりした。しかし、コーヒー店主のサヌシは再びコーヒー店主になったし、食堂店主のスリャンディも浜辺の一等地であぶり焼きのうまい魚料理をまた売りはじめている。ロンガ村で最初に民宿を始めたユスニダはもう引退したが、村でいちばんの民宿は息子に引き継がれた。ところが同じことが、経済の底辺に近いところで苦しい生活を送る人たちにも当てはまるのだ。バンダアチェでその日暮らしだった世帯はいま、市場に人気《ひとけ》がなく、実った果実が収穫されないまま腐っていくゴースト村に住んでいる。住む場所は変わっても、暮らしの内実はたいして変わっていない。人的資本にはレジリエンスがあり、部外者が思うよりも再建はスムーズに進むことが多いが、もともとあった分断はなかなか変わらないのだ。

問題は残るものの、アチェには、いちばん苦労の大きそうに見えるところでも楽観的な雰囲気が漂う。ジャッキー・チェン村の境界に沿った道路を下るにつれ、右手にはさびれた通り、左手には切り立った崖が現れる。その後、左に鋭くカーブすると、丘の中腹を削ってつくられた数カ所の平地とそこに置かれた小さなテーブルとベンチが目に入る。近づけば、手づくり感あふれるこのカフェのオーナー、13歳の少年が現れる。学校が終わったあと、彼は毎日ふもとの店で飲み物やスナックを買い込み、ここで売っているのだ。津波の年に貧しい家庭に生まれた年若いこの起業家は、ビジネスは好調だと言う。アチェの人はほとんどが海辺に住んでいるので、少年のカフェが提供する山の景色に金を払ってくれるのだ。氷の入ったコップにスプライトを注ぐあいだも、眼下の森ではサルの家族が遊び、木々が揺れる。その先には、援助機関の建てた住宅と援助国の旗に合わせた色とりどりの屋根が並ぶ。さらに向こうの低地には田畑が広がり、豊かな緑色のじゅうたんがマラッカ海峡の深緑の海まで延びている。

ザータリ

ありのままの自分で心穏やかにしていられれば、

音楽家は曲をつくり、画家は絵を描き、詩人は詩を書くだろう。

人は自分がなれるものになるのだ。

――アブラハム・マズロー、

『人間性の心理学――モチベーションとパーソナリティ』、1954年

第2章

2

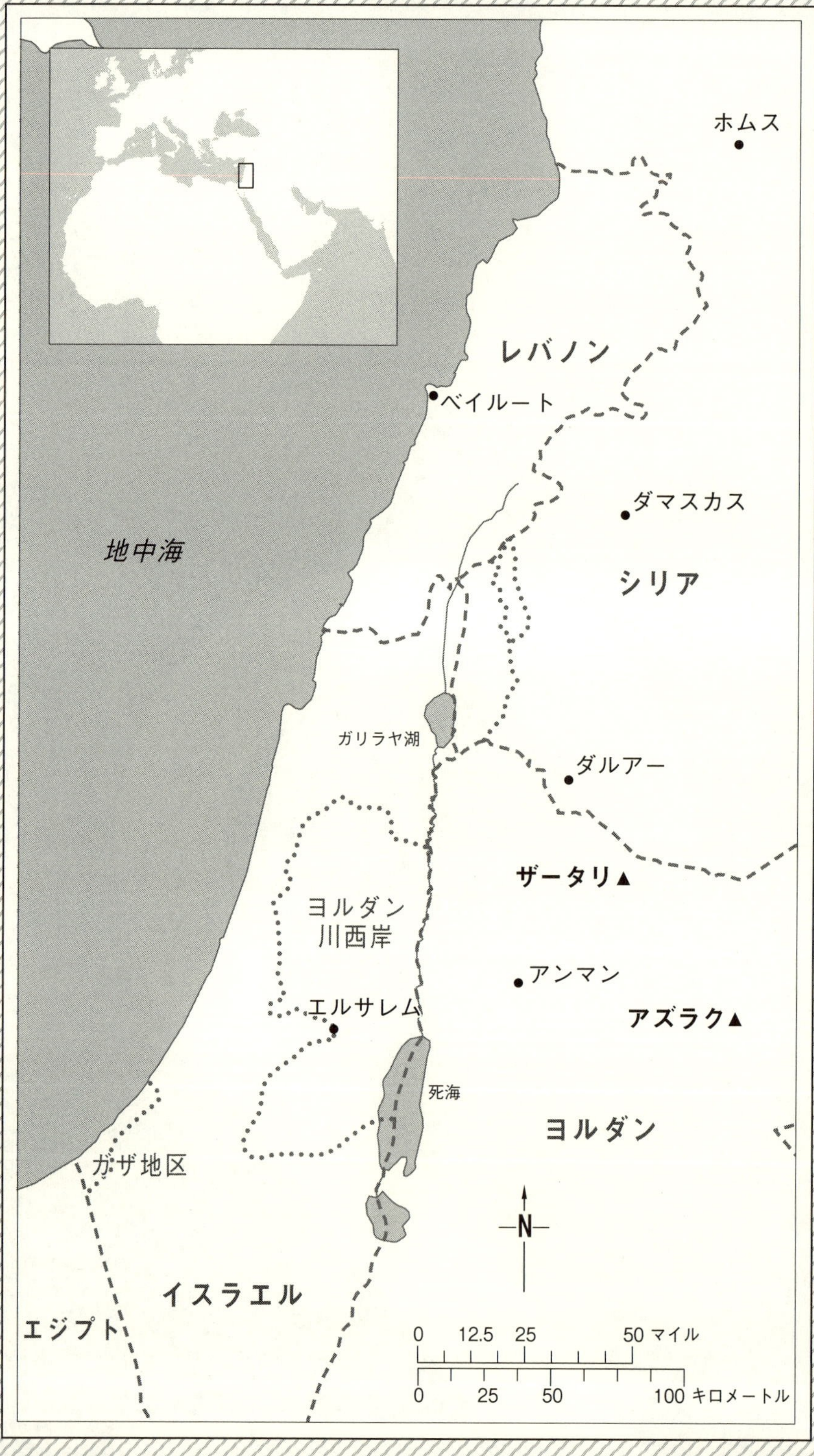
ホムス
レバノン
ベイルート
ダマスカス
地中海
シリア
ガリラヤ湖
ダルアー
ザータリ▲
ヨルダン
川西岸
アンマン
エルサレム
アズラク▲
死海
ヨルダン
ガザ地区
N
イスラエル
エジプト
0
12.5
25
50 マイル
0
25
50
100 キロメートル

ザータリ難民キャンプ

15歳のギャングのボス

その日のために、人は彼をキツネと呼ぶ。地平線へ向けられたハレドの視線は、危険がないか何かいいことがないかを探して、すばやく左右に動く。彼はつねに警戒しなければならない。リーダーとして危うい集団を率いている。もし捕まれば、ハレドも仲間もヨルダンから追放され、戦時下のシリアに戻される。

危険な暮らしにはその分、旨みもある。毎日、家に20ディナール（約28ドル）をもち帰れるのだ。専門技術をもった30歳のエンジニアがヨルダンの首都アンマンでもらえる給料のざっと2倍になる。稼ぎが大きいのは、違法だからだ。ハレドたちは密売人グループで、食料、タバコ、電子機器、医療用品などを売りさばき、世界最速で拡大しつつあるザータリ難民キャンプの境界線をこっそり出入りしている。ハレドは15歳だ。

密売ゲームを始めてまだ日は浅い。2013年まで、ハレドは南シリアのダエルという町に暮らし、戦争前のシリアの子どもの94パーセントがそうだったように、学校に通っていた。乾いて埃っぽいヨルダンとはちがい、シリアは水源の多い緑豊かな国で、故郷ダエルはオリーブとぶどうの産地として知られていた。戦争前のダエルの人口は3万人ほど、大都市にはほど遠い穏やかな町だった。だが2011年3月、住民がバッシャール・アル・アサド大統領への抗議運動に参加したために、ダエルはその後の内戦で激しい爆撃の標的になった。住民には国境を越えて南に逃げるしか道がなかった。アチェの人たちが2004年の災害ですべてを失ったあと生活を立て直したように、彼らも難民となった場所で生活を立て直そうとしている。

ヨルダン北部の難民キャンプにいるシリア人も、災害を生き延びたアチェの人たちも、大切な人を亡くし、財産を失い、社会と経済が破壊されるのを目の当たりにした。そのショックは大きく、残酷だった。だが、私のようにザータリにしばらく滞在してみると、アチェのときもそうだったように、ある種の楽観的な感覚と、どんな困難でも人は打ち破っていけると信じる気持ちが芽生えてくる。ザータリも極限《エクストリーム》経済の場所であり、とてつもない逆境のなかで奇跡のように経済が動いている。難民が何を失ってきたかを突きつける場所だが、創造性豊かな経済が短時間で生まれる場所でもある。新しいビジネスが次々につくられる一大ビジネス拠点となり、周辺のヨルダンの町に商品を「輸出」するほどに成功している。

私は、この難民キャンプから得られる教訓は、津波を生き延びたアチェのそれとは、多少似てはいても種類のちがうものだと思っていた。アチェでは、駆けつけてきた外部の援助団体が海のそばには戻らないほうがいいと助言をしても、生き方を決めるのは住民であって、結局彼らは何世紀も住んできてよく知っている場所に戻ってきた。だがザータリ難民キャンプに住むシリア人家族は事情がちがう。安全を求めて逃れてきた人たちであり、外国の土地に難民として暮らす彼らは厳しい管理下に置かれている。ヨルダン当局や国際援助団体など外部の機関は、助言者ではなく統治者であり、難民の生活に大きな影響を与える決定を下すのは、彼ら自身ではなく外部の機関なのだ。死亡者の人数ならザータリのほうが少ないかもしれないが、自分が主体となって生き方を決められるかどうかで見れば、ザータリの難民のほうがはるかに多くを失っているのではないだろうか。

どこの難民キャンプでも非公式の取引があたりまえにおこなわれるものだが、ザータリ難民キャンプは新しい店の数などの公式データを見ただけでも桁外れの勢いだということがわかった。そこで私は実際にザータリへ行き、買い物をする場所も食べるものも着るものも厳格な管理下に置かれているはずの彼らがなぜ、またどんなふうに活発な取引をおこなっているのか、確かめようと考えた。ザータリの才能豊かな起業家たちに会って、経済が破壊されたときに彼らがどうやって生活を立て直したのか、その秘訣についてインタビューを重ねるうち、ザータリ難民キャンプのシリア人が悪魔の双子のように怖れるもうひとつのキャンプがあることを知った。ふたつの難民キャンプの経済を比べることで、ちょっとした品物やサービスにしろ、人生の選択と自己の主体性にかかわるもっと重大なことにしろ、非公式な取引がいかに難民のニーズを満たすのに役立っているかを知ることができた。双子のキャンプはまた、外部機関が人にとっての経済活動の価値を理解していない場合、難民がいかに悲惨な状況に追いやられるかも浮き彫りにした。

大人6人に店1軒

2012年の夏まで、ヨルダン北部の小さな町マフラクから東に向かうと、数百キロにわたって、ただの荒れ野しか見えなかった。10号線に乗って町を出ると、道はひたすら砂漠を走り、やがてイラク国境を抜けてバグダッドに着く。だがいまはすっかり変わった。町を出て車で10分も走れば、右手に町が――といっても模型みたいに小さいのだが――とにかく町が見えてくる。近づくと、蜃気楼《しんきろう》ではないことがはっきりする。ただし白い家々は本当に小さい。後先考えずにつないだ電線がところどころ人の頭の近くまで垂れていて危なっかしい。周囲には有刺鉄線が張られ、ヨルダン人の警護兵が座って銃の手入れをしている。これがザータリ、行き場をなくしたおおぜいのシリア人がいまは〝ホーム〟と呼ぶ、急ごしらえの町だ。

ザータリ難民キャンプができたのは、南シリアのダルアーがシリア内戦の勃発場所となった2012年7月のことだった。ダルアーで暮らしていた10万の人たちは、飛んでくる爆弾から逃げなければならなかった。ダルアーの中心からキャンプまでは約50キロ、健康な大人の足でも12時間はかかる。難民の多くが、ダルアーよりはるかに遠い町や村からようやくたどり着いたのだという。多くの家族が夜通し歩き、年かさの子どもは親を助けて荷物を運び、小さな妹弟を背負った。戦闘が激しくなると、毎日数千人がキャンプに着くようになり、ザータリの人口は膨れあがった。2013年の4月には20万人に到達し、世界で最も大きく、最も速く拡張していった難民キャンプとなった。

そのころ、想定外のことが起こった。1日の新規難民が4000人ともなると、キャンプの運営機関である国連難民高等弁務官事務所（UNHCR）の人手がまったく足りなくなったのだ。あまりに多くの人が次々に入ってくるので、UNHCRは業務の合理化を迫られ、食料・水、健康・予防接種、警護にかかわる業務だけに集中することにした。従来の難民キャンプでは厳格に管理してきた住居の配置や店の軒数、ビジネスを許可する人数などの管理を手放したのだ。細かい管理がされなくなったことで、ザータリは無法地帯になり、小競り合いが頻発した。だが同時に、故郷で営んでいた店の縮小版をつくって、小規模でもここで経済を立て直そうと決意するシリア人が増え、非公式経済が花開くきっかけになった。

店主たちはまず、商売をテントで始めた。その後、難民の住居用としてUNHCRが木製のトレーラーハウスを運び入れたので、それを手に入れ、横壁を切って、小さな売店をつくった。まもなく、いたるところに店ができはじめた。食料雑貨店、タバコ店、ウェディングドレスのレンタル店、小鳥を売るペット店、自転車店、10代の若者をターゲットにしたビリヤードホールまであった。ザータリにキャンプができてわずか2年後の2014年には、1400以上の店ができていた。大人6人につき店がひとつある状況で、イギリスのような経済先進国よりもザータリのほうに店があふれていた。商店は驚くほどのスピードで増え、今日《こんにち》では3000を数えるという。ほかの難民キャンプでも商売をする店はある。たとえばケニアのダガハレ難民キャンプでは、ザータリに近い規模をもち、店も1000ぐらい営まれているそうだ。ただし、ダガハレは

世界の10大難民キャンプ
2010～2016年のピーク時の人数で比較

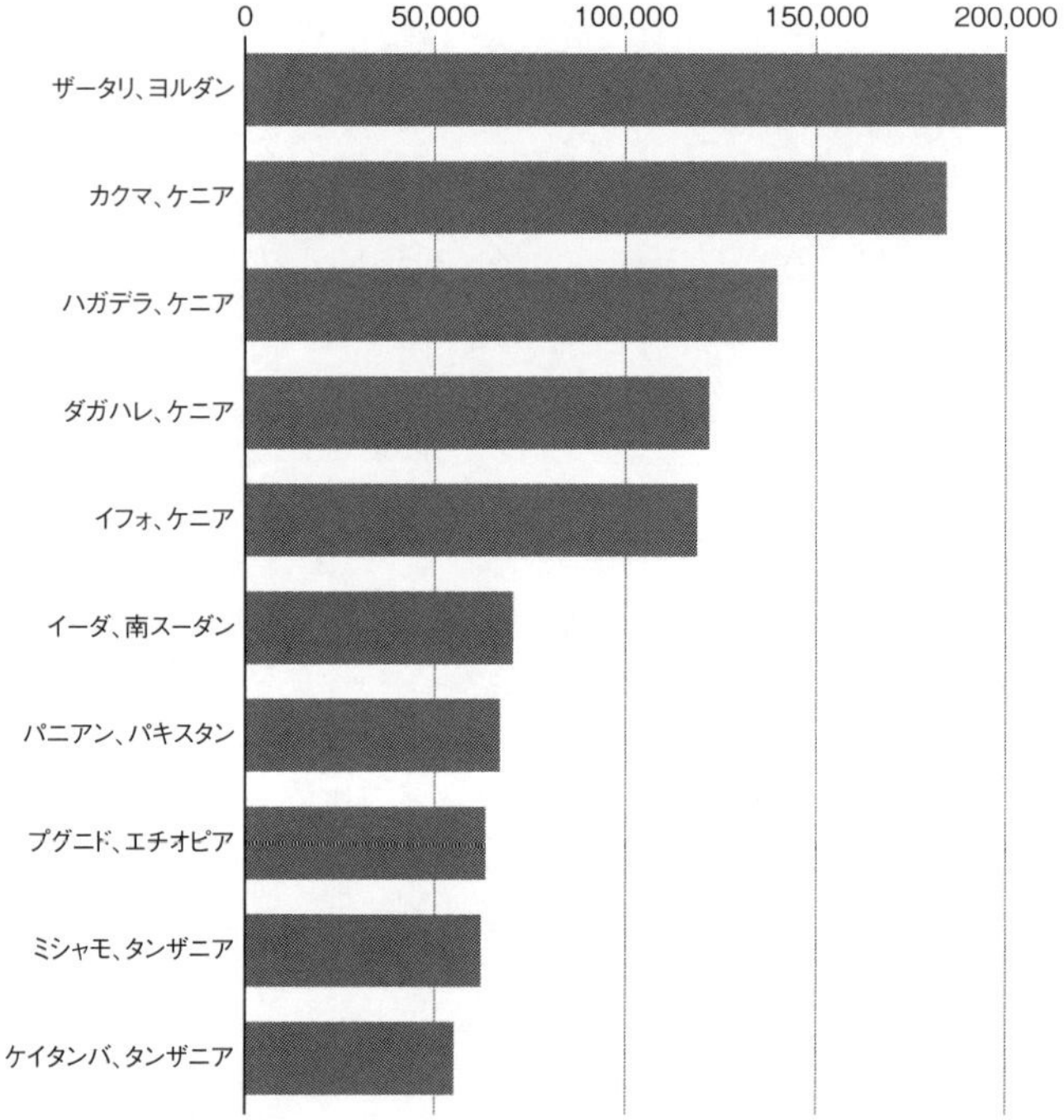

出典：UNHCR（巻末注記も参照）

設営から20年が経っている。ザータリにビジネスが生まれる速さとその規模はほかに類を見ない。

　経済の観点では、ザータリはうまくいっている。初期の数年は難民キャンプの就労率は65パーセントに達していて、フランスよりも高かった。ＵＮＨＣＲの推計によると、２０１５年前半の時点で、シリア難民が立ちあげた未認可ビジネスはひと月あたり合計１４００万ドル近くの売上があった。外部機関の手助けはほとんどなく、むしろキャンプ内での起業を邪魔されることが多かった状況からするといい、ビジネスの隆盛は当初から計画されていたことではなく、偶発的な動きが重なってそうなったようだ。だからこそ、ザータリは、解く価値のある経済のパズルなのだ。背中におぶった幼子以外にはほとんど何ももたず、夜通し歩いてキャンプに到着した彼らに、なぜこんなことができたのだろうか。私たちの暮らしにとっての経済の大切さについて、統治機関が助けるべきところとそうでないところについて、ザータリは何を教えてくれるだろう。

密売少年

ハレドと仲間の子どもたちがザータリにとってどれほど必要とされているか、それがわかるまでには少し時間がかかった。はじめに見えてきたのは、彼らが誰と対抗しているか、だった。訪問客がキャンプに着いてすぐにすることは、治安部隊のシリア難民支援局（ＳＲＡＤ）を訪ねることだ。ＳＲＡＤのなかでは、強面《こわもて》の係官たちがひっきりなしにタバコを喫《す》いながら、訪問客の許可証を検査する。彼らはキャンプの境界のパトロールもおこない、密売人の出入りを阻止しようとする。正規軍を除隊した者が多い治安部隊の彼らと、シリア人の密売少年たちとのあいだでは、毎日いたちごっこが続いている。

この越境ゲームではザータリの地形が少年側に有利で、監視人たちにはほとんど勝ち目がない。キャンプは南北に２キロ強、東西に３キロの大きな楕円形をしている。間に合わせの住居の列を歩いていくと、やがてザータリの境界に沿って取り囲む環《リング》のような、きれいに舗装された道路に突き当たる。正門とはちがって、有刺鉄線はなく、警備兵もおらず検問もない。環状道路の外は砂漠で、ヤギを飼って暮らすアラブ系遊牧民のベドウィンのテントがいくつか見えるほかはなにもない。砂嵐のなかを歩く準備ができている人なら、たやすくザータリのなかに入れるし、そこから出ていける。

ハレドたちにとって有利なのは、抜け穴の多いこうした境界線だけではない。ザータリは家族で逃げ込んできた者が多くいる場所なので、子どもがあちこちにいて、密売少年が溶け込みやすいのだ。キャンプは男女別になっているが、若いうちに結婚する人が多く、たくさんの子をもうける。はじめの4年間だけでザータリで6000人が生まれ、難民のうち4万5000人は18歳になっていない。なめらかに舗装された環状道路は、数少ない贅沢を感じられる場所であり、ボール遊びをするにもぴったりだ。小さい子は自由に走り回り、10代の子は自転車を乗り回している。この大集団のなかで密売少年を見つけるのは不可能に近い。

ハレドと仲間たちの暮らしを見ていると、ほしいものがあっても手に入れられない人たちがいるときに、ルール違反ではあるが非公式なサプライチェーンが自然発生的につくられ、大きなパワーをもつことがよくわかる。密売人の存在が重要なのは、キャンプ外にある物品への巨大な需要を満たしてくれるからだ。キャンプの外縁のそばに住む、黒い服と青いヒジャブを身に着けたラーナ・フーシャンは、夕食のタッブーラ・サラダと挽肉料理のクッバを用意しながら言った。「ほしくないのに缶詰の牛肉はある。ほしいのにシャンプーはない。だからあの子たちが交換を助けてくれる」。密売少年たちが国境商人の役割を果たすのは、ザータリが一般の国々の経済と同じように輸入品と輸出品のある〝国〟と考えられるからだ。ほかの経済と同様に、ここのキャンプにもビジネスに勢いをつける経済のエンジンがある。ザータリにおけるそれは、キャンプ内にある〈タズウィード〉という巨大な店だった。

奇妙なスーパーマーケット

〈タズウィード〉はある面ではスーパーマーケットだ。ただし、ザータリの極限《エクストリーム》経済では、金をもって店に行き、ほしいものを買うふつうのスーパーマーケットとは真逆に動く。難民キャンプに住む家族は金をもたずに〈タズウィード〉に行き、ほしくないものを買い、その日の終わりに金を払いにまた店に行く。部外者から見れば奇妙な行動の連鎖が起こっている。ここが理解できれば、ザータリの謎はかなり晴れる。

このスーパーマーケットは個人が所有し、営業している。税金を払い、地代も払っている。3キロほど離れたキャンプの端に、もうひとつのスーパーマーケット〈セイフウェイ〉があり、こちらはUNHCRの綿密な計画のもとに建てられた店だ。スーパーマーケットがふたつあれば、難民から不当に高い金を絞り取るような独占を防止できる。食糧支援をおこなう国連の世界食糧計画（WFP）や、人権保護のセーブ・ザ・チルドレンのような援助団体にとってもこれは望ましい話だった。買う場所の選択肢が増えるので、難民にとってもいい話のはずだった。

スーパーマーケットはふたつとも、キャンプのすぐ外を走る環状道路のそばにある。住居が密集しているのはキャンプの中央付近なので、そこから買いに行くにはかなり歩かなければならない。近くの砂漠で暮らすアラブ系遊牧民のベドウィンがピックアップトラックをもっていて、キャンプのなかで非公式な乗り合いタクシーを営業している。ベドウィンのひとりで50代のアブー・バクルがトラックを停め、婦人5人を乗せる。それで席はいっぱいになったので、私と同行者は荷台にまわり、すでに積んであった工具類や穀物袋、シリア人の6歳の少女ナシムといっしょになった。ナシムの母親は少し英語を話し、娘の名前が「さわやか」「そよ風」のような意味だと教えてくれた。

〈タズウィード〉の建物は簡素なつくりで、大きな納屋に近い。金属板で組んだ桁《けた》に金属板の壁とトタン屋根がボルトで留められている。通路を裸電球が照らすだけで、内部は薄暗い。倉庫では、アラブ首長国連邦からの輸入品、植物性食用油の巨大な缶を積んだ金色に輝く壁をはじめ、積み重ねられた売り物が内装を兼ねていた。小麦や砂糖、塩などの袋でつくった巨大な間仕切りもあちこちにあった。

飾り気のない武骨な見た目とは裏腹に、この店には目利きの買い物客を喜ばせるさまざまな工夫がある。シリアでは茶を飲む文化が大事にされており、〈タズウィード〉には、100袋1・29ヨルダン・ディナール（約1・80ドル）のインド産や、500グラム2・40ディナールのスリランカ産アルガザリーンの茶葉などがそろっていた。豆類も10種以上から選ぶことができる。甘いハルバの塊や、タヒニというゴマのペーストなど軽食・菓子類も並ぶ。レジのそばには、チキンスープの入った小袋や、ビーフ味のポットヌードルといったちょっとした品が置いてあった。

どこの国にも見られるテクニックで、金を払う直前の客の目につくようにして、もうひとつ余分に買わせようとしているのだ。

〈タズウィード〉に来る客の最大の特徴は現金をもっていないことだ。代わりに、クレジット（使える金額の枠）の入った電子カードを使い、精算時に、買った品物の合計額がカードのクレジットから引かれるようになっている。〈タズウィード〉の店主は、元陸軍将校の50歳のヨルダン人、アーテフ・アル・ハルディだ。気さくな彼は私たちについてくるようにと身振りで示し、倉庫の裏へまわり、店名が彫られた大きな噴水を過ぎて、彼の事務所へ行き、日々人口の変わる難民キャンプでいかに食料品の量を調整しているかを見せてくれた。パソコンの画面には、難民の人数を把握しているＷＦＰの立てた月間計画が表示されている。ほかの難民キャンプが近くにできたことで、ザータリの過密問題はかなり緩和され、２０１６年には難民の数が8万人に減った。画面によると、クレジットが割り当てられる人数は７万３０００人、その月の合計で約１４０万ディナールがカードに送られている。あとでＷＦＰが、店で使われたクレジットに応じた額を〈タズウィード〉と〈セイフウェイ〉に補償するのだ。援助団体からの資金が難民のところでとどまらずに直接、店のオーナーに行く仕組みだ。ザータリはかなり早い段階からキャッシュレス経済だったのだ。

店主のアーテフによると、毎月、ひとりあたり20ディナール分のクレジットが家族共同で使うカードに送られる。子どもも数に入るので、夫婦と子ども３人の家族の場合、１００ディナール分を毎月受け取ることになる。店が営業を始めた当初は、長い列ができ、押し合いやら喧嘩やらがしょっちゅう起こった。新しいクレジットが入るとすぐに、みながいっせいに店に来るので、「まるで、1カ月のあいだ食べていない人たちが食料に飛びつくような騒ぎ」になってしまったそうだ。そこで、WFPに頼んでクレジットの支給日をジグザグにずらしてもらった。パソコンの画面を見ると、11月2日に9人以上の大家族にクレジットが支給され、その2日後に8人家族、その2日後に7人家族と日にちがずれていた。ひどい衝突はなくなり、毎日の客数が均《なら》された。「このシステムは人間らしく、品位と節度をもって買い物するのにいいと思うよ。買いたい品をゆっくり選べるしね」

キャンプの住民はどちらのスーパーマーケットで買うかを選べるが、買い物の自由は電子カードシステムのもつ別の仕組みによって少し制限される。個々のカードは、5つの独立した「財布」に情報を保管している。銀行口座の資金を別の使い途《みち》に振り分けるようなものだ。厳しい砂漠の冬に備える時期になると、暖かい衣服を買うためのクレジットとして、ユニセフがひとつの「財布」に20ディナールを送る。この情報を得た店は、納入業者に上着や帽子や手袋の注文を出す。同じカードでも「財布」間でのクレジットの移動はできないので、冬用衣服のクレジットを食料に使ったり、その逆に使ったりすることはできない。

このトップダウン式の経済設計は、よく考えられているように見える。電子的にクレジットを管理することで、当局は、毎月たとえば食料品がいくら買われるかを把握できるし、クレジットで買える品を具体的に指定することで、援助団体からの意向をそのまま反映させることができる。イスラム圏の国がどこもそうであるようにザータリ難民キャンプでは飲酒の習慣はないが、男性はよくタバコを喫う。援助団体は支援した金がタバコに使われることは喜ばないので、当局は、タバコの購入を禁止するわけではないが、電子カードのシステムを活用し、かなり少ない選択肢しか提供しないようになっている。つまり、援助団体から資金の出ない品目については、店側で品揃えを絞るのだ。「きょうはいいシャンプーが入ったよ。だけど、うちにはタバコはないよ」

非公式のキャッシュフロー

ラーナ・フーシャンの間に合わせの住居では、家族がマットの上に座り、茶とソーダを飲みながら、キャンプでの暮らしと、シリアに戻れたあとの暮らしについて話していた。突然、窓から手が2本突き出され、ラーナの膝の上に機嫌よく笑う丸々とした赤ちゃんがおろされた。一瞬ののち、同じ服を着た瓜ふたつの赤ちゃんが、ラーナの隣の膝の上へ。みなが歓声をあげた。きょとんとする双子の赤ちゃんの母親サマハーが戸口から入ってきた。サマハーはラーナの家族と昔からの友人で、ザータリに着いてまだ日が浅い。

ラーナとサマハーは30代半ばで、高い教育を受けている。シリアにいたころ、ラーナは教師を務め、英語の学位をもつサマハーは大学で働いていた。ふたりは私に、難民キャンプでの買い物の不満を教えてくれた。小さな子どものいるふたりは、シャンプーや歯磨き粉、ウェットティッシュが必要だった。だが、必需品に思えるこうした品々は、散髪もそうだが、電子カードシステムでいつも買えるとは限らなかった。しかも、ここのスーパーマーケットで売られている品は、とくに食用油と豆類は、シリアのものより質が悪いという。彼らがいちばん苛立つのは、健康と安全に関して当局が決めた横柄なルールだ。シリア人の食生活にヨーグルトは欠かせない。子どもは毎朝、野菜といっしょに食べるし、夕食時には全員が副菜にレブネ（ヨーグルトからつくったチーズ）を食べる。シリアで暮らしていたころは、近所の女性から手作りのヨーグルトを安く分けてもらっていた。だがザータリでは衛生上の理由から禁止されているのだ。代わりに、当局は粉ミルクと粉ヨーグルトを推奨するが、ラーナたちは質が悪すぎて値段が高すぎると不満だ。

ザータリの公式経済は、外部機関の管理下で人工的につくられたものなので、需要と供給をマッチさせるという市場の役割を充分に果たせていない。難民の切望する品が棚にないことだけが問題なのではなく、誰も買わない品が棚いっぱいに並んでいることも問題なのだ。たとえば、〈サンシャイン〉や〈サニーシー〉ブランドのマグロ缶、イタリア・コーナーに置かれたマカロニやスパゲティなどのパスタや多種多様なトマトソース類は、もともとシリア人はあまり食べない。さらに的外れなのがコーヒーだ。シリア人がふだん飲むのはアラビアコーヒーで、奮発したいときには彼らが最高だと考えているトルココーヒーを選ぶ。だが店に置いてあるのは、フレンチプレスで淹れるブラジルコーヒーなのだ。こうした品々は、援助団体の表計算シートを埋めるのには役立つだろうが、シリア難民の嗜好や望みを考慮していない。

〈タズウィード〉と〈セイフウェイ〉では、難民に喜ばれる品も売っている。ソラマメの水煮缶や、ソラマメを植物油と香辛料で調理した品は人気があるし、その場で新鮮な肉をカットして売るコーナーもある。ただし難民たちは値付けがおかしいと言う。たとえば、ロールキャベツふうに具を巻くときに使う、マルフーフという大きな緑色の野菜がある。安くて味がよくて、昔からシリア人の食卓には欠かせない品だが、〈タズウィード〉の店頭では大きなマルフーフ2玉で1ディナールする。キャンプの外では1ディナールあれば10玉買えるのに。

ザータリ難民キャンプと外界との値段の大きな差は、探せばいくらでも見つかる。キャンプ内の粉ミルクは非常に高価で、ニュージーランドから輸入された2・25キログラム入りの大袋が9ディナールで売られている。つまりこれを買えば、電子カード1カ月分のクレジットが半分近くなくなってしまう。デルモンテの小さなトマト缶は半ディナールだが、キャンプの外では地元の農業従事者がもぎ立てのトマトを大きな袋いっぱいに詰めて、その半値で売っている。スーパーマーケットの立地もこの法外な格差を広げている。食用油の缶や、小麦や塩の袋は重いうえに、難民には高齢だったり身体が不自由だったり、子ども連れだったりする人が多い。スーパーマーケットで買い物をするということは、アブー・バクルの非公式の乗り合いタクシーか、密売をしていないときの密売少年に金を払って荷を住居まで運んでもらうということなのだ。

だからザータリの住民はスーパーマーケットがあまり好きではなく、店主たちの品揃えの工夫が空振りになることも多い。それでも電子カードに入っている当月の食費はよそでは使えないので、住民は〈タズウィード〉か〈セイフウェイ〉に行かざるをえない。人工的な経済システムのなかで生きる難民たちは、ある程度の買い物の自由はあるが、その自由はキャンプを運営する当局が定めた枠のなかのものだった。

だが、窮すれば通ず。〈タズウィード〉のレジの近くで、奇妙な光景を見た。買い物カゴの中身がどうもふつうではない。缶詰や茶やコーヒー、野菜、肉など、いつもどおりの買い物をしている人もいくらかはいるが、多くの人はカゴのなかに、ひとつの品だけを大量に入れている。値段が高すぎると悪口を言われる粉ミルクもなぜか、棚から飛ぶようになくなっていく。不意にザータリの謎が解けた。密売少年のハレドの儲けの大きさから、露天商の数の多さまで、すべてがカチリとはまった。これは管理された経済ではなく、現金経済なのだ。難民たちは電子カードの別の使い方を見つけていたのだ。

当局支給の、使い勝手の悪い電子カードを現金に換える方法はシンプルだ。まず、自分の電子カードを使って9ディナールで粉ミルクの大袋を買い、密売少年に現金7ディナールで売る。密売少年はSRADの監視の目を盗んでキャンプの外に出て、車で通りかかったヨルダン人に8ディナールで売る。取引成立で、ヨルダン人は市価9ディナールの粉ミルクを1ディナール安い8ディナールで買えてハッピー、密売少年も1ディナールの儲けが出てハッピーなのだ。難民にとって重要なのは、管理された経済のなかで支給される9ディナール分のクレジットが、キャンプ内で好きに使える現金の7ディナールに化けることだ。しかもザータリには売り手のアイデアにあふれた品々が豊富にそろっている。

起業率42パーセント

エコノミストは、ある国のビジネス環境の指標として、既存会社の数に占める起業した会社の数、いわゆる「起業率」をよく参照する。ある1年で区切った場合、アメリカのそれは20～25パーセント、とくに起業が盛んな地域では40パーセントにのぼる。ザータリでは、２０１６年の起業率は42パーセントだった。シリア難民は、もしこのキャンプが国だとしたら、世界の起業しやすい国のトップにランクインするほど、多数のビジネスを起業してきたのだ。ザータリの起業家たちは、気さくで人づき合いがよく、仕事のこつやスキルを分け合っている。

キャンプでビジネスをする際の第1のルールは、立地が命ということだ。キャンプの奥深くへとつうじる大通りは、ＵＮＨＣＲの正式名称では「市場通り1号」だが、住民は「シャンゼリゼ」と呼ぶ（キャンプを運営する各種支援団体の拠点が近くにあり、そのうちのひとつ、フランスの援助機関による病院の近くからこの大通りが始まっているためだ）。新たにキャンプに着いたばかりのシリア人や勤務時間外の援助団体の係官など、多くの客がひっきりなしに通りを歩いては、丁寧に淹れたコーヒー、散髪、ウェディングドレスのレンタル、揚げだんご《ファラフェル》、肉の直火焼き《シャワルマ》など大量の物品やサービスのなかから好きなものを選んでいる。

キャンプに入って2、３００メートル進むと、ほとんどの人がシャンゼリゼから住居地区のある東へと曲がる。公式には「市場通り2号」のこのにぎやかな通りは「サウジ・ショップ通り」と呼ばれる（ここで営業している店は、サウジアラビアが支援したトレーラーハウスを使っているからだ）。大通りに近い店は衣服やテレビ、ＤＩＹの材料、自転車など耐久消費財を売っている。サウジ・ショップ通りをさらに行くと、人の数は減り、あたりはザータリ版「郊外ショッピングセンター」になる。住居の増築に使うような金属の支柱や工具、木材などを売っている。

ムハンマド・ジェンディがサウジ・ショップ通りにもつ衣料専門店は、ザータリの通り沿いの店のなかでも最大級だ。彼の商売のコツは、消費者のニーズを正確に収集することで、商品を仕入れるまえに友人や近隣の人たちに意見を聞いてまわる。キャンプで暮らすようになって最初のうちは住環境が厳しく、難民は誰もが過酷な冬を乗り切るために暖かい厚手の上着を求めた。だが、住環境が少しずつととのってくると、個性を表現できる衣服へのニーズが高まっていった。ジェンディはいま、男性用のカラフルな上下のトレーニングウェアやジャケット、さまざまなサイズのジーンズを売っている。女性用にも、ショールやハンドバッグ、ハイヒールなどを豊富に取りそろえている。

サウジ・ショップ通りをもう少し進むと、ザータリ一《いち》の自転車店と聞く店が見えてきた。この店のオーナー、カシーム・アル・アーシュも、店がうまくいっているのは個人の好みに合わせたからだと言う。難民は自動車やオートバイをもつことは許されないので、キャンプ内はたくさんの自転車が走り回っている。そのなかにはオランダから寄付されたハイブランドの５００台も含まれている。この寄贈自転車は人気が高く、売れば２００ドルになる。ひとつ問題なのは、寄贈自転車はどれもデザインが同一で、色も黒か紺しかなく、見た目で区別できないことだ。

そこでカシームは、客が好みに合わせて自転車を飾れるように、派手な色のスプレーやベル、刻み目のついたグリップなどを用意した。彼自身の愛車はすこぶる美しい。オートバイに似せた頑丈なつくりで、明るい黄色と赤のストライプ、反射鏡、ハンドルにはスピードメーターとタコメーターが並び、両側面に一対の排気管までついている。うしろに貼ってある大きな「ＶＩＰ」マークについて尋ねると、彼は言った。「だって私はビジネスマンだからね」

ザータリへ来た難民はこの場所に順応しなければならず、そのためもあって、故郷にいたときの職業と何かしら関係のある仕事を選ぶことが多い。衣料店主のムハンマド・ジェンディは、シリアでは小さなスーパーマーケットを経営していたそうで、衣料品についてはほとんど知らなかったが、小売業の知識はあった。自転車店主のカシーム・アル・アーシュはもともと機械の技術者で、難民キャンプには自動車がないところに目をつけた。はじめは電気技師として住居に照明をつけたり修繕したりしたのち、自転車業に切り替えた。近隣の起業家ターリク・ダーラも自分のスキルをちがう業種に生かしたひとりだ。故郷で住宅を設計していた彼はいま、キャンプ大手の建具屋を経営しつつ、大工仕事も請け負っている。

だが商売の風向きが厳しく、ダーラはこの選択をちょっと後悔している。問題は、彼の商品が長持ちしすぎることだ。難民の生活は厳しく、金の余裕はないため、みな家具をとても大事に使う。ひとたびベッドや食器棚などを買えば、もうダーラの出番はなくなるのだ。「何度も買いに来てくれるように工夫すべきだとはわかっているが」。ムハンマド・ジェンディもうなずく。ジェンディは需要が増えるように売る服のスタイルや色を大胆に変えている。

欧米のＭＢＡコースでは、起業を目指す学生たちが自動車製造に加えて飛行機のエンジンを売り、それらの保守サービスでも稼いでいるロールスロイス社の成功事例や、最近とくに注目されている音楽、衣服、食料などのサブスクリプションモデルについて学んでいるが、シリアの起業家たちはＭＢＡで教わるようなことをすでに、顧客をリピートさせる現場の知恵として実行している。私と話をしながらも、カシームは顧客の古びた自転車のライトをハンダづけで修理していた。ここが自転車ビジネスのおいしいところだ。自転車が1台売れれば、修理に来る将来の客も同時に確保したことになる。

ザータリの起業家たちはコストに敏感なうえ、事業環境にも恵まれている面がある。というのも、電力は往々にして主電線からの非公式な分岐で手に入るし（つまりは盗電だ）税金も取られないからだ。ザータリは、運命の流れでそうなったとはいえ、結果的に中国のような国が経済振興策として設置する経済特区的なものによく似ている。長期の持続性を求めていない場合、経済拠点を効果的に立ちあげるには、新規参入の壁を低くし、起業コストをできるだけ抑えることが大事なのだ。いったんスタートすれば、ザータリの店主たちは、いかに効率よくビジネスをまわすかを各自で追求する。たとえば、ハサン・アル・アルシのベーカリーが成功した秘訣は規模の経済だという。木の実を包んで焼いた小さなペストリー「クナーファ」の人気が高いと見るや、クナーファとそれに似た品を大量につくり、コストダウンを図る。焼きあがれば、本店で売るだけでなく、従業員がトレイに載せてキャンプ内の離れた場所にある4つの支店へと運んでいく。故郷シリアの味のものはよく売れるので、まもなく彼は5つ目の支店を出す予定だ。このハブ・アンド・スポーク方式は、ウーバーの創業者トラビス・カラニックがいままさに追求している「ダークキッチン」（別名「クラウドキッチン」）モデルそのものだ。

ほかの起業家たちも、失った故郷を懐かしむ難民の気持ちをビジネスに生かしている。ハミド・ハーリリのスイーツ店では、チョコレートエクレアに似た「チコ」も主力商品のひとつだが、彼が最も誇りをもって売るのは、シリアから取り寄せた本物のムラバス――アーモンドの周りを砂糖で固めた菓子――だ。ハミドによると、シリアの首都ダマスカスはこうした菓子の本場として有名で、断食月《ラマダーン》の終わりを祝うイード・アルフィールでみなが贈り合うそうだ。

店主たちは難民がシリアを恋しく思う気持ちが商売に役立つことを認めるが、リスクもあると言う。戦闘がダルアーの北500キロほどのアレッポに移ったころ、ザータリで暮らすシリア人の故郷の村の一部が安全になったとの知らせが届き、2015年に祖国への帰還が始まった。そのため、当局の予測よりも速い勢いでキャンプの人口が減っている。故郷に戻るという理由で友人がキャンプから去るのは、残る者にとってもうれしいことだ。キャンプを運営する当局も、もともとザータリの過密を心配していたので、人が減るのはありがたいことだった。だが残るシリア人にとっては不安も湧いてくる。人が減るということは、キャンプの客が減ることであり、非公式経済を担ってきた働き口も減るからだ。

うれしくない理由でキャンプを去る者もいる。ヨルダン政府とＵＮＨＣＲは、個人のスキルをビジネスに変換したり、当局支給のクレジットを密売人経由で現金に換えたりする非公式経済のうえに成り立つ、シャンゼリゼ通りのにぎわいを快く思っていなかった。管理できないほどザータリが大きくなってしまったために、２０１４年に当局は新しいキャンプを開設した。この新しいキャンプはザータリによく似ていたが、ザータリの住民からすれば一種の暗黒世界のようなところがあった。よそのキャンプについて話すことはほとんどないが、話すときにはみな声を低める。難民のなかには、あっちのキャンプに送られるぐらいなら戦争中のシリアに戻るほうを選ぶと言う者すらいる。起業家たちのホットスポットであるここザータリで、ルール外の活動や密売に手を染めている者にとっては、あっちのキャンプでは大きなリスクにさらされることになるだろう。ここで、いったんザータリを離れ、もうひとつのキャンプ、アズラクを見てみよう。

アズラクの内側

オアシスにつくられた理想のキャンプ

ザータリのシリア難民がヨルダンで2番目に大きいアズラク難民キャンプを怖れるのは皮肉だ。数千年のあいだ、東ヨルダンのアズラクはあたり一帯の天国だったからだ。乾燥した大地にある唯一のオアシスで、町の名前もアラビア語で「青い」を意味する。この地の水は、砂漠の下の多孔質《たこうしつ》岩からなる帯水層を何百キロも運ばれ、いくつかの川となり、巨大な沼に流れ込む。ヤシの木やユーカリの木が茂り、渡り鳥や、平原を移動する野生の馬やバッファローの群れが見える。シリア難民が故郷を語るときの、豊かな緑の大地に似た風情がある。

アズラクが休息と癒やしの地になったのは豊富な水があったからだった。南アラビア（現在のイエメンあたり）からシリアとトルコを経てヨーロッパを目指す香《こう》の道と呼ばれる道を行く商人たちは、この地で足を止め、芳香性樹脂のフランキンセンスやミルラ、香辛料を積んだラクダに水を飲ませ、旅に必要なものを買い足した。昔の兵士たちもアズラクで身体を休め、3世紀には、アズラク城を築いたローマ人もこの地にいた。アズラク城はアラビアのロレンスの「青い砦《とりで》」となり、彼はダマスカスでオスマン帝国軍の要塞に最終攻撃を仕掛ける直前の1917～1918年の冬にここに身を隠している。

今日《こんにち》のアズラクはオアシスなどではない。ヨルダン人は1960年代から首都アンマンで沼の水源を大量に使いはじめ、20年で枯渇させてしまった。バッファローも野生の馬も消えて久しく、渡り鳥はどこかよそへ行ってしまった。だが、変わらないものもいくつかある。アズラク城はいまも残り、足腰の強い少数の旅行客が訪れている（アズラク城は〝城めぐり〟コースに組み入れられていて、旅行客は車で周囲を走ることもできる）。町の役割は昔と同じ、商人と兵士の休養と癒やしの場だ。油を積んだ何百台ものタンクローリー――車体はどれもメルセデスベンツ――が、運転手が食事をとるあいだ、高速道路の脇にずらりと並んでいる。

アズラクの難民キャンプは町の中心から25キロほど郊外にあり、2018年の時点で4万人のシリア難民が暮らしていた。アズラクとザータリに比べると、シリア人が行く可能性のあるほかのキャンプはずっと小さい（ザータリに近いムラジーブ・アル・フード・キャンプの収容人数は4000人ほどで、小規模なキャンプとしてはこのぐらいがふつうだ）。そのため、シリア難民がキャンプについて話すときにはだいたいこのふたつのどちらかを指す。ザータリと同様にアズラク難民キャンプも極限《エクストリーム》経済の場所だが、その極限さがザータリとは逆方向であることが多い。

難民がアズラクを怖れると聞いて、私は不思議だった。ヨルダンに着くまえに調べたかぎりでは、よさそうな場所に思えたからだ。緊急の必要に迫られて行き当たりばったりにつくられ、無秩序に膨れあがっていったザータリとはちがい、アズラクは綿密な計画に基づいて設計されたキャンプだった。新聞や公式の文書には、当局が「ザータリの教訓をアズラクに生かした」と書かれている。たとえばアズラクでは、中心地にごたごたと密集しないように、いくつかの「村《ビレッジ》」に分け、村と村のあいだには充分なスペースを設けた。整然と村が並ぶので、ザータリの「なんとか街」とか「なんとか通り」の呼び名が適当につけられていった雑然としたキャンプよりも暮らしやすい場所のように聞こえる。

2014年4月の開設に合わせて、アズラクにはほかにもさまざまな改善が施された。たとえば住居は、土中に固定された基礎の上に、しっかりした骨組みを載せた頑丈なつくりで、ザータリの窮屈なトレーラーハウスやテントに比べればずっと広々としている。電力事情もよくなり、どの住居にも冷蔵庫と照明と扇風機を使うのに充分な電力が送られることになっていた。こうした恩恵には当然コストがかかり、建物や道路、電線などに6350万ドルが費やされている。投資額の大きさからも、アズラクがシリア難民にとっての真の保護区になることが約束されているように見えた。

　じつのところ、アズラクでとりわけ際立っていたのは、イメージ戦略がうまくいったことだった。内実がわかったのは、温厚そうな広報担当と会ったときだ（ヨルダンではここだけが、広報担当が必要な場所だった）。広報担当のおもな仕事は、余計なことを聞かれないように会話の流れを管理し、車が第5ビレッジに近づかないような道を選んで運転し、みなさんに関心をもっていただくような特別なことはここには何もないですよと繰り返し言うことだった。私の得た取材許可書には、どこでインタビューしてもよいが第5ビレッジを除く旨が書いてあり、第5ビレッジには何か特別な事情があるのかと質問したら、現地のシリア難民支援局（ＳＲＡＤ）の主任係官にいきなり激怒された。

　アズラクの実際の姿は、小さな集落がネットワーク化されているというよりは、鉄格子のない巨大な監獄のようだった。ここのビレッジ方式は当初は小さな集団のなかで密なコミュニティづくりを促す目的だったかもしれないが、私が見たかぎりではむしろ分断を助長する方向に作用していた。第5ビレッジは避難所ではなく、厳重なフェンスで囲まれた隔離場所で、イスラム過激派組織ＩＳＩＳの拠点があるとされる町から到着した難民を子どもともども、他の難民と隔離するための施設だった。アズラクの売りであるはずの電力は粗末で、数千戸の住居は電線に接続しておらず、接続している住居もしょっちゅう停電していた。私はアズラクを訪問してすぐ、シンプルなルールに気づいた――当局から何か言われたら、だいたいは逆が真実だと思うべし。

村か監獄か

アズラクが難民にとってほかよりも好ましいキャンプだという考えは、正面ゲートをくぐった瞬間に消えた。ザータリの正面ゲートも親しみやすくはなかったが、監視人のライフル銃は農業従事者が畑を護るためにもつようなちゃちなものだったし、しゃべりながらタバコを喫う少年と若者たちの肩にゆるくかけてあるだけだった。だが、アズラクのゲートはまさに軍事基地のそれだった。監視人は、大きなサブマシンガンをきっちりと胸に留め、汚れひとつなく完璧に磨かれた軍用ブーツを履いている。しゃべったりタバコを喫ったりする者はおらず、フェンスは背が高く頑丈で、ゲートの隣には、日よけの陰に装甲車が駐まっていた。

90分待たされたあと、キャンプ内をガイドする広報担当が現れた。いっしょに車に乗り込み、丘を越えて2キロほど走ったあとで、ようやく居住地が見えてきた。そこは大きくて浅いボウル状の土地だった。住居はなだらかな縁《ふち》に沿って並び、ボウルの底の中心には病院と大きなモスクがあった。離れたところから見ると、住居も道路も縦横が格子状にきれいに並び、緻密な都市計画に従って設営してあることがわかる。シリア難民の住居は鈍い銀色と白に塗られ、砂漠の赤っぽいオレンジ色と対照をなしている。幾何学的な対称性と秩序がミニマリズムの美を放っていた。

だが間近で見るとあまり快適そうではない。格子状のつくりは、シリアにしろ世界のどこかにしろ本当にある村のようには見えないし、計画に沿ったやり方は――ここアズラクではだいたいがそうだが――難民をいたわるというよりは管理しようとする当局の思惑が勝っている。人工的な経済が、自然発生した非公式経済に取って代わられたザータリでは、商店にはたくさんのＤＩＹやガーデニングの材料が並び、難民は自分の住居の外壁を鮮やかな色に塗り、飾りつけ、小さな庭に何かを植えていた。だが、アズラクにはそんなものはない。壁はどれも銀色と白の当初の色のままで、地面は乾燥しすぎていて何も育たない。清潔できっちりとした空間はやがて気を滅入らせ、人を威圧する感じで迫ってくる。アズラクにもそこを取り巻く環状の道路らしきものはあるのだが、木は植わっていないし、遊牧のベドウィン族のテントも見えないし、農場もほかの建物もない。砂漠の数百メートルほど先で、少女が小さな子の乗った頑丈そうな手押し車を押していた。砂漠の迷子のように見えた。このわびしい場所はザータリから車で１時間半しか離れていないが、ちがう世界に飛んだようだった。

管理主義がもたらしたもの

ナスリーン・アラワドは39歳、優しく温かい目をした難民だ。足首までの黒いローブを着て、淡いブルーのスカーフを頭に巻いている。高い裏声のような個性的な声で、きれいな英語を話す。ほとんどのシリア難民と同じように彼女もイスラム教スンニ派だ。女性でも握手をいとわない難民は多いが、彼女は握手を好まず、最初に会ったときに女性への挨拶の仕方を教えてくれた

――両方の掌《てのひら》をゆっくりとのどの下あたり、胸の真ん中にもっていくのだそうだ。ナスリーンはよく笑い、話し好きな明るい性格で、訪問者に自分の家族といまの暮らしを紹介することを楽しんでいる。彼女がシリアから逃げ出したのは２０１３年の1月1日だった。

シリアにいたころのナスリーンは学校の教師だった。ダマスカス大学で英語学を学び、大学院で修士号を取得したあと、ダルアーの北23キロのところにある小さな衛星都市アル・シャイフ・ミスキーンに引っ越し、そこで10年間、英語を教えた。彼女の故郷はダマスカスとダルアーのあいだを走る道路のそばにあり、戦略的に重要な位置だったことから戦争の中心地のひとつとなってしまった。ナスリーンと夫のサミアと14歳の息子ムハンマドが町から逃げたのはぎりぎりのタイミングだった。２０１４年に故郷の町は激戦地となり、数千人の兵士が戦い、２００人が落命したとされる。２０１６年にもこの地で激烈な戦闘が起こっている。

ナスリーンが私を案内した場所は、アズラクにひとつしかない商店街で、まだ新しかった。当局ははじめ、全体計画に含まれていなかったからという理由で、いかなる種類の市場の設置も拒んでいたが、難民からの不満に押されてしぶしぶ許可したのだ。ただし、自然発生的な自由市場を認めるのではなく、店の数はぴったり１００軒までとし、住居と同じように格子状に整然と並ぶようにと命令を下した。ザータリ難民キャンプで非公式ビジネスが繁盛しているニュースはヨルダンじゅうに広まっていたので、地元のヨルダン人の会社もアズラクのシリア難民に自分のところの商品を売れるようにしたいと陳情した。公正を期すため、店になる小屋には番号を振り、たとえば奇数はシリア人の店、偶数はヨルダン人の店、という具合に割り振ることになった。

ナスリーンといっしょにアズラクの最も新しい店に行ってみた。若いシリア人店主のモハイド・マラバが小鳥を売るペットショップだった。一番人気は歌声の愛らしいカナリアで、店主のモハイドはアンマンの業者にアズラクまで商品を運んでもらうように交渉したという。小鳥1羽とカゴで18ディナールという値段は、ザータリの店主たちと同じく、リピート販売を狙って設定した。「1度目は鳥を売り、2度目は餌を売る」。ナスリーンは小鳥が歌うように楽しそうに笑い、それはいい考えね、わたしも1羽買えるように貯金するわ、と言った。だがそれまで店があるだろうか。客足が絶望的に少ない。私たちを除けば、市場の客は世界保健機関（WHO）の体格のいい職員がひとりいるだけで、その客も興味があるのは肉の直火焼き《シャワルマ》の店だけだった。

そのあと、ナスリーンの住居へ車で向かっているとき、アズラクの緻密な計画にはいい面もあって、自分たち家族がその証拠だと話してくれた。夫が爆撃のせいで負傷し、歩行が不自由なため、ナスリーン一家には優先的に道路脇の住居が与えられたのだ。住居に着いたときに夫のサミアは玄関近くに置いたマットレスに座っていた。いまはこうしていることしかできないと言って、傷を負った経緯を話してくれた。

サミアはナスリーンと息子ムハンマドとともにシリアから脱出した。だが数日後、妻と息子を近隣の村の安全なところに隠し、彼自身は貴重品や衣服をもち出すために再びアル・シャイフ・ミスキーンの自宅に戻った。そのときにあたりが空爆され、近隣の家11戸が破壊された。彼の家も壁のひとつが爆風で吹き飛ばされ、家を支えていた金属の桁《けた》が彼の脚をつぶしたのだ。マットレスの上でサミアは大きめのトレーニングウェアのズボンをまくりあげ、脚を覆う瘢痕《はんこん》組織と何回か受けた手術の縫い跡を見せてくれた。杖に頼り、ひどく脚をひきずらないと歩くことができない。だから、どういう場所に住居が与えられるかがとても大事だったの、とナスリーンが言った。ザータリの管理されていない経済では、住宅市場がどんどん値上がりし、誰が必要としているかではなく、誰が金と力をもっているかで住む場所が決まってしまうのだ。

だが、アズラクでこうした配慮を可能にする、中央で管理した人工的な経済には相応の犠牲がともなっている。アズラクの規則は厳格すぎて、経済を動かそうとする力をキャンプから完全に締め出してしまった。ここの市場はレイアウトが平板なだけでなく、どの店も似たり寄ったりで楽しさがなく、客は少なく、全体が暗く沈んでいる。店を平等にシリア人とヨルダン人で分けるという規則も、当局が期待した平等で調和のとれた商業中心地をつくってはくれず、商店同士が協力するのを妨げ、ふつうならそのときの景気に応じてビジネスを拡張したり縮小したりする余地もなくしただけだった。ザータリの大通りは、大きめの商店のあいだに小さな店が入り込み、どこを見ても少しの隙間も残っていない。だがアズラクでは、店を出すにはさまざまな書類をそろえて正式な申請書を提出しなければならず、高い教育を受けた人でないと、このハードルはなかなか越えられない。ほとんどの建物が使われないままなので、砂漠の風で運ばれる砂がだんだん積もってきている。

アズラクには非公式経済や地下経済と呼ばれるものが存在しない。最も近いヨルダン人の町から何キロか離れていて、この遠さのせいで外界から切り離され、物を運び入れたり出したりすることが、合法にせよ非合法にせよ、とてもむずかしい。ザータリでは、いらないものがあるとすぐに非公式の交換の場が生まれ、足りないものがあるとすぐにどこかから運び込まれる。そうした市場の力が働かないアズラクでは、ある品は大量に余り、ある品は足りないという事態が起こる。ぴったりの例としてマットレスがある。サミアとナスリーンの住居はさながらマットレスの城だ。少なくとも50個はあり、主室の壁に沿ってU字形のソファをつくっている。このキャンプの住民は、到着したときにウレタンのマットレスを支給されるので、誰もがもっている。だがここを出る日が来たときに、不要品を交換する非公式市場がないために売ることができず、結局、知り合いに譲るしかないのだ。難民が新たに来ては去るたびに、アズラクのマットレスの数は増えつづける。

さらに、アズラクは警備体制が厳しいので、価値の高い品を外に運び出すことがほとんどできない。仮にできたとしても、辺鄙《へんぴ》な場所にあるため、売る相手がほとんど通りかからない。ザータリでおこなわれている、当局支給のクレジットを現金に換えるテクニックもここでは使えない。電子カードシステムは本来の目的どおりに働き、キャンプ全体がキャッシュレスシステムになっている。

安全に眠る場所と食料が提供され、非公式市場が存在しない世界では、働く意味のある仕事が決定的に欠けている。ある年齢以上の大人なら、当局の言う「報酬のあるボランティア活動」に従事して収入を増やすことはできる。だが、報酬のあるボランティア活動、すなわち賃金がもらえる仕事は実際にはほとんどない。2016年時点でアズラクには労働年齢の難民が2万2000人いたが、仕事をもっていたのは1980人にすぎず、就労率はわずか9パーセントだった。

市場で会ったある男性グループは、当局に雇われて市場を清潔に保つ仕事をしていたが、公式の賃金は1時間あたり1~2ディナールにしかならない。賃金の高い安い以外に、そもそも公式市場で物の売り買いがおこなわれていないのだからきれいに掃除する必要性がない。リサイクルにまわすべき包み紙も、掃いて片づけるべき野菜の切れ端も落ちていないのだ。だから彼らは何もすることがないまま、たくさんある空き店舗のどれかの日よけの陰で、床にただ座って午後をつぶす。話をしているのはふたりだけで、あとは砂漠の向こうを眺めていた。

欲求のピラミッド

アブラハム・マズローがもし生きていたら、戦争に壊された生活を立て直すのにアズラクとザータリのどちらが適しているか、断固とした意見があったにちがいない。1908年、マズローはキエフからの移民の長子としてブルックリンで生まれた。貧しい子ども時代だったが、大学で学び、心理学界で頭角を現し、ニューヨーク市のコロンビア大学で教え、のちにアメリカ心理学会会長となる。業績のなかで最もよく知られているのが、1943年、マズローが35歳のときに発表した"A Theory of Human Motivation"（人間の動機づけに関する理論）だ。彼の唱えたこの理論は、なぜアズラクの難民の多くが苦しい状況に置かれ、なぜザータリの難民はアズラクへの移送をあれほど怖れるのかを考えるのに役に立つ。

マズローの理論は、人間は誰もが5つの基本的欲求をもつとし、生存に直結するほうから順

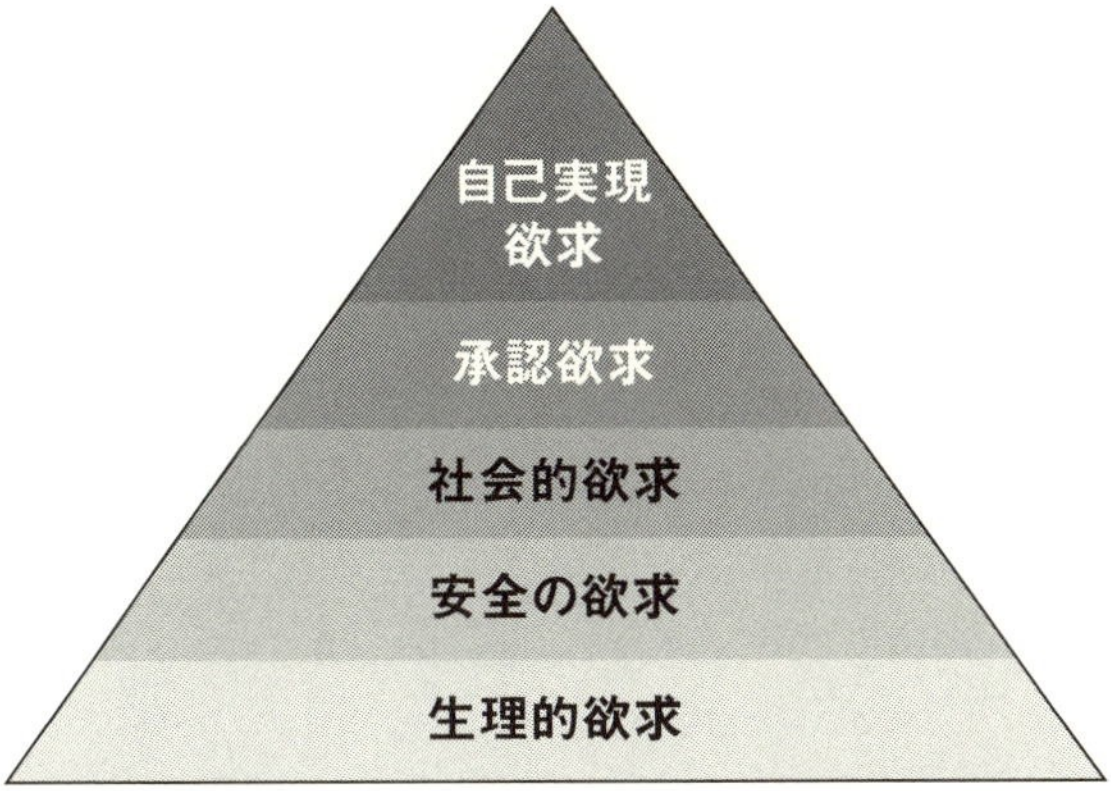

に、生理的欲求（水や食料や身体的保護など）、安全の欲求、社会的欲求（所属と愛の欲求）、承認欲求、自己実現欲求と呼ばれる。マズローは、5つの欲求が人間の行動の動機を説明するとし、ビタミンと同じように、どの欲求も人間の健康で幸せな人生に欠かせないと考えた。

5つのすべてが彼の理論にとって不可欠なのだが、一般には階層構造で説明されることが多く、マズロー自身は図を使っていなかったのにもかかわらず、ほとんどの心理学の教科書は5つの欲求を最も基本的なものから上に積み重ねるピラミッドとして表現している。

私がザータリとアズラクで会った人の多くは、マズローのピラミッドの最も基本的なレベルで激烈なショックを受けた。食料すら満足に手に入らなかった人もいる。ザータリで会った双子の赤ちゃんの母親サマハーは、シリアを脱出するまえの夜、6個のトマトを買った。そのトマトが、サマハーと当時2歳だった上の子が2週間の逃避行でもっていた食料のすべてだった。だが空腹より何より、そのときの最大の動機はピラミッドの第2階層、安全の欲求だった。マズローも、極限の危機にある人間は「ほぼ安全だけを求めると言える」と書いている。いまの私は、彼は少し表現を抑えて書いたのだと思える。ザータリとアズラクの難民にとって、安全の希求がすべてだった。彼らが子を連れてシリアから逃げたのは、そこにとどまれば死ぬとわかっていたからだ。

飢えと果てしない恐怖の期間は難民にとって短くてすんだ。キャンプにたどり着ければ、そこは安全であり、理想的ではないにしろ、飢えずにすむ食べ物もあった。根源的な欲求が満足されると、彼らはすぐにピラミッドの上の段階を、つまり故郷シリアの村の親類や友人や近隣の人たちを捜し、社会的欲求を満たそうとした。ピラミッドのこの層はひどくダメージを受けている。どの一家も大事な人を亡くしている。祖父母や親を亡くした人も、わが子を亡くした人もいるが、いちばん多いのは夫を亡くした人だった。ふたつのキャンプで合わせて何千人という女性が夫と死別していた。だが、キャンプで旧友が見つかれば、大災害に見舞われたアチェでもそうだったように、経済も含めて輝きのある人生を取り戻すきっかけになる。

この点でアズラクには決定的な弱点があり、ザータリのほうはカオスだし不公平もありはするが、より人間らしいモデルのように映る。マズローは、承認欲求の満足は「実際の能力、業績、他者からの尊重のしっかりとした土台のうえに」もたらされると書いている。就労率が9パーセントしかない孤立したアズラクでは、承認の喜びを味わいにくく、ほかの人の承認欲求を満足する手助けもできにくい。仕事に就けていないシリア難民は、自尊感情が得られず、自己の喪失に直面し、孤立感と退屈にさいなまれてしまう。

ザータリの夕日

断っておきたいのだが、私は数千のビジネスが営まれ、強力な労働文化があるからといって、ザータリが理想に近い場所だと言おうとしているのではない。仕事が大量にある場所では、一部の、とくに若い人が重労働になりがちだ。私のザータリ訪問最後の日、ずっと案内人を務めてくれていた28歳のアフマド・シャバナとキャンプ内をぶらぶら歩き、シャンゼリゼ通りに入ってすぐの店でコーヒーを飲んだ。幅が3メートルもない小さな店は壁がミントグリーンに塗られ、21歳のハレド・アル・ハーリリと16歳のモース・シェリフというにこやかな若者ふたりが店主だった。ふたりは店に「クーシュ・カーウア（小さなコーヒー屋）」と名づけていた。モースが私にカップを渡したが、代金を受け取ろうとしなかった。ふたりはトルココーヒーが最高だからと言って、それしか使わず、健康にいいスパイスのカルダモンを混ぜてくれた。

モースは楽しそうに働いていたが、学校に行っているのかと訊くと、顔を曇らせた。シリアを逃れて以来、学校には行っていない。行きたいと思っていたが、友だちが店を始めるのに自分の力も必要だった。シリアで戦争が始まったとき、義務教育は終えていて、当初はさらに上の学校へ進んで英語の能力を高め、大学の学位も取ろうと考えていた。だが、ザータリでの生活は故郷よりも厳しく、家族には金が必要で、彼に勉強する時間はなかった。

キャンプでは多くの子どもが働いている。12歳のアリのように、家業を継ぐ（アリの父親はパン職人）修業をしながら、学校に通っている者もいる。そうでない者は農業就労者としてさらに過酷な状況で働く。ザータリの大人は15日以内なら、正式に申請して許可を得たうえでキャンプを出て短期労働に就くことが認められている。だがそうした申請を悠長に待っていられない家庭もある。夜明けには数百人がこっそりキャンプを出て、近くの農場で働く。もし捕まればシリアに送り返されるか、アズラクへ移送されることもありうる。家族の子どものなかでいちばん年上の男の子は父親といっしょに行動することが多く、こうした違法な労働にもついていく。戦争で父親を亡くした多くの少年は、稼ぎ手として働ける場所にひとりで出ていく。

14歳のアーメドは農場ですでに2年働いている。２０１２年の断食月《ラマダーン》の2日目、落ちてきた爆弾の破片が妹エスラの心臓を貫いた直後、一家はダルアーに近い故郷の村から逃げてきた。妹は9歳だった。いまアーメドはザータリ難民キャンプで父親といっしょに土を耕し、種を蒔《ま》き、トマトを収穫する暮らしを送っている。ふたりはザータリ周辺の農場へ朝の5時に出向く。朝早いのと寒いのとで、アーメドはいつも具合が悪そうだと母親は心配する。父と息子が力を合わせて働くと、日に10ディナールの稼ぎになり、これは当局の容認額をはるかに超えているが、おかげでアーメドの一家はふつうに近い暮らしができている。アーメドの17歳の姉ワアドと10歳の妹アリアはキャンプ内に建てられた学校のひとつに通っている。だがアーメドは、密売少年のハレドと同じで、男の自分が働かなければならないと言う。学校は選択肢になく、彼らはふつうの少年より早く一人前の大人にならなければならないのだ。

自由の街

ザータリには欠点もあるが、それでもここには難民にとって貴重な力強さがある。通りを歩くと、難民の住居を飾っている色鮮やかな工芸品や、店舗の壁に描き加えられた明るい色調の模様が次々に目に入る。アフマドの話では、ここでは自分を表現することが大事で、それぞれの色にシリア人にとっては特別な意味があるという。難民の一部は、ザータリで得られる仕事や資源を使って自分の能力や才能や個性を表現し、マズローのピラミッドのいちばん上にある自己実現欲求を満たそうとしている。ストライプ模様とシールとベルで飾った、カシームの派手な赤と黄色の自転車について話すと、アフマドは言った。「うん、それもいい自転車《バイク》だけど、最高じゃない。ザータリの最高のバイクは〝ロールスロイス〟だから」

〝ロールスロイス〟の持ち主ユーセフ・アル＝マスリを捜して20分ほど歩きまわっていたら、新しく生まれた孫息子ハリルの子守をしている彼を裏通りで見つけた。ユーセフは40代後半、白髪交じりの長髪をポニーテールに結わえ、ザータリの男では彼だけがバンダナを頭に巻いている。シリアでは外科病院の麻酔医師だった彼は、陸軍から軍医に召集されそうになったことを機に脱出した。〝ロールスロイス〟とは、複数の自転車からフレームを組み合わせてつくった、自転車というよりフォードのモデルTに近い大きさの乗り物で、色は派手な金色だった。ペダルで動き、乗り手の漕いだ力が長いチェーンでつながった前輪に送られ、タイヤを回転させる。近くに寄ると、他の複数の自転車の部品が車軸とフレームに使われているのが見てとれる。赤い革のカバーや調整可能なサイドミラーや日よけのゴージャスさは、まさにロールスだった。

その日は金曜日で、座ってユーセフと話していると、礼拝の呼びかけが始まった。「行かなくちゃ」とアフマドが言った。私たちは飲み物を置き、大通りのほうへ急ぎ足で向かった。これは計画になかったことで、私はこのままついていって安全だろうかと考えた。シリア人の難民キャンプでISISの一派が活動しているという噂があったからだ。だがそうこうしているうちに、人の流れに押され、引き返すのは不可能になり、ザータリに120カ所あるモスクのひとつに着いた。そこは平らな屋根の建物で、横長の部屋がひとつあるだけだった。床にはカーペットが敷かれ、年配の難民は端のほうで背を壁にもたせかけた。靴を脱いで中に入ると、アフマドが厳しい声で言った。「カメラはしまって。ぼくにぴったりくっついて」

モスクの礼拝に参加したあとは、ザータリのルールが一気に変わったかのようだった。アフマドと私は、どこかの店や誰かの住居に入るのに、許可を得たり、手順どおりに挨拶を交わしたりする必要がなくなった。むしろ、話し好きの難民たちが私たちを会話に引き入れようとした。ビ2、3時間のうちに、それまで立ち入ることのできなかった隠れた場所があることを知った。ビリヤード場やアメリカ式の理髪店だ。ある家では、学校の教師とその息子たちと英語の辞書を使いながら1時間ほど話をした。彼らは、意味がよくわからない英単語を、ひとつずつ熱心にたどっていった。アルファベット順に進んでいくうち、翻訳しづらい〝dweeb〟の説明に難儀し（〝ダサい〟の意味）、最後は〝dwelling〟（〝住居〟の意味）のところで時間切れになった。身の安全が保障できないという理由から、ジャーナリストや映像製作者はキャンプに泊まることができない。だが彼らは、次に来たらぜひザータリに泊まっていってくれとことばをかけてくれた。

時計の針は進む——訪問者は午後3時までにキャンプを退去しなければならない。新しくできた友人たちから、ザータリのうまい食べ物とそれがいちばんうまい店を勧めてもらったので、シャンゼリゼ通りへ戻り、ホット・グリルド・チキン・ラップと、泡立つオレンジソーダを買った。キャンプにひとつだけある小高い丘に向かい、ザータリで最も背の高い住居を探した。モスクからいっしょに来ていた少年たちのひとりがそこの住民と交渉し、許可を得て私たちはブリキの屋根にのぼり、キャンプを見渡しながら残りのチキンを食べた。

ザータリが教えてくれること

ここまで、部外者はめったに見ることのない難民キャンプの姿を紹介してきた。インターネットに流れているザータリの写真の多くは空から撮影されたもので、〝茶色一色の、荒れてごちゃごちゃした場所〟といった印象を与える。実際に入り、土の上を歩いてみると、そこでの暮らしはたしかに雑然としていた。道路はでたらめに引かれているし、まっすぐの壁なんかどこにもない。だがキャンプに近い、少し高い場所から見ると、周囲を防御線のように囲む環状道路、何本かの大通り、均等に配置されたモスク、商店街など、秩序がはっきりと見えてくる。外側の通りには野菜と果物を積んだ手押し車の男が、けがや高齢のために市場まで買い物に行けない人たちを相手に商品を売っている。裏通りでは、食べ物の入った袋をもった男が、シリアに戻ることになった人はいないか、いらなくなるものを誰か売ってくれないかと声をかけてまわっていた。別の通りでは、結婚したばかりの新郎新婦を荷台に乗せたトラックが、歓声をあげて追いかけてくる小さな子どもたちをゆっくりと引き離していた。

ザータリは、驚くほど短い期間のうちに、何もない砂漠から世界最大級の難民キャンプになった。中に入ってみてわかるのは、ザータリはひとつの都市だということだ。どの街もそうであるように問題はあるし、大きな混乱が起こることもある。だがここは、シリアで彼らがもっていたものを、全部ではなくても再建し、ここに合わせて調整し、築き直す場所だ。ムハンマド・ジェンディは衣料専門店の店主になるとは思っていなかったが、シリアで経営していたスーパーマーケットの小売業の知識を生かした。カシーム・アル・アーシュは、自転車販売とは無縁の家で育ったが、シリアで機械の技術者だった知識を生かしてここでは自転車を売っている。彼らのような起業家は（そこで働く従業員や客や競争相手も）仕事をすることにプライドがある。ザータリの非公式経済では、住民の60パーセント以上が職に就いている。仕事はときにつらく、寒さもこたえるし、シリアで受けた高い教育を生かせるとは限らない。だが働くという行為からは尊重と承認の感覚を得ることができ、多くの人にとっては楽しみもついてくる。

大災害後のアチェの教訓は、経済成長とは、つくり、稼ぎ、使うという、誰にとってもかかわりのある、人間そのものの行動の結果なのだから、経済成長を大切にすることが生活の立て直しに直結するということだった。ザータリの教訓もそれと関係している。活発に動く市場の価値を、もっと深い、人間らしさという視点からも考えるべきだということだ。市場は、エコノミストのツールのひとつとして、あるいは供給業者が物品やサービスを、それを求める消費者に適正な価格で販売する仕組みの「配分メカニズム」として説明されることが多い。市場は衣食住という私たちの基本的欲求を満たすための場であり、市場が機能不全に陥ると、マズローのピラミッドの底にある欲求が満たされなくなるという考え方だ。

取引や交換をこのように狭義にとらえるのは危険だ。アズラクのような人工的な市場をよさそうに見せ、経済とその市場が別の方向へシフトし変わっていくのにかかる真のコストから目をそらさせる。中央で管理するアズラクのやり方なら、成果を公平に分け、重要な資源を公平に分配することができる。だが、アズラクの難民は、寒さに凍えることはないし飢えることもないが、満たされない。何かを自然に交換したり、自分の決意によってビジネスを始めたり、いいものをつくれば気に入った人に買ってもらえたり、こうしたことが可能な市場がないと、高次の欲求は満たされない。この観点で市場を洞察する場合には、市場は目的のものを手に入れるためのたんなる手段ではなく、それ自体が、人に主体性をもたらし、使命感を与え、人生の満足へと導く、手に入れるべき目的となるのだ。

この観点は、ここで紹介した難民キャンプの例からもわかるように、往々にして無視される。ザータリはパーフェクトにはほど遠いが、それでも力強い脈動がある。アズラクには世界が滅んだあとのような静けさを感じる。だが、これら難民キャンプを変える権限をもつヨルダンのシリア難民支援局（ＳＲＡＤ）や国連難民高等弁務官事務所（ＵＮＨＣＲ）などの公的機関は、管理も規制もされない非公式市場がにょきにょきと生まれたザータリを、難民キャンプの本来の目的を逸脱した場所ととらえた。そこで、彼らはアズラクをつくり、ザータリでの失敗を生かし、よその手本となる理想的なキャンプにしようとしたのだ。両方の経済を見て、そこに生きる人たちと話をし、アブラハム・マズローが論じた欲求のレンズを通して見ると、当局の判断は残念ながら期待とは逆の方向に作用したように思える。ふたつのキャンプの対比はまた、本書の第２部「失敗の経済（ロスト＆エラー）」で紹介する３つの経済の中心テーマのひとつ、「為政者が市民のためを思って立てた計画でも、経済をひどく悪くすることがある」のちょっとした予告編の役割も果たしている。

ザータリ訪問の最終日、午後４時半になり、私は退出の門限を破ってしまった。あわただしく支度をしていると、日が傾いてきた。冷え込むことがわかっているので、難民たちは厳しい砂漠の冬の夜に備えて住居の扉を補強していた。正面ゲートのそばに行ったとき、十数人の少年がひとかたまりになって金網のフェンスを押しているのに気づいた。奇妙な光景だった。少年たちは、憑《つ》かれたように顔を金網に押しつけ、隙間から腕を外に出している。

案内人のアフマドが何が起こっているのか説明してくれた。人間の高次の欲求を満たす新たな非公式市場が生まれていたのだ。少年たちが腕を突き出す金網は外の砂漠と彼らを分けるためのものではなく、正面ゲートと難民キャンプのあいだにある、さまざまな公的機関の事務所が置かれた緩衝地帯と彼らとを分けるためのものだった。その緩衝地帯にはＷｉ－Ｆｉのアクセスポイントがある。援助団体の職員はパスワードを頻繁に変えているが、それでも彼らはどうにかしてそれを知り、インターネットにアクセスしたがっている誰かに情報として売る。いまの相場は1ディナールだ。14歳ぐらいのふたりが携帯電話を金網から突き出して援助団体の建物のほうに近づけ、電波をキャッチした。フェイスブックとワッツアップを使って、シリアにいる親戚と友だちにメッセージを送り、彼らが無事かどうかを確かめるのだという。近くにいた別の少年たちに、きみたちも同じことをしているのと訊いたら、まさかという顔で「ちがうよ」と答えた。彼らはビデオゲームで遊んでいたのだ。いま彼らがいちばん気に入っているのは、村を攻撃し合う戦略ゲーム〈クラッシュ・オブ・クラン〉だった。

第3章 ルイジアナ

経済学にとっての通貨とは、
幾何学にとっての円積問題であり、
力学にとっての永久運動である。

── ウィリアム・スタンレー・ジェヴォンズ、
『貨幣及び交換機構』、1875年

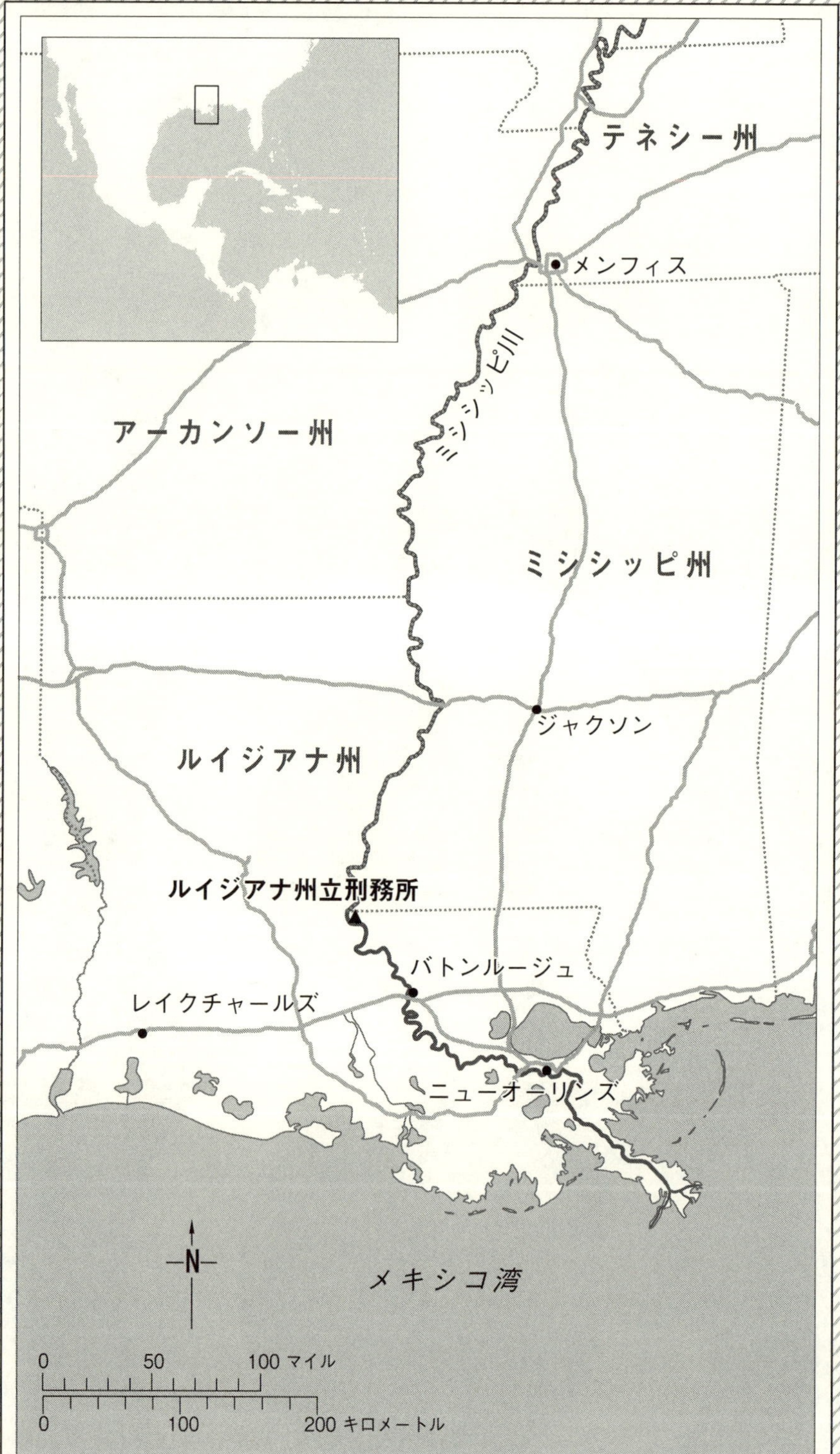
テネシー州
メンフィス
ミシシッピ川
アーカンソー州
ミシシッピ州
ジャクソン
ルイジアナ州
ルイジアナ州立刑務所
バトンルージュ
レイクチャールズ
ニューオーリンズ
N
メキシコ湾
0
50
100 マイル
0
100
200 キロメートル

鉄格子の向こうの経済

最重警備刑務所アンゴラ

ニューオーリンズは旅の始まりにふさわしい場所だ。アメリカ最大の流量を誇るミシシッピ川がここから北へ延び、U字に曲がりくねる果てしない流れが南はルイジアナ州から北はミネソタ州まで10の州の不規則な州境を定めている。ミシシッピ州クラークスデールのロバート・ジョンソン、テネシー州メンフィスのジョニー・キャッシュとエルヴィス・プレスリー——富と名声を求めるミュージシャンが旅した伝説の国道61号線もまたニューオーリンズから始まり、はるか遠くカナダ国境へと続いている。象徴的な川と国道は、ルイジアナ州最大のこの都市をチャンスと自由の場所のように見せている。

ニューオーリンズで生まれた者にとって、人生の道行きはたいていはもっと味気ない。国道61号線を車で北に2、3時間も走ると、海抜の低いルイジアナ州の湿地やヌマスギの木は姿を消し、道路は丘陵《きゅうりょう》地帯をのぼりはじめる。右に曲がれば、アンティークショップや、手入れの行き届いた庭と白い柵の家々が並ぶ瀟洒《しょうしゃ》な街に出る。左に曲がって国道66号線に入ると道はいきなり下りになり、「キリストはよみがえられました。神は近くにおられます」というプラスチックの看板を車道に向けて掲げているバプテスト教会を通り過ぎる。国道は突然そこで行き止まりになる。目のまえにあるのは、巨大な鉄条網の門と監視塔。これが〝南のアルカトラズ〟と言われるルイジアナ州立刑務所だ。服役囚や刑務官、地元の住民は、場所の地名をとって短く「アンゴラ」と呼ぶ。もしもあなたがニューオーリンズ出身のアフリカ系なら、14分の1の確率で鉄格子の向こう側に行くことになる。そして、アンゴラに入ってしまうと一生出られない可能性が高い。

アメリカには約210万人の服役囚がおり、この人数は世界のどの国よりも圧倒的に多い。人口が多いせいではなく（中国の人口はアメリカの4倍以上だが、服役囚の数はずっと少ない）、収監率の高さが原因だ。2017年のアメリカの収監率は人口10万人あたり568人で、他の大国よりはるかに高い割合となっている。テキサス州の人口はイギリスのおよそ半分だが、服役囚の数はイギリスとフランス、ドイツの服役囚の人数を足したよりもまだ多い。なかでも多いのがルイジアナ州だ。服役囚の数はおよそ3万4000人、うち94パーセントが男性のため、人口10万人あたりの男性の服役率は1387人ときわめて高く、全国平均の倍以上となっている。アメリカの刑務所〝文化〟の中心にあるのがルイジアナ州であり、アンゴラはそのルイジアナ州で唯一、最重警備が敷かれた刑務所なのだ。敷地面積はアメリカ最大の7300ヘクタールでマンハッタンより大きい。男性の収監者数は常時5200人程度。その多くは入ったらそれきりだ。服役囚の懲役年数の平均は92年で、70パーセント以上は生きて外に出ることはない。

刑務所は被災地や難民キャンプのように、個人の過去が雲散霧消《うんさんむしょう》してしまう場所だ。社会的立場やもとの経済生活のすべてを失う。だが、大きくちがうのは、被災地や難民キャンプでは、そこで暮らす人の精神的外傷《トラウマ》は外部からの支援によって速やかにケアされるということだ。計画が不充分だったり、対象者が限定されたりすることはあるものの、救済や支援によって彼らは生活を立て直し、将来の人生への準備ができる。しかし、アメリカの終身刑ではそうはいかない。有罪判決を受けるということは、規則どおり閉じ込められ、支配されるということだ。ルイジアナ州の刑務所の服役囚の多くは一生それから逃れられない。自由人としての将来は終わったのだ。

刑務所という場所は、理屈のうえでは、アズラクの難民キャンプのような姿をしているはずだ。規則に反して何かを売ったり買ったりするのが許されない場所。だが、世界のどの刑務所でも地下経済は活況を見せ、昔からつねにそうだった。ロンドンの中央刑務所所長ジョージ・ラヴァル・チェスタートンが著した本には、「刑務所の隅々まで不法な商取引が広がっていた」とある。服役囚たちは、ワインや蒸留酒、紅茶にコーヒー、タバコとパイプ、さらにはピクルスやジャム、魚醤《ぎょしょう》まで取引していたという。高度な裏技を駆使しなければならないが、刑務所には服役囚が何かを交換したり取引したりする秘密の市場、ある種の極限《エクストリーム》経済がつくられるものなのだ。そこで私は、いまアンゴラに収監されている服役囚、刑期を終えて釈放された元服役囚、州のほかの刑務所に収監されていた元服役囚たちに会って話を聞くため、ルイジアナに向かった。

アメリカの収監率
人口10万人あたりの男性の収監人数（最多・最少の10州およびアメリカ全体）

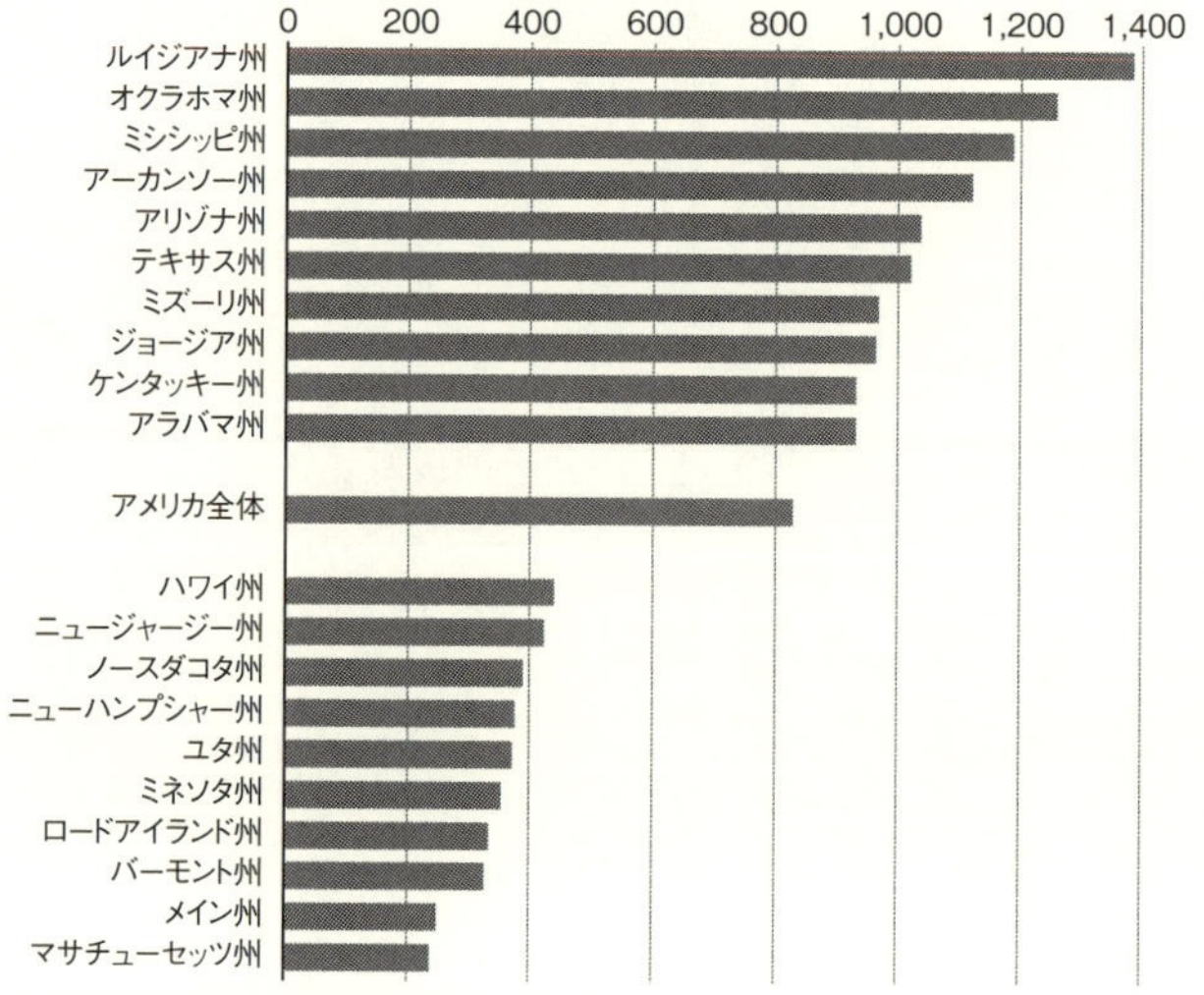

出典：アメリカ司法統計局（2019年）、データは2017年

私が知りたかったのは、当局に厳しく監視され、生活の自由も主体性も選択肢も乏しいはずの服役囚たちがどうやって経済を成り立たせているのかということだった。あのような不毛地帯で経済活動が形成される仕組みを調べることで、経済のレジリエンスを紡《つむ》ぐDNAを明らかにし、活力のある経済を生み出すのに欠かせない要素とそうでない要素を探ろうと考えた。私はてっきり、服役囚が生活必需品やサービスを交換し合う、物々交換の地下経済について話を聞くことになると思っていた。ところが実際には、現代的かつ革新的で服役囚のニーズに合致する通貨制度と、その基盤の上で動くふたつの高度な市場経済を目撃することになった。調査の第一歩としてまずはニューオーリンズの北西、ルイジアナ州の州都バトンルージュに向かい、アンゴラでもっとも有名な元服役囚を訪ねた。

服役囚C－18号

ウィルバート・リドーは、身長１７５センチほどの細身の男性だった。実際には70代後半だが、見た目は60代のようだ。袖を少しまくったボタンダウンのチェック柄のシャツに、色褪《あ》せたグレーのジーンズとニューバランスの運動靴という服装は、街を闊歩《かっぽ》するルイジアナ州立大学の学生とよく似ていた。私たちは人気のカフェ〈コーヒーコール〉に入った。ルイジアナでよく知られたスイーツの店だそうで、ウィルバートは砂糖をまぶした揚げ菓子《ベニエ》を勧めてくれた。席に着き、ベニエを分け合い、彼はアンゴラで過ごした42年間について語りはじめた。

ウィルバートは19歳のときにひとりの生命を奪った。テキサス州との州境に近い、ルイジアナ州レイクチャールズという小さな町で育った彼は、10代前半で盗みを働くようになった。17歳のとき、兄の起こした強盗事件に加担したかどで逮捕され、少年院に5カ月間収容される。そこを出たあと、高校にはもう行かず、地元の生地店で荷物運びの仕事に就いた。彼の回想録“In the Place of Justice”（正義の地）には、カリフォルニアに行くのが夢だったと書かれている。

いまの姿と同じく、１９６１年に警察で撮られた写真の彼も針金のように細い。周囲からいじめられたことをきっかけに拳銃とナイフを購入した彼は、自衛以上のことをしてしまった。生地店の隣にあった銀行に、強盗目的で閉店後に押し入ったのだ。支店長に警察へ通報され、彼は支店長とふたりの行員を人質とし、彼らに車を運転させてその場から逃走した。予定では、人質を郊外で解放したあと、テキサス州との州境を目指して西に向かうつもりだった。だが、人質が車から逃げ出したため、彼はふたりを拳銃で撃ち、もうひとりのジュリア・ファーガソンをナイフで刺した。この女性がのちに死亡した。殺人罪で死刑を宣告された彼は、C－18という呼び名でアンゴラに収監された。Cは死刑囚を、18は死刑囚監房の番号を表す。電気椅子に送られる運命だった。

結果的に、彼は死刑を免れた。死刑囚用の独房に隔離されて10年以上を過ごすあいだに熱心に本を読み、ジャーナリズムに興味をもちはじめ、やがて自分でも執筆するようになっていた。1970年代なかごろには一般房に移り、刑務所内の月刊誌『アンゴライト』に記事を書くようになる。ウィルバートが編集長を務めた20年のあいだに、その雑誌は全米の賞を何回も受賞した。彼が最初に選んだトピック、そしてその後も編集長として何度も取りあげたトピックは、刑務所の経済の仕組みだった。

初めて囚人レポーターとして名をあげたのは「ザ・ジャングル」というコラムでだった。彼が最初に選んだトピック、

刑務所経済のABC

服役囚や元服役囚によると、刑務所経済の重要な原則は、満たされない欲望とその渇望が生むイノベーションにあるという。外部から隔絶された服役囚は、以前はあたりまえにあると思っていた、たとえば衣服や洗面道具などの生活必需品がここではあたりまえではなく、好みの種類を

選ぶなど論外だと知る。ちょっとしたものすら思うように手に入れられない欠乏感は強烈で、私が面談した元服役囚たちは、最初の数週間はショックに打ちのめされていたと話す。彼らはその数週間のあいだに新しい世界のルールを学び、自分たちは自由を失ったばかりでなく、ものを所有することすらできなくなったという事実を受け入れるのだ。現在、ルイジアナ州の刑務所に新しく収監される服役囚は規定の衣服、石鹸、ローションという基本的な支給品を渡される。しかし、デオドラント用品や身体になじむジーンズや履きやすいスニーカーといった「ちょっといいもの」は決定的に欠けている。１９６０年代でも同じで、ウィルバートは、最低限のものは手に入ってもその上の快適さを手に入れようと思ったらたいへんな労力が必要だったと振り返る。

　公式のルートから入手できるものもあるが、届くまでに途方もない時間がかかる。本もそのひとつだ。話を聞いたアンゴラの者たちのなかで、30代より上の層には読書好きが多かった。本を買うことは許可されていて、友人や家族から新しい本を送ってもらうこともできる。ただし、アンゴラで本を注文したり送ってもらったりするには、まず検閲官が内容を確認する必要があるため、手元に届くまでに最低6カ月はかかる。その遅さも刑務所経済の特徴で、別の時代に迷い込んだようだ。

　ルイジアナ州立刑務所では、刑期が長いこともあって時間の流れがちがう。アンゴラの服役囚の刑期は平均92年、近くのミシシッピ州立刑務所よりも、カリフォルニア州の凶悪犯や死刑囚を収監しているサン・クエンティン州立刑務所よりもずっと長い。〝ロッキー山脈のアルカトラズ〟と呼ばれ、アメリカで最も危険な犯罪者たちを収監しているコロラド州のＡＤＸフローレンス刑務所でも刑期の平均は36年でしかない。

服役囚の多さと途方もない刑期の長さは、ルイジアナという場所がおそらくアメリカで最も問題を抱えた極限《エクストリーム》の地であることを反映している。つまり、貧困だ。平均年収はアメリカの最底辺の順位で、貧困と肥満の割合はトップクラス。教育制度も学生を見放していて、若者のうち26パーセント――アフリカ系の学生に限れば34パーセント――は高校を卒業していない。ルイジアナでの暮らしは暴力に満ちている。FBIが発表したデータによると、2014年だけで477件の殺人事件が発生し、人口10万人あたり10人を超える殺人率は全国平均の倍以上も高く、ルイジアナ州をアメリカの殺人の首都たらしめているこの傾向は1989年以降ずっと変わっていない。

ルイジアナ州で起こる殺人事件は多くが銃によるもので、最終的にはドラッグに行き着く。有罪判決を受けた者は強制的に終身刑の判決を受け、共犯者や事件現場に居合わせた仲間も第2級殺人で起訴され、同じ運命をたどる。さらに、ルイジアナ州では暴力をともなわない犯罪であっても重い判決が下される可能性がある。再犯者に対しては、最低限の服役年数が極端に跳ねあがり、上限の年数も有罪判決を受けるたびに2倍になる。たとえば、車の窃盗の場合、初犯であれば刑期は最長12年だが、2度目の場合は24年だ。そのうえ、「4回でアウト」という別のルールもあり、4度目であれば軽犯罪でも最低20年、長ければ終身刑の判決を受けることになる。ドラッグを売った容疑で有罪判決を受け、アンゴラに20年いたルイスという元服役囚に会って話を聞いた。ルイスによると、彼よりもっとひどいパターンに陥った者もいるという。20年前に店でジャケットを1着盗んで捕まったティモシー・ジャクソンという男は、残りの人生をアンゴラで過ごすことになっているそうだ。

どこの刑務所でも、外では安くてつまらない代物が非常に価値のあるものになることがよくある。ましてや、アンゴラのような途方もなく刑期の長い施設では、何物にも代えがたい貴重さになる。元服役囚のウィルバード・リドーは回想録のなかで、ささやかな工夫が刑務所の生活をどれほど快適にするか解説している。死刑囚監房の他の服役囚たちと同様に、彼も小さな独房に収容された。背面と左右の壁はレンガ製だが、正面は鉄格子なので、前を通り過ぎる看守や他の服役囚からは丸見えで、冬は冷たい隙間風にさらされる。もし、余分な毛布や鉄格子に吊るすカーテンが手に入れば、監房生活を劇的に改善できる。あなたの人生が3つの壁と鉄格子の箱に圧縮されてしまったとしたら、プライバシーと温もりを与えてくれる1枚の布を、なんとしてでも手に入れたいと思うだろう。

奴隷農場

アンゴラの服役囚が監房を居心地よくする方法のひとつが公式の労働だ。アンゴラには「農場」というニックネームもあるのだが、その理由は正面ゲートを入ればすぐにわかる。職員の車でいっぱいの駐車場と、女性の服役囚が収監されている灰色の外壁の建物を通り過ぎると、森は姿を消し、農作物の植えられた畑をまっすぐ突っ切る長い道路が見えてくる。私の訪問した4月はちょうど綿花を植える時期で、それを服役囚たちが9月下旬から10月上旬ごろに収穫する。気温が38度ぐらいまであがる8月も含め、彼らは1年じゅう、汗をかいて働く。ここの農地は生産性が高く、ルイジアナ州公式の報告書にもルイジアナで一番の生産高だと記載されている。

アンゴラの名前の由来は、もともとこの場所にあった奴隷制プランテーションだ。この土地はかつて、南部最大規模の奴隷取引会社、フランクリン・アンド・アームフィールド社のアイザック・フランクリンが所有していた。フランクリンはポルトガル人と大口の取引をしており、彼の所有する奴隷の多くは、西アフリカで奴隷にされたコンゴの人たちだった。彼らは、ポルトガルの植民地で、主要な奴隷取引場所だったアンゴラ共和国の主要港ルアンダから船で運ばれてきた。フランクリンは奴隷たちが送られてきた植民地にちなんでここをアンゴラと名づけた。南北戦争後、州内の服役囚を収監する民間契約者となった元南軍の少佐がこの土地を買収し、刑務所に改修したときにその名が定着した。

現在、アンゴラの1000~1200ヘクタールが耕作農地で、家畜用飼料のほか、エタノール燃料の精製にも使うトウモロコシや小麦、ソルガム、飼料や豆腐に加工される大豆が育てられ、綿花畑もある。

刑務所の監督機関であるルイジアナ州公安矯正局にとって、アンゴラの農場で収穫する農作物は州内の服役囚たちの貴重な食料源だ。主要な農作物のほかにも、トマトやキャベツ、オクラ、タマネギ、豆、胡椒など、さまざまな野菜が育つ。豊富な生産高によって州内の刑務所の食費を削減し、収益も生み出している。アメリカの他州と同様に、ルイジアナ州もプリズン・エンタープライズ社という公企業を所有し、服役囚が生産したものを販売している。プリズン・エンタープライズは２０１６年におよそ２９００万ドルの利益を、おもにアンゴラの農作物から得た。その利益によって、ルイジアナ州政府は年間およそ１億２０００万ドルかかるアンゴラの運営費用の一部を工面している。

タバコ1箱が給料1週間分

服役囚たちには、1日のほとんどがそれでつぶれるように調整された仕事量が与えられる。労役を拒むことは許されず、ほとんど全員がなんらかの仕事をする（死刑囚や独居房に収監されている者、病気などでドクターストップがかかっている者は例外だ）。仕事内容によって明確な序列が存在し、なかでも屋外の作業は最底辺として嫌われる。服役囚のひとりが、草むしりがなぜ最悪なのかを教えてくれた。暑いなかで8時間も延々と草をむしるのがまずつらい。1列に並び、むしった草を隣に渡していくときには脇腹がつらい。隣にいる者にうっかり手や草が当たれば、喧嘩になりかねない。草で手を切れば、自傷行為と見なされて長々しい尋問を受ける羽目にもなりかねない。10年間いっさいルールを破らなかった者は——喧嘩や自傷行為があると、年数がゼロにリセットされることがある——「模範囚」になれる。模範囚になれば、看守のゴルフのキャディや、正面ゲートを出てすぐのところにある刑務所博物館の清掃員といったありがたい仕事に移ることができる。

労役の給料体系は外の世界とはまったくちがう。ルイジアナ刑務所での賃金は時給２〜20セントだ。草むしりや単純な農作業の場合には1時間あたり4セントで、1週間の収入は1ドル60セントにしかならない。この賃金相場だと、１８１時間以上働いてやっとアメリカの連邦最低賃金、時給7ドル25セントに届くことになる。時給20セントもらえる〝高給取り〟の服役囚も、何かへまをすればすぐに格下げされてしまう。ある無期刑囚は、身に覚えがないのに、作業場からレンチをもち出した罰として模範囚の地位を剥奪され、時給を最底辺まで下げられたという。真相はどうあれ、その後まじめに労役を続ければ、賃金は1年ごとに4セントあがり、いずれは20セントに戻すことができる。アンゴラでの仕事はつらく厳しく、逃げることはできず、しかもまったく儲けにはならない。

賃金が入れば、服役囚はアンゴラにある7つの売店でものを買うことができる。店での買い物は、刑務所暮らしを少しでも快適にしたい彼らの生命線だ。売店には、〈フルーツオブザルーム〉のTシャツとボクサーショーツ、〈フロッグトッグス〉のスポーツタオル、〈ライノ〉のワークブーツや〈ニューバランス〉のテニスシューズ、〈リーボック〉のスニーカーなどブランド品も並ぶ。ほかに取り扱いが多いのが食べ物だ。服役囚には1日に3食配給されるが、薄味で評判が悪く、売店ではその埋め合わせとなるスイーツやアジアンソース、キュウリを丸ごと漬けた〈テキサス・チトー〉のディル・ピクルス、ハラペーニョ風味のチーズスナックなどを販売している。アンゴラの発注量は、この刑務所の運営規模を物語っている。最近の資料によると、クールランチ味のドリトスを３０００箱（なんと31万２０００袋！）購入予定だそうだ。ここの売店はさぞ儲かっていることだろう。

一方、服役囚のなかには、公式の売店の品切れに不満を漏らす者もいれば、品質に文句を言う者もいる。だが囚われの身で、彼らに店を変えるという選択肢はない。プリズン・エンタープライズ社は、売店の商品は新品だと宣伝するが、服役囚たちは、粗悪品が交じっているんじゃないか、自分たちはこけにされているんじゃないかと疑っている。いちばんの不満は価格だ。外の世界よりも高いボッタクリ価格を払わされ、生きていくのにかかる金に給料が追いつかないと嘆くのだ。

彼らの言い分にもうなずけるところがある。商品の価格と服役囚の賃金の格差はたしかに開いてきている。アンゴラのいまの給料体系は、１９７０年代の、いまよりはるかに物価が安かった時代に政治判断で決まった水準から変わっていない。賃金を継続的に引きあげないままインフレが起こると、労働者の購買力が大きく損なわれるという経済の仕組みどおりのことが刑務所内でも起こっているのだ。服役囚の好む、刺激の強い手巻きタバコの〈バグラー〉がいい例だ。１９７０年代、〈バグラー〉は1箱約50セントで、時給20セントの模範囚は半日の労役で購入することができた。いまでは、１箱およそ8ドルに値上がりして、模範囚が時給20セントをすべて注ぎ込んだとしても1箱買うにはまる1週間働かなければならない。

服役囚が物価とかけ離れた給料体系で働くのはルイジアナ州だけではない。法的に言えば、そもそも服役囚に賃金を支払う必要はない（アメリカ合衆国憲法修正第13条により奴隷制および自発的でない隷属は禁止されているが、「犯罪の罰としての場合は例外」であると書かれている）。

ジョージア州では、服役囚が家具や道路標識をつくっているが賃金は支払われない。アラバマ州では、コレクショナル・インダストリーズという企業が服役囚に時給25～75セントで車のナンバープレートをつくらせている。ミズーリ州では、月給7ドル50セントのフルタイム勤務で、時給換算するとおよそ4セントになる。イギリスの制度も、アメリカほど極端ではないが、似たようなものだ。新入りの賃金は、1週間35時間労働、週給およそ10ポンド（約13ドル）あたりから始まる。不満の声もアメリカと似ている。塩味のナッツ、インスタント麵、朝食用シリアルといった売店の人気商品はどれも2ポンド以上で売られている。そのため、どれかひとつでも買おうと思えば、まる1日の稼ぎをほとんど吐き出さなければならないのだ。

究極の価格破壊

アンゴラの公式経済はふつうの市町村とあまり変わらない。労働の世界があり、仕事と給料があり、昇進と降格がある。買い物の世界もあり、商品とそれを買うための店がある。通常の経済ではどこも、労働の世界と買い物の世界はものの値段で結びついている。マンハッタンやメイフェアは富裕層が多いため物価が高く、ブロンクスやブリクストンは貧困層が多いため物価が安い。言い換えれば、ものの値段はその土地の経済を表している。だが、アンゴラなどの刑務所では公式の価格体制が意図的に破壊されている。労働者の受け取る賃金や購買力とものの値段が結びついていいない。

服役囚の抱える経済的課題は、インドネシアのアチェ州やヨルダンのザータリ難民キャンプとはまたちがう。

アチェとザータリでは、消失してしまったそれまでの経済を、外部の支援も受けつつ、非公式取引の力で新しく構築し直そうと奮闘した。

刑務所では、それまでの経済が失われたところまでは同じだが、労働と賃金、需要と供給に結びついた物価という市場経済の重要な要素が、当局によって意図的に制限された、人工的な経済の下に置かれる。刑務所にも公式経済は存在するが、存在しないも同然なほど小規模なので、服役囚は独自の地下経済を形成している。

将来の経済的アルマゲドンに備えるうえで、逆風だらけのなかで生き残るルイジアナ刑務所の地下経済は私たちにも参考になるのではないだろうか。重警備刑務所は成長やイノベーションを求めるには最も似つかわしくない場所かもしれないが、だからこそ、ここでおこなわれる取引には、経済をゼロからつくりあげるために何が必要で、なくてもどうにかなるのは何なのかを探るヒントがあるのだ。

アンゴラでは、市場をつうじて「品物」と「役割」と「ほかの誰でもない自分」を得たいという熱望が、さまざまな仕事で組織化された血の通った経済、ルイジアナ刑務所の古顔が言うところの「生きのいい」地下経済の原動力となっている。

通貨なき地下経済

焼き菓子がドル紙幣に勝つ

刑務所の地下経済では、単純そうなことがむずかしかったり、不可能と思えることがとても簡単だったりする。ジョン・グッドロウと彼のピーカンナッツがその一例だ。私が話を聞いた元服役囚のウィルバート・リドーによれば、グッドロウは20年ものあいだアンゴラのピーカンナッツ王だった。ピーカンナッツは南部で広く育てられているクルミ科の植物で、それを材料にしたピーカンキャンディはルイジアナ州で人気の菓子だ。グッドロウがピーカンナッツでプラリネをつくるときのレシピはこうだった——コンデンスミルクを弱火にかけ、濃いシロップをつくり、そこにピーカンナッツとバターを加えてよく混ぜ、砂糖が再結晶化するまで加熱し、トレイに流し込んで焼き、冷めたらできあがり。グッドロウが大きく切り分けてくれたあれは最高のプラリネだった、外で食べるやつよりずっとうまかった、とウィルバートは懐かしむ。ジョン・グッドロウの大きな四角い菓子は、アンゴラでは2ドルで売られていた。もっと高くても売れたのにと、ウィルバートは言う。彼がつくりはじめてもいないうちから、予約だけで完売してしまうほど人気だったからだ。

重警備刑務所でプラリネがつくれると聞いて私は驚いた。料理にはさまざまな材料が必要だし、鍋やホットプレート、オーブンなどの器具も必要だ。外の世界でも手間がかかるのに刑務所のなかでできるのか？「服役中だからといって囚人は無力というわけではないんだ」。ウィルバート・リドーは、外の人たちにはあまり知られていない刑務所の一面について話してくれた。「いつだって逆らったり暴れたりできるし、看守を困らせるためだけにわざとそうすることもある」。通したい要求があるときには、看守に協力させたり、便宜を図らせたりする手段もあるそうだ。刑務所というところでは、低レベルなものごとに関しては看守と服役囚のあいだで権力が共有されていて、簡単な交換条件が成り立つ余地がある。この力学のなかでは、ほしければ鍋だってもてるのだ。

逆に、外ではあたりまえなのに、刑務所のなかでは禁止されているということもある。「安全安心」のスローガンが看守たちには叩き込まれていて、ほんのわずかでも脱獄や暴力につながりそうなことは全力で阻止してくる。武器、麻薬、ライターは当然、禁止だ。麻薬のもち込みにつながる携帯電話も許可されない。一方で、無害そうだが禁制品になっているものもある。酒の密造に使われかねない酵母を含んだスプレッド類、鍵や錠の複製に使われかねないチューインガムや粘着ゴム、腕に塗られると拘束しにくくなるベビーオイルはどれももち込み禁止だ。

現金そのものも禁制品だ。刑務所の公式経済はザータリ難民キャンプと仕組みが少し似ていて、服役囚の給料は電子カードにチャージされ、売店でものを買うのに使うことができる。服役囚に現金をもたせず、権力のある大物服役囚に看守を買収する資金源を与えないようにする狙いもある。現金はトップレベルの禁制品なので、たとえ模範囚であろうと現金を手にしているところを見咎められれば特権を失ってしまう。

買収とか脱獄とかたいそうなことではなく、日々のちょっとした取引をしたい服役囚にとって、現金がないのは何かと不便だ。ピーカンナッツの焼き菓子以外にもこまごました取引はたくさんある。フライドチキンを売る者や、散髪やタトゥー、シャツのアイロンがけなど、家族と面会する服役囚にとって重要な身だしなみをととのえるためのサービスを提供する者もいる。こうした〝起業家たち〟は、ものやサービスを提供する対価として現金を受け取ることはできない。ある服役囚から聞いた話では、違反経歴のない模範囚は、2ドルしか価値のないものに現金で5ドル払うと言われてもけっして受け取らないそうだ。現金を所持するリスクがあまりにも高く、アメリカの刑務所は、世界でもめずらしい「ドルが歓迎されない場所」なのだ。現金が使えないため、彼らはものを現金で売り買いするのではなく、物々交換という最も原始的な市場へと追いやられた。

鉄格子のなかの通貨

物々交換の大きな問題は、交換に釣り合う品を見つけるのがむずかしいということだ。あなたが提供するものをほしがっている人が、あなたのほしいものをもっているとは限らない。187

5年、ウィリアム・スタンレー・ジェヴォンズが著書『貨幣及び交換機構』のなかで、物々交換の問題点と通貨がそれをいかに解決するかを論じて以来、経済学者は交換が成立するめずらしい状況を「欲求の二重の一致」と呼んでいる。リバプールに生まれ、ロンドン大学で学んだジェヴォンズは、近代経済学論の創始者のひとりであり、通貨は経済の原動力であると提唱した人物だ。ジェヴォンズは、物々交換の問題は原始的な経済にも高度な経済にも当てはまると述べている。

ほしいものがある人はおおぜいいて、望まれるものをもっている人もおおぜいいる。だが、物々交換が成立するには欲求が二重に一致しなければならず、これはめったに起こらない。狩りがうまくいってたくさんの獲物をもち帰った狩人がいたとする。彼は、次の狩りのために弓矢や弾薬がほしいと思うかもしれない。だが、弓矢や弾薬をもっている人たちがたまたま肉を充分に手に入れていたら、肉とは交換してもらえない。あるいは、街なかに住む人がもっと自分に合った家に引っ越したいと考え、希望どおりの家を見つけたとする。だが、たとえその所有者も家を手放したいと思っていたとしても、両者の希望が互いに一致して家の物々交換が成立する可能性はほとんどない。(傍点筆者)

良貨と悪貨

さらに仕組みを解説するため、ジェヴォンズは、貨幣のもつそれぞれ独立した4つの役割をあげた。第1に、交換の媒介として誰もが受け入れ、「交換という行為をなめらかにする」こと、第2に、現在の価値を設定する「ものさし」、第3に、将来の価格を決めるための「基準」、第4に、経済価値を遠方、あるいは将来まで維持するための「貯蔵庫」だ。

　私たちは、通貨（本書では通貨と貨幣を区別していない）とは君主や大統領の顔が印刷された紙切れのような、政府お墨つきの何か特別なものだと考えがちだ。だが、ジェヴォンズの提示した役割を果たし、通貨として使えるものはたくさんある。非公式かつ自然発生的に生まれる「通貨」は、たいていある物理的特性をもっている。通貨に適した望ましい特性については、ジェヴォンズの友でありライバルでもあったオーストリア人の経済学者カール・メンガーが１８９２年に解説している。彼は「販売可能性」と表現したが、今日《こんにち》では「市場性」と呼ぶことが多い。メンガーによると、通貨は取引のなかで繰り返し使われるため、手から手へと何百回受け渡されても価値が毀損《きそん》しないものでなくてはならない。衣類や靴、本といった消費財は、使ううちに傷み、価値が下がるため、通貨には適していない。塩や砂糖、穀物といった品は、長いあいだ新品とほとんど変わらないため、通貨により適している。

　さらに言えば、簡単に〝小分け〟できて小口の取引にも使えるものが望ましい。ダイヤモンドは、そもそも小分けするのがたいへんだし、カットしたとたんに価値が大きく損なわれるので、よい通貨にはなりにくい。耐久性も重要だ。牛乳や小麦、バターなどの食料品は腐ったり品質が劣化したりするため通貨としての価値は低い。さらに、楽に安くもち運べるものがよい。綿は小分けが可能で耐久性もあり、よい通貨になりそうだが、非常に軽く、少量では価値が低すぎるため、取引のたびに大量の綿を動かさなければならないのが難点だ。

キツツキからサバ缶まで――変な通貨

歴史を振り返ると、さまざまな社会がありとあらゆる風変わりなものを通貨に選んできた。パプアニューギニアから南東240キロに位置するロッセル島では、貝の通貨「ンダップ」が長く使われた。ンダップは軽く、耐久性があり、サイズごとに22種類の価値をもつので、分けたり組み合わせたりすることでどのような値段にも対応できるようになっている。アメリカの先住民で、カリフォルニア州北部で暮らすユロック族は、キツツキのトサカを珍重し、頭飾りとして使用していた。キツツキのトサカはやがて、大小の単位のある通貨となり、同じキツツキでも大型のエボシクマゲラは小型のドングリキツツキよりも価値が高いとされた。ほかの文明でも、軽く、耐久性があり、小分け可能な日用品が通貨として用いられ、たとえばローマ帝国や古代中国、近代のエチオピアでは塩、中米のアステカ王国ではチョコレート（カカオ豆）が使われた。

刑務所もまた非公式通貨の発明にかけては負けていない。ロンドンのコールドバス・フィールズ刑務所で19世紀に発覚した「大規模な違法取引」では、巻きタバコ用の薄紙が通貨だった。現在のイギリスの刑務所（アンゴラ同様に現金は禁止されている）では非公式通貨として、入手しやすいシャワージェルのカプセルやロザリオのビーズが使われている。小さく、軽く、小分け可能で耐久性があるカプセルやビーズは、19世紀の経済学者たちの見解と完璧に一致している。

アメリカには、公営と民営、長期と短期などさまざまな種類の刑務所があり、そのルールも州によってばらばらだ。だから、刑務所内を流通する商品の種類も適した通貨もそれぞれに異なっている。郵便切手は小さく、軽く、耐久性も高いため、アメリカの多くの刑務所で通貨として使用されていた。だが、切手は現金に性格が近いと見なされ、現在はたいてい使用禁止になっている。切手が使えない場合によく代用されているのがインスタント麺だ。刑務所内では、この食べられる通貨を「スープ」と呼ぶ。近年、通貨として人気が出てきたのはサバ缶だ。1缶あたりの価格は約1ドル40セント。缶は軽く、耐久性があり長持ちする。このサバ缶通貨は、アメリカの膨大な数の服役囚に広く普及しているため、外の世界のサバ缶の価格に影響を与えているとささやかれている。

刑務所で最も揺るぎない地位をもつ通貨は、いつでも売れて簡単に小分けできるタバコだ。アンゴラでの秘密の取引は100年以上まえからタバコによっておこなわれてきた。現金を使えないなかで物々交換の欠点を回避する道を探すうちに、タバコが信用のある通貨として確立されたのだ。ところが100年続いた通貨の安定が、突然崩れた。2015年、アンゴラは禁煙となり、タバコが禁制品となったのだ。同じころ、モジョという依存性の高い新しい合成ドラッグが刑務所内に浸透し、多くの服役囚があっという間に虜《とりこ》になっていった。地下経済は混乱した。需要の高い品が登場したのに、それを買うための、慣れ親しんだタバコという通貨が違法になったからだ。多くの人がほしがるものと、支払い方法がほぼ同時に変わったため、刑務所経済の様相は一変した。アンゴラをはじめとしたルイジアナ州の刑務所の反応はすばやかった。すぐに順応し、モジョと同じくらいハイテクで、モジョの購入にもよく利用されるようになる新しい通貨を発明したのだった。

合成ドラッグの潮流

ルイジアナを2度目に訪問したときに、アンゴラを含めた州立刑務所に16年間収監され、最近出所した30代半ばの男性と会った。「あっちのやつらの多くは、何か刺激になるものやハイになれるものを求めている。暇つぶしになるからね」。だが、合成ドラッグのモジョが急に広がった背景にはもっと具体的な理由があった。「ものによって成分がばらばらだから麻薬検査がむずかしいんだ。だからこそ価値があがったし、みんながほしがった」。合成ドラッグの成分が改良されるということは、何千もの変化型が存在するということを意味し、麻薬検査で正確な結果を出すのがとてつもなく困難になる。

ルイジアナ州で合成ドラッグにまつわる死者が初めて確認されたのは2010年のことで、州政府は同年にモジョにも使用される化学薬品を禁止薬物に指定した。だが、検出がむずかしいと知られているため、大学の運動選手や軍人、服役囚といった定期検査を受けなければならない人たちはモジョを選んだ。あっという間に大学のフットボールやバスケットボールのチームなどに広がり、とくにアメリカ海軍への蔓延がひどかった。2011年の調査では水兵によるモジョの使用が700件以上確認され、海軍病院は、気晴らし目的でのモジョの使用が兵士に与える影響を率先して調査する事態になった。服役囚たちがなんとしても入手しようとするこのドラッグは、刑務所の非公式経済の姿を大きく変えた。

ルイジアナの服役囚は、モジョが初めて出回るようになったのは2010年か2011年のことだったと記憶している。ニューオーリンズの元服役囚も当時の噂を憶えていた。「みんなが言うんだよ〝この合成ドラッグ《こいつ》さあ、吸ってもばれないんだぜ〟。でも、おれは思ったね。〝検査でTHC（幻覚作用を起こす化学成分）が出なくても、吸えばハイになるんだから、何かヤバいものが入ってるんだろ〟って」。用心して正解だったよ、と彼は振り返った。「おれはやめとけって言ったんだ。でも、みんな吸いはじめた。発作を起こすやつ、動脈瘤ができたやつ、幻覚を見るやつ、被害妄想に陥ってびくびくするようになったやつもいた。ケツを丸出しにしてゴミ箱に飛び込んだまま出てこない野郎も見たよ。でも、みんなあれが好きでたまらなかったんだ」。刑務所経済で最優先の基準は、満たされない欲求を満たすことであり、この基準に照らせばモジョが刑務所の王となるのは至極当然だった。欲望は尽きない。問題は、どうやってもち込み、どうやって支払うかということだった。

職業の不自由

アンゴラの服役囚は、看守のことを「自由な人」と呼ぶ。外のものを指すときにも、「自由な人の服」「自由な人の食べ物」などと言う。逆に、自分が外でどんな格好をしていたか、どんなものを食べていたかと訊かれても、「さあね。好きにしてたさ」とあまり答えたがらない。服役囚が収監中に恋しくなるのは、選択の自由なのだ。

だが自由な人であっても、ルイジアナ州の片田舎のこのあたりでは、職業選択の自由が制限されている。大手の製造企業はまだ数社残っていて、セント・フランシスビル地区を拠点とする製紙会社では約300名、エンタジー社が所有するリバー・ベンド原子力発電所では700名弱が働いている。こうした大手企業には給料の高い仕事があり、製紙会社の平均年収は6万ドル、工場の技術者であれば10万ドル以上稼ぐことができる。だが、これらの仕事には大学の学位か高いスキルが必要であり、たとえば原子力発電所では、アメリカ海軍で訓練された元軍人をおおぜい雇用している。

このあたりで暮らす人の多くは高校を卒業していない。学位もなく技術的な訓練も受けていない人たちにとって、選択肢は限られる。農業はかつて、ルイジアナ州の特別な技能のない者にとって大きな働き口だったが、現在では、農業関連の仕事は2パーセントに満たない。地元の職業案内に残っているのは小売業の求人ぐらいで、ホームデポやダラー・ゼネラル、あるいは、国道61号線の沿線に店を構えるファストフードチェーンなど、およそ50件ほどだ。こうした募集の多くは、連邦最低賃金の時給7ドル25セントあたりから始まり、福利厚生はまず期待できない。

その他の就職先として大きいのは、地域で最多の1600名という従業員数を抱えるアンゴラことルイジアナ州立刑務所だ。アンゴラではつねに求人を出していて、就業条件は地域の水準に照らすとまともなものだ。2017年の研修生の時給は11ドル71セントから始まり、年収は2万

4000ドル強だった。成績が優秀であれば、研修生は6カ月で刑務官となり、時給は13ドル3セントにあがる。福利厚生は12日間の年次有給休暇、健康保険（刑務所が半分負担）、さらに業績連動制で年収が4パーセントあがる可能性もある。よその雇用条件と比べると、アンゴラはよい働き口だ。

だが、アンゴラ職員の多くが住んでいるシムズポートという町は、刑務官の生活の現実を表している。この町に住む刑務官は服役囚から「川の民」とあだ名をつけられている。なぜか？　刑務所にいちばん近い橋を車で渡るのはまわり道になるため、毎日、刑務所の敷地内と町をミシシッピ川で結ぶ民間のチャーター船――その名もアンゴラ号――で通勤しているからだ。シムズポートは、川の東側のセント・フランシスビルやジャクソンのような、豪華な前庭のある高級住宅街が続く地区とは程遠い町だ。家は軽量コンクリートの上に建つプレハブ住宅。トタン板でできた古い建物は錆《さび》だらけだ。道路脇に放置されたトラックやトラクターが無残な姿をさらし、壊れたボートが伸び放題の雑草のなかで腐りかけている。補修された状態のよい建物は教会しかない。

穴だらけの境界線

人の金銭欲は、刑務所の監視体制に抜け穴を生む。「あいつらは若くて学《がく》もない」。最近出所した元服役囚は、若手の刑務官研修生をこう評した。「ものをもち込めば、手っ取り早く3倍稼げる」。服役囚のほしがる禁制品をひそかに運び入れれば、大きな利益が見込めるということだ。全面喫煙禁止は、刑務所内の供給と需要の法則がどれほど強烈かをあからさまに示した。禁煙が通達されるやいなや、服役囚たちはタバコが品薄になって1箱の値段が跳ねあがることを察し、実際、禁止後しばらくは1箱125ドルにまで高騰した。アンゴラから出所したばかりの元服役囚によると、外から調達できれば、いつでも40ドルから50ドルでさばけたそうだ。

モジョの密売はタバコ以上に魅力的なビジネスチャンスだ。合成ドラッグは自由な世界では二束三文で売買されている。密造者が簡単につくれるため供給が潤沢なうえ、副作用が強いため、気晴らし目的の麻薬常習者たちには敬遠されるのだ。大袋でも10ドルしない。ところが、刑務所の内側では事情がちがい、合成ドラッグで丸1日トリップしていられるのならむしろ大歓迎される。ハイになるためなら少量のモジョに喜んで5ドル支払うだろう。密売人の利幅は原価の100倍にもなりうる。

モジョは密売人にとってほかのドラッグよりリスクが低いというメリットもある。マリファナとは匂いがちがい、原料の化合物によっても匂いが変化するので、モジョを噴霧した植物片の袋を麻薬探知犬が見逃すことがあるのだ。もち込みの手段にも工夫が凝らされ、最近イギリスの刑務所で発覚したのは、服役囚の家族からの手紙に液体のJWH-018(合成カンナビノイド)を吹きかけるというものだった。見かけは子どもや恋人からのごくふつうの手紙のようで、変な匂いもしない。ところが、読み終わったあとにちぎって燃やすことで、麻薬が吸引できるのだ。とはいえ、密売はリスクと無縁というわけにはいかず、2018年にアンゴラの若い研修生や刑務官のグループが密売を試みた罪で逮捕されている。それでも、手っ取り早く稼ごうと合成ドラッグに手を出す者が後を絶たない。

謎の通貨登場

密売者にとって対価をどう受け取るかはむずかしい問題だ。古顔や模範囚が仕切っている地下経済では、食べ物や洗濯、刑務所内にある自動車整備場での車のチューニングなどをつうじ、看守への見返りを生み出すことができる。だが、これらはたいした金額にはならない。禁煙が通達されたあと、非公式通貨はあっという間にタバコから、売店で買えるコーヒーやその他のもの――刑務所の外では通用しない通貨――に変わったそうだ。元服役囚の話では、モジョなどをせっせと密売している服役囚は、刑務所の公式通貨は使わない。「現物の通貨でなら20ドル分、現金なら5ドル払う、と言えば、みんな現金の5ドルを選ぶ。そっちなら家族に送れるし、好きなことに使えるからね。で、看守を抱き込んでもっと禁制品をもち込ませるんだ」

刑務所内で現金を扱うのはむずかしい。大量のドラッグを売り買いする者は、高額な現金残高を移動させなければならないが、紙幣は探知犬に見つかってしまう。口座間の電子決済が追跡可能となったいま、電子的に現金を送るなどという考えも大胆すぎる。じつは、ルイジアナ州の刑務所では目を瞠《みは》るような通貨改革が起こり、タバコやサバ缶よりずっといい通貨が生み出されたため、麻薬などの密売人も買う側もこうしたリスクにさらされにくくなった。その新しい通貨は、紙幣を扱う必要も、銀行口座で取引する必要もない。話を聞いたある人物が教えてくれた。「現金は禁止されているが、みんな現金をもっていた。ただし、手で触れる現金じゃない。追跡もされない。全部数字でやり取りするんだ――ドットで」

ドット――見えない通貨

「ドット」は、これまで移り変わってきた刑務所の通貨のどれよりも新しい。モジョ同様、始まりは技術革新だった。1985年に設立されたブロックバスタービデオ社が1990年代に考案したものだ。他の小売店と同じく、その店にも図書券のような商品券制度があり、親や友人がブロックバスターで使える額面をプレゼントできる仕組みになっていた。だが、商品券というのは顧客にとっては紛失の危険があるし、店側にとっては、買い物で余った少額の残高（たいていは2ドル以下）を払い戻されるかもしれず、利幅が減りかねない。親が20ドルの商品券を買い、子どもがそれを使ったとしても、店には18ドルの売上にしかならないこともありうるのだ。

そこで、ブロックバスターは1995年に業界の先陣を切ってストアカードを発行した。クレジットカードと似た形状のプラスチック製のカードで、現金をチャージできた。紙製の商品券とちがって耐久性があり、両親や親戚が小遣いの一環として定期的にチャージすることができた。そのカードは、残高をチャージする人（親）、商品を提供する企業（ブロックバスター）、商品を購入する人（子）のあいだで、いわゆる「閉じたループ」を形成した。他の店もすぐに真似をし、Kマートも1997年に同様のカードを発行している。1990年代の終わりごろには、たいていどこの小売店でもプラスチック製のカードを使用したなんらかのストアカードを導入した。

金融機関も好機と見るやすぐさま自社のカードを発行した。この2世代目のカードも基本の仕組みは同じで、何かを買うために事前に現金をチャージしておく必要がある。だが、重要な変更点があった。この新しいカードには「開いたループ」システムが採用されたのだ。カードの利用者は、特定の店だけではなく、どこでも買いものができ、このカードで現金を引き出すこともできる。当初の案では、両親が大学生の子どもの毎月の小遣いをチャージする、あるいはトラベラーズチェックの新たな代替手段として使用するといった、若者の利用を想定していた。

アメリカのプリペイドカードの利用数は、過去20年間で急増した。プリペイドカードはゼロ年代に最も速く成長した支払い方法であり、利用数は、2006年の33億回から2015年の99億回へと3倍に伸びた。この技術革新は大ヒットしたが、顧客層は、金融機関が当初想定していた富裕層の親子やベニス旅行に出かけられるだけの金をもつ退職者などとはかけ離れていた。プリペイドカードは、クレジットカードの返済遅れがあったり、移民してきたばかりで信用がなかったりなど、過去の支払い履歴に難のある人たちに好まれたのだ。利用者には、アフリカ系、女性、無職、学歴がない、の項目に該当する人が多い。利用回数が多いのは、ルイジアナ州近くのテキサス州を中心点とした南部だった。

服役囚の新しい通貨「ドット」の名は、プリペイドカードのブランドのなかでも有名なグリーン・ドットにちなむ。グリーン・ドットはビザやマスターカードのロゴがついていて、通常のクレジットカードやデビットカードが利用できる場所であればどこでも使える。利用者がカード用のアカウントを開設するときに住所やIDを証明する必要はないため、偽名が使える。次に彼らは2枚目のカードを買う。こちらはマネーパックと呼ばれる使い捨てのスクラッチカードで、デビットカードに20ドルから500ドルまでの残高をチャージするのに使用される。どちらのカードも、ウォルマートや大小のドラッグストアなど、どこでも簡単に利用できる。マネーパックの裏側を削ると14桁の数字が出てくる。この数字が「ドット」で、最大500ドルの購買力に紐づけされる大事な番号だ。利用者がオンラインで自分のアカウントにログインし、その「ドット」を入力すると、即座にデビットカードの口座に入金される。

少々手間のかかる工程ではあるものの、その工程こそ不法な取引をするのにぴったりなのだ。グリーン・ドットのカード購入者は現金で支払うことができ、500ドル分のマネーパックの購入者も同じく現金で支払うことができるため、カードの所有者を特定することはできない。額面の受取人は、そのマネーパックの現物を見る必要も、そのカードのある場所にいる必要すらもなく、数字さえ知っていればいい。携帯電話は禁制品だが、もし使える機会があれば誰か宛てに14桁の「ドット」をメールで送信してもいいし、画像や手紙で知らせてもいいし、あるいは、口頭で伝えるだけでもいい。ドットは、早く、手軽で、安全に価値を遠くに移せる、現金に近い通貨なのだ。

高額の支払いをするため、服役囚は外にいる友人にマネーパックを買ってもらい、その「ドット」を教えてもらう。14桁の数字は現金も同然で、刑務所内で看守や他の服役囚と、麻薬も含めた何かを交換することができる。現金の代わりに「ドット」を交換することで、服役囚は手を汚さずにいられるのだ。マネーパックを購入した、外の「自由な人」と、グリーン・ドットのカードでその額面を受け取った「自由な人」は、顔を合わせる必要も、知り合いであったり互いの銀行口座を知っていたりする必要もない。プリペイドカードのこのような使い方は、耐久性があり、マネーパックの最少額である20ドルまで小分けが可能なため、あらゆるところで受け入れられた。1世紀以上まえにジェヴォンズとメンガーが唱えた良い通貨の基準にまさに当てはまったのだ。

キャッシュレス経済の穴

この強烈な通貨改革から私たちは多くの教訓を読み取れる。政治家のなかには、口座間の送金にアプリやインターネットを使用するオンラインバンキングの台頭は、デジタルデータの痕跡が残るため、違法な取引やマネーロンダリングの抑止になると考える人がかなりいる。つまり、デジタル経済は現金ベースの経済よりも取り締まりやすいという理屈だ。紙幣を完全に禁止し、すべてオンラインバンキングに移行して自国の経済を浄化しようと検討している国もある。だが、刑務所の通貨改革がどのように起こったかを知れば、こうした希望が浅はかであることがわかる。孤島から重警備刑務所まで、通貨改革は非公式かつ自然発生的に進行し、さらにルイジアナ州の刑務所が示すとおり、いまのところ追跡もできない。新しいデジタル通貨「ドット」は、すでに国境を超えてマネーロンダリングに使われているとの報告もあがっている。

刑務所のこうした取引が違法であることも、害のあることもわかったうえで、30代の元服役囚は刑務所の地下経済を擁護して言った。「あっちに友だちがいる。みんな、外にいる家族をなんとか助けたいと思っている」。州立刑務所では、模範囚ではない服役囚は自分の監房を過ごしやすくする権利を制限されている。「だからあっちではドラッグを売ったり、何かを仕切ったり、ギャンブルをしたりして金を稼ぐ」。何十年も服役している古顔の服役囚たちも、秘密の物々交換は刑務所の生活を平穏に保つための手段だと言って地下経済を擁護する。かつてはタバコ、現在ではサバ缶やインスタント麵、コーヒーが通貨として使われるささやかな取引――散髪やピーカンナッツの菓子、本、シャツのアイロンがけ、タトゥー――は、ルイジアナ州の途方もなく長い刑期をほんの少し耐えやすくするための工夫なのだ。

刑務所のふたつの経済

未来の経済について考えるとき、ルイジアナ州立刑務所の地下経済には、インドネシアのアチェやヨルダンのザータリ難民キャンプにもつうじる重要な教訓が隠れている。既存の経済が損害を受け、破壊され、なんらかの制限を課された場合に、社会がその衝撃から回復し、並外れた努力を費やして新しい取引システムを構築していけるのは、その根本に非公式経済の力があるということだ。

ルイジアナ州の刑務所ではふたつの経済が並行している。違法な麻薬経済は当局に追跡されないドット通貨でまわっていて、それと同時に、より真っ当な市場では、許可された品物(いまはコーヒー)を通貨として取引がおこなわれている。ふたつの経済のどちらにも役割があるのは、ウィルバート・リドーが記したように、刑務所とはそのままではニーズも好きなものも欲求も満たされない場所だからだ。どちらの経済も服役囚にとって必要だからつくり出されたものであり、さまざまに絡み合い、アイデアが詰まっている。通貨の管理は国家の究極の役割だと思われがちだが、アンゴラのふたつの経済は、国家が介在しなくても通貨を確立できるのだと教えてくれる。どうにかして何かを手に入れたいという人間の欲求を抑えつけることはできないのだ。とすれば、私たちが将来直面する課題の解決策は、公式市場だけでなく非公式市場からももたらされることになるのではないだろうか。

本物の紳士《リアル・ジェントルメン》

刑務所での取引に価値があるということは、それをなくせば——そんなことができればの話だが——痛みをともなうということだ。価値としてはまず、刑務所の地下経済で得たスキルは出所後にも使えることがあげられる。ルイジアナ州滞在の最終日、私は髪を切るためニューオーリンズの第7区にある〈本物の紳士《リアル・ジェントルメン》〉理髪店を訪れた。私を担当してくれたのは、麻薬犯罪と身分詐称でアンゴラに2度、長く入っていた42歳のダニエル・リドーだ。彼の共同設立者のジェローム・モーガンは地元の有名人で、17歳のときに第1級殺人で実刑判決を受け、新たな証拠が見つかって冤罪とわかり釈放されるまでの20年間をアンゴラで過ごした。ふたりともアンゴラの地下経済で散髪を始めた。レコード店とカフェのあいだに構えた彼らの新しい店は、理髪店のサインポールが外壁でくるくる回り、室内にはふかふかの革張りの椅子が置かれた最高級店だ。そのときの散髪料金は35ドルだった。

ふたりは、10代のころには考えもしなかった労働の尊さをアンゴラで教わったと口をそろえる。ニューオーリンズで起こる犯罪は、個人の道徳心のせいだけでなく、手本となる大人が少なく、まともな仕事が不足していて、アフリカ系の若者が成功できるなど誰も期待しない、この社会の深いところに根っこがあるという。「19歳になってもなんの仕事にも就けない。とくに近隣の貧しい地域から来た場合は。だから時給の低い、下働きの仕事しかないと肚《はら》をくくらなきゃならない。でも、それを19歳で決断するのはむずかしい」とダニエルが言う。いまではふたりとも、働くことの大切さを身をもって知り、人にも伝えようとしている。理髪店の仕事のほかに、収監中のことを本にしようと執筆活動に勤しみ、さらに、若い弟子も受け入れている。ジェロームが言った。「人は働くために生まれてきた。それだけなんだ」

刑務所での非公式取引がもたらす価値のもうひとつの例は、釈放後の生活への順応を後押ししてくれるということだ。長い歳月のあとの自由にはうれしさだけでなく、寂しさもあると古顔は言う。なぜなら、刑務所が与えてくれていたネットワークや役割、目的が失われるからだ。私が訪問したニューオーリンズの中心地にある〈ザ・ファースト72＋〉という組織は、まさにこの問題に真正面から向き合っている。もとは保釈金立替業者の事務所だった小さな物件に入居するこの組織は、アンゴラから出所した人たちの最初の自由な3日間の手助けをする「移行期間の家」なのだ。アンゴラで26年間服役したノリス・ヘンダーソンと地元の弁護士ケリー・オリアンズによって設立され、役割や目的、習慣を失った人たちが再び新しいネットワークを築いたり、支援を得たりする手伝いをしている。

建物のなかでは、元服役囚向けの起業家クラブの会合がおこなわれていて、30代前半ぐらいの人たちがベンチャービジネスについて議論していた。窃盗や強盗の罪で20代を刑務所のなかで過ごし、いわゆる「18で入って32で出る」典型的なパターンをたどった人たちが、ビジネスをどうやって軌道に乗せるか、意見を出し合っている。最近ガーデニングの会社を起こしたある人は、次の目標は自分の車を買うことだと言った。また別の人は、刑務所でずっとトラックやバスの修理をしていたスキルを生かし、ニューオーリンズで自動車の修理会社を始めたという。相談や情報交換の場を提供すると同時に、クラブでは起業のための資金援助もしている。共同出資によって新しい機械や工具に投資し、利益が出たら分配する仕組みだ。服役囚の3分の1が出所後3年以内に舞い戻るルイジアナで、持続的なチャンスを提供するこの種のプロジェクトの果たす役割は大きい。

その場にいたダリルという男性は、子どものころに稼ぎ道として知っていたのはドラッグだけだったと言った。彼は刑務所内で公式の講座を受け、眼鏡用レンズの製作方法を学び、認定眼鏡士の資格を取得した。出所後、この仕事をするための会社を立ちあげていて、眼鏡・アイウェアメーカー最大手のルックスオティカ社が、アーネット、オークリー、レイバン、ペルソールなどの多くのブランドを保有している現状は業界のにぎわいの表れであって、新参者にとって絶好の商機だと感じている。実際に売上も増加している。ダリルやほかの起業家たちの高い知性や意欲を見ていると楽観しそうになるが、同時にそれは、彼らがどれほど長い歳月を刑務所で空費してきたかを突きつけてくる。

小さな「移行期間の家」と道路を挟んだ真向かいには、ヘンダーソンやオリアンズのような改革者がどれほど巨大な壁に挑んでいるのかを体現するような、巨大な新しい施設がそびえ立っている。薄い色つきガラスの窓に午後の陽光を反射させ、空高く屹立《きつりつ》するその姿は一見、投資銀行か弁護士事務所の本社のようだ。輝く巨獣の正体は、１億４５００万ドルの建設費をかけた、収容可能人員１４３８人のルイジアナ州で最新の刑務所だ。どこの刑務所も満員になってしまい、服役囚はアンゴラや他の長期服役囚用の刑務所に移送されるまえに、一時的にこうした刑務所に留め置かれることになったのだ。新しい刑務所の公衆電話は、ペルディード通りを一望できる窓際に置かれているため、家族は車をここに駐め、電話で話をしながら身内に手に振ることができる。彼らはこのやり方を「刑務所版フェイスタイム（ビデオ通話用アプリ）」と呼んでいる。

ルイジアナ州は、驚異的なサバイバル能力を見せる３つの極限《エクストリーム》経済、すなわち、平穏な日常とかけ離れた状況に置かれながら、非公式の市場や通貨、交易や物々交換が活発に息づく３つの場所の調査を締めくくるにふさわしい場所だった。経済のレジリエンスを示すすばらしいエピソードの宝庫であると同時に、この州は、先進国を自負する国々に泣き所を思い出させる存在でもある。ペルディード通りから車を走らせていくと、テュレーン・アベニューに差しかかる。有名な国道61号線でニューオーリンズのフレンチ・クォーターへと続く大通りだ。並木道に沿って並ぶジャズの流れるカフェがしだいにブルースの流れるバーに変わっていく光景を思い浮かべるかもしれないが、そこは経済不安を絵に描いたようなうらぶれた場所だ。公共投資が不充分なため病院は老朽化が目立ち、退役軍人センターまえのバス停では酔っぱらった退役軍人が眠りこけ、裁判所はまるで刑務所のような外観で、壁は薄汚れている。民間企業にも活気はまるでなく、裁判を待つ家族向けに債務軽減や保釈保証書の文字をネオンに光らせた薄暗い店しかない。広い空き地は雑草とがらくただらけ、表通りには子ども用プールほどもある大きな穴が空いたままで淀んだ水がたまっている。

経済は必ず回復するとは限らず、人も必ず立ち直れるとは限らない。悪化してそのままということもある。ルイジアナはどちらに進むのだろうか。ルイジアナの暗い面からは、次に紹介する置き去りにされた極限《エクストリーム》経済、ダリエン、キンシャサ、グラスゴーにつうじるものを感じるのだ。

第2部

ロスト＆エラー

失敗の経済

LOST&ERROR

第4章

ダリエン

貿易が貿易を増やし、金《かね》が金を呼ぶ……
大海への扉であり世界への鍵であるこの地に妥当な統治あらば、
所有する者たちがふたつの大海に秩序を与え、
通商の要となることは自明の理なり。

—— ウィリアム・パターソン、"A Proposal to Plant a Colony in Darien"
（ダリエンの植民政策の提案）、1701年

ダリエンよ、大地よ、そなたは腹を空かせた人間どものように、
地に住む民を貪《むさぼ》り尽くす。

—— フランシス・ボーランド、"The History of Darien"（ダリエンの歴史）、1779年

4

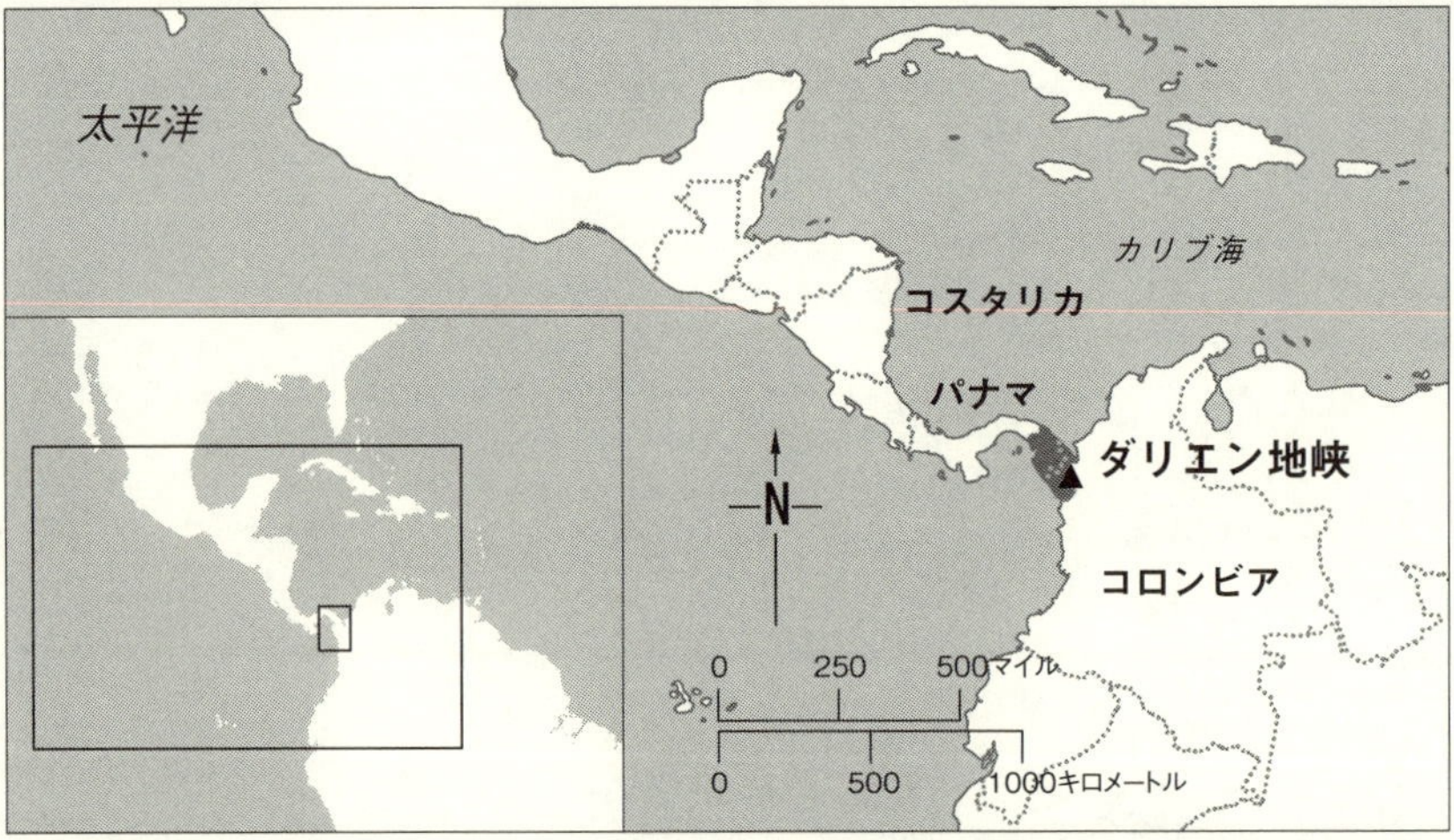

太平洋
カリブ海
コスタリカ
パナマ
ダリエン地峡
N
コロンビア
0 250 500マイル
0 500 1000キロメートル

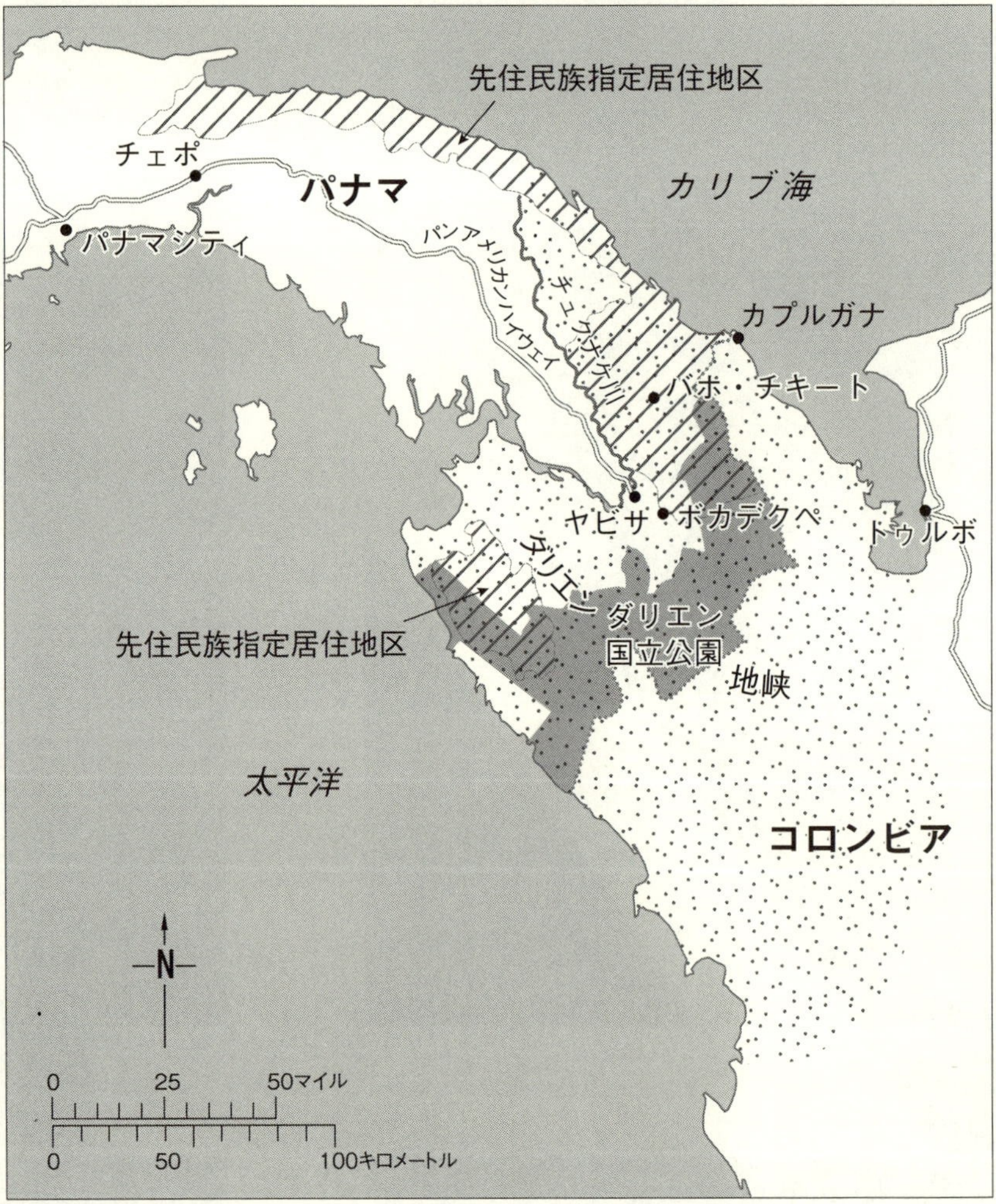

先住民族指定居住地区
チェポ
パナマ
カリブ海
パナマシティ
パンアメリカンハイウェイ
チュクナケ川
カプルガナ
パボ・チキート
ヤビサ
ボカデクペ
トゥルボ
ダリエン
ダリエン国立公園
地峡
先住民族指定居住地区
太平洋
コロンビア
N
0 25 50マイル
0 50 100キロメートル

地峡の奥で

忘れられた地

パナマの村バホ・チキートは、どこから見てものどかな場所だ。緑濃いジャングルのなかにあり、木の住居は高い支柱の上に建ち、室内には家族で共有する大きな部屋がひとつあるだけ。湿気のこもらない分厚いわらぶき屋根の下でハンモックが風に揺れる。村は小高い丘の上にあり、浅い石床《いしどこ》の上を青く透明な水が流れるトゥケサ川を望む。ここで暮らす人たちは先住のエンベラ族で、ジャングルのそこかしこに小さな集落をつくっている。バホ・チキートの住民は川の恵みを受けて生きている。向こう岸の土手でサギが羽を休めるなか、小さな子どもたちが母親といっしょに水を浴び、洗濯をし、浅瀬で遊ぶ。上流では、10代の若者たちが手製の銛《もり》を手に、水しぶきを立てながら魚獲りに熱中している。やがて川岸には、みごとな獲物が積み重なっていく。

村長《むらおさ》のフアン・ベラスケスは、家の外に腰掛け、バホ・チキートの暮らしを語ってくれた。そばでは将来の娘婿が熱心に聞いている。5キロほど上流にある別の村の者で、フアンの娘との結婚を機に、村の周りに立つ貴重な堅木を数本切り倒して新居をつくり、この村に住むことになっている。ファンが長に選ばれてまだ4カ月しか経っていないが、村の暮らしをたちゆかせ、村人の安全を護る重責がのしかかっている。川から村に通じる小道の入口あたりにファンの家はある。小道のほうを手で示しながら、「気が休まらない」と彼は言った。かかわりたくないよそ者が毎日のようにその小道を通るからだ。

バホ・チキートは、いちばん近い舗装道路から歩いて数日かかる辺鄙《へんぴ》な場所にあるのに、よそ者をひっきりなしに目にする。彼らは夜昼かまわず、前触れもなく現れる。たいていはただ通りすぎるだけだが、人口300人しかいないこの村を1日に数百人が通ることもある。ファンと私が話していると、まえの長《おさ》だったネルソンが近づいてきた。ネルソンも、よそ者と彼らのもたらす脅威がエンベラ族の長老たちにとっていちばんの心配事だと言う。

そのとき、ファンの目がすっと細められ、緊張を漂わせた。眉をあげ、私の肩のうしろに目をやり、わずかに頭を振って私にそちらを見るよう促した。まったく場違いななりをした男が6人、村に入ってきたところだった。エンベラ族は背が低くがっちりした体形で、身長が155センチを超える者は男性でもほとんどいない。女性はさらに小柄だ。村人は川での早朝の水浴びを終えたところで、みな上半身は裸のまま、ナイロン製のハーフパンツを穿《は》き、足もとも裸足か、つま先を守るサンダルみたいなものを履いているだけだった。だが、よそ者の6人は背が高く痩せていて、ジーンズとナイキの運動靴姿だった。ひとりは、イギリスのプロサッカーチーム〈アーセナル〉の赤いユニフォームのレプリカを着ている。「あの男たちがどこの誰なのか知らない」とファンは言った。巨大なジャングルの小さな村、バホ・チキートには壁も境界線もない。

「もし誰かがここを襲おうと決めたら、わしらに身を守る方法はない」

私がバホ・チキートを訪れたのは、ダリエン地峡の経済を知るためだった。ダリエン地峡は、パナマとコロンビアにまたがる鬱蒼《うっそう》とした熱帯雨林に覆われ、北米大陸と南米大陸のつなぎ目にあたる。この本で取りあげる他の地域と同様に目立たないこの場所が極限《エクストリーム》経済の地なのは、第1部で見てきた驚くべき再生力《レジリエンス》の高さからではなく、驚くほど脆弱な、忘れられた経済だからだ。ダリエンもキンシャサもグラスゴーも、理論上は豊かさの象徴となって現代の世界をリードしていてもおかしくなかった。ダリエンは、熱帯雨林に密生するローズウッドなどの貴重な樹木類や、地下に眠る金《きん》をはじめ、天然資源の宝庫であり、すばらしい潜在能力をもっている。さらに、ダリエンを特別な場所にしている最大の資産は、ふたつのアメリカ大陸と太平洋と大西洋をつなぐその立地にある。戦略的に優れた立地ゆえに、世界を知る野心家たちは何百年もまえからダリエンを大洋と大陸をつなぐ貿易拠点にしようともくろんできた。ここを押さえられれば、「世界をつかむ鍵」を手に入れられるはずだった。

それなのに、いまやダリエンは忘れられた地となっている。経済には発展の兆《きざ》しが見えず、危険な場所として以外、世界の人々の話題にのぼることもない。ルールや規制や政府の力がほとんど及ばない土地——無法地帯であり、先住民族を除けば、そこに住むのは体制に追われた者や薬物の密売人など、何かから逃亡してきた者しかいない。逃亡者がこの地を選ぶ理由は、ダリエンの熱帯雨林が身を隠すのに最適だからだ。ただし、森林の縮小はすでに始まっている。世界の多くの場所で森林破壊は急速に進んでおり、２０１６年に失われた樹木量は、ダリエンを管轄するコロンビアとパナマの両国で史上最悪を記録した。それ以降も森林破壊は急角度で進んでいる。私はダリエン地峡を実際に歩いてみた。地政学的に重要でありながら、世界から忘れられてしまったこの地で生き、さまざまな商いをしている人たちの話を聞いて、なぜダリエンが潜在力どおりに発展してこなかったのかを探るために。そして、途方もない潜在力をもつダリエンを護るどころか、かえって危険にさらしている経済の力学を理解するために。

麻薬ギャングと経済移民

ダリエン地峡が別名「ダリエン断絶《ギャップ》」と呼ばれるのは、南北アメリカ大陸を縦断する長大なパンアメリカンハイウェイのなかで、そこだけが途切れているからだ。全長3万キロに及ぶとされるこのハイウェイは、北はアラスカ北部から南はアルゼンチン南端のティエラ・デル・フエゴ州までを結んでいる。途中、未開通区間があるため、本当の意味でのパンアメリカン（汎アメリカ）ではない。ハイウェイの北端から南下してくると、いったんパナマのヤビサで終わり、そこから112キロほど東にあるコロンビアのトゥルボからまた始まる。ヤビサとトゥルボはどちらもダリエン地峡にある。幾百もの川が横切る熱帯雨林がどこまでも続く光景にはただただ圧倒される。密林を抜ける手段がカヌーか徒歩しかないこの地を、地元住民は「ストッパー《エルタポン》」と呼ぶ。

公式には、ダリエン地峡の5分の4はパナマ領、残りはコロンビア領内にある。パナマとコロンビアの国境地帯は、熱帯雨林のなかに入って数日歩かなければ抜けられないものの、とくに検問などはなく、自由に行き来できる。ただし、ダリエンは国とは別のテリトリーに属していると考えるほうがよい。パナマとそれが属する中央アメリカは地峡の西側で終わり、地峡の東側から南米大陸が始まる。ダリエン一帯は、国とか国籍の概念がゆるく、人々は自由に国境を出入りしている。パナマの国境警備隊《セルビシオ・ナチォナル・デ・フロンテラス》セナフロントは、バホ・チキートのような小村も含め、大半の村で軍事的存在感を維持しているが、広大な自然のなかでは統制が行き届いていない。この地の農園はコカインを運ぶ軽飛行機用の滑走路を所有していることで悪名高く、ヤビサ近隣に住む人は、パンアメリカンハイウェイの直線道路を指差し、地元住民は夜にはけっして近づかない、と言った。コロンビア人の麻薬ギャングが飛行機を着陸させることがあるからだ。

ダリエン地峡の抱える課題は昔もいまも「治安」だ。危険地域という風評は、半世紀以上続いたコロンビア内戦によるところが大きい。コロンビア共産党に忠誠を誓う武装集団としてコロンビア革命軍（ＦＡＲＣ）が１９６４年に結成され、２０１６年に政府と結んだ和平合意にともない、正式に解散した。内戦中、ＦＡＲＣは誘拐と身代金奪取、町村からの暴力的な強奪、麻薬密売など、資金調達の非道さで悪名を世界にとどろかせていた。２０１６年までのあいだにこの内戦で約26万人が死亡、そのうちＦＡＲＣの暴力によるものがおよそ12パーセントと推計され、多くの国がＦＡＲＣをテロリスト集団に指定した。

そうした歴史があるから、バホ・チキートの村長《むらおさ》のファンが、事前連絡のないよそ者6人をこれだけ警戒するのだ。招かれざる客のなかでエンベラ族が最も怖れるのは、麻薬取引にかかわるコロンビア人だ。エンベラ族は彼らを「山の者たち《ヘンテ・デ・ラ・モンターニャ》」と呼び、ＦＡＲＣの元メンバーが多く紛れていることも、彼らが武装している可能性が高いことも知っている。ファンが長に選ばれて2、3週間も経たないうちに、ダリエンのジャングルの奥地で麻薬ゲリラとパナマ国境警備隊の銃撃戦があり、4人が死亡した。実際にひどい目に遭った村もある。たとえば、16キロ離れたペナ・ビハグアルは麻薬ゲリラに襲われ、住民のエンベラ族は村を放棄しなければならなかった。よそ者の6人がダリエン地峡の小さな村に入ってくる光景は、それだけで村人の心臓を縮みあがらせる。

結局、その6人はバホ・チキートの脅威ではなかった。ジャングルから出てきた彼らはコロンビア人の麻薬ゲリラではなく、人なつっこい若いネパール人たちだった。彼らは、私がダリエン地峡で会ったインド、セネガル、カメルーン、ベネズエラ出身の若い男女と同じく、アメリカへ向かって過酷で命の危険すらある道のりを行く経済移民で、まずパナマに入るためにこのダリエン地峡を通っていたのだ。彼ら経済移民の苦難と先住民族の苦難はつながっていて、その根っこには経済問題がある。外国人に不意に出くわすとたしかにびっくりするが、ダリエンの歴史を思えば、ここは遠来からの冒険者たちにふさわしい場所なのだ。

ダリエンは何百年ものあいだ、貧しい人や大望を抱く人、奴隷労働を強いられていた人やなんの拠り所ももたない人など、いまより豊かな生活を探し求める人たちが一時的な避難所として身を休め、新たなスタートを切るための場所だった。全人生を懸けてダリエンにやってくる人の列に最近加わったのが、正式な手続きを経ない経済移民たちだ。手つかずのジャングルはある人にとっては危険なだけだが、別の人にとっては心惹かれる約束の地になりうる。だからこそダリエンはかつて、イギリスで最も注目を集める地だったのだ。

異世界の楽園

冒険者《バッカニア》たち

1600年代にはイギリスは貿易をつうじて豊かな国になっていた。国土のあちこちに立派な港があり、いつもにぎわっていた。商人は豪奢《ごうしゃ》な家を建て、海外からの輸入品でイギリスの食生活は大きく改善された。1585年に南米から入ってきたじゃがいもは主食品となったし、1650年に第1号店がオープンして以来、コーヒー店が急速に増えていった。トマトやブロッコリーのような、それまでイギリス人の知らなかった食べ物も金持ちや好奇心旺盛な家の食卓に頻繁にのぼるようになっていった。

めずらしい品物や食べ物だけでなく、貿易は、人をわくわくさせたり驚かせたりする物語も大量にもち込んだ。とくに人気だったのは、ウェールズ出身のヘンリー・モーガンの話だ。モーガンは、数千人からなる私設軍をつくり、キューバやパナマ、ベネズエラの街を船団で襲い、建物を壊し、地元住民を痛めつけ、金《ゴールド》の在処《ありか》を探し回った。1690年代に海賊仲間のウィリアム・ダンピアとライオネル・ウェハによる2冊の本が出版されると、貿易と探検の物語が大衆に広がり、それをつうじてダリエンという地が有名になっていった。ダリエンについて書かれたこれらの本はたんに広く読まれただけでなく、のちにヨーロッパの歴史を変えることになる。

ダンピアとウェハは機転の利く人物だった。ダンピアの船に上級船医として乗り込んだウェハの物語は冒険そのものだ。ダンピアとともにカリブ海側から太平洋側へダリエンを徒歩で横断する探検に加わったが、不器用な手下が発砲したせいで膝のあたりにひどい火傷《やけど》を負ってしまった。ジャングルに取り残されたウェハは、地元の部族と親しくなり、自生の植物を噛んでつくった塗り薬で傷を癒やしてもらう。だが、部族は先住民のひとりが殺された事件にウェハがかかわっていたのではと疑い、彼を生きたまま火あぶりにしようとした。ウェハはヨーロッパの新しい医療技術を部族に教えることでその運命を逃れ、崇拝されるまでになった。部族の長に、すぐに戻って部族長の娘と結婚すると約束し――そう言わなければ逃げられなかった――ジャングルをひとりで抜けてカリブ海岸で同じ船の仲間と落ち合い、コロンビア北部のカルタヘナに向けて出航した。まさにハリウッド映画さながらの冒険譚《たん》だ。

ダリエンを徒歩で踏破する独創的な話は、ヨーロッパのコーヒー店で声に出して読まれ、大喝采を受けた。こうした物語から、ヨーロッパの人たちはダリエンを異世界の楽園だと思うようになった。ウェハの物語の聴衆は、ダリエンを「川と尽きることのない泉」があちこちにある「土壌がきわめて肥沃なために作物が豊かに実る」土地だと聞かされた。「生命の喜びに輝く木々」にはヨーロッパで珍重される種も含めてたくさんの種類があり、細かく特徴が伝えられた。ウェハが味わった食べ物はよだれの出るほどうまそうに聞こえた。「極上の味で栄養満点」な豚を直火であぶり、究極の贅沢、パイナップルは、「果汁たっぷりで、想像できるかぎりのうまい果実を全部合わせた夢のような味」だった。

戦略的に重要なダリエンの立地が、当時の商人や探検家の情熱をかき立てたことはたしかだが、同時に、ダリエンの天然資源の豊かさがイギリス人を熱狂させた。実際に訪れた人の話や地図をつうじて、ダリエンが南北アメリカ大陸をつなぐ細長い場所にあることや、大きな川が横切っていることなどをみなが知っていた。山っ気のある貿易商人が川の流れる方向に注目したのは、カリブ海沿岸だけでなくアメリカ大陸の反対側に進んで、当時はスペインの統治下にあった現在のエクアドルのグアヤキル港など造船と貿易の拠点を中心に、太平洋沿岸にも商売を広げていけると考えたからだ。ダリエンには「ゴールデン・アイランド」と呼ばれる場所に安全で充分に深い入り江があったため、船団を着けることはたやすいと思われていた。ウェハによると、そこは「願ってもないほどのすばらしい港」らしかった。

スコットランドの誤算

ダリエンの噂は、とくにスコットランドにとって抗しきれない魅力があった。スコットランドの政治家と商人たちは、海の向こうに貿易のための植民地を設ければ、芳《かんば》しくない国内経済をぐんと上向かせられると確信した。彼らの動きはすばやく、すぐにウェハとダンピアを呼んで細かい情報を聞き出した。遠い異国への大冒険のためにいまの株式会社にあたる公開企業が設立され、金持ちも貧乏人もこぞって資金を出し、当時の国家財政の半分近い50万ポンドが集まった。1698年7月14日、ユニコーン号とエンデバー号率いる5隻の船団が1200人を乗せ、スコットランド最初の植民地をつくるべく、ゴールデン・アイランド目指して出航した。生き残った者の日誌によると、野心あふれる入植希望者たちはまずダリエンの美しさに魅了された。ウェハの言っていたことは本当らしかった。彼らはその地に、「新しいスコットランド」の意味を込めてニューカレドニアと名づけ、首都ニューエジンバラの構築に汗を流した。

希望に満ちた遠征は、のちに「ダリエン大災害《ディザスター》」と呼ばれるほどの、スコットランド最大の経済的惨事となった。スコットランド人が交易所で売るために遠路運んだ品々には、鬘《かつら》と櫛《くし》、室内履き、パイプなど当時の消費財が多数含まれていたが、これらはカリブ界隈では無用の長物だった。まったく売れず、彼らはどうやって食べていくかを考えなければならなくなった。海には魚がひしめいていたが、どの船も小さな網を1張《はり》しか積んでおらず、ほとんど役に立たなかった。

陸に棲むオカガニもいたが、捕らえて食べるうちに個体数がどんどん減っていった。入植者たちは酒に頼り、大量にあったブランデーを飲みつくしていった。高熱をともなう病——天然痘、ペスト、コレラ、赤痢、腸チフス、黄熱病、マラリア——が蔓延した。生き残りのひとり、ウォルター・ハリスはのちに伝えている。「大の男たちがバタバタと倒れ、腐った羊のように死んでいった」

別の船団が補給品を積んで到着しても、事態は悪くなるばかりだった。スコットランドはダリエンをあきらめてジャマイカに向かったが、移動の途中でもおおぜいが死に、困窮したままダリエンに残った者はわが身を奴隷として売るしかなかった。ダリエンに向かった合計2500人のスコットランド人のうち2000人以上が死亡し、16隻あった船は1隻しか残らなかった。スコットランドの植民地構築計画はこれ以上ないほどのひどい結末に終わった。ダリエン遠征は、新しいスコットランド王国をつくるどころか、国の財政を破綻させ、数年後の1707年、経済的救済の一環としてイングランド王国と合同で連合王国をつくることになった。植民地化に乗り出していた他の国々、とりわけスペインは、ダリエンに小さな入植地を築き、当時は交易も盛りあがっていたが、現代のダリエンを旅してみると、その地が人通りもなく荒れていて、開発がまったく進んでいなかったことがわかる。イギリス連合王国が生まれるきっかけとなったスコットランドの大惨事から300年以上が経ったが、ダリエンはそのときからあまり変わっていない。

機会損失

道の果てに

パナマシティは美しい街とは言えない。渋滞した道路の脇に、いかにも安普請で階数だけは多いアパートが雑然と建つ。だが、東のダリエンのほうに向かうと、様子ががらりと変わる。30分もすれば建物は消え、道路は車線のないパンアメリカンハイウェイだけになり、緑の農園地帯をゆっくりとカーブしながら通り過ぎる。トラックに轢《ひ》かれた動物の死骸をついばむコンドルの姿が増え、こちらの車がスピードをあげると空へ飛び立ってゆく。つぶれた大ヘビのそばを通るとき、運転手にあれはなんというヘビかと尋ねると、彼は肩をすくめて言った。「さあね、死にたくなけりゃ、すぐ殺せとしか」

ダリエン地峡はかつてはもっと広かった。1960年代までパンアメリカンハイウェイはパナマシティから60キロ東のチェポという小さな町で終わっていた。いまでは、きれいに舗装された道路がさらに延び、チェポを過ぎると、道路の両側はそれまでの農業地帯から、延々と続くチークの森に代わり、大きな葉が深緑色の天蓋《てんがい》をつくっている。まだ午前10時だというのに焼けるように暑く、鮮やかな色に塗られたバスの停留所では、家族連れが少しでも日光をさえぎろうとしていた。男たちはみな、焦げ茶色のバンドが巻かれた、淡黄色の草で編んだつばがまん丸の日よけ帽をかぶり、正面を車のボンネットのようにくるりと立てている（〝パナマ〟帽と呼ばれるが、起源はエクアドルだ）。女性たちは黄色とオレンジ色のパラソルを差している。1キロほど走るたびに、道路脇にバナナ売りがいた。おんぼろのピックアップトラックが慌ただしく行き交い、作物を収穫しては町へと戻っていく。

数時間後、チークの森は終わり、道路にかかる大きなアーチが見えてくる。きちっとした制服に身を包んだ国境警備隊セナフロントの係官が車両を念入りに調べる。ただし、アグアフリアというこの場所は、実質的には国境ではなくダリエン地峡との境目であり、検問は、パナマ政府の完全な支配下にある地域がここで終わるというしるしだ。アーチをくぐると、あたりの様相は一変する。きれいな舗装道路は、石や砂ぼこりに覆われたでこぼこ道に変わる。通る車やバスの量はぐっと減り、大半は荷を運ぶ車だ。伐採した濃赤色の巨木を荷台いっぱいに積んだ大型トラックがうなりをあげて走る。音がけたたましいのは、車の馬力を増すために排気管を抜いているからだ。このあたりは正式にはまだパナマの領土だが、南米を思わせる光景がすでに始まっている。男のかぶる日よけ帽のバンドの色が濃くなり、つばの正面をあげたかぶり方はしなくなる――コロンビア式に変わったのだ。

前触れもなく、道路はいきなりヤビサの河川港に突き当たって終わる。脇には、ハイウェイがアラスカまで貫通したことを祝う木の看板が立っている。川の浮き桟橋《さんばし》は、バナナを満杯にした木造船で混雑していた。舟からおろされたバナナは、川岸に停まっているトラックの荷台に丁寧に積まれていく。200メートルほどの大通りには両側に酒場とビリヤード場が並び、「ティピコ」と呼ばれるパナマ音楽が昼も夜も大音量で流れている。歌い手はすべて男性で、地元住民によると歌詞はどれも似たり寄ったりで、愛と喪失と孤独を歌っているそうだ。ヤビサには失業者が多く、身体を売る女性も酔っ払いもたくさん見かけた。幸運なことに地元経済に詳しい人と会うことができた。彼は、かつてダリエンの経済の中心だったヤビサでいま何が問題なのか、その問題に道路や川や港がいかにかかわっているかを教えてくれた。

ヤビサ――凋落《ちょうらく》の町

「ヤビサの羽振りがよかったのは過去の話だ」。大学で経済を学び、いまは50代のエルメル・ロペスは言った。政府の元顧問だったロペスは、ヤビサの沈滞した現状に憤慨し、コミュニティセンターを設けて地元の事業主たちにトレーニングと助言をおこない、ダリエン博物館をヤビサに建てるための資金も集めている。豊かな歴史をもつこの町が凋落しているのは、ダリエンが経済的な問題に直面していることの表れだと言う。すぐそばには、1820年代にスペイン帝国が倒れるまでパナマを支配していたスペイン人の要塞の残骸がある。スペイン人司令官は、ジャングルの奥地で採掘した金《きん》を下流に送る船に載せるまでのあいだ盗人から護るため、ヤビサに拠点を置いていた。

一帯に道路がなかったので、川が主要な輸送手段であり、川の流れと貿易の流れがリンクした状況は1960年代まで続いた。ヤビサの立地は完璧だった。北東の高地からの水流がいくつも流れ込み、チュクナケ川がハイウェイのようにヤビサと100以上の町や村を結んでいた。ヤビサの卸業者と小売商人はこうした集落の住民と取引をして、所有する大きな船が満杯になるまで品物を買いつける。太平洋に出た船は陸に沿って西のパナマシティに向かった。川を使った流通路があったので、ダリエンは首都パナマシティと直接交易でき、ヤビサを中心とした河川ベースの経済を独自に動かしていた。

ヤビサの経済が昔ははるかに強かったことを示す名残が町のあちこちにある。いまのヤビサは貧しい。間に合わせの仕事しかなく、着ている服はすり切れ、もて余した時間を酒場に入り浸ってつぶす者は多い。しかし、大通りに並ぶ家々は年月に耐えた威厳を保っている。家は2階建てで、2階には大通りや川を見渡すベランダがある。外周を囲む板塀は分厚く、上端がまっすぐにそろっている。複雑な模様が彫られ、風雨にさらされて変色したところにも品格がある。対照的に、新しい家々は小さくて安っぽく、建てるのにスキルを必要としないコンクリートの壁とブリキの屋根でできている。

経済が好調だったときにつくられたヤビサの港は、いまの沈んだ経済にとっては大きすぎる。川の曲がったあたりにあり、いかにも交易用のつくりになっている。広い荷さばき場には、大きな船に重い荷を積み込むための旧式のクレーンが据えつけられている。現在の利用量は、伝統的な木造船が数時間ごとにバナナを積んでやってくる程度しかなく、これだけの設備は必要ない。

ある地元住民が、この町に酒場が30軒以上あるのは、港がにぎわっていたころの名残だと教えてくれた。裏通りを歩いてみると、ほとんどの酒場が店を開けてはいるものの客はまばらだ。河川交易で栄えたころにつくられ、いまはさびれてしまったこの町は、かつて築いた経済のネットワークを失い、取り戻すすべもなく、置き去りにされている。運搬手段の革新が町に不利に作用し、ヤビサは経済のハブとしての地位から、パナマシティのスポークの1本に転落し、幸運はヤビサから逃げていった。

いびつなサプライチェーン

ダリエン地峡の治安の悪さが知られるにつれ、ヤビサの状況はますます悪くなった。パンアメリカンハイウェイがここで途切れていることも典型的な一例だ。各方面の意見を聴いたのちに、パナマ当局はチェポとヤビサのあいだに道路を引くことを決定した。孤立を怖れる地元住民は新しい道路をふたつの方向から、すなわちヤビサとチェポの両方から建設し、中間地点で1本の道路に合流する方式を求めた。嘆願は無視され、1963年、ハイウェイの工事はチェポ側から始まり、ようやくヤビサまで到達したのは1980年代になってからだった。チュクナケ川と平行して走っており、道路の敷設が新しい村に到着するたびに、その村にとってパナマシティへの最も楽な行き方は陸路になり、水上交通は無用になっていった。東のほうの町は栄えていったのに、年々、ヤビサのアクセスのよさと影響力は落ちていった。大型船は必要なくなり、造船業者や技師、船長や乗組員や港で働く者たちの仕事も消えた。

大きな木造船を操るエンベラ族のある船長は、バナナを船からおろす若い乗組員ふたりを見やりながら、これほど孤立した状態になってしまったのには別の理由があり、そちらのほうが問題だと言った。彼らはダリエン地峡の奥にあるボカデクペ村から、2週間に1度、船でヤビサに来る。村で収穫されたバナナを1房8セントで買って船に積み、6時間かけて下流のヤビサに運ぶのだが、そこでの相場は10セント。ダリエンのほかの村も同じ商売をしていて競争が激しいので、トラックの所有者は強気に買い叩いてくる（トラックの運転手はその場では支払わず、卸業者に届けて金が入るまでツケにしておくこともよくあるそうだ）。パナマシティに着いたバナナは、25セントから50セントのあいだぐらいの値段で売られるが、船長のマージンは1房2セントにしかならず、燃料代や人件費を考えると儲けはほとんどない。船長の考えでは、サプライチェーンが長すぎることと、あいだに入る人数が多すぎてそれぞれが分け前を取っていくことが問題の根源だ。船長は、パナマへのもっと直接的なルートがあれば、仲介者を省けるのにと言ったが、ヤビサがハイウェイの終点なので、この行き方しかないのだ。

切り売りされる自然

仕事のないヤビサでは、それぞれができることをするしかない。おおぜいの人がいまかかわっている仕事は、周囲に広がる自然をなんらかのかたちで利用することだ。分不相応に大きな港から、粗末な木造船に乗った若者ふたりが、パドルとプラスチックのバケツだけを積んで漕ぎ出していった。ふたりは川床の砂と石をさらって土手に積むのだ。川岸に沿ってさまざまな大きさの砂や石が重なり、それらは地元の建築業者にバケツ1杯20セントで売れる。別の者は森にこっそり入り、高い値のつくココボロの木を探して切り出す。ローズウッドと同属のこの木は保護種に指定されているが、町にいる中国の業者が輸出用に買うことを地元住民は知っている。ほかに、飼っている牛を公有地に放して草を食べさせ、1頭の肉を売って金に換えてから次の場所に移動する、カンペシーノと呼ばれる貧しい酪農民もいる。川の上流、ダリエン地峡の奥深いところでは、数人がチームを組んで川岸の土砂を水と水銀で精製し、希少金属を取り出している。自然環境が財産であるヤビサでは、その財産を少しだけ削り取って売るぐらいしか、住民の生きる道がないのだ。

地元のローマカトリック教会の司祭アルヴィン・ベロリンは、自然環境へのダメージは復元できないところまで到達するだろうと指摘する。37歳のニカラグア人で、ヤビサでの10年の任期のうち6年を終えたところだ。勝手に木を切り倒す者、勝手に森を開拓して放牧場にするカンペシーノが後を絶たず、ジャングルは急速に失われつつある。

ベロリン司祭は毎日、川沿いを散歩しているので、6年という短い期間でもダリエンの変化がわかると言う。ジャングルが減り、川床の土砂を頻繁にさらうために川の流れが変わり、土手の浸食も進んだ。その指摘を裏づけるように、以前は土手の上に歩道があったのに、いまでは土手が崖のように切り立ち、歩道はなくなってしまった。以前は建物の一部だったコンクリートブ

熱帯資源の消失

熱帯原生林の年間消失量（2002〜2018年の年間量と累積量）

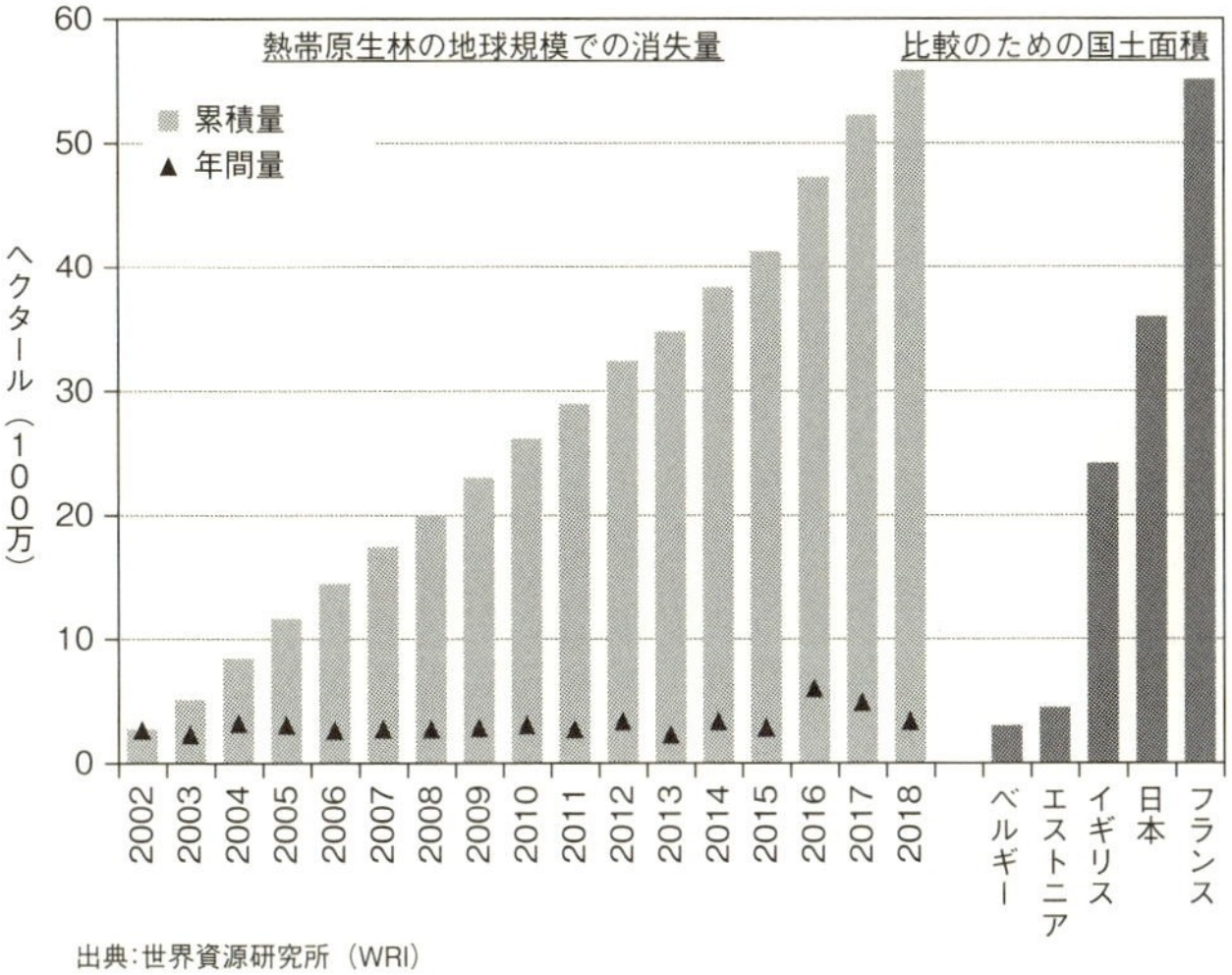

出典：世界資源研究所（WRI）

ロックが水のなかからのぞいているところもある。スペイン人の要塞は、崩れつつある土手に危険なほど近いため、まもなく同じ目に遭いそうに見える。なにしろいまの場所に300年前からあるのだ。

ダリエンではっきりと起こっている環境破壊は、もっと大きな経済の視点で見るべきだとサムエル・ヴァルデスは言う。2016年までパナマの保護地域を管轄する行政機関の責任者だったヴァルデスは、「豊かな生物多様性はここに住む人たちの経済資源であるべきだ」として、自然を生かした観光事業と適切に管理された伐採計画の重要性を強調する。だが現状は、資源が無秩序に奪われている。

1960年代にパナマのこのあたり一帯を撮った空中写真には、ダリエン地峡の起点であるチェポまで鬱蒼としたジャングルが広がっている。だが、ダリエンの奥まで道路が通ったことで、おおぜいの人や車両が入ってくるようになり、熱帯雨林のかなりの面積が破壊されてしまった。1990~2010年のあいだだけで、パナマは年平均で熱帯雨林の2万7050ヘクタールずつを失った。サッカー場に換算すれば、75万面分だ。「ダリエンの環境は集中治療室にいる状態だ」

ジャングルの悲劇

共有地《コモンズ》の悲劇

この本の第1部で取りあげた3つの地は、苦難の状況にあってもそれぞれのやり方でレジリエンスを発揮し、強い経済の姿を見せてくれた。何ももたない状態から、内輪の通貨を考案したり、ゼロから市場をつくって互いの利益になる取引をおこなったりなど、非公式経済を発展させていった。原因が大災害であれ、内戦であれ、投獄であれ、経済が壊滅したときのこうした反応はもとより人間に備わっているように思え、非公式あるいは地下の経済がいかに希少な資源を配分し、人が自分のアイデンティティや役割を再定義するのを助け、人生に意味を与えるかを教えてくれた。

だが、ダリエンのような場所を見ていると、非公式経済がいいことばかりではないこともわかってくる。ルールも規制もないなか、経済活動のせいで資源が破壊され、地域の価値を損ない、将来の可能性を狭める事態が起こっている。環境が危険にさらされていることをみなが知っているのに、なぜダリエンの人たちはそれを食い止めるような経済をつくろうとしないのだろうか。経済学者は何世紀もまえからこの問題を憂えており、近ごろは「共有地《コモンズ》の悲劇」と呼ばれるようになった。ジャングルを削り取っていくダリエンの経済はこうした懸念が現実化した例だ。自由な電力市場が価値を生むはずだと熱烈に支持する現代エコノミストは多いものの、必ずしもそうなっていない状況につうじるところがある。

交易が環境に破壊的な影響を及ぼすかもしれないという事実は、１８３２年にウィリアム・フォスター・ロイドがオックスフォード大学でおこなった講義のなかで指摘している。ロイドはイングランド国教会の聖職者の資格を与えられていたが、数学の講座をもち、のちに政治経済学を研究するようになる。とくに、急激な人口増大が社会に及ぼす影響に強い関心をもった。畜産者がみな、共有地《コモンズ》で自分の牛に見境なく草を食《は》ませれば、いずれ草は食い尽くされてしまう。ロイドの疑問の出発点は「コモンズにいる牛はなぜ、痩せているのだろう？」だった。

問題の本質は、畜産者が自分の牛をその場所に放すかどうかを判断する際の損得勘定にあるとロイドは考察した。もしそこが畜産者個人の土地なら、行動がどのような結果を招くかを考えるはずだ。牛が増えるごとに食べる草も増え、その分、土地の栄養がなくなっていく。どこかの時点で畜産者は、自分の土地が牛で〝飽和〟して、さらに牛を増やせば、自分の牛が飢えてしまうと気づく。畜産者にとって直接の不利益になるので、増えた牛に食べさせる別の草地を探しはじめる。

個人所有の土地でなく「共有地」の場合には、損得勘定はがらりと変わる。共有地の草を食べる牛が増えることは、畜産者の牛の不利益となるだけではなく、共有地にいるほかの動物や、他の畜産者が所有する牛にまで影響が及ぶが、畜産者はその不利益を自分がかぶるわけではないので、さほど気に留めず、自分の所有地だったら入れない数の牛を共有地には入れようとする。どの畜産者も同じように行動するため、共有地は牛だらけになり、草は食べ尽くされ、牛は栄養不良になるのだ。畜産者と共有地になぞらえてロイドがおこなった考察は、今日《こんにち》のダリエンに暮らす貧しい酪農民《カンペシーノ》の姿に完璧に当てはまる。

村のルール

きわめて困難な状況にあり、強いストレスにさらされている場所でも、行政の規制の及ばない非公式経済が人のレジリエンスを支えている――と、第1部では見てきた。しかしダリエン地峡では、規制の及ばない勝手な交易が自己破滅を招いていると聞いて、暗い気持ちになった。だがありがたいことに、著名な経済学者エリノア・オストロムの新しい研究成果では、より楽観的な見解が得られている。数学がさほど得意でなかったためにカリフォルニア大学ロサンゼルス校（ＵＣＬＡ）から経済学の博士課程入学を断られたオストロムは、その大学で政治学の博士号を取得した。経済学界の主流ではない立場を生かし、アフリカ、アジア、ヨーロッパの村々を訪ね、詳細なフィールドワークをつうじて村民の生活を分析する、彼女ならではの研究スタイルを編み出し、２００９年、女性初のノーベル経済学賞受賞者となった。オストロム博士は、コミュニティは往々にして、価値を損なうことなく、法に訴えたり、活動を狭める規制を設けたりすることもなく、共有資源をうまく管理していく方法を見つけるものだと論じた。博士の知見に照らしてみると、規制の及ばない非公式経済がなぜ一部の村ではみごとに運営され、一部の村では破壊されてしまうのかが見えてくる。

　スイスのアルプス地方にあるトエルベル村は、オストロム博士がとくに重視した事例のひとつで、木々を冬場の燃料に活用しつつ、森林の木も保護していく伝統を賢明に受け継いできた。地元住民はチームを組んで森に入り、木を切り倒し、運び、小さく切断し、きれいに積み重ね、薪《たきぎ》の山ごとに番号を振る。それからみなでくじを引き、どの家がどの山を取るかを決める。どの家も少なくともどれかには当たることがわかっているので、力を合わせて、どの家にもひと冬越せるだけの薪が行きわたるようつらい山仕事をするのだ。慣習として受け継がれる伝統が、村人の気持ちをまとめあげる。多く取り過ぎることも少なくしかもらえないこともなく、安心していられるのだ。

日本の辺地に見られる共同所有の土地も似たような方式で管理していることがよくある。オストロム博士は、富士山のふもとの湖を取り巻く平野《ひらの》地区、長池《ながいけ》地区、山中《やまなか》地区を研究対象にした。このコミュニティは、燃料の薪や狩猟肉、作物の肥料にする腐葉土を与えてくれる山腹の森を共同で所有している。森は山肌を流れる水を制御し、洪水や土壌の浸食を防いでもいる。ここでの問題は、日本では17世紀以降、建築熱に後押しされて森林伐採のニーズが高まったことだ（人口増は、住居だけでなく、神社仏閣、軍の要塞の需要も増やし、そのすべてが木造だった）。国全体で木が急減し、土壌の浸食が進んだ結果、土砂崩れの危険のある不毛な原野ができてしまった。地元住民は、森林環境に配慮した自主規制案を設けることにした。それまでの口伝《くちづ》ての慣習——どの種類の木を、どのくらいの大きさを越えたら、どの期間のあいだに切っていいか——を文書にまとめ、いつどの時点でも伐採人の数が上限を越えないようにした。森はよみがえり、土壌は堅固になり、村も救われたのだった。

ダリエンのコミュニティは、目先の利益だけにとらわれ、好きに商売をしていて生き残っていけるだろうか。資源を枯渇させて共倒れになるだろうか。オストロム博士の考察に照らして考えてみよう。博士は数十年に及ぶフィールドワークから、森や河川など共有資源を危険にさらす交易を食い止め、地元住民で統治していくのに役立つ要素を明らかにしている。共有資源の周囲に明快な境界線を引くのもひとつの方法で、どこが私有地でどこが共有地かがはっきりすれば、集会場や広場で住民が話し合い、妥協点を見いだすきっかけになるはずで、それには住民の顔ぶれが比較的安定していることも重要だという。永住者の多い村では人の評判が意味をもち、地元の伝統や決まりを破る者は大きな代償を払わされ、村じゅうの怒りを何年も浴びることになるからだ。

コミュニティの多くは共有の経済資源を保護しようとする傾向にあり、そのためオストロム博士は規制の及ばない非公式市場の自浄能力を楽観視していた。だが非公式な経済体系でもまったくルールのないものはまれであり、なんらかのアメとムチが必要なことも理解していた。たとえば、日本の村では森林を見回る非公式の「監視人」を置いて、「罰金」的なものを設けたり(「酒」で支払われることもあるそうだ)、不適切な時期に切られた木の搬出に使用した機器は没収したりする。博士はさらに「場当たり的なふるまい」が蔓延すれば、住民を監視したり罰したりする権力をもたない辺地の集落では、本来なら得られたはずの利益を損ないかねないと指摘した。ダリエンの問題は、まさにこうした状況に当てはまる。

民族のモザイク

オストロム博士のあげた第1のルール——共有地と私有地のあいだに明確に境界線を引く——はダリエンに有効なはずだ。ダリエン地峡の多くのエリアが外部からの立ち入りを許しているが、誰でも無制限に入れるわけではない。パナマ政府はエンベラ族、ウォウナーン族、クナ族のための広大な面積を先住民族の「特別行政区《コマルカ》」として保護している。部外者はこの保護エリアを通ることはできるが、整備された道路は少なく、道路のあるところでは検問所が通行料を徴収し、取り決め以上に天然資源が消費されないよう、部外者が木や肉などの資源を勝手にもち去らないよう見張っている。木は先住民族にとっての燃料であり、木造船に取りつける船外機や新婚夫婦の新居をつくるために必要なコンクリートブロック、トタン板などの資材を買うための資金源なのだ。

共有地の木を村々が過剰に伐採するのを防ぐため、村ごとに伐採して売ってよい量を決めるライセンス方式が採られている。ユネスコの世界遺産に登録された57万5000ヘクタールの広さをもつダリエン国立公園では、いっさいの伐採が禁じられた手つかずの熱帯雨林があり、無断侵入を防ぐ緩衝領域に囲まれている。こうした策の数々は、住民には伝来の土地に対する自己管理の権限を認める一方、好き勝手な環境破壊を防止するセーフティネットとしての役割をもっており、書類の上では両者に配慮した優れた内容となっている。

だが現実においては、ダリエンでは正式な境界線があったとしても、境界線の役割を果たしておらず、オストロム博士の考察にあった住民自身で資源を管理する仕組みがダリエンでは機能していない。地元経済に詳しいエルメル・ロペスは、ダリエン地峡は安定からはほど遠く、人の出入りが激しく、手続きを経ない人々の移動が横行していると語る。ダリエンは人を惹きつける。パナマのあらゆる民族が集まるのは国内でもダリエンぐらいだ。ロペスによれば、この地に最初に住んだのは、〝アフリカ系ダリエン人〟だという。逃亡奴隷の子孫にあたり、この地峡で高い社会的地位をもち、自分で事業をおこなっている者も多い。道路のあるダリエンの地域に点在する小さなスーパーマーケットや雑貨店はどれも中国系パナマ人の経営で、彼らは1850年代の鉄道敷設および１９００年代に入ってからのパナマ運河建設のために来た労働者の子孫だ。「先住」民族のうちふたつ――エンベラとウォウナーン――は比較的新しい民族で、18世紀後半に西コロンビアから移り住んだ人たちだ。ほかに、牛と遊牧生活を送るカンペシーノや、コロノと呼ばれる農園で働く北方からの移民者もダリエンで暮らす。新参は建設労働に従事するコロンビア人の集団で、ダリエンのハイウェイ補修に従事している。

この地を分け合う民族集団のあいだでは、かつてはあった敬愛の念のようなものが失われている。アフリカ系ダリエン人は開拓者としての強い立場がある。彼らや長く定住している地元住民は店を経営することを低俗な仕事と見なしており、店主の中国系パナマ人を「リトル・チャイニーズ《チニート》」と呼び、見下すところがある。否定的な感情は双方にあるようで、ヤビサの小店の買い物客は代金を店主に投げていたし、店主も釣り銭を投げ返す。買い物風景に笑顔も丁寧さもない。エンベラ族とウォウナーン族は同じ部族から分裂した経緯があり、いまも土地の境界線で揉め、敵対し合っている。さらに、誰もがヒスパニック系のカンペシーノとコロノを嫌っているように見える。

オストロム博士の考察によると、規制のない市場のうち、うまくいくのは地元住民が運営している場合だ。だが、四輪駆動車でヤビサからジャングルの奥深くまで村民を運ぶタクシー業者のホセ・キンタナは、ダリエン地峡の農畜産業と林業にかかわる人たちのあいだに調整は何もなされていないと嘆く。じゃがいもに似たデンプンの豊富な地下茎「ニャメ」で市場が混乱したばかりだと言う。ニャメが品薄だった２０１６年、農業従事者はニャメ約45キロで50ドルを得ることができていた。儲かると踏んだ農業従事者がこぞってニャメを植えたため、過剰供給となり、同じ量のニャメが9ドルにまで落ちてしまった。栽培して収穫して売り物にするまでには2ドルのコストがかかり、河川港のエル・レアルまでの運賃に2ドル、売り場のヤビサまで運ぶ船賃にさらに2ドルかかる。これらを合計し、農業従事者当人の労働時間を考えると割に合わず、多くがニャメの栽培をやめてしまった。こうして、豊かな熱帯雨林のあった場所が切り開かれた挙げ句、収穫されないニャメが腐るままになっている。

問題は、共同体意識が欠けていることだけではなく、ダリエンのさまざまな集団が互いに計画を妨害し合っていることだとホセは言う。私が、国立公園内にあるエンベラ族の小村ピヒバサルに向けて出発するとき、ホセはココボロの木を植えてある自分の農地を背に誇らしげに立ち、手を振ってくれた。ローズウッドと同属のこの木は、15年ほどで伐採できるようになり、彼の子どもたちに教育を受けさせるのに充分な金を生む。だが伐採する日まで、彼は木を護らなければならない。誰かがこっそり切っていくかもしれないからだ。

ホセのこの心配は、オストロム博士が論じていた非公式経済の市場がうまくいかない状況と関連している。規制の及ばない非公式経済であっても、コミュニティには助け合いの精神であったり、結束を促す共通の目標であったり、なんらかの指針は必要なのだ。それがない場合には、日本の森林を見回る「監視人」のような、ある種の審判員を置いて、現地の約束事が守られるように努める必要がある。ダリエン地峡には「精神」と「監視」の両方が欠けており、誰かがよくないふるまいをしても、法的解決は望めないうえ、仲裁者が現れる可能性も低い。人の出入りが多い地域では、不適切な行動をしているのが誰なのかを地元住民でもなかなか見分けられない。そのうえ、武器をもった麻薬ギャングがいることを思えば、事を荒立てないほうが安全なのだ。

まちがいだらけの森林再生事業

ピピバサル村から少し移動し、同行者と私は手つかずの熱帯雨林にたどり着いた。圧倒される場所だった。木枝とつる草から絶えず水が滴り、空気は熱く、湿気が靄《もや》のように立ち込めている。幾層にも重なった木々の覆いをすり抜けるのは細い日の光だけで、昼間でも薄暗い。足もとには腐った葉が厚く積もって滑りやすく、何度も転びそうになった。木の根を踏めば少し歩きやすいが、大型毒ヘビ《フェルドランス》と遭遇したため、それ以降根っこはどれも毒ヘビに見えるようになった。

2時間ほど歩き、サムエル・ヴァルデスが先導する、希少な鳥類の調査チームと合流した。ヴァルデスによれば、一帯の村では天然資源を切り出そうにも道具がないという皮肉な問題が生じているという。他の木々よりも葉がはるかに高く茂るジャイアント・カポックのような種は、樹高が30メートルを超えることもある。こうした種や幹の堅い種はびっくりするぐらい重く、切り倒すにも牽引するにも専門の道具や車がいる。だが伐採の許可をもつエンベラ族は小さな木造船しかもっていない。そこでエンベラ族の村長《むらおさ》は道具を借りたり、金を出し合って買ったりするのではなく、伐採の権利を専門の会社に売ることにした。当局に書類を提出した伐採会社は、保護地域で操業する権利を手にし、貴重な種が密生しているジャングルの奥深くまですばやく通路を敷いた。決められた割当量に従い、切った木の本数を記録し、切り株には番号を書いたタグを残すことになっていた。

ダリエンの惨状からわかるのは、非公式経済そのものの欠点だけでなく、慎重にととのえたルールや規制がむしろ損害を増幅する場合があるということだ。問題のひとつは伐採の割当量が尊重されないことだと現地の専門家は口をそろえる。伐採可能区域の地峡の奥地まで歩いていくと、タグがついている切り株はおよそ10本に2本ぐらいの割合でしかない。割当量が守られていたとしても、このシステムには大きな無駄があると政府の元顧問だったエルメル・ロペスは言う。重量制限を課せられた業者は最も良質な木だけを選ぶようになる。つまり、ルールを守ろうとする業者ほど、まっすぐで上等な幹だけをもち帰り、残りはその場に放置するのだ。割当システムは森林を護るためにつくられたのに、真逆のことが起こっている。専門の伐採業者は木の枝を、それらも森林の巨大な部分を占める貴重な資源であるにもかかわらず、ゴミとして扱う。「森へ入ってみればわかるよ。あちこちに枝がころがっている」と話すロペスの表情は暗かった。

木材売買にまつわる、当局の思惑とはちがった結末を追ってみよう。どれも心躍る話ではない。ジャングルの奥で、私たちは伐採業者が敷いた通路を見た。山の細道のような間に合わせのものを想像していたのだが、実際には、太い幹を運ぶ巨大なトラックも楽に出入りできるだけの幅と強度をもった立派な道路だった。トラックは穴の開いた静脈のように、森林の生命を外に押し流している。それまであまり近づけなかった深いジャングルがこうして切り開かれると、割当のない地元住民も小型トラックでなかに入り、違法に木を切るようになる。そうなると、貧しいカンペシーノもあとに続き、かつては熱帯雨林だった場所の草を自分の牛に食べさせる。牧草地としては貧弱なので、つねに移動しなければならず、彼らが通ったあとは森が破壊される。

森林破壊の問題を認識したパナマ政府は１９９２年、森林再生への補助金政策を打ち出した。木を植えた土地の所有者には補助金と減税の両面から恩恵を与え、植林事業の収益性を高めようとしたのだ。パナマの法律第24号森林法は、公共と民間の利害を調整し、土地所有者の植林を促し、それが万人の利益になるように図ることを目的としていた。政府の思惑どおり、植林がブームになったと、パナマの保護地域を管轄する行政機関の責任者だったサムエル・ヴァルデスは振り返る。だが、政策の細かいところの設計が雑だった。木の種類を指定せず、どんな木も補助金の対象にしてしまった。「〝木の大農場《プランテーション》〟はできたが、それはもはや森林ではなかった。恐ろしい問題が発生した――チーク材だ」

ダリエンへの道の周囲には延々とチーク林が続く。深緑の葉は自然で健康そのものに見えるが、熱帯雨林で夜を過ごし、人に会って話を聞くうち、チークという木が憎まれる理由がわかってきた。正式名称「テクトナグランディス」のチークはダリエンの在来種ではなく、東南アジアから入ってきたものだ。丸みを帯びた葉は料理皿ほどの大きさで、蠟《ろう》のような手触りがある。伐採直後のチークは多くの水分を含んでおり、つまりは地中から大量の水分を吸って生きているということだ。手つかずの熱帯雨林の場合、頭頂が密にかぶさる土着の種は、中層から下層の枝葉や地面にもなるべく光が届くようその葉は小さい。ところがチークは葉が大きいために、地面にはほぼ光が届かないうえ、落ちた葉が腐りはじめると酸を発生させるので昆虫を殺す。チークの人工林で足を止めると、枝葉の下に何もないことがわかる。なんの音もせず、静まり返っている。水も日光も奪われ、酸によって傷められた土壌は干からびていた。ガソリンをまいて焼き払ったように見えた。

パナマのチークの物語は、私たちに大切な教訓を与えてくれる。ささいに見える政策の微調整も経済に巨大な影響を及ぼす可能性があるということだ。政策によって人工的にできたパナマの市場は不自然な森をつくり出し、第24号森林法が勢いづけた〝森林再生事業〟によって、植林面積のゆうに80パーセントをチークが占めるようになった。チークの人工林を買いたい投資家たちを招き入れたことで、政府は、経済学で「外部性」と呼ぶ、自分たちの経済の外から影響を及ぼす因子をパナマ経済に解き放ってしまった。この外部性は、今後もパナマの環境を悪化させるだろう。問題はダリエンの人工的なチーク材市場にとどまらない。現代経済の問題の多くは、化石燃料の過剰消費から危険水域に達した銀行の債務まで、自由市場からではなく、人為的につくり出した経済によって発生する（しかも化石燃料や銀行の債務はどちらも、チーク材同様に、政府の補助金政策によって活発化する）。自由市場を自由のままにしておけば損害を生む場合もあるが、政府の干渉は損害を増幅する怖れがある。

パナマ政府には希望の兆《きざ》しもあり、２０１５年、パナマの天然資源を監督する環境省が新たに設けられたのはそのひとつだ。ただし、環境運動家とダリエンの地元住民は、環境省がたいした権限を与えられないのではないかと危惧している。「パナマ」という名の由来は「多数の蝶《ちょう》」と「豊富な魚」とされるが、都市部の住民は環境保護政策にさほど関心がないらしい。近年、政治家は反・環境保護政策を声高に主張するようになり、環境保護もけっこうだが経済開発を妨げてはならないというスタンスを取っている。最大手の伐採企業のオーナーは政治家を兼務しており、パナマは現在、チークの植林事業に８万ドルを投資する者なら誰にでも市民権を売っている。蝶と魚の豊かな地に住む多くの人にとって、環境問題は後回しなのだ。

ダリエンの新しい冒険者《バッカニア》

エコツーリズム

私がダリエンで出会った人の多くが、彼らの天然資源を持続可能な方法で利用し、エコツーリズムの精神に基づいて新しい経済を構築したいと望んでいた。地域の動植物を観光資源としてブランド化するのはいいアイデアだ。ダリエン地峡は、生物の多様性で地球屈指の場所だ。哺乳動物だけで少なくとも１５０種が棲息し、固有の爬虫類が99種、魚類が50種いる。９００種の鳥類の大半がこの地にだけ棲息し、こうした場所はほかにない。隣接するコスタリカは、天然資源を破壊することなくそこから雇用と収入を生む経済をつくりあげ、年間120万人の環境に関心のある観光客を呼び込んでいる。観光客がハイキングやガイド、バードウォッチングなどに使う金をつうじてコスタリカは10億ドル以上の収入を得ている。

ここダリエン地峡の取り組みはまっさらな状態だ。ダリエンでは一般の観光客とはひとりも行き会わなかった。ハイウェイが終わるヤビサでヒッピーふうのふたり連れと彼らのキャンピングカーを見かけ、ジャングルの奥深くで希少な鳥を追っていた鳥類学者を見かけたぐらいだ。公式な統計はないが、ゼロ年代半ばでパナマを訪れた240万人の観光客のうち、ダリエン国立公園に行った者はわずか700人程度と見られている。「悪い評判が立っているから」というロペスのことばは正しい。非常に美しい場所なのに、コロンビア革命軍（FARC）のゲリラが隠れていると言われるジャングルは誰にとっても安心して歩ける場所ではない。観光客を増やして収入を得たいのなら、地元住民はまず、ダリエンを安全に訪問できる場所にしなければならない。不法に越境してダリエンに入り、ジャングルを歩いていたグループと話す機会があった。彼らの経験を聞けば、ゴールまでの道のりははるかに遠い。

冒険者《バッカニア》と盗賊《パイレーツ》

アメリカを目指す不法越境者たちは、パナマ国境の東にあるコロンビアの小さな港町カプルガナからダリエン地峡に入った。カプルガナはかつては、コロンビア政府軍とＦＡＲＣが激しい戦闘を繰り広げていたために長く立入禁止だったが、和平合意が成立した２０１６年以降は、好奇心旺盛な旅行者が戻ってきた。旅行者のなかには、薄いあご髭にドレッドヘアの20代と30代のアメリカ人やパリっ子、海で何週間も過ごし、日焼けしすぎて肌に染みのできたベビーブーマー世代のヨットマンたちがいた。欧米からの旅行者と地元住民はどちらもショートパンツにサンダルと似たような格好をしていて、騒ぐのが好きだ。レゲトン（レゲエとハウスミュージックを融合したスペイン語の音楽）をひっきりなしに大音量で鳴らしている。朝早く漁に出かけて昼飯に戻ってきた地元住民もいつのまにか加わっていた。

一方、不法越境者たちは外見からしてまったくちがう。越境者は若く――20代前半の者も多い――あか抜けていて、ジーンズと長袖シャツ、髪は短く刈っている。旅行カバンも服装と同じくカジュアルで、多くは軍隊ふうの青か黒の小さなリュックを背負っている。サイドポケットはポテトチップスやビスケットや缶入りソーダでぱんぱんだ。自然を愛する自由人《ボヘミアン》と大酒飲みの地元漁師たちの町では、インド、バングラデシュ、セネガル、カメルーン出身の彼らは、むしろ都会人として目立っている。彼らは、コロンビアのカプルガナを出て、案内人もないまま死と隣り合わせのジャングルを歩き、バホ・チキートなど、ダリエン地峡のパナマ側へ抜けるつもりだ。

スコットランド人がこの地を荒らして以来、ダリエン地峡の密林を通り抜けるというのは自殺行為に等しい難業だった。いまでも変わりないということを実際にダリエンで見て知っていたので、越境者のグループに、なぜそんな危険を冒すのかと訊いてみた。自分の国の大きな街へ行き、そこで仕事を見つければいいではないか。「無理」と、パンジャブ（インド北西部）から来たグループはいっせいに言った。「腐敗がひどすぎて仕事なんかない」。ましな仕事にありつこうとするなら家族とカーストのコネが必要で、どれほどがんばって勉強してもインドでは浮かびあがれない、と。ダリエン地峡のパナマ側で私が会ったネパール人たちも、自国の抱える深刻な問題を話してくれた。「明日、食べるものはあるだろうし、明後日とその次の日もたぶん大丈夫だ。だけど、来月は――来年は――わからない」と、アシムが言い、彼のおじでトマト農家のジェドカンもうなずく。ネパールでは食べ物が不足することがあるのだ。ネパール人はもともとイギリスが大好きだが、イギリスへの入国はきわめてむずかしい。イギリス陸軍のグルカ旅団（ネパールの山岳民族からなる戦闘集団）入隊を志願したが拒まれたので、彼らは行き先をアメリカに変えることにしたのだ。17世紀末のスコットランドの開拓移民が、ライオネル・ウェハのダリエン冒険譚に誘惑されたのと同じように、ネパール人の若者たちは、経済的豊かさともっとましな暮らしへの希望を胸に危険な道を渡ってきた。

理論上は、地峡の横断は以前よりは安全になったはずだ。２０１６年にコロンビア政府とＦＡＲＣが和平合意に署名し、公式には紛争は終結している。ＦＡＲＣは武装放棄するが、元メンバーたちは起訴されず、正規の政治団体としてそれまでどおり、共産主義の理念を信奉することができた。元自由アチェ運動のメンバーにジャングルに隠れ住む理由はないので、ダリエンの人たちはゲリラ兵が去って危険がなくなることを期待した。

だが、ＦＡＲＣの元メンバーも深刻な経済的難題に直面していた。兵として仲間に加えられた者たち——40パーセントは女性——の多くは貧しく、教育を受けていない。ジャングルで長いあいだ生きてきた彼らには、コロンビアの公式経済に戻ったとしてもそこで使えるスキルがなかった。しかも、世間の同情もない。多くの人がゲリラへの処分が甘すぎると感じていたし、コロンビア最大の右翼民兵組織は停戦命令に従うつもりはなく、今後もＦＡＲＣ残党狩りを続けると宣言した。そのためＦＡＲＣの元メンバーはジャングルに隠れ、麻薬や恐喝などそれまでの違法経済から抜け出せなかった。コカインの原料となるコカの葉のコロンビアでの産出量は２０１０～２０１５年のあいだに減少していたが、和平合意には麻薬取引の禁止も盛り込まれたため、合意の発効日が近づくにつれ、コカの木の植えつけが急増していった。地元の農家がＦＡＲＣに後押しされ、最後のひと儲けを考えたのだ。

停戦がもたらした経済への波紋は、ダリエン地峡が現実には以前よりさらに危険になったということだ。ジャングルに入って2時間ほど歩いたところにある森林レンジャーの詰所で、バードウォッチングのガイドを務めるキロに会った。キロは、野鳥観察界でいちばん人気のあるガイドで、学術機関の研究者やマニアがきわめて希少な鳥を見つける手助けをしている。熱帯雨林の奥深くまで何日も歩くことができる、ダリエン地峡でも数名しかいないうちのひとりで、停戦以降の変化を間近で目撃してきた。

パナマ・コロンビア国境に横たわるセロ・タカルクナ山のふもとで何が起こっているかをキロが教えてくれた。ＦＡＲＣは伝統的に大規模なキャンプを設置し、集団で生活していたが、いまでは拠点が散らばり、小さな野営地があちこちに出現している。解散後、ＦＡＲＣは分裂し、いまでは麻薬や誘拐などで互いの縄張りを奪い合っている。そのすべてが混乱と暴力を悪化させている。ヤビサで私が話した地元住民も同意見だった。ＦＡＲＣの存在も地域にとって脅威ではあったが、少なくとも統制がとれていたし、リーダーのことは地元住民も知っていた。だがいまやジャングルの「山の者たち《ヘンテ・デ・ラ・モンターニャ》」は盗賊さながら、機に乗じて人や村を襲ったり、無差別に攻撃したりしてくる。

ダリエンの現代の冒険者《バッカニア》、つまり新しい生活を夢見てアメリカへ向かおうとする若者たちは盗賊の格好のターゲットとなる。「港や空港も賄賂《わいろ》を取られたり、泥棒がいたりでずっと危なかった。ここへ来るまでもたいへんだった」。インドのパンジャブ地方、ジャランダルから来た20代後半のシーク教徒、ガガンディープは言う。コロンビア側のダリエン地峡の入口にたどり着くまでに、すでに多くの駅や港を通過している。世界のどこから出発した人にせよ、最初のハードルは、入国管理のゆるさを衝いて南米諸国のどこかからとにかくアメリカ大陸に入ることだ。先ほどのネパール人はインドのニューデリーにまず行き、そこからモスクワ、次にマドリードへと飛び、ようやく南米大陸のサンタ・クルス（ボリビア）に着いた。パンジャブ人のほうはニューデリーに出たところまでは同じだが、まずアディスアベバ（エチオピア）に飛び、そこからサンパウロ（ブラジル）へ向かった。カメルーン人のルートはナイジェリア、コートジボワールを経てダカール（セネガル）へ入るものだった。セネガル人はエクアドルの首都キトへ直接飛んでいる。費用のかかる行程であり、彼らはみなこのときのために2～5年かけて金を貯めていた。パンジャブ人たちは旅費に2万ドルかかると踏み、さらにアメリカとメキシコの国境越えのために

1万ドルを用意していた。つまり彼らは標的になる金をたんまりもっている。

経済移民の代償

アメリカへの経済移民を目指す、ダリエンの新しい冒険者《バッカニア》たちは危険にひるみはしなかったが、カプルガナからの徒歩移動に備え、身を護るための策をさまざまに講じていた。インドとネパールから来た者たちは4人から8人のグループで列を組んで進むことが多い。友だちや親戚の別のグループが数日ほど先を行くか遅れてついてくる。こうした連携が重要なのだ。スマートフォンを身に着け、ワッツアップで連絡を取り合う。セネガル人とカメルーン人は単独かふたり組で行動する傾向があり、インド人とネパール人はもっと大人数で行動することが多い。派閥争いの徴候はない。ここダリエン地峡の端に着くまでに彼らはすでに6週間を費やしていた。パンジャブ人の移動距離は2万1000キロに達し、ネパール人はそれ以上だ。移動生活のつらさが彼らを結びつけ、共通の目標に向かって団結し、彼らから盗もうと狙っているコロンビア人ゲリラへの嫌悪感も共有していた。

経済移民たちの南米大陸での最終段階は、ダリエン地峡を徒歩で通り抜けることだ。コロンビアの港町カプルガナから、パナマ側にある、エンベラ族の住むバホ・チキート村まで50キロほどある。4日で済むこともあれば、8日かかることもある——生きてたどり着ければだが。経済移民の誰ひとりとして、故郷を出るときにダリエンの恐ろしい評判を知っていた者はいなかったが、道中、だんだんわかってきていた。ガガンディープが、自分たちの2、3週間まえに同じ行程をたどっていたグループがどうなかったかを教えてくれた。ワッツアップで届いたメッセージはいい知らせではなかった。「山に入ったのは4人、出られたのは3人」。徒歩でのジャングル移動が厳しく危険なことを知り、彼らは準備のためと逡巡《しゅんじゅん》もあって何日間かカプルガナで過ごした。長旅にまつわる冒険やクリケットや故郷パンジャブでの暮らしについて喜んで話してくれたが、くつろいではいなかった。宿舎の小部屋に閉じこもっていた彼らを私が訪問したときも、外では、恐ろしい外見のコロンビア人が徘徊《はいかい》していた。

3日目、座ってビスケットをかじっていたとき、ドアが勢いよく開いた。ガガンディープの兄、メイジャ・シンと3人の仲間だった。30代後半から40代前半ぐらいで、ズボンを膝までまくりあげ、深い切り傷や擦り傷、虫刺されの跡が見えた。シンたちは、8日間歩き、そのうち6日はテントも防水布もなしでジャングルで寝て、結局あきらめてカプルガナに戻ってきたのだった。ガイド料として150ドルを受け取った地元のコロンビア人が、港町から数キロ離れたところで強盗に変わり、ジャングルにシンたちを置き去りにして逃げたのだ。町へ戻る途中に、シンたちは4体の亡骸《なきがら》を見たという。亡骸は木にもたれて座っていて、両腕を胸のまえで交差していた。シンたちは静かに目を閉じ、エジプトのミイラに似たその格好を模倣した。私はその人たちの死因を訊いた。「食べ物なし、水もなし、道に迷った」と彼らは答えた。

市場のもうひとつの失敗

経済移民がたどるはずのジャングルのルートをコロンビア側から少し歩いてみるだけで、彼らが味わうことになる苦難を想像できる。足元は滑りやすく、ヘビのようにのたくる根で覆われ、大量の小さなジャングルガニが不気味にうごめく。どの木の葉からも水滴が落ちているが、飲み水になるような小川はない。都会に慣れた者が考える自給自足など、ここではジョークにしか聞こえない。私は4回、この地を歩いたが、ただの1度も果実を見なかった。

ダリエン地峡を通り抜けられる「安全な経路」がないことも、市場の失敗のひとつだ。ネパールから、インド、ロシア、スペイン、ボリビアを経由してカリフォルニアに入ることは、地球上で最も時間のかかる移民のルートであり、命の危険もともなっている。徒歩でのダリエン地峡越えは危険の最たる場所だ。若い経済移民たちは覚悟を決めていたし、そのための資金も貯めていた。一方、エンベラ族にしろ元FARCにしろ、地元住民は、金はないがジャングルを熟知している。地元住民がジャングルの専門知識をガイドとして経済移民に売ることができれば、非公式経済として成功したかもしれない。経済移民はダリエンには1回しか来ないので、彼らによくない印象をもたれること自体はさほど問題ではない。問題なのは、オストロム博士が危惧していたネガティブな経済文化――日和見主義や、努力する人を尊ばないひねくれた態度や、相互不信だ。経済移民を襲い、金を奪って置き去りにするほうが、ジャングルの反対側まで送り届けるよりもずっと楽で手っ取り早いと考える、その精神こそが問題なのだ。

置き去りの可能性

ダリエンを植民地にしようというスコットランド人の計画では、地の利が非常にすばらしいので、ものすごく優秀でなくてもそこそこ「妥当な統治」ができれば、誰もが大金持ちになれるはずだった。現代にあっても、天然資源も地政学的にも大きな可能性をもつダリエン地峡は投資家を惹きつけるはずだ。ダリエンがスコットランドを経済破綻に追いやり、連合王国としてのイギリスの建国を結果的に助け、ヨーロッパの近代史に少なからず影響したことを多くの人は知らないか、忘れてしまっている。ダリエンの歴史の中心であるヤビサが河川交易で栄華をきわめていた時代も遠い昔になってしまった。世界に類を見ない場所、ダリエンの歴史を記憶するための博物館はなく、旅行先に選ぶ者もほとんどいない。可能性とチャンスに満ちあふれていたはずのダリエンという地は、本当の意味では発展してこなかった。

今日、この地は経済の失敗によって引き裂かれている。再生を考えずに森を食い荒らす伐採事業は、かつて経済学者たちが危惧していた「外部性」の問題をもち込んだ。人が自分の行動にともなう社会的コストを顧みないとき、市場はダメージを受ける。ダリエンは、こうした問題を正すにはどれだけ強い策が必要かも示している。非公式の自己規制が失敗し、市場をある方向へ引っ張るために国家が採った正式な策も、つまりダリエンの事例では、チーク材への補助金政策も、益より害が勝っていた。全員に恩恵をもたらすはずの安全な経路すら整備できない状況では、どれほど地の利に恵まれた場所であっても花は開かない。ダリエンを見ていると、市場は当てにならないという忘れがちな事実を突きつけられる。市場は傷つきやすく、簡単に修正できないほどねじくれ、いちばん求められているときに成果をあげそこねるものなのだ。

地元経済に詳しいエルメル・ロペスは、ダリエンの未来を奪わない経済モデルも構築可能だと言う。ヤビサを経済の拠点という昔の役割に復帰させるには、インフラ整備への投資がまず必要だ。安価で安心して使える電力があってこそ、工場で木を加工したり、木の価値を最大限に引き出したりできる。そうなれば、林やジャングルを護る人材に資金を出しやすくなる。この計画には筋が通っている。エンベラ族の村長《むらおさ》から聞いたところでは、彼らの署名した合意では、未加工の木を種は何であれ、一律に1フット（約30・5センチ）あたり14セントで売ることになっていた。だが、枝葉を切ったココボロの木（ローズウッドと同属）の卸価格は500倍近くも高い（1フットあたり40~70ドル）とわかったという。つまり、誰かがどこかで大儲けしているということだ。エンベラ族が彼らのサプライチェーンを管理し、最終製品を自分たちで売ることができれば、取り分が数百倍も大きくなる。伐採のために確保してある木を、いまよりずっと少ない量しか切らずに、いまと同じ収入を得ることもできる。

ジャングルのなかのバホ・チキート村を私が発ったときには、この地の経済が上向く日は当分来そうもないと思えた。村長のファンにとって、家を建てるのに必要なのは、2、3本の木と、1フットあたり数セントの組み立て費用だけだ。村にいたネパール人とカメルーン人の経済移民は、行動を決めかねてぼんやりしていた。スペイン語を話さず、助けてくれる人もいない彼らに、私たちは最も必要性の高い「食べ物」「値段」「バス停」「危険」に相当するスペイン語を急いで教えた。次にどうなるのかはわからないが、少なくとも彼らは、ダリエン地峡の最も危険な箇所を生き延びてきたし、パンアメリカンハイウェイには川下を数日歩けば着く。

ダリエン地峡の反対側、コロンビアのカプルガナで、ジャングルへ出発するまえのパンジャブ人のグループに、故郷の家族について訊いた。「ママはこの旅を喜んでいるよ」とガガンディープが言い、仲間たちもうなずき、将来はカリフォルニア、テキサス、ニューヨークに住むつもりだと口々に計画を語った。ガガンディープは2歳の娘の写真をスマートフォンで見せてくれた。アメリカに着いたら、妻が看護学の課程を修了できるように金を故郷に送ると言う。資格があれば、妻は娘を連れてアメリカに合法的に入れると希望をもっている。

ダリエンで会ったほかの経済移民たちのように、彼らは自分たちの故郷を訪れることを私に約束させた。「それはそれはきれいな国だよ、人の心もきれい。だけど政治がだめだ」とヤスミンダーが言い、パンジャブの様子を説明し、ぜひアムリトサルのゴールデンテンプルに行くようにと勧めてくれた。母国の経済的機会が欠けているために、死と隣り合わせのジャングルに入る道を選ぶことになったが、それでも彼らは母国を愛していて、熟練のツアーガイドのように現地の魅力を語った。ここダリエンでは彼らは新参者なので、ダリエン地峡を通り抜けたところにあるはずのパナマの町の名前を尋ねてきた。私はもっていた地図を渡し、別れの挨拶をした。

キンシャサ

このすばらしい土地の農作物と鉱産物は、
地球上の非常に恵まれた地域と比べても、
種類の豊富さも品質も量もまったく引けをとらない。

―― ヴァーニー・ラヴェット・キャメロン、"Across Africa"(アフリカを横断して)、1877年

働かなくなったコンゴの民、生産しなくなったコンゴの民、……コンゴは
もはやそのような国民に衣食を与えることはできない。

―― ジョセフ・デジレ・モブツ、コンゴ(現コンゴ民主共和国)
第2代大統領、1965年

5

第5章

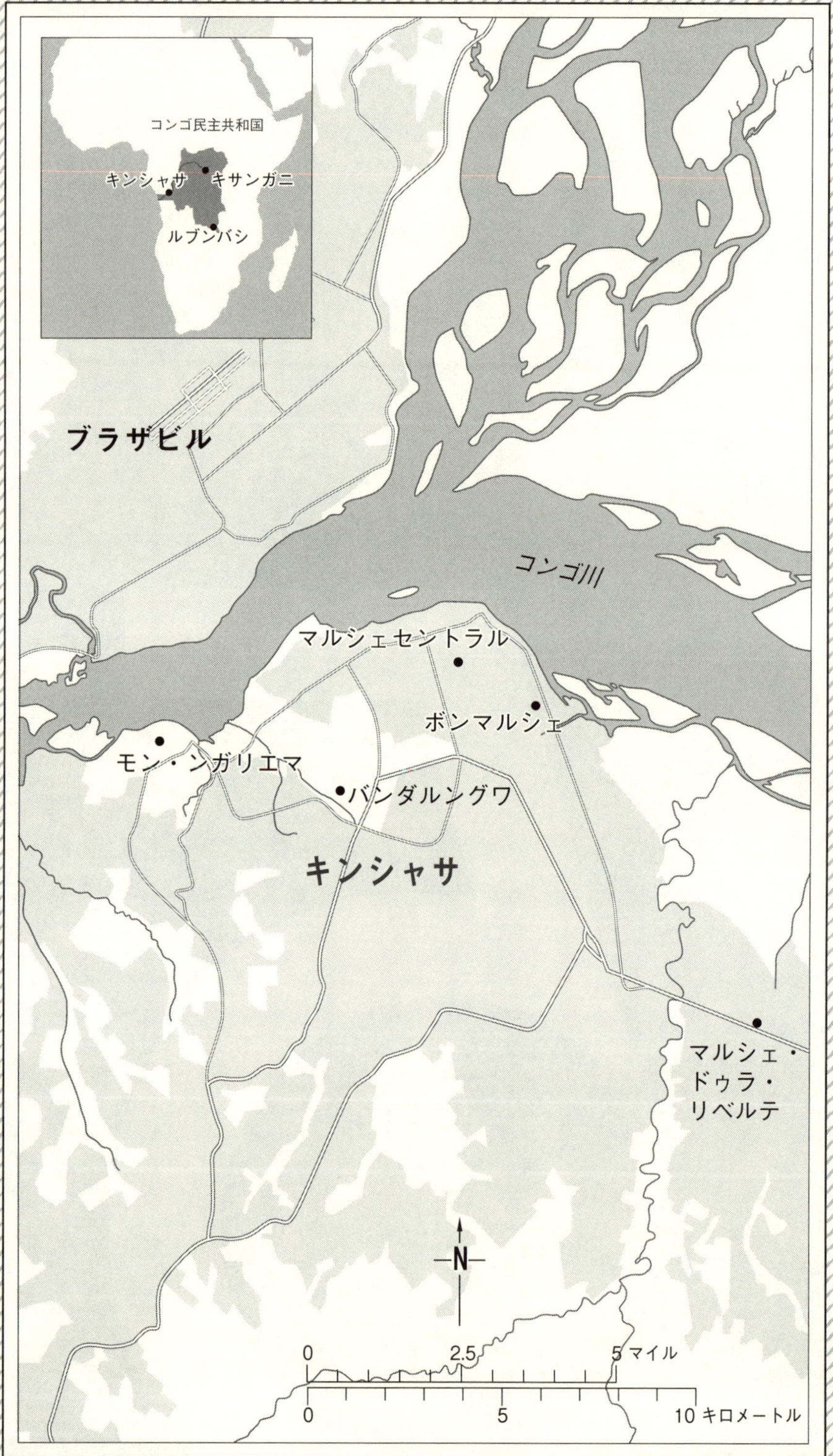

コンゴ民主共和国
キンシャサ
キサンガニ
ルブンバシ
ブラザビル
コンゴ川
マルシェセントラル
ボンマルシェ
モン・ンガリエマ
バンダルングワ
キンシャサ
マルシェ・
ドゥラ・
リベルテ
N
0
2.5
5 マイル
0
5
10 キロメートル

最貧困の地

「この社会は3つの層に分かれている」。キンシャサの中心にほど近い住宅地のひとつ、ボンマルシェのセントポール教会に併設されたカフェに座り、ローマカトリックの司祭で、50代前半ぐらいのシルヴァン・モンガンボ神父は言った。最上層は閣僚や政府高官の職に就く人たちだ。外国大使館のある緑豊かなゴンベ地区で働き、豊かな国でも厚遇といえるほどの高給を稼ぐ（コンゴの国会議員には月額1万ドルが支払われ、しかも多くの手当がつく）。第2の層は安定した民間企業で働く人や会社経営者、警察官や教師といった公的機関の職員だ。「彼らはどうにか暮らしていけるが、少しも安泰ではない。そのため足りないところを非公式経済で補っている」

最下層は、正規の職に就いていない人だ。「この層がいちばん多く、すさまじい人数がいる」。国の衝撃的な統計がこれを裏づける。コンゴの失業率は、過去20年間で44パーセントを下回ったことがない。たいていは60パーセント以上で、ひどい年には80パーセント以上が失業している。*キンシャサの多くの人にとって、安定した仕事を手に入れるのは夢のような話だ。「だから、ス

＊私がキンシャサで会った人たちは、自分の国（コンゴ民主共和国）をコンゴと呼び、自分たちをコンゴ人と言う。この章では彼らの呼び方に準じて「コンゴ」を使う。分裂したほかのコンゴ（コンゴ共和国）はコンゴ川を挟んだ北側にあり、コンゴ・ブラザビルと呼ばれている。

トリートの経済に頼るしかない。ありとあらゆる種類の取引をする。つまりなんでもビジネスにするのです」。失業手当などあるはずもなく、職がなければ住宅支援も受けられない。神父は最後に言った。「彼らが生き延びているのは本当に奇跡だ」

1000万以上の人口を抱えるキンシャサは、仕事をもたない者が住みたい街ではない。最新の統計では、コンゴの77パーセントの人が、国際貧困ラインの1日あたり1・90ドル未満で暮らしている。極度の貧困にあえぐ人が世界のどの国よりも多く、それは隠しようがない。キンシャサに着いた日、街の中央市場《いちば》へ歩く途中、どこかで拾ったらしいだぶだぶの服を着た10歳くらいの少女とすれちがった。片足にはサンダル、もう片方にはフリップフロップを履いたその少女は、幾重にも重なる日ざらしのプラスチックゴミのなかにトウモロコシの欠片《かけら》を見つけると、突進して手に取り、穂軸に残ったわずかな粒をむさぼり食った。ストリートチルドレンやゴミを漁る人はキンシャサのいたるところにいる。私は瞬時に理解した。この街のおおぜいの人にとって1日1・90ドルなど夢のようなもの。彼らの多くはゼロドルで暮らしているのだ。

この貧困は、キンシャサが重ねてきたいくつもの失敗の結果だ。陸と海のつなぎ目にあったダリエンが交易の拠点になるはずだったのと同じく、キンシャサも食料や工業製品、地下資源が行き交う、世界の交易の拠点になっていてもおかしくなかった。1870年代に、ドーセット出身の探検家ヴァーニー・ラヴェット・キャメロンが中央アフリカを横断して以降、コンゴは途方もない可能性の地だと思われてきた。キャメロンは、この地に「非常に優れた品質の」サトウキビ、パーム油、タバコがあり、ゴムの原料となるゴムの木が「ほぼどこにでも」植わっていて、さらに石炭、銅、金がどっさり埋まっていると報告している。コンゴはダイヤモンドや錫《すず》、その他のレアメタルも産出し、さらには世界で2番目に大きな熱帯雨林や、アマゾン川に次ぐ流量の川もある。このような豊かな自然に加えて、近代経済の発展に有利な特徴もそろっていた。フランス語を公用語とし、タイムゾーンはパリと同じで、若者が多く、人口も増えていたからだ。キンシャサは世界で最も貧しい都市ではなく、本来は豊かで美しい都市になっているべきだった。

世界が都市化しているいま、未来の経済を考えるのなら、都市を破綻に追いやる力学を理解しておくことが大切だ。キンシャサの現状は不思議に映る。コンゴの問題の多くは、東部ゴマ付近で長く続いた戦争や、南部カタンガ周辺の鉱山で起こった詐欺や腐敗が根幹にある。この国のあらゆるものがそうであるように、これらの問題も深く、広く、大きい。だが、キンシャサはそのどちらの地域からも1000キロ以上離れている。私はキンシャサの住民の日々の経済状態を知りたかった。何が彼らを成功から遠ざけているのか、そして成功するには何が必要なのかを。

到着して数分のうちに、キンシャサの姿は、ヨルダンのアズラク難民キャンプとインドネシア・アチェのジャッキー・チェン村で見た人気《ひとけ》のない市場や、ダリエン地峡のヤビサで見た細々とした商いの姿とはまるでちがうことがわかった。この街は貧しさもものすごいが、活力ももののすごいのだ。大使館や政府機関のあるゴンベ地区から南に向かうと、街のにぎやかさに圧倒される。中心地に近いバンダルとキンタンボ地区から、少し離れた非常に貧しいマジナとヌジリ地区まで、見える景色は同じだった——懸命にその日を生きる人たち。午後になると熱量がいっそう増し、色鮮やかなテーラードスーツが躍るショーウィンドウ、ノリのいい音楽、ジュージュー音を立てる肉が世界で最もにぎやかな街をかたちづくる。どことなく時代が止まっているようにも見える、過酷なこの街で、人はどうにかして生きている。キンシャサっ子が見かけどおり折れない力《レジリエンス》をもち、創造力に富むのなら、なぜこの街の経済はこれほど弱いのだろうか？

ゴールデンルール

税率54パーセント

子どものころからキンシャサのマルシェセントラル地区で働いてきたクリスチャン・ムポンゴは、33歳のいま、風格を漂わせている。胸元に赤と緑の布で炎と蔓《つる》の模様を描いた、特別あつらえの黒いポロシャツを着て、店の外でプラスチックの椅子に腰掛けている。多くの店は暇そうだが、クリスチャンの食品卸売業はにぎわっている。次々に客が来ては、アルゼンチン、タイ、トルコからコンゴへ輸入された20キロ入りの米、トウモロコシ、砂糖を買っていく。若い従業員が客の車やバス停までその袋を運び、クリスチャンは母国語であるコンゴ語で穏やかに指示を出す。

クリスチャンの成功は、厳しいキンシャサにあってもチャンスをつくり出せる見本だ。彼は11歳のときに初めて市場へ来て、金《かね》を稼ぐ方法をすぐに見つけた。広大なコンゴ川が近くにあるにもかかわらず、キンシャサにはきれいな飲料水がない。比較的豊かなゴンベ地区はともかく、その外に出れば、安全な水の出る蛇口のある家はほとんどない。きれいな水を満たした小さなビニール袋の販売はここでの主要な産業だ。10代のクリスチャンは、きれいな水を大量に安く買う方法を見つけ、20個の水の袋を売るたびに約1000コンゴフラン（60セント）を稼ぐことができた。彼はまず市場の荷運び人《ポーター》として働き、次に自分の小売店を開き、ついにはより有利で安定した卸売業へとのぼり詰めた。街の中心部で22年間の経験を積んできた彼は、ここで成功する秘訣を喜んで話してくれた。「キンシャサの経済の第1のルール、それは賄賂だ」

彼のおもな関心事は税金であり、それは私がキンシャサで会ったすべての人たち、小さな露天商からスーパーマーケットのオーナー、肉体労働者から大学教授までみなに共通する。キンシャサの誰もが税のシステムを嫌悪している。公式には、コンゴの企業は月に1回税金を支払うことになっているが、実際には少なくとも1日1回税金が徴収され、多くの地域では午前の税金と午後の税金がある。税率は高く、公式には利益の54パーセントがもっていかれる。だが本当にたいへんなのは書面には書かれていない裏の支払いだ。カフェとスーパーマーケットを経営しているあるオーナーが話してくれた。「税金の支払いが毎日あるうえ、いま払った税金の領収書をもらうためにさらに賄賂がいる。しかも、徴税人の食事用に〝特別割引〟もしなくちゃならない」。つまり毎日、税金、領収書のための賄賂、値引きという3つの支払いが延々と続き、年間にすると1000ドルを超える。

「生き残るためには、トップマンの息子にならなくちゃならない」。クリスチャンは息子になるやり方を説明する。「市場を監督する役人が替わったと知ったら、すぐに彼の名前を調べて会いに行く。彼の好きな食べ物、彼の妻が喜びそうな服、彼の子どもたちが好きなものさえも調べる。そして、彼の一家にすべて贈る」。トップに誰がいるのかを知ることは非常に重要だ。なぜならここでの税金は、地元の役人の長（トップマン）を頂点としたピラミッド体系になっているからだ。

ピラミッドにいる誰もが、金が自分の手元を通り過ぎるときに、いくばくかを盗む。ピラミッドの底辺で支払うとすれば、金を奪いに来る何百人もの下っ端の徴税人を相手にしなければならない。クリスチャンの戦略は、自身の時間と金と手間を省くために、中間層を飛ばし、頂点近くの人たちと同盟を組むことだった。「この計画がうまくいけば、ビジネスは安泰だ。でも、トップマンを喜ばせることができなければ、数日のうちにつぶされるだろう」

自分の力で生き残れ

多くは非公式の地元経済に頼るしか生きる手段がないキンシャサの人にとって、頻繁な徴税は生活不安に直結する。この街では、自立の哲学が、つまり経済でいえば、取引と交換をつうじてたくましく生き抜こうとする哲学がすみずみまで行きわたり、実際にはない憲法の章をもじって「憲法第15条」という呼び名までついている。繰り返し口にされる合いことばは「自分の力で生き残れ」で、「自分で」と短縮されることも多い。ここで生き残りたいなら自分のために働け、人に頼るな、冷静になれ、国は何もやってくれないのだから。数十年前に流行ったこの精神は、いまもキンシャサを貫いている。

フィフィ・ベイエロが経営する小さな店はこの精神を体現している。中央市場の端に位置する彼女の店はいたってシンプルだ。売り物の新鮮な卵の入ったコンテナを積んだ簡易テーブルと、彼女とたったひとりの従業員のためのプラスチック製の椅子2脚、そして日よけ用にふたつの派手なビーチパラソル。ベイエロは40代で、黒いシルクのトップ、白のジーンズ、金のネックレスを身に着け、こざっぱりした格好をしている。子どもふたりの父親と別れたときにこの店を始め、15年間卵を売りつづけてきた。マルシェセントラル地区には商売の規制があるが、少し脇へずれれば、屋台を設置したり、小銭を稼ぐための働き口を見つけたりすることができる。物の売り買いはキンシャサのセーフティネットでもある。「生活が立ちゆかなくなったとき、ここで店を始めたの」

私たちが話しているあいだにも何百人という人が歩いていき、店の立地はすばらしい。だが景気はよくないそうだ。「その日食べるのがやっと」。10年前、彼女は1日600個の卵を売ることができたが、いまでは半分しか売れない。問題のひとつは恒常的なインフレだ（キンシャサでは

２０１６～２０１８年にかけて、物価が50パーセント以上あがった）。最近も、30個入りの卵コンテナの卸売価格が５０００コンゴフランから７０００コンゴフラン（以下、注記がなければ「フラン」は「コンゴフラン」を表す）に値上がりした（およそ３・00ドルから４・20ドル）。つまり、卵ひとつの値段が２００フランを超えてしまったのだ。「お客さんは卵ひとつが２００フランだと思って買いに来る」が、その値段では売るほど損がかさむ。

ベイエロは「税金も頭が痛い」と言い、日々支払わなければならない内訳を説明してくれた。店の賃料として３００フラン、売上税はその日の徴税人によってちがうが、２００～５００フラン、加えて、毎日のサロンゴ料金（清掃および公衆衛生料金）として１００フラン。卵を売ってもわずかな利益しかないのに、手元に残る金を稼ぐまえに、税金を払うために毎日、ひとつかふたつコンテナを余分に売らなければならない。彼女の言うとおり、食べるのがやっとの商売で、いつまで経っても蓄えを増やすことはできない。「貯金なんてとてもとても。ただ食べていくためにこうしているの」

市場の商人は、売上税やサロンゴ料金をいくら払ったところで、それに見合うサービスを受けられることはほとんどない。ベイエロが所有するような店は頑丈な建物ではなく、いつでも移動できる薄っぺらな屋台で、場所代を払っていてもあてがわれる区画は薄汚れた道の端だ。サロンゴの清掃料金などジョークだ。キンシャサの中心部にある市場の裏の道路は、50センチの厚い泥で覆われ、イギリスの冬の農場のように見える。人口１０００万の大都市の汚泥にはプラスチック、紙、金属線、食物、人間の排泄物が入り混じり、瘦せたおんどりについばまれている。１０

0メートルごとに、人が道路を横断できるように木の板がぬかるみに渡してある。

公共サービスがあまりにもずさんなので、私は、交渉して税金を引き下げてもらったり、あるいは、市場を管理する当局があたりを清掃するまで支払いを中断したりできないのかと尋ねてみた。だがベイエロと従業員は首を振る。「当局に文句を言ってもいいことはない。1日あたりのサロンゴ料金は低く設定されているから、金がなくて払えないとも言えないし、つまり方法はないのよ」。私が話したコンゴ人はみな同じことを言う。キンシャサにいる外国人の商店主、レバノン人のレストラン経営者や電話ショップを経営するインド人、中国人の仕立て業者などもすべてが同意する。徴税人は毎日電話をかけてきて、従わないといやがらせを仕掛けてくるから、金を払って追い払うしかないのだ。

ここでは政府の役割は簡単には見えてこない。この国は典型的な「失敗国家」として取りあげられることが多く、政府の機能不全を伝える欧米諸国の報道は、コンゴの首都キンシャサを、公共の建物が崩れかけ、行政機能が麻痺した街として印象づける。だが、キンシャサはそのような街ではない。政府は活動しているし、大通りには多数の省庁が立ち並び、終業時刻ともなれば数千人の職員でごった返す。コンゴ政府は忙しく活動しているが、国を導くというより国にぶら下がっている印象が強く、往々にして国民の利益とは真逆のほうに走る腐敗の構造ががっちりとできあがっている。「憲法第15条」という自力の文化のもとにつくられた巨大な非公式経済は、政府が頼りにならないからそうなったとも言える。

第4章で見たように、ダリエンが浮上できない理由は、目先のことしか見ず、場当たり的で、協力し合う文化が乏しいところにあった。キンシャサでは事情が異なる。一般市民は信頼し合い、助け合っている。だが、税務当局を頂点とした、教師や警察官も含む公務員全般を、信用できない相手としてとらえている。歴史はいまもキンシャサに強く息づいており、経済的な不信と自立のルーツは伝説のふたりにさかのぼる――植民地を創設した外国人と自国の独裁者だ。

王と救世主《メシア》

嘘つきの王

キンシャサはその根底に嘘と欺《あざむ》きがある。この街は、ウェールズ生まれのジャーナリスト兼探検家ヘンリー・モートン・スタンリーによってつくられた。スタンリーは1874年に中央アフリカを探検し、旅行記を出版した。ヨーロッパ全土でよく売れたが、3度目のアフリカ遠征に必要な資金をイギリスで調達することはできなかった。そこで彼は、ベルギーのレオポルド2世が運営する国際アフリカ協会（ＩＡＡ）に働きかけ、そこから資金を得て、１８７９年に再びアフリカに向けて出発した。ＩＡＡの目的は、慈善活動と科学的発見だったので、スタンリーは道路をつくったり、蒸気船の河川港を建設したりしながらコンゴを横断した。道なき道をゆくという彼の決意は固く、コンゴ部族をして彼を「石の破壊者《ブラ・マタリ》」と言わしめるほどだった。１８８１年、スタンリーは現在のキンシャサのある場所に貿易拠点を設置し、レオポルドビルと名づけている。

ベルギー王レオポルド2世は、ヨーロッパ列強諸国に対し、巨大なコンゴ自由国に自由貿易を根づかせ、国土を開発し、教育を整備したうえで最終的に独立させることを約束し、ベルギーの領地としてではなく王の私領地として手に入れた。中央アフリカのもうひとりのイギリス人先駆者バーニー・ラベット・キャメロンがそうであったように、スタンリーもコンゴに対するレオポルド2世の構想に賛同していたようだ。キャメロンは、奴隷制度と象牙《ぞうげ》取引の邪悪さについて詳細に書き、レオポルド2世の「慈善活動」を次のようなスローガンを掲げて支持した。「科学に惹かれる者よ、ベルギー王の気高い計画のもとに集い、価値ある調査を成し遂げん」

スタンリーは聖人というわけではなかった。部族長との争いで使った卑劣な戦術や、自分が命じた残虐な扱いを自慢げに書き残している。それでいてこのウェールズ人は、独立したアフリカ諸国間の自由貿易の確固たる支持者であり、のちには奴隷制度廃止のための活動家にもなった。

一方、ベルギー王レオポルド2世は嘘つきのナルシストで、人道的な開発支援、科学的発見、自由貿易などには関心がなかった。王はすぐに象牙取引をつうじてアフリカの人たちとその環境を搾取しようとした。結局、新しい工業原料である「ゴム」の需要増大にともなって、王には莫大な利益がもたらされた。

チャールズ・グッドイヤーが1839年に加硫《かりゅう》ゴムを開発し、ジョン・ボイド・ダンロップが1887年にゴム製の自転車タイヤを、ミシュラン兄弟が1895年に自動車用タイヤを発明した。その後のゴム需要のブームは、コンゴへの投資で資金を失っていたベルギー王レオポルド2世を救済した。王は植民地の一部を外国企業に売却し、残った約3分の2（ベルギーの50倍以上の面積）を私兵団に護らせて保有しつづけた。

私兵団の武力を背景に、レオポルド王の手下たちは、ゴム液を採取するコンゴ人にノルマを課した。採取しやすいところから採取していくうち、コンゴ人はしだいにノルマをこなせなくなっていった。だが王の手下は容赦せず、さぼっていると見なされたコンゴ人の右手や右足、あるいはその子どもたちの右手や右足を切断した。弾薬が貴重だった当時、弾丸が発射されると、私兵団の将校は発射した部下に、弾丸を有効に使った（誰かを殺した）証拠としてしばしば人間の手を要求した。レオポルド私領地のコンゴでは残虐行為が横行していた。人間の手の入ったかごが仕事をしている証として提示され、一種のグロテスクな通貨となった。

恐ろしい噂はヨーロッパにも広まりはじめ、1900年にイギリスの外交官ロジャー・ケースメントが、「悪の根源は、コンゴの政府が、対外的にいい顔をして商業的利益を獲得することしか考えていないところにある」と報告した。世界最初期の人権調査のひとつとされるケースメントの報告は1904年に公表され、1908年には、国際的な圧力にさらされたレオポルド2世がコンゴの私領地を手放し、ベルギーに渡している。そのときまでに、ゴム採取は２０１８年の換算で15億ドル以上を生み出し、ベルギーで「建築王《ビルダーキング》」と呼ばれたレオポルド王が、20年間にわたり、彼の愛する宮殿、噴水、アーチを建築しつづける資金となった。犠牲者の数は諸説あるが、信憑《しんぴょう》性の高い説によると、コンゴの当時の人口の半分である約１２００万人が死亡したと言われている。

危機に現れた救世主

ベルギーの支配は１９６０年にコンゴが独立するまで続いた。ダイヤモンドと銅の採掘を促進するため、ベルギーはコンゴの人たちを雇い、主要都市をつなぐ鉄道と多くの町を結ぶ道路網を建設した。だが、住民の生活環境への投資はわずかしかなく、ほとんどの教育はカトリック教会が担い、１９５０年代半ばまで大学はなかった。それでも、輸送インフラは国を結び、キンシャサは中央アフリカで初のラジオ局や評判のいい録音スタジオをもつ地域の文化的拠点となった。舗装された並木道、すばらしい食事と音楽でこの街は「美しきキンシャサ《キン・ラ・ベル》」と呼ばれるようになった。ある高級レストランの経営者は、若いころを回想してキンシャサは人を惹きつける街だったと言う。「アフリカの南半分で病気になったら、金持ちはこの街の病院に空を飛んできたものさ。かつてはアフリカで最高の都市だった」

独立から1年も経たないうちに、キンシャサは「コンゴ動乱」として知られる激烈な政治的混乱に巻き込まれた。豊富な鉱山を有するカタンガ地区と南カサイ地区が独立国家であると主張し、国は崩壊しはじめた。初代首相パトリス・ルムンバと初代大統領ジョセフ・カサブブは出身政党が異なり、互いに反目し合った。外国勢力も国を不安定にする方向に動いた。ダイヤモンド採掘に魅了されたベルギー人は国の分断を支持し、首相ルムンバは共産主義国ソ連の潜在的同盟者と見なされて１９６１年に逮捕されたのち、ベルギーとアメリカから資金提供を受けていたコンゴ人兵士たちによって殺害された。

５年間、政府は機能不全に陥り、安定しなかった。新しいリーダーはそれぞれバラ色の経済成長を約束したものの、税収は支出を下回り、中央銀行は足りない分を埋めるために紙幣を刷り、高インフレをもたらした。１９６５年11月、キンシャサは再び政治的な膠着《こうちゃく》状態に陥り、軍の指揮官ジョセフ・デジレ・モブツが無血クーデターにより支配権を握った。コンゴの「第一次共和国」は滅亡し、35歳のモブツが国を掌握した。彼が台頭したことは共産主義に対する勝利として、また動乱の終結として歓迎された。

だが、モブツは既存の西側的イデオロギーに沿うのではなく、独自の「モブツイズム」を画策した。やがてそれは独裁的権力を背景とした個人崇拝にかたちを変え、モブツは経済と社会全体を独占していく。モブツは、「真正性《オータンティシテ》」の名のもとに植民地時代の名残と西洋の影響を排除していった。現地語でコンゴ川を意味する「すべての川を飲み込む川」の発音にちなんで、国家とその川の新しい名称を「ザイール」に決め、通貨もまたザイールと名づけた。都市や町の名前も変更し、たとえばレオポルドビルはキンシャサに、スタンリービルはキサンガニになった。服装も、彼の独断によって、男性にはヨーロッパスタイルのスーツではなく、毛沢東が好んだチュニックふう「アバコスト」を推奨し、のちにそれは強制となった。ヨーロッパのクリスチャンネームは禁止され、大統領自身もモブツ・セセ・セコ・クク・グベンドゥ・ワ・ザ・バンガと改名した。「つねに忍耐深く、不動の意志と強大な力をもち、けっして敗北せず、征服した土地を燃やし尽くす戦士」という意味だそうだ。

モブツイズムもはじめのうちは効果をあげていた。1967年の夏に、新しい通貨を中核とする大統領の経済計画がスタートした。経済的強さを表す通貨の価値は、1ザイールが旧1000コンゴフランという、当時の米ドルの2倍に相当するレートで取引が開始された。モブツの新しい通貨を守るため国は高い税金を課し、とくに自動車やタバコなどの高級輸入品には高い関税をかけた。モブツの経済政策には一定の整合性があり、国際社会からも称賛された。モブツはさらに、企業に10パーセント以上の賃金上昇を認めさせ、1968年のインフレ率は2・5パーセントに低下したので、国民の購買力は拡大し、年8パーセントの経済成長を遂げた。モブツを称賛する呼び名が次々に考え出され、モブツには「導く者」「先頭に立つ者」、さらには「救世主《メシア》」という名まで冠されるようになる。

しかし、その後の30年、モブツの政策は20世紀にほかの国が直面した以上に深刻な経済的衰退をもたらした。1997年には、大統領の経済政策の根幹をなす通貨ザイールの価値が99・9パーセント失われた。通貨を紙くずにした大統領は、弾丸の雨のなか、飛行機でモロッコへと逃亡する。まもなく、前立腺ガンのためにその地で死去した。

浮上できないコンゴ

1960〜2016年のひとりあたりGDP（2010年基準のドル表示）
1960年＝100

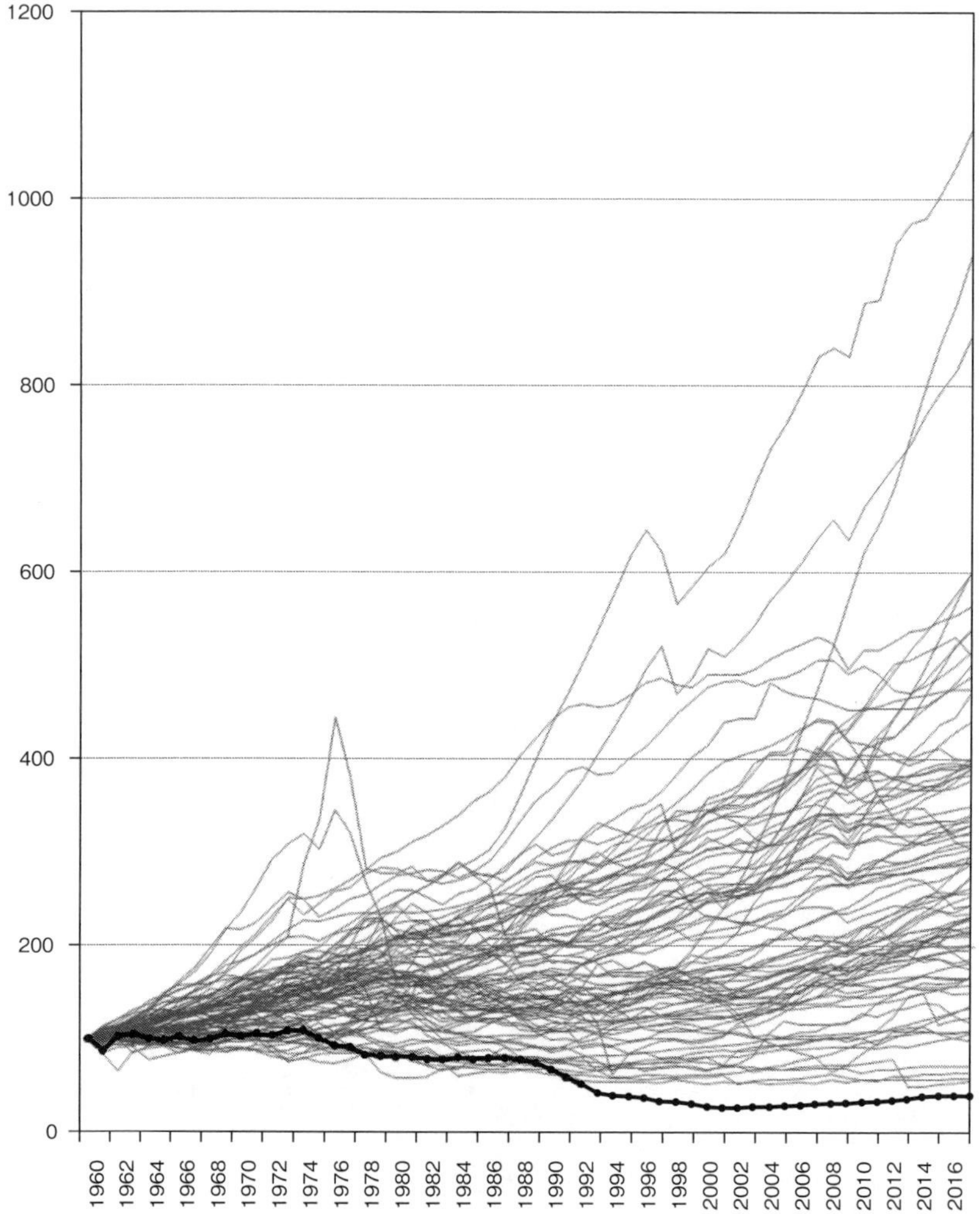

出典：世界銀行。黒い線はコンゴ民主共和国、灰色の線は他国の経済を表す。

モブツに代わって現れたのがカビラ一族だった。ローラン・デジレ・カビラは１９９７年に軍事クーデターで後任の大統領となったが、２００１年に暗殺された。ローラン・カビラの死後、息子のジョセフが大統領に就任した。

ジョセフ・カビラは、コンゴ憲法の定めに反し18年の長期にわたり権力の座にあったが、２０19年1月ついに退任し、野党の民主社会進歩連合（ＵＤＰＳ）党首であるフェリックス・チセケディにその座を譲った。大統領は退任したものの、カビラ派の政党連合であるコンゴ統一戦線（ＦＣＣ）は上院議席の84パーセント、下院議席の３分の２以上、かつ首相の地位を確保しており、ジョセフ・カビラは権力を保持したままだった。権力を行使していた時期の長さはカビラ一族のほうが長く、現在もカビラ一族が強い影響力を保持しているが、キンシャサの人たちの目には、現代のキンシャサを理解するうえで最も重要な人物はモブツだと映っている。モブツの経済は、ふたつの象徴的な現象、すなわち暴力的な破壊と、すばらしいが自滅的でもある自立の文化をこの国にもたらした。

破壊から学ぶ

モブツの第1の過ちは、豊かな食料輸出国になれるはずのコンゴを、高価な輸入食料に頼らなければならない国にしてしまったでたらめな農業政策だった。その計画の中核は、国家による農産物価格の管理だった。モブツは、農民というのは価格に無頓着であり、農村部から都市部に流れる主食類（キャッサバ、トウモロコシ、米、ヤムイモ）や工場原料品（綿、パーム油、亜麻）は安く買い叩けると考えた。穀物の価格が下がれば、食料品全般が安くなり、企業は労働者に不安を感じさせずに賃金を低く抑えることができる。利益は増え、その利益を工業化のための設備や機械に再投資できる、と。

経済工学に基づくこの試みは中央アフリカで広く採用されていたが、モブツの運用は過激だった。トウモロコシの価格を1キロあたり2セントに設定したため、年間625キロを生産する畑でもわずか12・50ドルの収入にしかならない。耕作にかかった時間を考えると、1日あたりおよそ6セントだ。

生産量が低下しはじめると、モブツは、ノルマを達成できなかった農民に対し、罰金を科したり、投獄したりする強硬手段に出た。その収入では暮らしが成り立たない農民たちは結局、耕作をやめてしまう。綿花栽培の世帯数は1960年代には80万だったが、1970年代半ばには35万に減少し、亜麻の年間生産量も6万トンから8500トンに減少した。モブツは、キンシャサのリネン工場に対して、安価な原料を確保するのではなく、海外から高価な亜麻を輸入させる政策をとった。パーム油、トウモロコシ、米についても同じ政策を押しつけた。その結果、どうなったか？

1970年代後半、トウモロコシは農村で収穫されないまま腐っていた。政府の示す価格が安すぎて耕作を続ける意味がなくなったのだ。同時に、国の乏しい外貨が食料の輸入に使われていった。

モブツの第2の過ちは、国の産業をほぼ完全に壊滅させたことだ。当初、南西400キロにあるインガダムの水力発電をエネルギー源として、キンシャサを製造拠点に発展させることをもくろんでいた。

インガダムは1秒あたり4200万リットルという、アマゾン川に次ぐ世界第2位の流量を誇り、しかも赤道直下の多雨地帯にあるため、年間をつうじて安定しており信頼性が高い。このダムがタービンを駆動することで、地球上のどの主要都市よりも安価な再生可能エネルギーをキンシャサに供給できる見込みだった。エネルギーを大量に消費する外国企業（たとえばアルミニウム製錬所）がキンシャサに移転し、マルク地区には国営の製鉄所も建てられた。送電網をつうじて、鉱業の盛んな南東のシャバ地区にも電力を供給でき、ザイールの鉱業も栄えることが予想された。

外国人のコンサルタント、とくにイタリア人と日本人が大挙して押し寄せ、モブツにインフラ整備のプロジェクトを売り込んだ。外国企業は先を争って、インフラ整備に付随する契約を結んでいった。

ザイール政府はモブツの大型プロジェクトのために多額の借金をしたが、その返済には、国営鉱業会社ジェカミンの収入を充てる予定だった。繰り返しになるが、この計画にも合理性はあった。モブツ大統領は鉱業というひとつの資産を担保に入れ、ダム、電力網、工場などに投資したのだ。キンシャサには、ルノー、ゼネラルモーターズ、ブリティッシュ・レイランドの自動車工場をはじめ、多くの欧米製造メーカーが集まった。ドイツの会社は巨大なセメント工場を建設し、ほかに醸造所、繊維工場、タバコ工場が次々に建てられていった。モブツはこうした海外からの投資に匹敵する以上の額を、エア・ザイールの新しい飛行機や、空港の機能増強、国の海運業を担う近代的なタンカーなどに投資していった。もくろみは当たり、製造業は国内生産の11パーセントを占めるまでに成長した。近隣のライバル、ナイジェリアではおよそ3パーセントだった。

危険なギャンブル

1970年代半ば、事態はほころびを見せはじめた。彼の初期の失敗は、多様化の重要性を軽視したことだ。1950年代後半、コンゴは農産物と鉱物の両方を輸出できていたので、外資を得る手段が複数あった。だが、農業政策が失敗したことで、ザイールの経済は鉱業（とくに銅）に強く依存するようになった。

モブツの計画は、突き詰めれば安定した収入がつねにあることを前提に有り金全部を次の投資に注ぎ込むという、ギャンブルのようなものだった。だがその賭けはうまくいかなかった。世界の銅価格は1974年には1ポンドあたり2・20ドルだったが、1980年代半ばには1ドル未満まで下落し、国営鉱業会社ジェカミンの収益は急激に悪化した。第1インガダムは1973年に完成し、鉱山に電力を供給する第2インガダムと送電網は1982年に完成したが、補修や維持に必要な政府の資金が不足していたため、ダムの発電量は当初計画した量の数分の1にしかならなかった。

イタリアとドイツの企業が建てたマルク製鉄所は、２億５０００万ドルの費用をかけて１９７５年に完成した。生産能力が25万トンあるのに対し、国内需要はわずか3万トンだったため、大量の輸出を見込んでいた。ところが、モブツも彼の外国人アドバイザーも、鉄鉱石の入手方法を考えていなかった。この必須の原料がないために、工場はスクラップ金属を原料に稼働するしかなく、生産量も品質も計画をはるかに下回った。マルク製鉄所の生産量のピークは、操業率が７パーセントだった１９７５年で、１９８０年には3パーセントに低下し、１９８６年には電力と原料の不足によりゼロに至る。

キンシャサは、ダムに近い立地を生かし、安価な電力を武器に一大産業拠点になるはずだった。ドイツのルール渓谷の工業地帯と比較する人もいたほどだが、現実は厳しかった。計画停電により10パーセントの操業率で工場を運営するのがやっとで、キンシャサは失敗した投資プロジェクトの残骸に囲まれた街になった。モブツの農業政策と産業計画の破綻はこの街をズタズタにした。80年代半ばには、大統領が政権を握った直後に比べ、生活水準は４分の１にまで落ち込んでいる。キンシャサは崩壊寸前だった。

略奪

キンシャサの人にこの街で起こった最悪の出来事を尋ねたら、同じ答えが返ってくるにちがいない――「略奪」。1990年代初頭、キンシャサは2度の略奪に見舞われた。街はカオスに包まれ、数百人が命を落とし、すでに錆びついていた産業基盤は完全になくなった。どんなにつらいこともこれと比べればまだましと思えるほど、あまりに残忍な経験だった。2回とも、街の大部分を破壊したのは公僕であるはずの軍隊だった。

最初の略奪は1991年9月に起こり、まる2日間続いた。当時、政府は公務員の給料を支払えなくなっており、軍や警察も例外でなく、公務員はみな苦しんでいた。街の中心から南東25キロのヌジリ国際空港で軍が蜂起し、兵舎の集中するキャンプ・ココロに広がった。約3000人のパラシュート部隊が建物の窓を壊して中に押し入り、物資を奪った。

ターゲットとなったのは、多くがギリシャ人、レバノン人、ポルトガル人の商店だった。市民が合流し始め、3日目の朝までに推定10億ドル相当の資産が損傷または破壊された。キンシャサが無政府状態にあるなか、フランス軍とベルギー軍が介入し、街を鎮静化させ、外国人を避難させた。

2度目のほうがもっとひどかったとキンシャサの人たちは言う。きっかけは、大統領の経済体制の基盤だった通貨が最終的に破綻したことだった。

ザイールの通貨は発行当初、非常に強く、交換レートは1ドルが0・5ザイールだった。だが、金が足りなくなるたびに安易に紙幣を刷りつづけた結果、持続的なインフレと貨幣価値の下落を招き、ザイールの価値は、1993年初頭のレートで1ドルが250万ザイールまで下がっていた。

給料を払えなくなったため、モブツは中央銀行に500万ザイールに相当する高額紙幣を新たにつくり、軍隊への支払いに充分な額を印刷するよう指示した。だが大統領就任以来25年間使ってきた、政権の都合に合わせて通貨を切り下げるトリックはこのとき機能しなかった。政敵はこの新たな紙幣がインフレをさらに悪化させると言い立て、キンシャサの店主たちも同調し、新たな紙幣の受け取りを拒否した。

給料に価値がないと気づいた軍隊は、前回よりも激しい暴動を起こした。市内の工場と倉庫が軒なみ破壊され、2000人が死亡した。キンシャサ在住のフランス大使が殺され、他国の外交官や国際機関の職員は逃げ出した。以来、この国は長いあいだ世界経済から放逐された。

1970年にはひとりあたりの国民所得が1000ドルを超えていたのに、亡命先のモロッコへ向かうモブツの飛行機が離陸するころには、360ドルを下回っていた。

経済のフロー

ひとことで言えば、この国ではすべてが売り物であり、なんでも買うことができる。このフローのなかで、公的権力の一端を担う人物が権力を違法に利用して、金品や敬意を得たり、義務を回避したりしている。公的権力をもつ者に気にかけてもらう、子どもを学校にやる、医療を受ける……こうしたことはすべてこの種の税金の対象となり、公にはされないが、誰もが存在を知っている。

——モブツ・セセ・セコ、1977年

ジャングルのベルサイユ

キンシャサにはモブツの経済的遺産がもうひとつある。汚職に関する驚くべき考え方だ。この独裁者は汚職を「違法」と言ってはいるが、小さな収賄は正当な収入源になるとも述べている。反対意見を言えない国において、彼のスピーチは法律に匹敵する。スピーチのなかでモブツは公務員に対し、公務の「フロー」（モブツのフランス語のスピーチでは「あやしい商売《トラフィック》」に相当することば）から抜き取ればいいとほのめかしていた！　しかも、市民の怒りが爆発しないように、「盗むのなら、上手に少しだけ」と助言すらしたのだ。

モブツ自身は、アメリカの政治家に「これから国際的窃盗犯の基準をつくり直さなきゃならない」と言わしめたほど私腹を肥やしつづけた。その個人資産は50億ドルともささやかれる。贅沢のきわみは、ザイール北東部の生家近くに築いた大統領の村バドリテだ。「ジャングルのベルサイユ」として知られ、3つの宮殿と、エールフランスからチャーターしたコンコルドを着陸させるのに充分な長さの滑走路があった。買い物をするのも歯医者にかかるのもパリへ飛び、誕生日にはパリの有名なパティシエたちが飛行機で集まってきた。1982年に、一族郎党を引き連れてフロリダのウォルト・ディズニー・ワールドに行ったときには、国際機関からの援助金を含む200万ドルを使ったらしい。ニューヨークに住むモブツの理髪師は、2週間に1度キンシャサまでファーストクラスでやってきて、その費用は年間およそ13万ドルだった。

汚職の蔓延

モブツの言う「公務のフローを金に換える」方法に熟達しているのは、街の警察官だ。彼らはどこにでもいる――あらゆる街角、あらゆる交差点、あらゆるスーパーマーケットに。ロイヤルブルーのベレー帽とズボン、肩章のついたスカイブルーのシャツ、国旗と同じ金星をあしらった大きな盾形のバッジを左腕につけた彼らは、見た目からしてきわだっている。交通警察官は、制服の上に明るいオレンジ色のベストを誇示し、上職者はヘルメット帽をかぶる。キンシャサで運転する人にとって警官の存在は必要なものだ。カラスが飛ぶように運転する文化があるため、高速道路を逆走したり、4車線の環状交差点をまちがった方向に進んだりすることがよくあり、誰かに誘導してもらわなければならないからだ。だが警察官の給料は安い。月に約50ドルの給料は国際貧困ラインを下回っている。そのため彼らは金になることに多くの時間を費やし、その行為を「馬に餌をやる」と呼ぶ。

基本技は道路封鎖だ。この街ではどの道路でも少なくとも1回、ときには何回も足止めを食らう（ゴンベからキンシャサ大学への短い道のりで、私の乗った車は4回止められた）。道路封鎖は非公式に何気なくおこなわれる。通常は5、6人からなる屈強な警察官のチームが主要道路に金属板のバリアを並べ、車両が速度を落として1列で通過するように仕向ける。警察官の目にとまった運転手は路肩に停止させられ、車の検査を受けるあいだ、書類を見せるように言われる。このゲームで勝つ方法はない。書類がすべてそろっていれば、新たに必要な書類がその場で追加される。タクシー運転手の話では、たとえ車両が良好に整備してあっても、ライトやミラーが「もうすぐ壊れそうだ」という理由で罰金を科せられることがあるという。

罰金と手数料はその場で決められ、その額は1000フラン（1ドル未満）から信号無視（たとえ言いがかりでも）の20ドル相当までさまざまだ。話し合いはたいてい友好的におこなわれるが、ときには荒っぽくなることもある。あるとき、ひとりの警察官と地元のいかつい男たちが大きなブロックを設置した。その多くは酔っ払っているようで、何人かはライフルを提げていた。これはさすがのキンシャサっ子にもやり過ぎに映った。彼らは警察官に向かってそいつらはなぜ制服を着ていないんだと叫び、車を停めずに走り去った。

こうした行為のせいで発生する国家の損失は、キンシャサの運転手が支払う少額の賄賂よりもずっと大きい。交通警察官の活動は実入りがよいため、ほかの部署の警察官もかかわりたがる。2018年の夏、新しい法律ができ、すべてのタクシーに国家の色である赤、黄、青のストライプをつけることが義務づけられた。交通警察官にとって新しい儲け口が増えたことを意味し、法律が施行されるとすぐ、私が乗っていた車も含め、小型車はどれも停止させられ、違法タクシーとして告発されるようになった（外交官や国際援助団体の車が止められることはない。彼らはトヨタのランドクルーザーに乗っているから、すぐにそれとわかる）。タクシーではないことを証明するのは不可能なので、ほとんどの人は解放されるために少額の罰金を払う。新法の施行を支援するという貴重な名分を得て、防弾ジャケットに機関銃を装備した武力行使対応の専門部隊も乗り出してきた。もちろん金のためだ。訓練を受け、高価な装備を身に着けている責任を顧みることはない。キンシャサの警察では交通任務への傾倒が強く、警察力という公的資源が不適切に使われている。現場レベルでは少額の汚職でも、国全体に深刻なコスト増をもたらしているのだ。

メガシティのDIY

キンシャサの人にとって日々の課題は、徴税人、交通警察官などが請求してくる金を回避することだ。挨拶の段階から探り合いは始まる。公務員と対峙《たいじ》する場合の挨拶は、数千キロ離れた東アフリカにルーツをもつスワヒリ語でおこなわれる。スワヒリ語を使うということ自体にキンシャサでは意味がある。モブツ大統領はリンガラ語の話者を好むとされたが、彼の失脚後に政権に就いたカビラ一族はコンゴの東端地域の出身だったため、東部を重視し、大臣やボディーガード、顧問には、タンザニアやルワンダにつながりをもつ人物が任命された。20年以上にわたるこの東部偏重は国全体に知られており、政府機関の一般事務員や港湾の警備員もスワヒリ語を話すか、スワヒリ語をカビラ大統領への支持のサインとしてとらえる。会話は「サラマ」というフォーマルな挨拶から始まり、それを受けて役人が「ゆっくり《ポレ》、ゆっくり《ポレ》」答えるのがふつうだ。キンシャサでは「調子はどうだい？　金をくれ」という意味になる。

貪欲な徴税人を避ける方法がさまざまに編み出されている。「自由市場」の意味をもつマルシェ・ドゥラ・リベルテは、ローラン・カビラ新大統領を称え、モブツの独裁政権の終焉《しゅうえん》を祝うために建てられた市内最大の公式市場だ。そこで仕立て屋を営む30代のジャン・クリストフ・ブカサは、徴税のせいで店のつくりにも影響が及ぶと言う。彼のミシンは、木製テーブルの天板から切り取った長方形の板に固定されている。シャツやドレスを縫い合わせていないときには、ミシンをもちあげて水平に90度まわし、作業できる状態にないことをはっきりと見せるようになっている。「景気がよくないときには、仕事をしていないことを証明しなけりゃならない」。そう言って彼はミシンを慎重にもちあげて〝オフ〟のほうにまわした。「でないと税金を取られる」

組合や業界団体をつくり、力を合わせて政府に抵抗しようとする人たちもいる。街の中心部に近いにぎやかなバンダル地区で、バス運転士組合のリーダーから苦労話を聞いた。コンゴの通貨が弱くなっているせいで、輸入燃料の価格がこの1年で急騰し、警察がでっちあげた罰金を支払う余裕などなくなってしまった。そこで彼らはストライキを敢行してキンシャサの経済活動を停止し、民衆の抗議で警察を引き下がらせた。ほかに、マットレス販売の事例もある。外からキンシャサに来た人はまずマタディ・ロードを通ることが多い。若い起業家のゲロード・ナンベカは、「マットレスを売るのはいいビジネスになる」と考えた。新たにやってきた人には横たわる寝具が何か必要だ。ナンベカは、ダブルサイズの発砲ブロックを7ドル相当の価格で売っている。売り手同士の競争は激しいが、徴税人と闘うためには協力も辞さない。「おれたちがつぶれるとしたら、競争のせいじゃなくて税金のせいだ。協同組合をつくるのは、税金にやられてたまるかっていうこと」。せっかくいいビジネスがあるのに、品物を売ったり乗客を安全に運んだりすることよりも徴税人を避ける策を考えることに時間を割くのは、経済がゆがんでいることの表れだ。

海賊市場

キンシャサに数週間いると、街全体がひとつの巨大な市場であることに気づく。どの地区のどの通りにも物売りがあふれ、あちこちに集落ができ、いつもごったがえしている。午後も半ばを過ぎ、太陽が低くなりはじめ、光が濃いオレンジ色に変わるころ、あらゆる種類の屋台が現れて通勤ラッシュを待つ。舗装道路はなく、公共交通機関は充実しておらず、警察による恒常的な道路封鎖もあり、家への道のりは険しい。だが、街は機能している。非公式経済が道路をスーパーマーケットの通路に変えるのだ。この街のどこに住んでいても、どこで仕事をしていても、わざわざ回り道をしなくても、家族のための食べ物も衣服もすべて手に入れることができる。

この時間帯に空いている地面はない。隙間なく敷いた毛布の上で女たちが茶色の巨大なキャッサバ芋やそれを葉で包んで蒸したチクワングを売っている。塩焼きした淡白色の魚や真っ黒に燻《いぶ》された魚、色とりどりの果物もある。男たちはあたりを歩きながら、靴下、ネクタイ、模造ジーンズ、三つ揃いのスーツなどを売っている。靴磨きの少年も水売り人も、薬になる香草や砕いた根をカゴいっぱいに詰めた〝薬剤師〟の少年もおおぜいいる。SIMカードや電話、銀製のアクセサリーなど高価な品を売る男は、ディスプレイ棚、オフィス、レジのすべてが一体となった小さな木の箱を抱えている。

こうした商売はすべて、国によって禁止されたいわば非合法な「海賊市場」だ。だが、ザータリ難民キャンプの非公式市場やルイジアナ刑務所の地下経済と同じく、屋台で物を売るキンシャサの人たちは、生きていくための基本的ニーズをむしばむ法には従わない。彼らの屋台は折り畳み式になっていて、警察官や役人が来たら、公式の税にせよ賄賂にせよ徴収されるまえに一瞬で姿を隠す。この猫とネズミの追いかけっこには数千人の警察官が加わっているが、商人は数百万人いる。商人が勝ち、キンシャサをひとつの巨大な海賊市場にしている。

「海賊商人」としての暮らしを、ニコル・ブワンガとシャーリーン・マタドが説明してくれた。商売に最適な場所は、いちばん客足が見込める公式市場の中かその近くだ。ふたりは20代後半で、私が会ったときは公式市場マルシェ・ドゥラ・リベルテの中で店を設営するところだった。商売道具は、３つの丸い大きなプラスチック製ボウルと３つの大きな袋だ。もぞもぞ動く大量の幼虫のついた黒い泥炭《ピート》の袋から幼虫をすくってボウルに入れる。この商売をする女たちは幼虫の名にちなんで「ポーズを売るママ《ママポーズ》」と呼ばれるそうだ（ポーズとはヤシオオサゾウムシの幼虫のことで、体長は大人の小指ぐらい、小さな黒い頭と丸々太った白い胴体をもつ）。ほかに、マコロコ（大人の親指よりも大きな芋虫）と、ムビンゾ（毛の生えた蛍光色の虫）も売っている。ニコルは、ポーズ虫の頭を引きちぎり、内臓を絞り出したあと、鍋で揚げるまねをして、実際の調理がどんな様子かを見せてくれた。身を傷つけないように注意して、うごめく幼虫でいっぱいのボウルに戻し入れた。

　幼虫はいい商売になるとニコルたちは言う。玉ねぎ、トマト、スパイスと一緒に揚げるとちょっとした一皿になる。うまさとその希少性ゆえ幼虫の値段は高く、小さなひとすくいで４０００フラン（約２・40ドル）する。最も高級な食用虫ポーズにまつわるノウハウは、どこで採れるかも含めて親から子に伝えられる。「虫の商売のことは父から教わったの」。だが暮らしていくには心許なかった。ふたりはもっと稼ぎたくてバンドゥンドゥからキンシャサへやってきた。街で最も貧しい地域のひとつであるマジナに住むふたりには、商売を手伝うニコルの息子を含め、養うべき子どもが合わせて９人いる。「楽になりたくてここに来たけど、ママポーズの暮らしは厳しい」

　彼女たちが直面する問題のいくつかは、どの経済にも共通している。ひとつは競争だ。私たちが話しているあいだにも、別の年配の女性グループが、この場所はわたしらの縄張りだと言いながら、ニコルに不愉快なことばを浴びせかけた。季節性の問題もある。最も乾燥した月である6月下旬はとくに厳しい。原料の幼虫は、約400キロ離れたふたりの故郷、カサイ川近くのバンドゥンドゥで採集されるのだが、カラカラに土地が乾いた時期にはなかなか見つからない。これが卸売価格を押しあげ、彼女たちの利益をますます細くする。

ほかに、キンシャサ特有の奇妙なルールに基づく問題もある。「夏は学校の試験の時期だから、商いにはとても苦しい時期なの」。学校行事がなぜ幼虫売りの経済と関係するのかというと、卒業証書を売る非公式市場があるからだ——わが子のために卒業証書を買いたい親と、卒業証書を金で売りたい学校。家族の収入が証書の代金にまわされると、ふつうの買い物にまわる金は弾き出される。「ポーズは値段が高すぎると思われている。卒業証書の代金を払うまで、親は子どもたちに米と豆だけを食べさせるのよ」

「海賊商人」が公式市場の中で営業すると、高額の罰金を科される怖れがある。そのためふたりともびくびくしていて、私と話しているあいだも、シャーリーンの目はせわしなく動き、役人が来ないか通路をチェックしていた。罰金を取られないようにするには、機敏に立ち去らなければならない。ボウルの幼虫をすばやく袋に戻し、別の場所へ移る。私は、この売り方は不安定で危なっかしいので、許可を得て市場に場所を確保し、仕事を正式なものにしてはどうかと尋ねてみた。だが、ふたりとも首を横に振った。幼虫の商売には小さな場所さえあればよいが、1平方メートルあたり年間300ドルも請求される（公式には100ドルほどだが、賄賂が価格を押しあげる)。さらに、公式の税金と徴税人への袖の下を毎日払わなければならないうえ、市場を管理する役人に幼虫を格安で渡さなければならなくなる。

教育を受けておらず、知識もない人たちにとって、最も手を出しやすい商売はなんらかの方法で通勤者にサービスを提供することだ。キンシャサでは毎日何百万もの人たちが市内中心部に集まってくる。そこを狙っておおぜいの売り手が「小分けビジネス」で生計を立てる。水、ピーナッツ、ティッシュ、タバコなど定番品を大きな業務用パックで買い、それを小分けにして通勤中の客に売るのだ。この行商ライフの最下層にいるのは、見たところ女性だけのようだが、寝袋ほどもある大きな袋に入った炭を500グラムずつ小分けにし、ビニール袋に詰めて調理用燃料として売る人たちだ。市場周辺で商売している「海賊商人」と同じく、このような行商人はキンシャサではすっかり風景になじんでいる。非公式な取引の80パーセント以上は個人が担っており、彼らは巨大な経済活動を下支えする一匹狼の労働者なのだ。

非公式の為替トレーダー

高度な知識を生かしてコンゴの公式通貨の変動から利ざやを稼ぐ「海賊商人」もいる。外国為替のトレーダーは、水売りや靴磨きの少年たちよりもありふれた仕事だ。一般企業の建物の外で、彼らはプラスチック製の椅子に座っている。にぎやかなマタディ・ロードで外国為替の「会長」と呼ばれているのは、30代前半のクタミサ・パピショだ。彼も「小分け」の商売からスタートした。街でティッシュを売って金を貯め、〈エリクソン〉の携帯電話を15ドルで買った。「昔のでかいやつ」と彼は笑う。だが隣人がそれを気に入り、25ドルで買ってくれた。すぐにクタミサは中古電話を売買するビジネスを始めた。順調に伸び、彼はその利益を使って大学に入ることができた。「けど、大学を辞める羽目になった。大学にいるあいだに、スタッフが金を使い込んでいたんだ」。彼はやむなく路上で売買する生活に戻り、やがて外国為替ビジネスへと移っていった。

きれいな水が足りないからきれいな水を入れた小袋が売れるのと同じように、この業界は、通貨が安定しないからこそ成り立っている。モブツ政権時代の超インフレと急激な為替レートの下落は、現代のキンシャサにも見られる。2016年半ばには1ドルは900フランだったが、2018年の夏には1ドル1650フランとほぼ半分近くに値下がりした。キンシャサの住民にとって、これは大問題だ。税金など公式な支払いをするにはフランをもつ必要があるが、自国の通貨の価値がすぐに下がることも知っている。そこで、非公式に二重通貨を操る数千人の為替トレーダーの出番となる。住民は財布の中に日常の小さな支払いのためのフランと、時間が経っても価値を温存できるドルの両方をもっている。市場やレストランに行くとき、住民はまず、外に座っている為替トレーダーのまえで立ち止まり、いくらかのドルをフランに換えるのだ。

為替トレーダーは、住民の通貨問題を解決し、有利なレートで売買することで生計を立てる（2018年の夏の例では、1ドルを1620フランで買い、1650フランで売っていた）。変動の激しい通貨を大量に保有するので、リスク管理は慎重だ。「衝撃をやわらげるために、資金の60パーセントはドルでもつようにしている」。通貨の需要を見きわめるため、彼はひそかに調査をおこなう。近隣の市場で買い物客を装い、ドルで買いたいと言ってみるのだ。「店主がドルを歓迎する場合や、ドルでの支払いにはフランより安い価格を言ってくる場合、ドルが不足しているということ」。こうした調査をつうじて通貨の需要を予測し、保有しておくべきドルとフランの量を計算する。夕方の帰宅ラッシュで最大限に稼げるように。

公と民のパートナーシップ

「キンシャサの3つの階層のうち、最下層の人たちの非公式な取引はいたるところで簡単に見られる。だがそれだけでなく、非公式市場は中流層の生活も支えている」。モンガンボ神父はそう言って、鉄道と河川交通を管理する国営交通公社〈オナトラ〉の高層ビルを指差した。キンシャサ最大級のビルであり、ゴンベ地区の大通りの最高の場所に位置し、しゃれた格好をしたキンシャサ住民が何千人もそこで働いている。「じつは、彼らの給料はまともに払われていない」。神父の教会に通う人たちのなかには、11カ月分も未払いの人もいるそうだ。あらゆるレベルでの腐敗が税制に抜け穴をつくり、税収につながらない巨大な非公式の経済とあいまって、コンゴという国は崖っぷちにいる。給料の未払い問題は、教師、医師、警察にも共通し、給料の遅配は数カ月からときには数年に及ぶ。

その結果、何が起こるだろうか？　公的機関で働くフルタイムの職員も、いざというときのために副業をもつようになる。キンシャサ大学のある講師は、そのことが研究活動に悪影響を及ぼしていると嘆く。給料が支払われないので助教は大学に来ず、授業は休講になる。若い教師たちは、支払いを求めてストライキをするのではなく、家賃を払って食べていくために別の場所で副業をするのだ。能力の高い人たちに人気の副業は、国際援助機関での翻訳や運転手だ。複数の仕事をかけもちするするこの働き方にははっきりとした長所と短所がある。長所は、正規の政府職員の立場さえあてにならない都市で生きていくうえで、副業が大切な所得保険の役割を果たすこと、短所は、スキルと能力が無駄遣いされることだ。大学の講師が学生を教えるのではなく運転手として働くのなら、国はせっかくの人的資本を活用できていないことになる。

賄賂を要求する警察官、運転手のアルバイトをする大学講師、たいして手間のかからない卒業証書のために両親に請求書を送る教師は、詐欺師とまでは言わないが、正しい姿とは思えない。キンシャサの人たちは、こうしたことが起こるべきではないとわかっているが、この街の経済にはより柔軟な道徳規範が必要なことも承知している。混み合った交差点に立てば、その柔軟な道徳規範の実例をいくらでも見ることができる。オレンジ色のベストを着た交通警察官が、通り過ぎる車にちょっとしたサインを出す。穀物粉を練って丸めたウガリを食べているように4本の指と親指をゆっくりと口元にもっていく。あるいはボトルからすする真似をする。メッセージは明確だ。「腹が空いた」「のどが渇いた」

無視する者もいるが、多くの人は苦笑いを浮かべ、いつもダッシュボードに入れてある500フランの束から2枚を抜き、通り過ぎざまに窓から渡す。駐車中の車に戻ると、警察官がどこからともなく現れ、道路の通行を止めて、車を出しやすくしてくれることがよくある。交通量の多いキンシャサではこうした手助けがないとなかなか車を出せないため、その意味では、1000フランは有意義に使われたと言えなくもない。住民も警察官の給料が生活できないほど低いことを理解しているから、道路封鎖のような脅しではなく、こうして穏やかに頼まれるとふつうは応えようと思うらしい。公的機関が勝手に民営化しているこのような現象は、キンシャサの学校でも見られる。グラテュイテと呼ばれる無償の初等教育は、憲法で保障された国民の権利だ。だが教師の給料はもともと、警察や軍よりも早くかつ大幅にカットされがちだったうえ、略奪のあった年に事態はいっそうひどくなった。1992年、教師は無給で働くことに耐え切れなくなり、ストライキを始めた。その後の2年間は教育の「空白の年」となった。学校は閉鎖され、試験はおこなわれず、高校の卒業生もいなかった。

国の保護者協会が教師の給料の引きあげに合意したことで問題は収束し、同時に保護者が自発的に金を出す「モチベーションボーナス制度」が導入された。キンシャサでは教師の給料は月額約80ドルで、警察と同様、国際貧困ラインに近い（国から支払われない「無給者」に分類される教師もおおぜいいる）。保護者からのモチベーションボーナスで無給者にも給料が支払われるようになり、通常の教師の収入も月額80ドルから250ドル近くまで引きあげられた。学校という公共サービスが非公式に民営化されたことになり、これも、キンシャサではルールがたやすく変わる例のひとつにすぎない。両親に評判の悪かったモチベーションボーナス制度は2004年に公式に禁止されたが、実際にはすべての学校に存在し、払わずにすませることはできない。

公共サービスにこうして直接的に支払っているので、キンシャサの人たちは、警察官の給料や学校教育の資金にまわるはずの通常の税金を払いたがらない。住民の負担は大きい。マジナのような最貧困地域に住み、幼虫を売って生計を立てている「海賊商人」のニコルやシャーリーンのような母親でさえ、子どもを学校に通わせるために毎年子どもひとりにつき100ドル以上を支払っている。9人の子どものうち8人が学齢なので、8人分の金を工面している。モンガンボ神父が言ったように、彼らのどうにかして金をやり繰りする能力は奇跡的だ。

レジリエンスの限界

だめな政府の代償

キンシャサの自力の文化は、私が世界のほかの場所で見た非公式経済をはるかにしのぐ規模とたくましさをもち、都市全体をカバーするセーフティネットとなっている。国が公共サービスを提供してくれないので、教育も医療も警察活動も、さらにはきれいな水さえも、非公式経済に依存している。けれども、ダリエンと同じくキンシャサでも、非公式の上に築かれた人間のレジリエンスには限界があることを示している。国にしかできないことはやはりあるのだ。それができない場合、一般の人に莫大なつけがまわることをこの街は実証している。

最もわかりやすい例は、公共インフラとしてはっきり目に見える道路だ。1950年代には、キンシャサと主要都市のあいだを結ぶ14万キロの道路が使える状態だった。1970年代半ばには道路網は2万キロに減り、役所の「道路部門」は「道路の穴ぼこ部門」と揶揄《やゆ》されるようになった。モブツからカビラ一族に大統領が代わったあとも下降は続き、その呼び名もついてまわった。海外からの援助によって、たとえば空港への高速道路は日本の援助によって建設されたが、最も豊かな地域であるゴンベの中心部でさえ、一歩裏に入れば泥道だらけだ。コンゴには現在2250キロの舗装道路があるが、国土のはるかに小さな近隣諸国に比べても道路網は著しく短い。

道路がつながっていないと、経済成長の足かせになる。「外国と貿易を広げる潜在力は世界のどの国よりも大きい」と、キンシャサに拠点を置く大手物流会社のCEOセバスチャン・キューシュは言う。「だが、この国はまだ国内でさえ道路がつながっていない」。コンゴ第2の都市ルブンバシへ陸路で重い貨物を運ぶ場合、まずアンゴラへ輸出する。アンゴラ国内の走りやすい道路を使って移動したあと、目的地に近い国境で貨物を再輸入する。コンゴの道路がちゃんとしていれば、キンシャサからルブンバシまでおよそ2250キロだが、アンゴラ経由の代替ルートだと約5600キロになり、輸出入の手続きで1カ月の日数と1コンテナあたり1万8000ドルのコストが余計にかかる。キサンガニなど、川でつながっている都市には船で運ぶ方法もある。費用は安くなるが、上流にある都市へはやはり1カ月かかる。

その結果、コンゴはいまもひどい経済状態から抜け出せずにいる。キューシュの話では、世界じゅうで大型タンカーや燃費のよいトラック（現代輸送の主力）が輸送コストを年々削減しているのに、コンゴにはそれらを受け入れられる港も道路網もなく、仕方なく航空輸送に依存しているそうだ。歯磨き粉やシャンプーから果物や野菜にいたるまで、値段は安いが重さのある輸入品は、国内に到着したあとも飛行機で配送され、結果的に価格を押しあげる。世界の都市のなかで最も収入が低く貧しいキンシャサが、アフリカで最も生活費の高い場所になっているのだ。コンゴから輸出する場合もコストの高いルートを通って輸送しなければならないため、競争力がない。だから外貨も不足する。政府の失敗とそれがもたらした時代遅れの輸送システムが、キンシャサをいっそう貧しくしている。

道路網の問題は、経済だけでなく政治問題と社会問題へも飛び火する。近ごろ、国際援助団体の支援を受けて、起業家の円卓会議がキンシャサで開かれた。新しい農業ビジネスについて話し合うため、全国から女性の農業従事者が集められ、各自アイデアを出して、投資家からどのように資金を集めてくるかについて話し合った。最初の登壇はマシシ山地に小さな酪農場をもつ女性で、チーズ製造ビジネスを拡大する提案をおこなった。東部のゴマに近いこの地域は、牛がよく育ち、コンゴ版ゴーダチーズがつくられている。だが、聴衆は、そのプレゼンテーションをぽかんとした顔で見つめていた。ほかの出席者は、近隣地域の農業従事者でさえ、チーズを見たことも聞いたこともなかったのだ。飛行ルートを除くとこの国は分断されているので、各地の農産物はたとえ近距離であっても国内に流通しない。だから、同じコンゴ人同士なのに暮らしぶりも働き方も互いにほとんど知らないのだ。

輸入品の価格が高いことに加えて、価格が不安定なこともキンシャサの、とくに貧困層を痛めつける。街の郊外に、ポリオで後遺症が残った人たちのコミュニティがあり、政府が供与した小さな土地に暮らしている。幅約5メートル、長さ100メートルほどの細長い敷地に、トタン板でできた家々が互いにもたれ合って危ういバランスで並ぶ。各戸はベッドよりもわずかに大きいぐらいの広さしかなく、むき出しの下水が平行に走っている。ここに暮らす人たちも、おおぜいのキンシャサの人たちと同様、男性は仕立て職人として、女性は炭を袋売りして、独力で生活している。暮らしを改善するために政府に何を望むかと尋ねたところ、真っ先に出た答えは安定した物価だった。

シャーロット・マタリーもそこで暮らすひとりだ。床に座って大きな炭の山を選り分けながらインフレのひどさを訴えた。毎週買っているという巨大な炭の袋を見せてもらった。何百もの小さな袋に分け、路上で調理用燃料として売るのだ。「ひと晩で値段がぐんとあがることがある。それを知らずに、安すぎる値段で売ってしまうことがあります」。炭の袋売りの利幅は非常に小さいため、こうしたことが起こると、シャーロットは仕入れ先に戻って初めて、炭の価格が上昇していて次の袋を買えないことに気づくのだ。インフレは、ほとんど何ももたない人の運転資金を残酷に奪う。暮らしの困難さの話を聞いているあいだ、周りで子どもたちが楽しそうに遊んでいた——その日は平日で、学校のある時間だったのに。

囚人のジレンマ

現代のキンシャサは泥沼に陥っている。経済活動を測る指標のGDPに照らしてみると、コンゴが独立した1960年以降、ひとりあたりのGDPがコンゴほど悪化している国はほかにない。コンゴとキンシャサの潜在力を考えると、近代経済の最もひどい失敗例だと言えるだろう。だがキンシャサは沈滞した街とはほど遠く、活気があり、にぎやかだ。キンシャサのいまの姿は、私たち自身の将来の経済を考えるうえで、ふたつの知見を与えてくれる。

ひとつは、地下経済、海賊市場など呼び方はともかく、非公式経済のもつ大きな力には希望をもてるということだ。物を売り買いし、サービスを交換し、市場をつくりたいという人間の欲求は、キンシャサでは、辺境の小さな村や難民キャンプ、刑務所よりもはるかにうまく満たせる可能性がある——なにせキンシャサはロンドンに匹敵する巨大都市なのだから。規模はかけ離れているが、私が訪れた場所のなかでキンシャサに最も近いと感じたのはザータリ難民キャンプだった。キンシャサの人たちは、宗主国ベルギーにまず失望させられ、次にモブツとカビラ一族に期待を裏切られ、自分で仕事をつくって日々生き抜くしか道がない。自然災害に見舞われた人たちや戦争からの避難民と同様、キンシャサでは食料や安全な住まいという基本的なニーズが満たされていない。根底に貧困があり、コンゴ人は一種の防衛として違法な「海賊市場」を利用している。難民キャンプとのちがいは、長期にわたる悪政の結果、市民と公務員とのあいだでミクロレベルの取引が直接おこなわれるようになり、国の行政に一種の民営化が起こったことだ。市場志向がとくに強い国でさえ公的職務と見なすような軍や警察などの活動まで、キンシャサでは自然発生的な非公式経済が侵入している。非公式経済の広さと深さは私たちが思う以上に大きい。

ふたつ目の知見は、ダリエン地峡でもそうだったように、非公式経済には限界があるということだ。自分のことは自分でなんとかし、必要なものは非公式市場で手に入れ、違法な徴税人からどうにかして逃げるという「自分の力で生き残れ」の文化では、警察官や教師などの公務員が金を直接求めることも正当化する。同様に、地域の安全を護るからと住民にいくばくかの料金を請求したり、教えている子どもの親に収入の補てんを頼んだりすることも、公務員が長期にわたって無給の場合もある現状においては責められないという理屈になる。だが、こうした暗黙の了解が、キンシャサを身動きのできない状況に追いやっている。政府への不信から、住民は海賊市場に頼るが、これらの取引には課税できないため、政府の信頼を向上させうる公共サービスやインフラへ充てる資金が集まらないことになる。みなが少しずつ痛みを分け合って協力したほうがよい結果になるとわかっていても、「囚人のジレンマ」の経済学が示すように、協力を持続させることはなかなかできない。負のループにはまり込み、いつまでも抜け出せずにいる。自由市場は一時的に落ち込んでも自然に復活するとか、自己回復する性質が備わっているという希望をキンシャサは打ち砕く。街にしろ都市にしろ国にしろ、溝にはまったまま動けなくなる状態はありうるのだ。

こうして、村レベルのインフラしかもたない大都市ができあがった。1000万の人口があり、世界屈指の長さと流量を誇る川のほとりに位置していながら、きれいな水も灌漑《かんがい》設備も下水道も不足している。豊かになれるはずの自由貿易の名のもとに、安価な水力発電を活用して世界の製造拠点となるべくつくられた街だったのに、政治の失敗のせいで、輸出の収入は低いまま、輸入品は高いまま、電力網はぼろぼろのまま、停電だらけの街になってしまった。

近代的な河港の近くで、私はアドルフ・キテテと彼の友人のパピーと会った。高価な服を着こなしたふたりは為替トレーダーで、タイミングを見て通貨の価値の差を利益に変える。「キンシャサでは供給が足りなかったり政治不安があったりすると、すぐに物の値段があがる」。キテテは、例として小さな水のボトルをもちあげた。「これが4000フランにもなる(2ドル以上、通常価格の約4倍)」。一方、川を挟んだ隣国、コンゴ共和国の首都ブラザビルでは価格がもっと安定している(そこでの通貨セーファーフランは6つの国で使用されており、ユーロにうまく固定されている)。価格のずれが生じると、ふたりはドルをもって川を渡り、ブラザビルでセーファーフランと交換し、ジーンズやスカートをまとめ買いする。キンシャサに戻ってその衣料品を行商人に売り、受け取った不安定なコンゴ通貨をすばやく安全なドルに交換する。

川を行き来するトレーダーは抜け目のないビジネスマンたちだ。ジーンズはキンシャサでは20ドルだが、ブラザビルでは8ドルで見つけることができる。100ドルをもって川を渡れば、ドルは1日で2倍になる。トータルで考えると、ふたつの通貨、川の横断、キンシャサの不安定さは、すばらしいビジネスチャンスになっている。私はふたりに尋ねてみた。キンシャサのほうがブラザビルよりはるかに大きな街なのだから、川を渡るときにこちらからも何かもっていけば、ブラザビルで売って儲けられるのではないか、と。パピーが答えた。「いや、いつも一方向の取引しかしない。キンシャサにはブラザビルで売れるものは何もないよ」

グラスゴー

グラスゴーはロンドンから鉄船製造を奪い去り、アメリカとの巨大な貿易を
リバプールと分け合った。その地から生まれた者たちのエネルギーが、
グラスゴーをイギリス第2の都市へと押しあげた。

―― サー・スペンサー・ウォルポール、"A History of England"(イングランドの歴史)、1878年

スコットランドの死亡率は、イングランドやウェールズと比べてかなり高い。
イギリス全体と比較して、原因不明の高い死亡率はスコットランド全域で見られ、
なかでもグラスゴーとその周辺が突出している。

―― デイヴィッド・ウォルシュ、"History, Politics and Vulnerability:Explaining Excess Mortality in Scotland and Glasgow"(歴史と政治と脆弱性――スコットランドとグラスゴーに見る高い死亡率の考察)、2016年

6

第6章

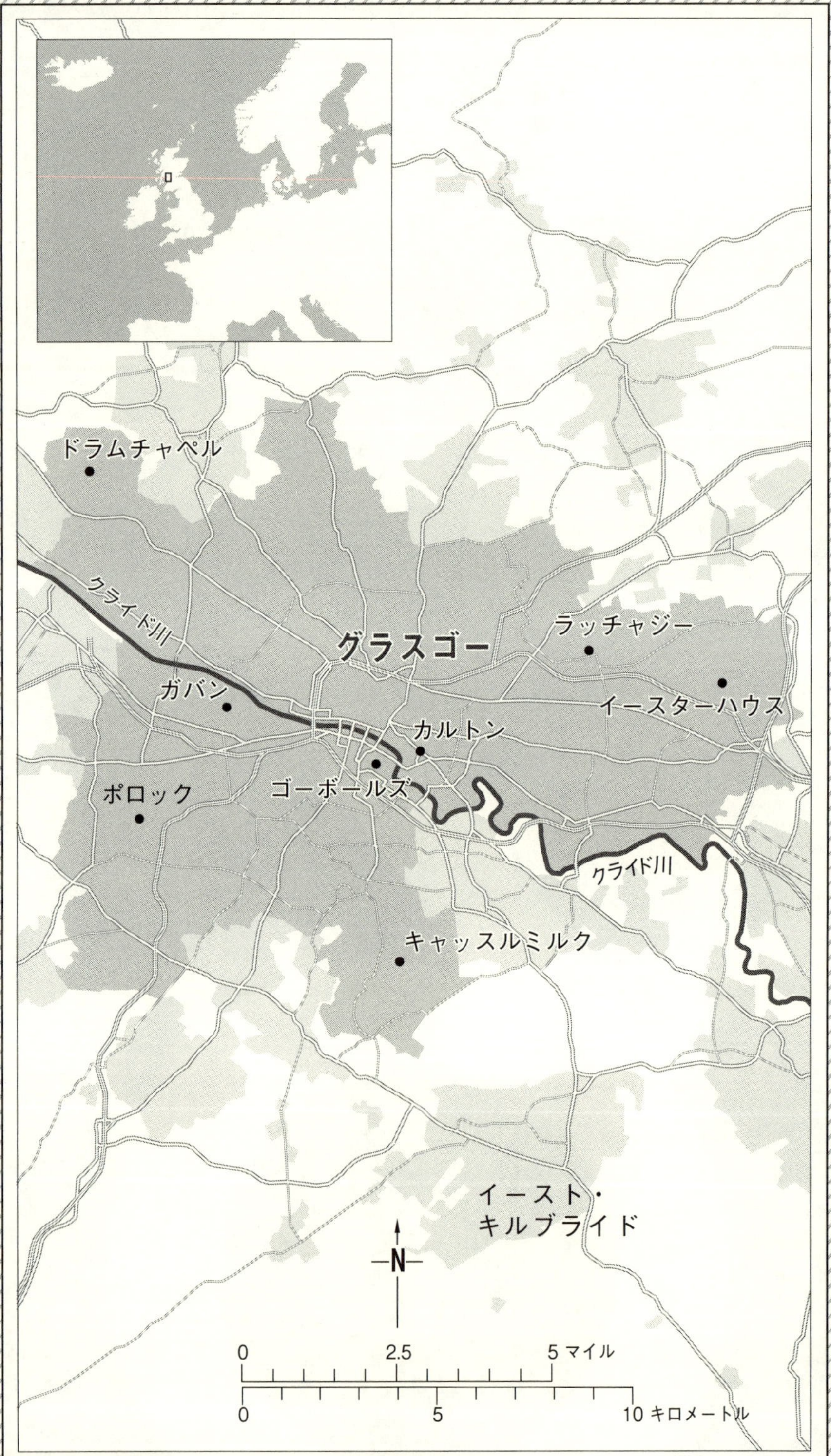
ドラムチャペル
クライド川
グラスゴー
ラッチャジー
イースターハウス
ガバン
カルトン
ゴーボールズ
ポロック
クライド川
キャッスルミルク
イースト・
キルブライド
N
0
2.5
5 マイル
0
5
10 キロメートル

転落の町

平均寿命54歳

造船会社の現場で船をつくる労働者には荒くれ者も多いが、いちばんの強面《こわもて》ですら、進水する巨大な船を見ると胸を詰まらせる。「人がなんと言おうとかまやしないよ」と笑う74歳のジム・クレイグは、かつてイギリスで造船業が最も盛んだった、グラスゴーの西寄りにあるガバン地区の出身だ。「自分の手でつくりあげた船がクライド川に滑り出していくのを見ると、達成感でしびれそうになる」。クレイグが生まれたエルダー・パーク・ロードは、フェアフィールド造船所の正面入口から数百メートルほどのところにあり、彼の父親もボイラー製造人として造船所で働いていた。クレイグが学校を終えたのは1959年秋の金曜日のこと。翌月曜日15歳の誕生日からフェアフィールド造船所で働きはじめた。雑用係から始め、見習い、溶接工、職長、現場監督と、半世紀にわたって造船業に携わり、世界各地をまわって働き、最後の職場はピッツバーグの造船所だった。外国で働くのも楽しかったが、造船技師なら誰でもそうであるように、クレイグの心は最初の職場、すなわち〝母なる〟フェアフィールド造船所にあった。「世界のどこにいたって、最初の造船所への愛情はなくならない。何かにつけて戻りたくなる。人生のスタートを切らせてくれた生みの親だからね」

青年だった当時は知る由《よし》もなかったが、クレイグはのちに世界経済に革命を起こしたグラスゴーの造船技師集団に加わった最後の世代だ。グラスゴーの造船所は華やかな歴史に彩られ、聖域のように大事にされていた。蒸気船や鋼鉄船が発明されたのはクライド川の沿岸だったし、1870～1910年にかけて盛んになった、世界との貿易を牽引したのもクライド川の沿岸でつくられた巨大船舶だった。近代経済にいまも続く大きな影響を残した地として、グラスゴーに匹敵する場所はほとんどない。デトロイトの自動車は、輸送に革命を起こしたかもしれないが、グラスゴーの船は、私たちの住むこの世界をひとつに結びつけたのだ。だが、ジム・クレイグが働きはじめた1959年には、クライド川上流に創業1000年にも届く大きな造船所が8カ所あったが、10年もしないうちにその大半が破綻した。

現在では、クライド川沿いを歩いても建造中の船は1隻も見当たらない。ふたつの造船所がいまも操業しているが、規模は小さく、ドックのなかで軍事用の船を製造しているだけだ。ただし、1896年にこのグラスゴーで進水した全長約75メートルの大型鋼鉄帆船、グレンリー号の姿は見ることができる。観光客が乗り込み、子どもたちがデッキで駆けまわるのにあつらえ向きな、その控えめな規模と古めかしい技術を見て、クライド川の造船業はこんなものだったと誤解してはいけない。19世紀末には、全長100メートル以上の最先端の蒸気船をはじめ、全世界の船舶の5分の1がここで建造されていたのだ。失われた産業の傷跡は、とくに川の南側にはっきりと残っている。かつて、何隻もの船が停泊し、荷を積み込んだり船体を点検したりしていた埠頭は、雑草が伸び放題で、打ち捨てられた事務所の窓枠は壊れ、赤レンガの壁は落書きだらけだ。

グラスゴーが極限《エクストリーム》経済の地なのは、20世紀にこれほど深刻な没落を経験した都市はほかにないからだ。19世紀後半、グラスゴーは「大英帝国第2の都市」として、芸術、デザイン、建築、工学、技術革新、貿易など多くの面で、首都ロンドンをしのぐまでになった。「現代のローマ帝国」と呼ぶ向きもあったほどだ。しかし、わずか1世紀後には造船業が消え、失業が蔓延し、グラスゴー郊外のカルトンでは男性の平均寿命が縮み、54歳になってしまった（成人人口の27パーセントがＨＩＶに感染しているアフリカの小国エスワティニですら57歳なのに）。「現代のローマ帝国」が、いまではサブサハラ・アフリカにも後れをとるようになり、グラスゴーはヨーロッパで最も成功した都市から最も悩める都市へと滑り落ちた。

繁栄していた都市が転落するというグラスゴーの物語は、私たちの多くが都市に住む現代において貴重な教訓になる。１９５０年には、都市部に住む人は世界人口の30パーセントにすぎなかったが、今日《こんにち》では過半数を超え、２０５０年には75パーセントに達すると予測される。都市経済の脆《もろ》さを知っておくことは、将来のリスクを知ることにもなる。私はグラスゴーを訪問し、この街がまだ強大な力をもっていた時代を憶えている人に会いに行った——どこで道を誤ったのかを聞くために。

産業革命の申し子

イノベーションの発祥地

かつてグラスゴーが先頭に立ってヨーロッパを導いたのは重工業だけではない。芸術の審美眼においてもそうだった。19世紀と20世紀の境目のころ、「印象派」と呼ぶことは悪口だった。批評家たちは、描きかけの絵のようで技術的にも幼稚だとくさし、印象派の画家たちは、ヨーロッパの一流の美術学校から敬遠されていた。それでも少数の美術商が印象派を支持し、現代では古来の具象美術から近代美術へ進む芸術史における最重要の一歩と評価される作品が生み出されていった。1877年に最初の画廊を開いたグラスゴー生まれのアレクサンダー・リードは、一流美術商のなかでも屈指の有力者だった。彼はグラスゴーの商人階級に多くの絵画を販売し、才能ある画家たちの力になって支援していた（ゴッホが生涯で2枚だけ描いたイギリス人の肖像画はどちらもリードの姿だ）。1902年、ドイツのある著名な評論家は、芸術に興味がある者はロンドンを素通りしてグラスゴーへ向かうべきだと勧めている。

芸術は、グラスゴーでよく起こったことの一例にすぎない。科学や工学、文学や文化など、どの分野でもいい、グラスゴーは今日の世界の見方を変えたイノベーションの発祥地だった。温度と電力を測定するときに使用する単位、ケルビンとワットは、どちらもグラスゴー出身の科学技術者から命名されている。多くの劇場はアントン・チェーホフやヘンリック・イプセンの挑戦的な新作を支援することでも知られていた。１８９６年に世界で3番目の、そして最先端の地下鉄が開通したことで移動が容易になり、多くの街とつながり、人がますます集まってきた。１９２７年には地元の発明家が、ロンドンにあるカメラとグラスゴーのセントラルホテルにあるスクリーンを接続して、世界初のテレビ放送をおこなっている。

グラスゴーは活発な貿易力を背景に、高みへのぼり詰めていった。港の立地もすばらしく、スコットランドの西海岸から吹く風に乗って、バージニアやメリーランドなどアメリカの植民地へ向かう航海は、ロンドンから出港するよりもはるかに早く到着した。18世紀半ばには、地元の商人たちが消費財を買いつけ、掛け売りでアメリカへ出荷するようになり、植民地からは代金代わりにタバコが返ってきた。カニンガム、グラスフォード、スパイアーズなど少数の一族が植民地の市場をコントロールし、販売チェーンを所有した。その結果、ジョン・グラスフォードやアレクサンダー・スパイアーズはヨーロッパでもとくに強大な力をもつ商人に数えられ、「煙草（タバコ）卿」や「バージニア殿下」のようなあだ名がつけられた。

転換点——タバコから船へ

アメリカの独立により、グラスゴーはタバコ取引への支配力を失い、バージニア殿下たちは破滅に追いやられたものの、グラスゴーの経済発展は始まったばかりだった。タバコ商人はグラスゴーの生産基盤に投資し、クライド川の底を深くして水の清浄化に努めた。グラスゴー出身の起業家たちは、速く安く布を織る蒸気駆動型の機織り機を開発するなど、さまざまな事業に手を広げていった。紡織業から得た金属加工と蒸気機関の知識に加え、河川へのアクセス性が高まったことで、グラスゴーに新たな世界規模の産業、すなわち造船業が誕生した。

グラスゴーはまずタバコで豊かになり、造船で産業革命の申し子になった。造船からは莫大な儲けが出る。グラスゴーは、イギリス、オランダ、トルコの政府に依頼された海軍の船舶をはじめ、毎年200隻以上の船を新規に建造した。1860年代後半には、クライド川には2万人の労働力が集結していた。

グラスゴーは、世界をリードする革新技術と活気あふれる雇用の街として脚光を浴び、起業家や投資家を吸い込んでいった。1888年に国際展示会を開催したときには、スコットランドの全人口より20パーセントも多い、じつに600万もの人が世界各国から詰めかけた。グラスゴーは20世紀最高の都市になると約束されているようだった。

集積の経済

同じころ、グラスゴーから500キロほど南のケンブリッジ大学で教授を勤めるアルフレッド・マーシャルという40代の経済学者が、のちに経済学史に刻まれることになる『経済学原理』という本を執筆していた。

マーシャルはきわめて緻密な理論家だったが、経済学を「日常の経済活動における人間の研究」として、このテーマを身近なものにしたいと考えていた。そこで、まず数学の方程式を使って考察し、その正確さを確認してから方程式を実例に置き換えた。多くの人の生活にかかわる重要な問いは、企業はなぜ、特定の街や都市に集結する道を選ぶのかということだった。マーシャルは歴史的に見て、ある地域に特定の産業が集中したのは近くに原材料があったからだと説明した。たとえばシェフィールドは刃物類の生産で有名だが、それはこの地域の砂岩の質が高く、いい砥石ができたからだ。しかし、より便利な輸送網が出現したことで、原材料を確保するために、工場が鉱山や森林に隣接する必要はなくなった。つまり、重工業の工場主はどこに工場を建ててもよくなったのだが、それでも彼らはある産業に特化した都市の、他の工場にも近い場所を選ぶことが多い。マーシャルはこの現象は3つの力によって引き起こされると唱えた。その理論は今日では集積の「三位一体」として知られている。

これら3つの力はわかりやすい。技能のある労働者を確保でき、革新的な技術がそばにあり、

都市経済学に見る、 アルフレッド・マーシャルの唱えた3つの「集積の経済」	
労働力のプール	人が集まることにより雇用が容易になる。孤立した場所の工場は技術力のある労働者を引き寄せにくい。特化した産業のある都市は、「技能をもった労働者を持続的に提供」できる。
技術のスピルオーバー	近接性がイノベーションを促進する。産業が集中した都市では、新しい発想が「他者に吸収され、その者自身の考案が加えられる」ため、技術は拡散し増幅される。
供給連鎖	集中化により、原材料の入手が容易になる。ひとつの工場が稼働すると「やがて周辺に補助的産業が集まり」、近隣に所在するそのほかの工場も工具や原材料の供給者と近くなる。
アルフレッド・マーシャル、Principles of Economics,1890	

信頼できるサプライチェーンを活用できることが、産業都市の企業に有利であることに異論はないだろう。ただしそれだけでなく、この3つの力は知らぬ間に都市そのものに影響を与える。特定の企業にだけ恩恵があったり、特定の企業だけが尽力したりするのではなく、目に見えないかたちで都市全体が利益と苦労を分け合う。マーシャルが述べているように、ある分野に特化した都市の産業は「空気」に織り込まれ、そこで育つ子どもたちは「知らず知らずのうちに」その空気を吸って学ぶのだ。都市や街全体に属する資産であり、どの工場もその空気に包まれている。マーシャルの3つの力は、経済用語では「外部性」にあたる。ダリエン地峡の外部性が損害を引き起こす自由交易だったのに対し、グラスゴーの外部性は大きな価値を生み出すものだった。

ダリエン地峡の事例を振り返ると、ある伐採者が熱帯雨林の長期的な価値を考えずに木を切り倒したときに外部性が発生した。複数の伐採者全員が同じように行動したことで、外部性はマイナスの影響を増幅し、その結果、環境の劣化は個々の伐採者が想像していたよりはるかに進行してしまった。ただし、外部性はプラスに働くこともある。造船所のオーナーがクライド川沿いのどのあたりに造船所を建設しようか検討しているとする。すでに造船所のあるガバンを選べば、近隣の造船所にプラスの影響を与え、逆にプラスの影響を受け取ることもできる。互いに、よそを解雇された労働者を雇ったり、腕の立つ者を引き抜いたり、新規参入企業の技術を模倣してさらに向上させたりできる。新しい供給業者《サプライヤー》がついてきてそこで開業すれば、これも周囲に恩恵を広げる。個々の伐採者が自分の伐採によって将来の環境にどんな損害を与えるのかを把握できなかったように、個々の造船所のオーナーはこのプラスの影響の広がりを正確には認識できないが、労働力のプール、技術のスピルオーバー（波及）、供給連鎖（サプライチェーン）のかたちですべての企業に恩恵が及ぶのだ。強みが相乗されていくので、ひとりや1社の計画だけでは到底成し遂げられない強い産業構造ができあがる。

産業は産業を呼ぶ

グラスゴーの人たちと話すと、マーシャルが言った、産業が都市の「空気」に織り込まれていることを感じる。ガバン地区生まれの郷土研究者コリン・キグリーは、造船はこの都市のアイデンティティに深く根付いていると言う。「以前なら、この都市の生活を簡単に説明できた。〝グラスゴーにようこそ。ここは造船の街です〟のひとことでよかった」。キグリーに案内してもらい、かつて造船所や劇場や映画館だった場所を見てまわった。どれも閉鎖してからずいぶん経つ。街の中心部に来ると、鉄の記念碑が建つガバン・クロスという交差点がある。そこには、イギリス造船業の中心地だったガバンの銘「労働なしに何事も存在しえない」が刻まれている。ガバンにはたしかに、マーシャルの言うところの労働力があり、人々は勤勉に働く方法を知っていた。１９５０年代の標準的な週間労働日数は６日で、合わせて48時間だった（「ウィークエンド」とは本来、土曜の昼食時間を指すことばだった）。宗教の街でもあるガバンでは、教会に行くために日曜は休む人が多かったが、割増手当を見込んで週７日働く場合も少なくなかった。少年は週に５日職場で働き、毎週金曜に未開封の週給袋を母親に渡したあと、別の仕事をして自分の小遣いにすることを認められていた。いま74歳のジム・クレイグも子どものころ、平日の朝は造船所での仕事が始まるまえにミルクを配達し、週末には石炭を配達するおじを手伝っていたそうだ。クライド川沿いの造船所は、全盛期には10万人を雇用し、男女ともに週60時間は働いていた。

グラスゴーを見ていると、模倣や改善によって、テクノロジーがどのように増幅して拡散するかがよくわかる。世界初の蒸気船シャーロット・ダンダス号がクライド川で進水したのは１８０１年だった。木造の船体に、蒸気を動力とする外輪を備え、全長は約17メートル、時速三・五キロ近くで走行できた。蒸気を動力とする水上輸送の概念が実証され、まもなく世界初の旅客蒸気船〈コメット〉が登場した。1818年にはロバート・ウィルソンが、初の金属装甲船で、船尾に推進器をつけた意味でも世界初の船を建造している。この船は小型だったが、世界貿易を切り拓いた大型船を先祖にもつにふさわしい〈バルカン〉（火と鍛冶の神）という堂々たる名前で呼ばれていた。クライド川沿いで起こった造船技術の革新は、アルフレッド・マーシャルの第2の力「技術のスピルオーバー」の例であり、グラスゴーを他の都市よりも数十年先に進ませるものだった。

マーシャルの第3の力「供給連鎖」のとおり、造船業を中核にさまざまな周辺産業が誕生した造船所は、大量の原材料を必要とし、その造船所に原材料を供給することで、グラスゴー周辺の金属会社や石炭会社は成長していった。造船はさらに軽工業にも勢いをつけた。カナダ人のサミュエル・キュナードは、1837年に裕福なグラスゴー出身者からの投資を獲得して会社を設立し、高級客船の先駆者となった。キュナード・ライン社のポスターは、グラスゴーからニューヨークやボンベイへの華やかな航海を宣伝したものだ。マンハッタンの住民はグラスゴーとスコットランドを「冒険と恋愛の地」として憧れた。こうした船旅は労働者階級のグラスゴー住民の手には届かないものだったが、贅沢な客船は船の細部を仕上げる技師や絨毯業者、家具や真鍮の調度品、ガラスや食器などの関連会社に何千という職を創出した。

グラスゴーの造船技師の暮らしは過酷なことばかりではなかったと、ガバンの造船技師だったジム・クレイグは振り返る。蒸気笛が午後5時半に鳴ると、フェアフィールド造船所での勤務が終了し、ガバンの造船は止まる。北部のハイランド出身の大柄な警官たちが街に飛び出して交通整理に追われ、路面電車を停止させる。外套を着込んで縁なし帽をかぶった労働者の大群で街がたちまち埋めつくされるからだ。大半はまずパブに立ち寄る。クレイグは同僚がよく出入りした店をいくつかあげた。その1〈マックの店〉、その2〈ハリーズ・バー〉――リストは「その17」まであった。街には映画館が4つあり、次の上映を待つ人がいつも外に並んでいた。こうしたにぎわいは、ずっとまえに全部なくなってしまった。

グラスゴーの住民は、生活が厳しくても、大事なものを買うためなら切り詰めて貯金した。たとえば、労働者階級でも多くの家庭が良質の楽器を所有していた。ガバンの目抜き通りには高級百貨店が立ち並び、あたりを歩くことが外出の目的になった。いまやその場所は、死にゆく目抜き通りの痛ましい姿をさらしている。窓に板が打ちつけられたままの雑貨店が何軒かあり、賭け屋と日焼けサロンが細々と営業し、残りの空間はチャリティーショップか社会事業の連絡所で占められている。1950年代にはミンクの毛皮が買われていた場所だったとは信じがたい。

グラスゴーの転落

マーシャルが指摘したように、都市の「空気」に経済の作用は織り込まれるが、気をつけなければならないのは、風向きが変わったときにその「空気」が残酷な結果をもたらすことだ。これは都市化の進む世界に向けてグラスゴーが発する警告でもある。ダリエン地峡では、マイナスの外部性が環境を悪化させて全員に被害を与えたが、とくに誰かの責任というわけではなく、被害を一掃するためにできることはほとんどなかった。外部性がプラスの場合、このロジックは反転する。労働力のプール、技術のスピルオーバー、供給連鎖は、都市で暮らすあらゆる人にメリットをもたらすが、それを維持することにとくに誰かが責任を負うわけではない。ということは、崩れはじめたときに食い止めるすべはほとんどないということだ。

終焉は不意に訪れる。1947年、イギリスの造船所は総トン数で見た場合、世界で新たに建造される船舶の57パーセントを担っていた。第二次大戦の終戦も有利に働いた。ドイツと日本のライバル造船所は破壊され、戦争で定期船やタンカーを失った同盟国は、新しいものを必要とした。平和になった海で国際貿易は活発になり、1948〜1965年にかけて貨物船の需要が増大し、世界の商船の容積が倍増している。しかし、クライド川沿岸の造船所は好機に乗ることができず、市場シェアを失いはじめた。1962年にはイギリスの造船シェアは世界の13パーセントに低下し、1977年に造船業は国有化されてブリティッシュ・シップビルダーズ社となったが、この国有複合企業もまもなく事業を終了した。2世紀にわたって世界に君臨した造船所は、20年足らずで崩壊し、最後には国営の無用の長物となり果てた。

マーシャルの3つの力は、ある企業がある街に設立されると、ほかのあらゆることに見えない利益がもたらされるということだ。これは逆にも当てはまる。企業が街を去るたびに、有能な労働力を確保しにくくなり、技術革新は減少し、サプライチェーンは細くなり、その地にとどまっているすべてのものに悪影響を及ぼす。だから街は企業が出ていかないように、自分の街の企業に害を及ぼすものは、外国との競争も含めて、けっして見逃さずに措置を講じていかなければならないのだ。

グラスゴーをはじめイギリスは、海外からの脅威を過小評価しすぎた。大災害に見舞われたアチェが示したように、物理的な社会基盤はたとえ破壊されてもまもなく再構築することができ、以前よりむしろ改善することも多いという事実を、グラスゴーもイギリスも認識できていなかった。ドイツのハンブルクとブレーメンの造船所は、イギリスの延べ１０００機を超える爆撃機によって大打撃を食らい、長崎の重要な造船所も破壊されたが、日独のライバル造船所はすばやく再建したうえ、破壊まえよりも多くの機能強化が施された。

日本の新しい造船所は乾ドックを採用した。川のそばに巨大な空洞をつくってその中で船を建造し、進水準備がととのったらそこに水を流し入れる手法だ。グラスゴーのクライド川沿岸では、当時はまだ傾斜のある川沿いの船台で建造されていたので水平器を使えず、船の「傾斜」に合わせた特別な道具一式を使用してすべてを調整しなければならなかった。また、日本の新しい造船所ははるかに巨大で、規模の恩恵を受けてコストを削減できた。日本は世界の契約を獲得しはじめ、グラスゴーの市場シェアを圧迫した。

かつてイノベーションの拠点だったクライド川では、労働者たちが古い技術から抜け出せないでいた。外国の競争相手は船体部の接合に新しい溶接方法を開発したが、クライドの造船所は、時間がかかり、高価な（そして重い）リベットにこだわりがちだった。イギリス政府は１９６５年、日本に閣僚級の代表団を派遣し、新施設の視察をおこなった。大阪から西に１００キロの位置にある相生《あいおい》市の造船所では、その年、建造の作業者ひとりあたり１８２トンの船を生産していた。これは典型的なイギリスの造船所の22倍にあたる。

昔は、造船業界の優れたアイデアが自然とグラスゴーに流れてきた。現場監督はクライド川岸に立ち、競合他社の成果をながめるだけで情報収集ができた。だが業界は国際化し、この重要な変化にクライドの造船所は対応できなかった。顧客の需要はディーゼルエンジンの長距離貨物船やタンカーへと移り、グラスゴーがその名を馳せた石炭火力蒸気船から遠ざかっていった。飛行機の出現と、脱植民地政策によって、遠方への大量移住が激減し、造船のもうひとつの花形だった大規模な定期旅客船の需要も減った。こうした傾向はどれも数年前から見られたものだが、ライバルの外国の造船会社には戦略やマーケティングの専門家がいたのに、グラスゴーの造船所所長は多くの場合、現場からのたたきあげで、現状の作業をきっちりこなすことには優れているが、最新の外国の技術や開発を追跡する専門家ではなかった。

造船所のオーナーは投資にも失敗した。堅調な配当があったにもかかわらず、新しい機械や技術に収益の5パーセント未満しか再投資していなかったのだ（同じころ、自動車メーカーは12パーセントを再投資している）。投資をつうじて技術的な最前線の地位を維持すべきときに、ずるずると現金を失うばかりだった。クライド川沿いの空気に漂っていたアイデアが、かつては世界を率いたが、街全体が世界に置いていかれてしまった。

効率化の誤謬《ごびゅう》

後続のイギリス政権も、弱い経済のうえに破滅的な産業政策を実施して退潮に拍車をかけた。造船業は厄介な問題として政府の部門間でたらい回しにされ、調査や報告書の作成に時間を割くばかりで、革新的な考えはほとんど生まれなかった。何をするべきか決められない政治家たちは、1965年に独立委員会を設置し、委員長はレイ・ゲデスが務めた。この委員会は、造船に関する専門家がおらず（ゲデスはタイヤメーカー、ダンロップの会長だった）、造船所を訪問してもいなかった。数カ月にわたる討議を経てどうにかまとまったのは、「グルーピング」と呼ばれる政策を用いて、日本の大型造船所を模倣するというものだった。ゲデスは、クライド川をはじめイギリスの河川沿いには造船所が多すぎるため、強制合併によって大きくまとまるべきだと結論づけた。造船技師たちが働く場所はそれまでと変わらないが、より大きなグループの一員になったのだ。

計画どおりに事は進んだが、成果はまったくあがらなかった。イギリス国会の大物たちが真似しようとした日本の造船所は、広大なひとつの場所につくられていたのに対し、ゲデスの計画は、あちこちに散らばった既存施設を書類上でまとめて複合企業体《コングロマリット》と呼んだにすぎなかった。グラスゴーの事例が最も規模が大きく、1968年に、フェアフィールド、アレクサンダー・スティーヴン、チャールズ・コネル、ジョン・ブラウン、ヤーロウといった造船所をグループ化して、〈アッパー・クライド・シップビルダーズ（ＵＣＳ）〉が設立された。ラベルを貼り替えただけの造船所は、日本の巨大造船所とは似ても似つかないものだった。それぞれの造船所は大きさも設備もたいして変わらないままで、距離も何キロも離れている。素人が考えても、これでは規模の経済を実現できないとわかる代物だった。

日本の巨大な造船所に負けないための唯一の方法は、個々の造船所が入札をつうじて権利をもち合う、公有の造船所を建設することだっただろう。それに加えて、栄える街は企業間で技術が波及するというマーシャルの考えに従えば、グラスゴーには、そのころ消えかかっていたプラスの外部性を再活性化する政策が必要だった。人員訓練と高機能ツールの開発に思い切った投資をおこない、最先端の造船技術をもって再び活躍できる労働力のプールを構築するべきだったのだ。

だがそうはならなかった。４年間にわたり、〈ＵＣＳ〉は納税者の７０００万ポンドの資金を受け取ったが、レイ・ゲデスが約束した造船業界の効率化は実現していなかった。１９６９年の夏の時点でグループは倒れる瀬戸際にあり、政府の施しにすがってしのいでいったが、ついに１９７２年に破綻した。造船業が沈没すると、１９４７年にはほぼゼロだったグラスゴーの失業者は、１９６６年には１万８０００人、１９８３年には９万６０００人に急増した。現在では、グラスゴーの４分の１に相当する５万９０００世帯に働いている成人がおらず、この割合はイギリスの平均よりはるかに高い。

死と産業

雇用の喪失

クレイギーは50代半ばの「生粋のカルトンっ子」だ。イースト・エンドにあるカルトン地区は、グラスゴーで最も低い平均寿命を記録したことがある。クレイギーは、地区の中心部、ロンドン・ロードとウェルシュ通りが交差するあたりで生まれ育ち、雇用の喪失が地区に及ぼした影響を憶えている。幼いころのイースト・エンドはにぎやかな場所だった。「忙しい、とにかく忙しい――みんな貧しくてみんな働きづめで、子どもだって親から仕事をあてがわれた」。クレイギーは1972年にバラスの果物市場の仕事を皮切りに、地元のパブに薪と夕刊を配達し、のちに地元のベーカリーに働き口を見つけた。友人たちも同じで、10代になるかならないころから、クリームクラッカーの製造工場やピクルスの缶詰工場などで働いていた。

クレイギーたちが16歳になった1978年には、あらゆることが一変していた。マーシャルの第3の力――企業が街のサプライチェーンや関連産業に与える力――がマイナスに働き、造船業の痛ましい破綻の影響をグラスゴーじゅうに行きわたらせていた。イースト・エンドのパークヘッド・フォージ鍛造《たんぞう》工場は、本来ならクレイギーが就職していた場所だった。最盛期には2万人が働き、多くが船舶向けの鉄鋼部品を製造していた。だが、造船所が破綻したために、この工場も1976年に閉鎖された。1872年にサー・ウィリアム・アロールによって設立されたダルマーノック・ワークス社は、インフラ建設の先駆者であり、鉄道機関車を船に積載するために使用する、巨大な〈タイタン〉クレーンを製造していた。数年間は鋼橋の製造に切り替えてどうにか操業していたが、1986年に破綻した。これまで地域の若者を引き受けてきた雇用主がいなくなり、1980年代と1990年代のほとんどは、クレイギーと友人たちにとって、失業、アルコール、ヘロインに明け暮れた時代となった。

いまのクレイギーは、10年以上薬物とは無縁で、クライド川の南側、もうひとつの貧困区域ゴーボールズの交流センターで薬物カウンセラーとして働いている。私が訪ねたときのセンターの混雑ぶりからも、グラスゴーには薬物の使用者がおおぜいいて、さらに増えつづけていることがわかった。クレイギーが、過去の自分がなぜ常習者になってしまったのかを振り返るうち、カルトンの人たちの短命さにも話が及んだ。屋根の工事人だった父親は頑固でときに暴力を振るうこともあったが、「よく働き、よく飲み、よく喧嘩して、あっけなく死んだ」。亡くなったとき、父とおじは55歳で、おばは56歳だった。「つまりカルトンでは、若いうちに死ぬことがみんなわかってた」

グラスゴーの暗い謎

専門家が慢性疾患の原因になると指摘する、飲酒、喫煙、劣悪な食事、少ない運動量はどれもグラスゴーに当てはまり、住民の寿命を短くしてきた。街を興したのはタバコ産業で、最近のデータによると、イースト・エンドのカルトンに近い、パークヘッドとダルマーノック地区では妊娠女性の36パーセントを含めて住民の44パーセントが喫煙者だという。アルコール過剰摂取による死亡は、スコットランド自体がヨーロッパの標準よりも高いが、グラスゴーはそのスコットランド平均の数倍高い。グラスゴーは起伏に富んだ緑豊かな地域で、何キロも続くサイクリングコースからすばらしい景色を楽しめるが、貧しい地区では、成人の4分の1以上がなんらかの障碍《しょうがい》を抱えて行動を制限されている。街の中心部から東に向かう歴史ある大通りガロウゲートでは、平日の午後になるとどのパブのまえにも無職の男女がたたずみ、タバコを喫い、その多くが松葉杖や歩行器で体を支えている。

慢性疾患の次に、薬物、暴力、自死など、急性の要因が、グラスゴーの50歳未満の人たちを大量に殺している。２０１６年、この街で２５７人が薬物関連によって死亡した。人口に占める割合はイギリスのどこよりも飛び抜けて高い。自死率と殺人率も、スコットランド平均をはるかに上回る。自死の69パーセント、薬物関連による死亡の70パーセント、殺人の75パーセントを占める男性のリスクがとくに高い。クレイギーはヘロインを使用しながらもこうして生き延びたが、多くのグラスゴー住民は、薬物、暴力、自傷行為によって命を落としていった。

これらはすべて経済的窮乏に直結する。貧困が健康に与える影響の統計的分析は世界で盛んにおこなわれているが、最初期のものとしては、これもグラスゴー出身者によるイノベーションのひとつで、1843年にこの地で流行したコレラと貧困との相関を研究した記録が残っている。今日《こんにち》、グラスゴーは市内を61の小さなエリアに分け、それぞれについて詳細なデータを収集している。その統計によると、カルトン、ゴーボールズ、ガバンなどの、産業の喪失で最も打撃を受けた地域では、住民の収入が少なく、無職者の割合が多い。彼らは喫煙、飲酒、薬物に依存しがちで、若くして死亡する可能性がよそより高いのだ。経済政策の失敗が産業そのものの死を招き、産業の死が、グラスゴーの人たちを若くして死なせる遠因になっている。

しかし、経済面からだけでは、グラスゴーの早期死亡問題を充分に説明しきれない。この謎は、リバプールとマンチェスターと比較してみるとより鮮明になる。エジンバラではなく、これらの街がグラスゴーの仲間と見なされるのは、いずれも西海岸寄りの場所あり、産業の歴史や、アイルランドからの移民の多さ、宗教の伝統などが似通っていて、歴史あるサッカーチームを擁するところも共通しているからだ。この3都市が似ているという考えは、厳密な統計データからも示唆され、雇用から食生活、収入の欠乏、薬物など、多彩な項目に関するデータが、製造業の衰退に襲われたこの3都市の類似性を示している。だが、類似しない統計がひとつある。グラスゴーの若年層の死亡率は、リバプールとマンチェスターに比べて30パーセントほど多いのだ。グラスゴーでは若い経済的また社会的な貧困を考慮に入れても謎を解明できない。どう考えても、グラスゴーでは若い

スコットランドの薬物と死
薬物による年間死亡者数、NHS調べ

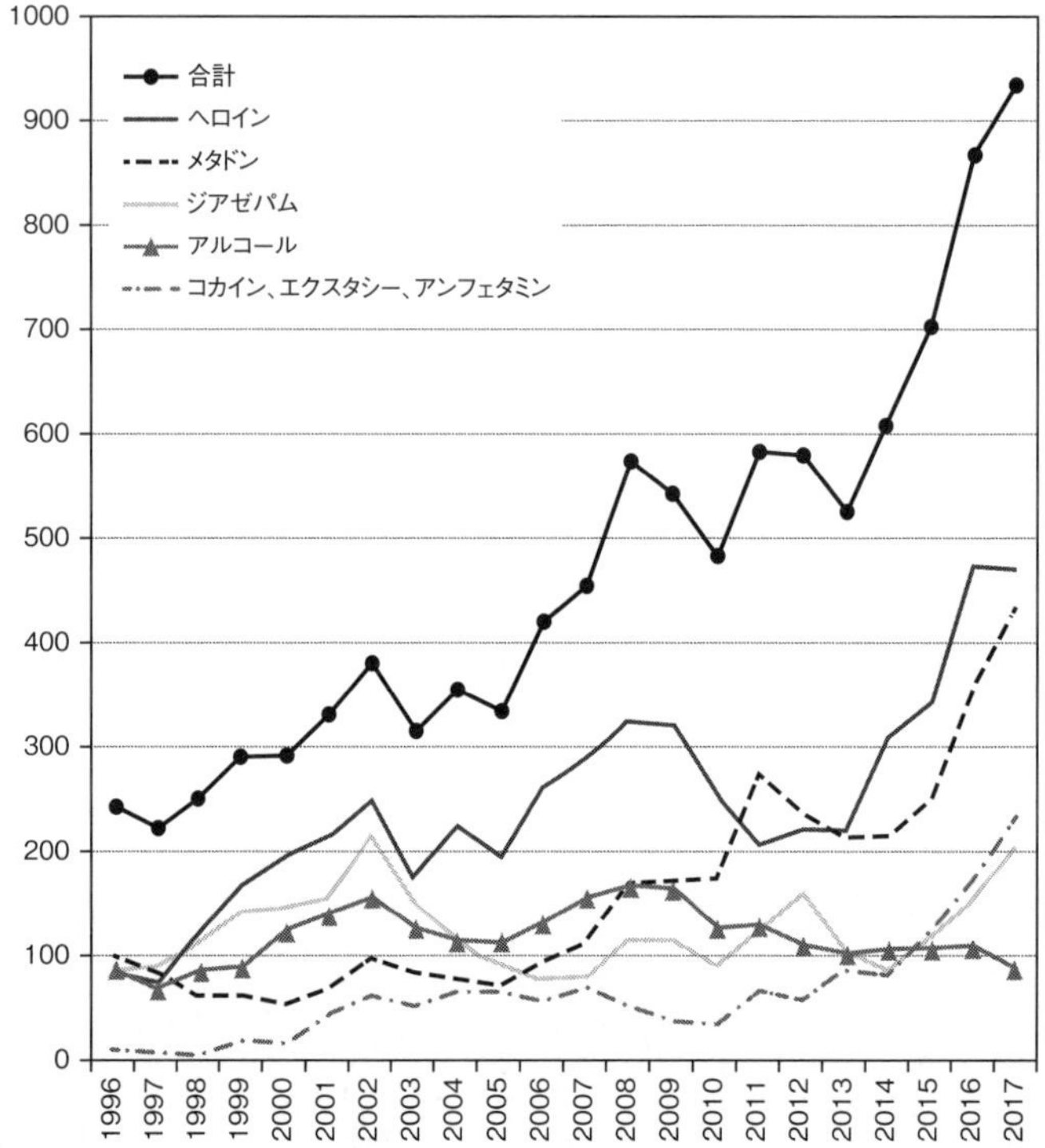

人が死にすぎていた。

保健専門家が説明しきれないこの若年層の「過剰」な死は、２０１０年に発見された。「グラスゴー効果」と呼ばれ、年間約５０００人が該当する。50年ほどまえから発生していたとされ、時間とともに悪化している。早すぎる死の謎は、ほとんどの研究で見逃されている隠れた要因があることを、グラスゴーに損傷を与える何かがあることを示唆している。損傷を与えるこの力は、グラスゴーの人が攻撃を受けやすく、マンチェスターやリバプールの人たちにはさほど害にはならないものでないと統計とのつじつまが合わない。隠れた要因がなんであれ、１９７０年代には犠牲者が出はじめていた。

見えない資産

高い自死率

グラスゴーの衰退を経験した人たちと話すうちに、早すぎる死の謎を解く鍵は、この街の全盛期に発表された1冊の本にあると確信した。フランスの社会学者エミール・デュルケームが執筆し、経済界からは無視された論文だ。大切な友人がみずから命を絶ったあと、デュルケームはフランスの自死率が高い原因を突き止めようと決意した。フランスは19世紀後半に、芸術や科学の発展、経済の急成長、また数十年続いた戦争ののちに訪れた平和を背景に飛躍し、全盛期を迎えた。だが、こうした美しきよき時代《ベル・エポック》の裏で自殺ブームという現象が統計に出はじめており、これは理解しづらいことだった。

デュルケームは原因を探究し、1897年に『自殺論』という論文にまとめている。社会学の基礎をなすこの論文は、それまで見過ごされていた考え方に光を当てたもので、グラスゴーの謎を解明するうえでもきわめて有益な内容だった。

デュルケームが発見したのは、うつ状態や借金など、個人の状況ばかりに着目していては当てはまらないほど強いパターンがあることだった。自死の多さは、個人のうつや借金の多さだけを反映しているのではなく、デュルケームが「社会の病気」「社会の感染」と呼ぶ、より深い問題に起因する社会現象なのだった。原因は、「社会的統合」の弱さにあることが多く、自死率が高いのは、人が個人の目標のみを追求し、それがうまくいかなかったときに無力感を味わい、社会と切り離されたところで絶望する状況においてだった。対照的に、連帯感によって結束している社会では、目標が共有されているため、1人ひとりがより強くなれるとデュルケームは論じている。

連帯感の強い社会では事がうまく運ばなくなったときでも「いたわり合い」があり、誰でもそこから力を得ることができる。アルフレッド・マーシャルの言う経済の力が都市の「空気」に織り込まれたように、デュルケームの言う社会を護るセーフティネットは、街の住民それぞれの精神のなかに織り込まれるのだ。

カラブリア効果

このこととグラスゴーの没落との関連を知るために、イタリアへと寄り道し、画期的な研究事例を見てみよう。1970年、イタリアは公衆衛生や教育から公共工事、経済開発に至るすべてを統括する20の新しい地方政府機関を設置し、ローマに集中していた権限を委譲した。これを知ったアメリカの社会学者ロバート・パットナムは追跡するべき興味深い実験だと感じ、イタリアじゅうをまわって、おおぜいの役人や有権者にインタビューした。

新地方政府の業績は大きく異なっていた。エミリア＝ロマーニャ州を代表する政治家や公務員は、市民の望む政策を実行し、貿易を促進し、環境を保護するための革新的な法律の先陣を切った。市民は政治に満足し、経済は好景気に沸いた。イタリアの南部、ブーツの「つま先」にあたるカラブリア州はまったく逆の展開をたどった。政府関係者は、給料をもらう以外はほとんど何もしなかった（役人が仕事を怠けがちだったため、パットナムはインタビューする人を見つけられないことがよくあった）。カラブリア州は経済的に停滞していて、EUのどの地域よりも経済指標が低いレベルにあり、いくつかの村ではまだ石造りの粗末な家に住んでいた。1990年にはイタリアは分断されていた。力のある地域はドイツと競り合い、弱い地域は貧困から抜け出せずにいた。

イタリアの分極化を理解しようと、パットナムはデュルケームの先例に倣い、イタリアで聞いた個人的な話や体験談を補足するデータを大量に集めてまわった。パットナムが気づいたのは、社会的な交流レベルに大きな差があることだった。北部のエミリア＝ロマーニャとその近隣地域には、数千ものサッカー、ハイキング、狩猟クラブなどがあり、活気に満ちた社会生活があった。市民はグループでバードウォッチングへ出かけたり、読書会を開いたり、地元の聖歌隊や音楽隊に参加したりした。さらに、公共の市民としての生活にも関心をもち、選挙には欠かさず投票し、政治家の責任を問う地元の新聞に目を通し、現金を必要とする人に貸しつける信用組合を設置した。こうしたイタリア北部の人たちは、より大きな集団とつながっている感覚があるとインタビューで答えている。

デュルケームがこの時代のイタリアに北部にいたら、彼の「社会的統合」レーダーはさぞかし高いスコアを指したことだろう。

「イタリア南部」と聞くと、断崖と青い海、人なつっこい漁師、オリーブを摘みながら笑い合う農家の人たちなど、絵はがきのような明るいイメージが浮かぶ。だが、イタリア南部のカラブリア州、カンパーニア州、シチリア州でパットナムが見たのは、どんよりとよどんだ町だった。市民のつながりは紙のように薄い。社交クラブやスポーツチームはないに等しく、ほとんどの人は地元のニュースを見ないし、投票にも行かない。目先のことしか考えず、自分勝手で、賄賂が横行していた。

パットナムは、カラブリア市民が「正直者は損をする」といった、うしろ向きなことばかりを言う姿に驚いた。イタリア北部で見られた信用組合などの非公式な経済支援の仕組みは、人を信用しないイタリア南部では生まれなかった。イタリアの南北の人たちを見比べたパットナムは、コミュニティの幸福や民主主義や経済は、「社会資本」と呼ぶものに支えられているのだと結論づけた。

北部のクラブやグループや地域社会は、信頼の風土や、感謝し合う文化、市民生活に参加する伝統を反映して生まれ、好循環を起こした。北部の社会資本である伝統、非公式な互助機関、文化的規範が合わさって、貿易を花開かせ、政治を活性化し、必要な人が緊急融資を得られるなどの臨時の支援態勢を可能にしたのだ。対照的に、南部には社会資本がほとんどなく、近隣の人たちを出し抜いてでも自分の家族の得になることをする「無道徳家族主義」と呼ばれる有害な文化規範が横行していた。社会的統合とは真逆であり、南部の人たちは、自分は搾取され、無力で、生命すら軽んじられていると感じていた。

デュルケームとパットナムが論じた問題、すなわち、方向を見失い、みながバラバラで、より大きな集団や計画のなかに自分が入っていないという無力感や孤独感はまさに、私が都市の崩壊について尋ねたときに、グラスゴーの多くの人たちが語ってくれた問題でもあった。

意外だったのは、この問題が、グラスゴーの産業の衰退ではなく、伝統的な共同住宅の解体について話しているときにはっきりしたことだった。

グラスゴーがなくした宝物

共同住宅の物語

ガバン地区のテネメント（共同住宅）暮らしに関して詳しい人を探すと、図書館でも郷土博物館でも郷土史グループでもみながジーン・メルヴィンの名をあげた。絹のスカーフをブローチで留め、ふわりとした銀髪が美しい彼女は93歳、生まれたときからガバンに住み、その記憶力は衰えていない。初めて会ったときに彼女は言った。「造船についてはあまり知らないけど、テネメントのことならなんでも訊いて」

グラスゴーの特異性は、その独特な住宅システムにも表れている。１７０７〜１９０１年にかけてグラスゴーの人口は１万３０００から96万に増加し、イギリスで最速の人口膨張に対処する建築様式が必要になった。伝統的なグラスゴー様式のテネメントは3階か4階建ての砂岩づくりで、正面玄関と階段を共用し、共同トイレがついている。部屋の多くは小さいもので、「シングルエンド」（家族全員がひと間に住み、調理も食事も睡眠も同じ部屋で済ます）や、それより少し大きい「ルーム・アンド・キッチン」などがある。大人は収納式寝台で眠り、子どもは床で眠った。テネメントに暮らす人が増えるということは、グラスゴーの密集度がどんどん高まるということだった。1860年には1エーカー（サッカーのグラウンドひとつ分ぐらい）あたり330人が暮らし、この数字は、現代で最も窮屈な都市ダッカ（バングラデシュ）のほぼ2倍にあたる。

　グラスゴーのテネメントは混み合っていて、薄汚く、トイレが共同なので、評判は芳《かんば》しくない。だが、街を訪れてわかったのは、テネメントはたんなる嫌われ者ではなさそうということだった。昔の様式のままのテネメントが一部に残っている。高価な砂岩でつくられ、高い天井に大きい窓がある立派な建物だ。テネメントの生活を憶えているグラスゴー住民は、密集しすぎていたのは問題だったと認めるものの、建物については変わらぬ親しみを込めて語る。

　人が密集しているだけでなく、テネメントでは音楽隊やサッカーチーム、少年団、カメラやサイクリングの同好会など、さまざまなクラブや社会交流が盛んだった。ガバン地区では、6月の第1金曜日に夏祭りが開催され、警察の管楽器音楽隊《パイプバンド》を先頭に、パレードの山車《だし》が大通りを行進し、おおぜいが見物に繰り出す。郷土研究者のコリン・キグリーは、「行列は果てしなく続くかのように見えた」と振り返る。街のあちこちで、それぞれ独自のイベントやパーティーが開かれた。

　93歳のジーン・メルヴィンは、人生の節目を隣人同士が祝い、かかわり合おうとする伝統があったことを憶えている。建物内で赤ん坊が生まれると、子どもたちが階段や通路になんとなく集まりはじめる。新たに親になった住民が、その赤ん坊と反対の性別の子に最初に行き会ったときに与える「洗礼ピース」をもらおうと待ちかまえているのだ。「バターを塗った2枚のアバネシー・ビスケットでね、そのあいだに耐油紙でくるんだシリング硬貨が入っていたのよ」。結婚式ともなるとさらに気前がよく、花婿の父が通りに1ペニー硬貨や3ペニー硬貨を投げ、子どもたちがわれ先にかき集める「ウェディング争奪戦」が繰り広げられた。

テネメントの住民たちは、ほかの住民に何が起こっているのかをよく知っていたし、全員が負うべき役割と責任があったので、自分がどうふるまうべきかもわかっていた。多くの建物では、清潔さに過度なほどこだわり、女性たちは当番で正面玄関周りのタイル張りの床をこすり、金曜日の夜には家族全員が協力して家を大掃除した。建物の裏手には共同洗濯場があり、誰がいつ使っていいかが厳密に決められていた。別の人の洗濯日でも手が足りなそうなときには助け合った。今日では自宅のトイレを共有するなどホラーだと思う人が大半だろうが、グラスゴーではこうした共有場所がちりひとつないほどきれいだったと思い返す人がけっこういるのだ。

砂岩づくりの村

グラスゴーのテネメントの生活を聞いていると、本物の経済効果をもたらす力が社会資本にあると感じる。信頼と助け合いが大事なのだ。ジーンによると、各戸の入口にはだいたい、重い鍵を使用する大きな本締め錠と、「ペニー・チェック」という、小さなつまみをひねるタイプの鍵がついていた。だが、大きいほうの鍵は使われなかった。「大きな鍵は抽斗《ひきだし》にしまいっ放しで錆びついてた」。ジーンが住んでいたところもそうだが、多くのテネメントが、自宅に誰もいないときにはドアに鍵を挿したままにしておいた。ドアに鍵をかけないのは、当時のイギリスでも一般的だったが、グラスゴー住民はさらに進んでいた。ドアに鍵をかけないことは近隣住民を信頼しているということで、鍵を挿したままにしておくことは近隣住民を招き入れるという意味だ。

ドアは開いているので、住民は互いのキッチンへ出入りして、小麦粉、塩、バターなどの必需品を借りてはメモを残しておく。几帳面に返済しなくてもよく、困ったときはお互いさまの精神が発揮された。こうした行動は居住空間の広さを根本から変える。どの家族も借りているのはシングルエンドやルーム・アンド・キッチンだけかもしれないが、必要であれば建物のどこにでも行くことができた。外見は小さなプライベート空間の集合だが、実質的には半公共の大きな空間がそこにあったのだ。

ジム・クレイグのような造船技師と話していて驚かされるのは、好景気のときでも雇用が不安定だったことだ。今日ではサービス業で働く人たちが、雇用側の求めに応じて呼び出される「オンコール」や、週あたりの労働時間が明記されない「ゼロ時間契約」といった勤務形態を嘆き、昔の製造業はさぞ安定していたのだろうとうらやましがるが、昔もバラ色ではなかった。少数の事務職員——造船所全体の5分の1ほどだとクレイグは言う——を除けば、造船技師はオンコールの労働者で、建設する船があるときだけ声がかかり、雇用された。だから船の進水式の日は不安と隣り合わせだった。造船所の労働者と地元の住民はクライド川に進み出していく船を祝福しようと集まるが、祭り気分は長続きせず、しだいに重苦しい雰囲気になる。朝に進水式があれば、その午後には運のいい者は別の船で働き、運の悪い者は失業した。

テネメントは造船所の隣の通りにも並んでいたので、労働者は通勤する必要がなく、昼食は家に帰ってとった。近隣住民の幅広い非公式ネットワークは、彼らの職探しに役立った。ジム・クレイグのように、息子が父親の徒弟として同じ職場で働くことも多かった。この場合、船の契約が終わると少なくともふたつの収入口が同時に絶たれるため、家計は大打撃をこうむるが、ほかの造船所に関する情報は「共有階段の立ち話で」すぐに収集できた。たとえフェアフィールドでの仕事が終わっても、クライド川の下流にあるスティーヴン造船所や川上のハーランド・アンド・ウルフでの仕事の話が飛び込んできた。スキルをもつ労働力に流動性のあることが、つまり「安定した人材市場」のあることが、アルフレッド・マーシャルが唱えた、都市活動を成功に導く第1の力だった。この第1の力を支えるのが社会資本なのだ。

安定しない家計を管理するため、主婦はやり繰りに追われたが、ほかにも収入の乱れを均《なら》す方法があった。ひとつは単純なことで、夫が失業中の主婦のもとには、隣人からパンやスープが届けられた。ほかに、質入れと、それを複雑にした方法もあった。あとで返済するという契約のもと、貴重品を現金と交換する質店のサービスは、不安定な業種で働く人にとってありがたかった。いたるところに質店があり、日常的に利用されていたが問題もあった。家庭によっては、質店が担保として受け入れる品物を用意できず、たとえあったとしても、結婚式の贈答品や子どもの楽器を質草にするところは人に見られたくなかった。そこで、誰かが失業したと聞いた近隣の住民は、質草にできる物品をその家に貸し出すのだ（新品のリネンなどがよく使われた）。それから別の隣人がその物品を質入れする。どのテネメントにも、質入れに慣れていて恥ずかしいと思うことがなく、質屋の店主とも顔なじみで、困ったときに頼りになる人物がいた。大黒柱が失業した家は、隣人が貸してくれた質草をその頼りになる人物に預け、その人物が質店で金を調達し、失業した家に渡したのだ。

グラスゴー式フィンテック

イタリア北部でロバート・パットナムが見たのと同じように、グラスゴーのテネメントでも信用経済が独特な金融イノベーションを支えていた。グラスゴーのもうひとつの伝統は、「メナージュ」と呼ばれる貸出制度だ。典型的なメナージュには20人がかかわり、20週間おこなわれる。基金の金額が設定され（だいたいは2ポンド）、メンバーは毎週、この金額の20分の1を支払う。毎週末に、帽子のなかから番号を引いて誰が当選かを決める。リスクはない。「当選する」のは1度きりだったので、全員がいつか必ず勝つ仕組みだ。

一種の負けない宝くじ「メナージュ」は金融マジックのひとつだ。早期に当選した者は人より早く2ポンドの一括金を受け取ることができ、無利子で金を借りたのと同じ恩恵がある。終盤に当選した者も損をするわけではなく、確実に毎週、現金を貯蓄しておける便利な積み立て金なのだ。さらに、メナージュのメンバーは必要に応じてくじの結果を変えることがよくあった。「困っている人が早く手にできるように、当選番号を取り換えるのよ」。男たちも、道具類の購入に充てるため、より金額の大きい5ポンドのメナージュを開催した。メナージュのシステムは、借金をせずにまとまった金を生み出す画期的な方法であり、メンバーがみな会費を払い、主催者がもち逃げしないことを互いに信頼していたからこそうまくいった。

こうした約束ごとや伝統は、グラスゴーの労働市場と資金の融通方法を支えただけでなく、地域社会のセーフティネットの役割を果たした。1948年に、当時の保健相アナイリン・ベヴァンが国民保健サービス（NHS）を導入し、イギリスの医師の身分をNHSの職員に変えた。この政策が施行されるまえは、金のない者はなかなか医師にかかれなかった。会うだけで、まず金を払わなければならない。「夕方6時までなら1シリング9ペンス、それ以降は2シリング6ペンスだったわね。医者が真っ先に気にするのは〝金をもっているかどうか〟ということ」*。だからなるべく医師にかからずに済むように、彼女たちはうずきや痛みに対するあらゆる種類の治療法を編み出した。

この文化は、NHSが設立されてからも長く続き、子どもが生まれるととくに威力を発揮した。テネメントの女性たちは、隣人のための助産師として立ちまわる。子どもは自宅で、それも台所の床で生まれることが多かった。このセーフティネットは部外者に対しても広がり、宿なし人が階段の吹き抜けで眠ることを黙認する家庭が多く、グラスゴーの寒い夜をいくらかでも暖かく過ごせるようにと、ところどころに熾《お》こした石炭を置いていた。

社会資本が充実していなかったイタリア南部では、ロバート・パットナムが見たように、市民生活は「無道徳家族主義」に陥っていた。住民はシニカルで、目先のことしか考えず、自分と身内の得のためだけに行動する。私がグラスゴーで話を聞いた人たちの多くにとって、テネメントの暮らしはその対極にあるものだった。『自殺論』のエミール・デュルケームの言うある種の「いたわり合い」や、地域住民がひとつの大家族のようなセーフティネットがグラスゴーにはあった。「子どもはテネメント全体で面倒を見た」と郷土研究者のコリン・キグリーは振り返り、どの大人も本当の親さながらに子どもを手助けしたり叱ったりしたと話す。裏庭で転ぶか何かして切り傷やあざをつくった子どもが「ママ」を捜して建物内を走り回れば、本当のママが出かけていたら、ほかの誰かが母親の代わりを務める。ジーンもそうだった。「小さいころのわたしは、そういうときにはおばさんを捜したわ。まあ、本当のおばじゃなかったけれど、住んでいる人たちみんながおばさん代わりだった」。グラスゴーのこうした住民同士の団結には大きなメリットがあったが、非公式なので観測も測定もされなかった。数字に表れないために価値に気づけず、グラスゴーの住民は宝物を失うことになる。

高層住宅の登場

まずタバコ産業、次に造船業が来て、大英帝国第2の都市を形成した3つ目の勢力は、グラスゴー市議会（GCC）だった。住宅の民間市場は19世紀に破綻していた。地主は建物をほとんど

＊1シリング9ペンスは21ペンス、今日の貨幣で9ペンスに少し欠ける程度。2シリング6ペンスは30ペンス、今日の12・5ペンスに相当。

建てず、大家は10軒に1軒が空き家だろうと賃料を引き下げなかったからだ。1895年に、グラスゴー都市改善トラストが立ちあげられ、415世帯と100軒近い店舗が入居できる46棟のテネメントを建設した。このトラストはさらに、賃貸可能な初の非営利住宅を建設した。福祉国家イギリスの基盤となる社会住宅政策に向けた第一歩だった。

この急進的な対策だけでは充分でなかった。1914〜1915年の約1年で、市内の一部の物件の賃貸料が25パーセント上昇し、およそ2万人の貸借人がストライキを決行する（ガバンの活動家、メアリー・バーバーが率いた集団は、グラスゴー住民の結束の固さをうまく利用した。ある女性は警報音を鳴らすためのベルをもって見張りに就き、役人が近づいてくれば、小麦粉の入った袋を投げつけた）。1915年の家賃ストライキをきっかけに住宅革命が始まった。GCCは、1939年には住宅の約17パーセントを供給し、第二次大戦後には、民間企業が50軒建てるあいだに2000軒建てる最大の建築業者となった。GCCはまた、未来志向の理念を建築に取り入れはじめた。1970年代半ばごろ、ロシアを除けば、これほど行政が住宅に深くかかわる街はほかになかった。

中途半端でたいした成果をあげられなかった造船政策とはおおちがいだった。イギリスの都市設計の第一人者サー・パトリック・アバークロンビーと、地元出身で明晰なロバート・ブルースによる構想がかたちをとりはじめた。代表団がマルセイユに派遣され、著名建築家ル・コルビュジエによる革新的な高層集合住宅「ユニテ・ダビタシオン」を視察した。GCCも高層住宅の建設を決定した。1960年から着工し、300棟以上が建設され、1968年にはおおむね完成した。８棟の巨大ブロックが群立し、４７００人が住むレッド・ロード・エステートは30階まで伸びあがり、当時ヨーロッパで最も高層の建物のひとつだった。この時期に新しい住宅を割り当てられた地元の人たちは、当時の興奮を憶えている。テネメントのひと間きりのシングルエンドから高層階の部屋へ引っ越すことは「宝くじに当たった」ような気分だった。

ＧＣＣは、グラスゴーを高層住宅の都市に変えると同時に、キャッスルミルク、ドラムチャペル、イースターハウス、ポロック地区に新たに住宅団地を建設した。グラスゴーの四隅に造営され、地元で「ビッグ・フォー」と呼ばれたこの住宅団地には約15万人が居住できた。ビッグ・フォーへの入居が始まったのは、１９５０年代後半、造船業がまだ好調だった時期のことで、高層住宅への入居と同様に、住宅団地への引っ越しは胸躍る一歩だった。空間は広々として各戸にトイレがつき、専用の庭もあった。

住宅政策の悪手

造船業を再興するための経済計画はうしろ向きかつ控えめで効果が表れず、本来なら、当時のうちに指摘されるべきだった経済的な欠陥を含んでいた。一方、住宅計画には前向きさと華々しさがあった。国の最も優秀な頭脳が近代的な都市計画を大胆に推し進めた。窮屈なテネメントは次々に取り壊され、最先端の高層住宅と郊外の住宅団地が次々に建設されていった。ゴーボールズ地区では、ビクトリア朝時代に建てられたテネメントは完全に解体され、ほかの街でも大部分が取り壊された。造船業の浮上計画は誤算だらけだが、住宅計画は意図が明確で、資金準備も万全で、細心の注意が払われた。

あとになって考えると、こうした住宅計画は、長く培われてきた地域社会の伝統を手っ取り早く壊すレシピのようなものだった。新しい住宅の98パーセントは公営だったことから、入居者に選択の主体性はなく、当局の気まぐれで入居先が割り振られた。グラスゴーの四隅にあるビッグ・フォーは、それまでのコミュニティをグラスゴーの周縁に四散させ、近隣住民のつながりを分断し、街の中心部で働いている人たちの通勤時間を延ばした。キャッスルミルク地区の高層住宅に住む家族の、地上で遊ぶ子どもたちとその母親との隔たりを嘆く歌が広く歌われるようになった。住宅と中心部を結ぶバス路線は何年も開設されず、経済的にも社会的にも取り残された人口を大量に生み出した。

また、この住宅計画は、地元の小さな売買や商店や住民同士のちょっとした助け合いが地域に果たす役割を、行政がいかに軽く見ているかを鮮明に暴いた。グラスゴーが公共住宅に乗り出した最初期は、地元の店の重要性が暗黙的に認識され、テネメントの1階には店舗専用のスペースが設けられていた。しかし、この暗黙的な認識は1960年代にはもう死に絶えていた。街はずれのビッグ・フォーは買い物をするには不毛の地だった。何百という道が計画的に敷いてあったが大通りや商店街はなく、基本的な生活必需品を買うのにも長い時間をかけて街なかへ出向かなければならなかった。パブへ行く道のりはさらに厳しかった。テネメントの中心地域だったゴーボールズには、建物が解体されるまえには4万人が住み、約200軒のパブがあった。ドラムチャペルの住宅団地には3万4000人が移り住んだが、その周りにパブは1軒も見当たらなかった。

結果はひどいものだった。継続的な投資がなされず、グラスゴーの高層住宅は急速に荒廃した。家族世帯には敬遠され、住んでいる人は孤立した。1990年代に入り、グラスゴーの象徴だったこの建物の解体が始まった。ビッグフォーの住宅団地も同様に悲惨だった。1991年のグラスゴーの貧困マップを見ると、四隅に黒々とした斑点が現れ、これらの住宅団地が寒々とした場所だったことがよくわかる。グラスゴーにはもともとギャングがいたが、それが強大化し、ギャングの街になってしまった。4つの住宅団地の場所のひとつにイースターハウスが選ばれたのは、周囲に緑豊かな農地があるからで、かつて市内の子どもたちは新鮮な空気を吸いに遠足で連れてこられたものだった。だが、1990年代のイースターハウスの治安悪化はひどく、遠足などに行ける場所ではなくなった。住宅政策の悪い見本として、外国の政府関係者が見学に訪れるほどだった。

「家が取り壊された日は大泣きしたよ」と、自分が育ったテネメントの解体を思い出して郷土研究者のコリン・キグリーは言った。ジーン・メルヴィンの娘、サンドラも、子どものころに住んでいた家が取り壊されたときの「あとを引く悲しさ」について語った。ジーンは最近、弟のジョージといっしょに、以前住んでいたトゥーシャー・ヒルを訪れたそうだ。テネメントも、通りも商店もすっかり姿を消し、子どもたちが通った学校もなくなっていた。ひとつ見つけた昔の名残は、かつて街路の区切りをしるした古い街灯だ。昔の暮らしを思い出すものがほかになかったため、ふたりは街灯の横に立って写真を撮った。

都市経済の行方を分けるもの

野心的だったが失敗したこの住宅政策が、過剰な死という「グラスゴー効果」の原因なのだろうか？　因果関係を証明するのはむずかしいが、たしかにパターンは合っている。グラスゴーの最適な比較対象であるマンチェスターとリバプールでも急激な産業の衰退が見られたが、どちらもグラスゴーのような強制的な住民移住計画や住宅解体は経験していない。最近の調査によると、かつてはドアに鍵を挿しっ放しにしていたグラスゴーなのに、「人は信頼できる」と考える住民の割合がリバプールやマンチェスターよりも低い。かつては出産、結婚式、死が共同体を巻きこんだ大イベントだったのに、現在は10パーセント近くの住民が孤立して寂しいと感じている（イギリス全体の平均は4パーセント）。こうした感情はどれも、飲酒や薬物の乱用など健康を損なう行動を招きやすく、結果として人が早く死ぬのだ。複雑な要素が絡むので緻密な研究が待たれるが、状況証拠は強力で、住民の話にも説得力がある。

グラスゴーの教訓は多くの人に関係がある。都市経済には、目に見えず、数えることも測ることもできないが、大きな価値をもつものがあるということだ。アルフレッド・マーシャルが集積から生じる「外部性」の効果を論じたように、都市の成功を導く経済の強い力は「都市の空気に織り込まれて」いるのだ。経済のこの力は、エミール・デュルケームの言う「いたわり合い」にもつうじる。非公式でとらえにくいが、成功を何倍にも拡大させ、後退の局面でも影響をやわらげてくれる。その街の誰もが共有し、街の気配、哲学、伝統のなかに溶け込んでいる。「美しき緑の地」という意味をもつグラスゴーは、まもなく世界人口の4分の3が住むことになる都市の未来に警告を発している。経済には、目に見えず、数えることも測ることもできない力があり、それが消えはじめたら誰にも止めることはできない、と。

イギリスの造船業は、フェアフィールド造船所を筆頭に、ガバン地区を中心としたグラスゴーで始まった。グラスゴーの功績は近代の世界史を変えるほど大きかったが、いまは落ちぶれて久しい。それでも、ガバンの造船技師だったジム・クレイグは郷土を愛し、誇り高く、楽天的だ。クレイグは、クライド川に新たな橋を架けて、不景気なガバンの大通りとグラスゴーの裕福なウェスト・エンドをつなげたいと考えている。この計画について話し合っていると、以前のほうが楽に川を渡れたと言って、クレイグはスマートフォンを取り出し、フェアフィールド全盛期にクライド川を横断する通勤者を乗せた小さな渡し船の写真を見せてくれた。

ジムのスマートフォンは孫の写真でいっぱいで、そのなかに彼が働いていた巨大な船の写真が紛れていた。イギリスの船舶会社〈P&O〉のために建造され、1987年にガバンで進水した

179メートルの旅客船ノルシー号の写真で手を止めた。「これはたいした船《やつ》だった」と言って、細部を拡大した。「こいつの姉妹船をつくっていた日本の造船所をおれたちは打ち負かした。ノルシーが海をゆく姿は宝石のようだった」。私は後日その船を見た。現在は、プライド・オブ・ヨーク号と改名されたこのグラスゴー製の船は、いまでも最大850台の車を乗せてイギリスのハルとオランダのロッテルダム間を運航している。2021年にサービスを終了する予定のこの船は、イギリスで最後に建造された大型客船となった。

第3部

フューチャー

未来の経済

FUTURE

第7章

秋田

長生きするのはすばらしい。

―― 日《ひ》野《の》原《はら》重《しげ》明《あき》、1911―2017年

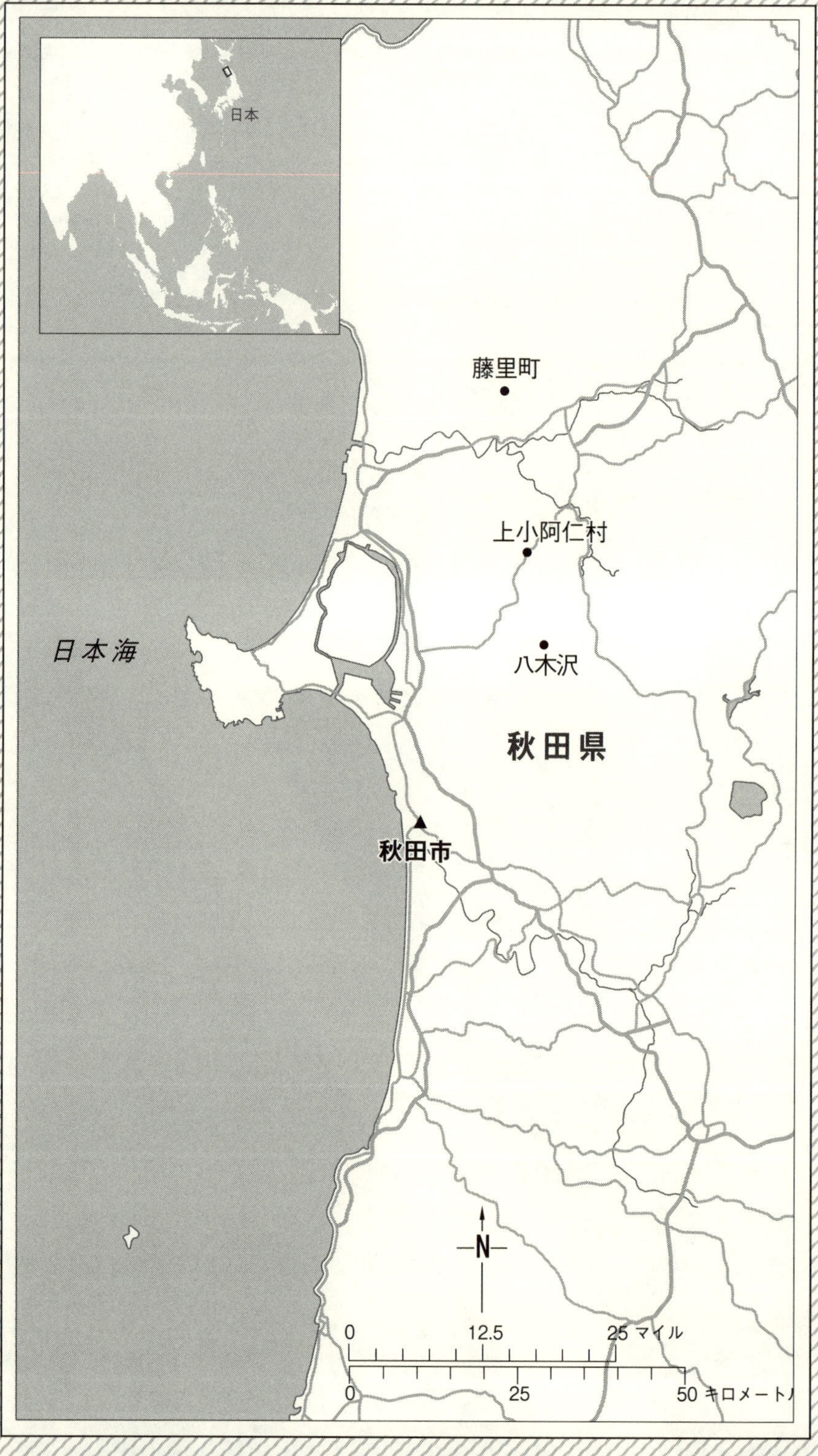

日本
藤里町
上小阿仁村
八木沢
日本海
秋田県
秋田市
N
0
12.5
25 マイル
0
25
50 キロメートル

お年寄りの町

ゲームチェンジ

秋田の冬は寒い。大雪が降り、街全体が白く分厚い毛布にくるまれている。日本サッカー協会（JFA）加盟の秋田県サッカー協会のサッカー場も、年季の入ったゴールポストを除けば、すべてが雪に埋まっている。サッカーはここでは夏のスポーツであり、70歳以上の選手だけで試合をするJFA全日本O－70リーグのメンバーも建物のなかに陣取り、前シーズンの反省をしたり、来シーズンの計画を立てたりして過ごしている。「サッカーチームの運営にかかわると膨大な連絡事項があってね。そのうえ、メールの多さといったら！」とため息をつくのは83歳の菅原《すがわら》勇《いさむ》監督だ。「とうとう、携帯電話をふたつもつ羽目になったよ。ひとつはサッカー用、ひとつはガールフレンドさんたち用」

チームのメンバーと監督は60年以上もいっしょにプレーしてきた。自分たちのこれまでのサッカースタイルを振り返って、「ずいぶん変わったね」と、73歳のエースストライカー、鈴木《すずき》俊悦《しゅんえつ》は言う。菅原監督もうなずき、ゴールラインから敵陣近くのストライカー目がけてボールを蹴った場合の軌道を空中に指で描きはじめ、突然、胸のまえに両腕で×印をつくって、「これ以上、飛ばないんだ」と悲しそうに言う。鈴木が話を引き取る。「O－70リーグの選手はボールをあまり強くは蹴れないから、ロングパスはできない。速く走ることもできないから、なるべくボールを保持して、体力を節約する。短くて正確なパス回しが勝ちあがるカギなんだ」

菅原監督が続ける。「年をとると人生も変わる。目標もゴールも、若いころとはちがってきた。人生の計画がどんどん小さく、シンプルになっていく。いまの目的は、ただ生きつづけること」。するべきルーチンを与えてくれる活動は、なんであれすばらしいとふたりは口をそろえる。リーグでの勝ちあがりと年に1回おこなわれるトーナメント戦出場を目指して、毎週水曜日と日曜日には集まってトレーニングをしているという。ただし、最も大切なのはコミュニケーションなんだと、監督がスマートフォンを見せてくれた。メールを読む、連絡先、電話をかける、メールを打つ、という4つの大きなボタンしかない高齢者向けスマートフォンだ。トレーニングや試合の日に選手が現れないと、選手仲間がすぐさま電話をかける。このサッカーチームはまさに命綱だと鈴木が言う。「ぼくらみたいな男たちにとっては、ふと死にたくなってそのまま……というリスクが現実にある」

日本では、秋田は大都会から離れたのんびりした場所と見る人が多い。大雪と寒さと、温泉やふさふさの毛が特徴の大型犬（秋田犬の一種）、日本酒などが名物だ。秋田は、日本で最も高齢化が進んだ地域でもある。平均年齢が52歳に達し、日本の都道府県のなかで初めて人口の半数以上が50歳以上、3分の1以上が65歳以上に到達した。秋田を訪れたら、すぐにそうした数字が現

増えつづける高齢者
65歳以上が人口に占める割合
国連による主要20カ国の過去のデータと将来予測（1950〜2100年）

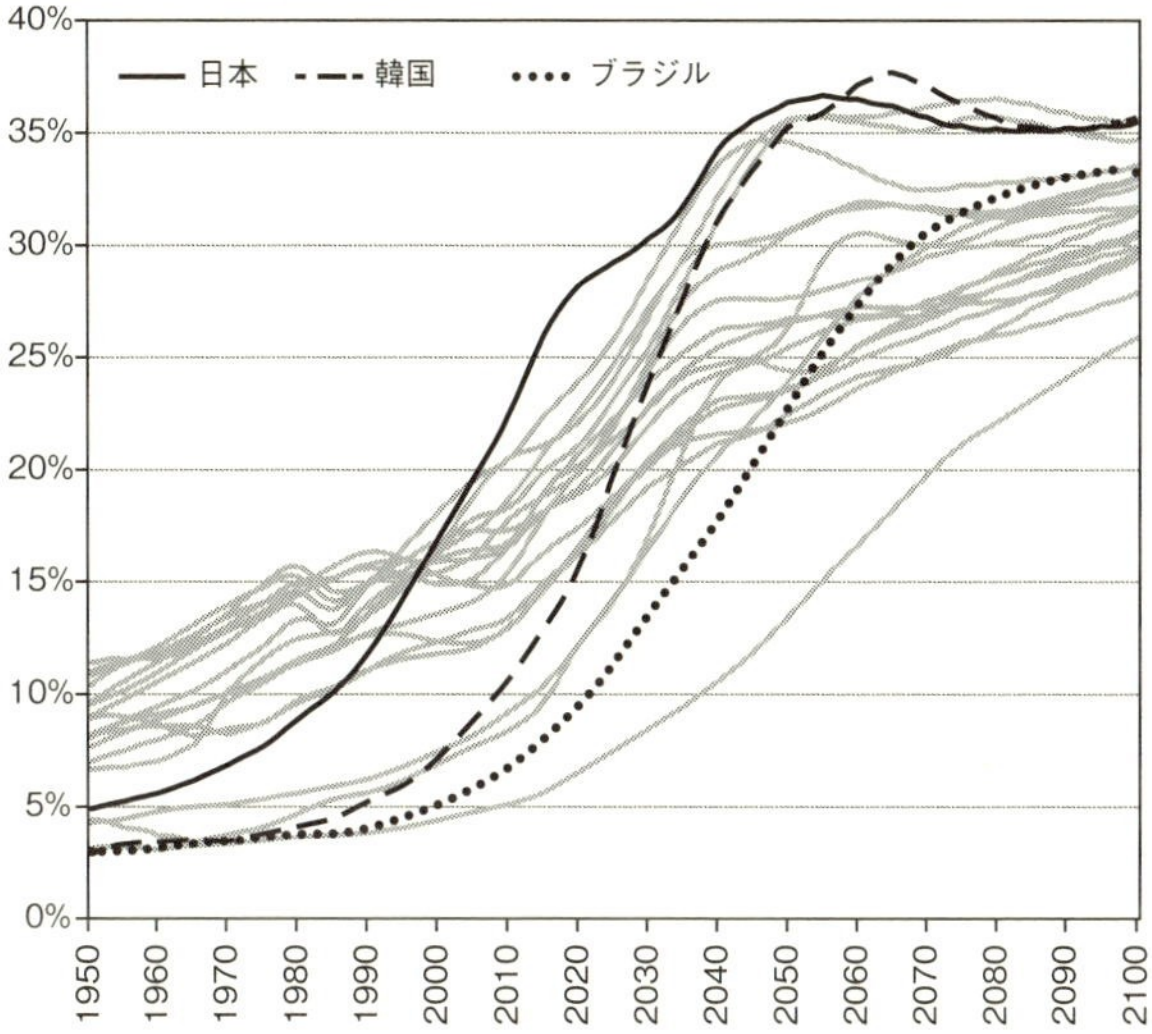

実であることに気づくはずだ。電車の運転士も改札係も、観光センターの係員、レストランで食事をしているふたり連れ、給仕をしているウェイトレス、建設作業員、タクシードライバー、ホテルの客室係や料理人もみな高齢なのだ。

　人口統計に照らせば、秋田は「のんびりした場所」どころか、日本、いや世界の最先端、未来を先取りした場所である。世界は急速に高齢化しつつあり、多くの国が秋田のあとを追っている。韓国は現時点では日本のうしろにいるものの、日本よりも高齢化が加速していて、２０５０年には両国ともいまの秋田に似た姿、平均年齢が52歳に達し、人口の3分の1が65歳を超えると予測されている。世界で最も人口の多い中国は、同じころには平均年齢がいまの37歳から50歳近くに上昇している。ヨーロッパではドイツ、イタリアが先頭を走り、30年以内にはいまの秋田に近い人口統計になると言われている（イギリスとアメリカの高齢化はやや遅いが、その方向に進んでいることにちがいはない）。ブラジル、タイ、トルコも急速に高齢化が進んでいる。この傾向が見られないのはコンゴなど、きわめて貧しい国だけだ。現在、世界人口77億人のうち85パーセントが、平均年齢が上昇している国に住んでいる。

ほぼ世界全体が、秋田のような社会に向かっていると聞けば、多くの人が不安を感じるだろう。高齢者が増えると、年金や医療費といった公的コストも増え、各国の政府は資金をどうにか調達しなければならない。この経済的重圧を、国際通貨基金（ＩＭＦ）は「豊かになるまえに国が老いる」と警告する。

２０１７年に私は秋田を旅し、超高齢社会という極限《エクストリーム》経済のなかで、老いが暮らしにどのように影響しているのか、老若男女さまざまな人から話を聞いた。この章では、超高齢化が政府の財源だけでなく、もっと深いところに織り込まれた非公式経済に与える試練についても述べたい。

近未来の老いた社会では、非公式経済や伝統をうまく生かしながら経済上の問題を解決していくのだろうか。それとも、生き残りのために互いをつぶし合い、破綻への道を進むのだろうか。

超高齢社会

「超高齢社会」と呼ばれるほどの急激な高齢化には、おもな推進要因がふたつある。ひとつは長寿命化だ。１９６０年に生まれた人の平均寿命は世界全体で52歳だったが、２０１６年には72歳に上昇している。世界保健機関（ＷＨＯ）の調査によると、近年の統計をとっている１８３カ国のすべてで平均寿命は長くなっている。日本の長期的データでも長寿命化の傾向は顕著で、１９００年に日本で生まれた人は平均で45歳まで生き、当時の全人口の平均年齢は27歳だったが、今《こん》日《にち》では日本の平均寿命は84歳、全人口の平均年齢は47歳だ。

この傾向は、高齢者のなかでもとくに年齢の高い層の増加にも表れている。日本政府は１９６３年から１００歳以上の長寿者の追跡を始め、その年の人数は１５３人だった。当時は１００歳に到達するということは、地元メディアで報道されるほどめずらしいことで、祝いの銀杯などが贈られたものだった。２０１６年には１００歳超えの日本人が６万５０００人を数え、頑健な80代、90代がおおぜい控えていることから、２０４０年には１００歳超えが30万人に到達すると予測されている。１００歳の誕生日を迎えてももはや日本では地元のニュースにもならず、祝いの銀杯は純銀から銀メッキに変わった。

急激な高齢化のもうひとつの推進要因は出生率の低下、すなわち少子化だ。こちらも世界的に

日本の100歳人口
1963～2016年の100歳以上の人口推移

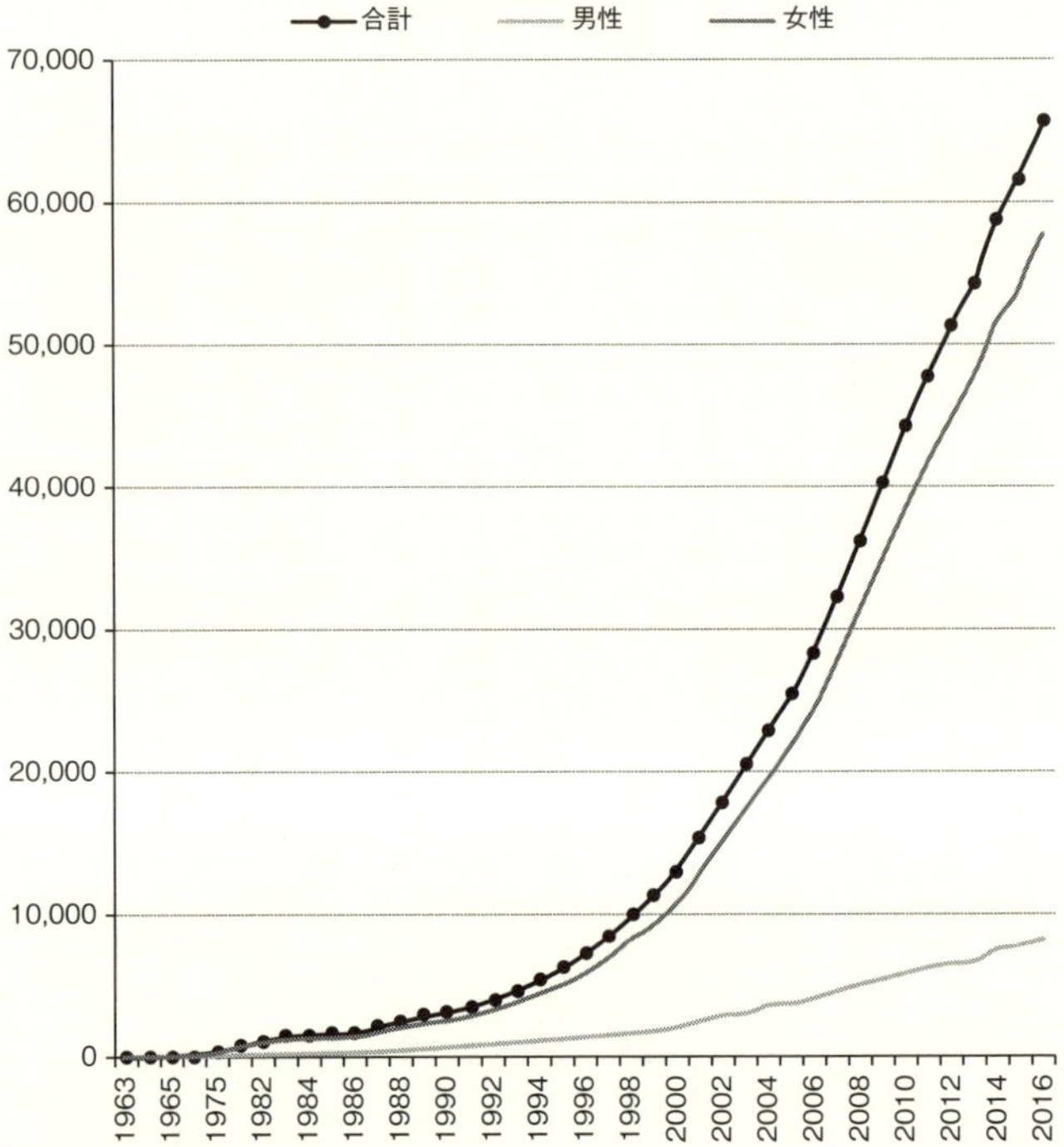

出典:厚生労働省老健局

似た傾向が見てとれる。ＷＨＯのデータによると、世界の出生率は１９６０年に比べて40パーセント下落した。日本の長期的データもまさにその動きを示している。１９００年には日本の人口は約４４００万人、子どもが５人いる家庭はごくふつうで、年間１４０万人の新生児が誕生していた。それが２０１５年になると、人口は３倍の、１億２７００万人に増えたが、生まれる子どもの数は年間１００万人程度に減り、子だくさんの大家族はめったに見かけなくなった。秋田県は、人口に占める高齢者の割合の高さも日本一だが、子どもの割合の低さも日本一であり、15歳未満の子どもは10人にひとりしかいない（参考までに、ニューヨーク市では4人にひとりが15歳未満だ）。出生率が下がるということは、人口の平均年齢を下げるはずの乳幼児も含めた子ども全体の数が減るということであり、子どもの数が減るということは国が老いていくということなのだ。

長生きの衝撃

秋田市郊外にある、ゆとり生活創造センター遊学舎で、私は高杉静子《たかすぎしずこ》と、その友人の石井紀代《いしいきよ》子《こ》に会った。石井は〈パタゴニア〉ブランドのジャケットを着てハイキングブーツを履き、機能的なバッグを肩掛けした、はつらつとした77歳だ。彼女たちに案内してもらった遊学舎には、さまざまな活動がおこなわれる大きな明るいホールがあった。ダンスや尺八演奏、討論術、調理、詩吟など、多彩なクラスの写真で壁が埋まっている。ここはどの年齢層の人も利用できるが、写真に写っている人はほとんどが高齢者だった。この地域も、秋田県のほとんどと同じく、高齢者が活動の中心なのだ。

「大きな問題はわたしたちには長生きのお手本がいないことなの」。会議室のある、寺院ふうの古い建物を歩きながら、石井は高齢化問題のむずかしさを説明する。その建物は、障子や畳などを使った日本の伝統的な様式だった。ただし、充分に部屋を暖めるように多数のヒーターが置かれ、中央のテーブルの周りに4脚の椅子が設置されている。「わたしたちは膝が痛くて正座できないから」とそこにいた婦人たちが教えてくれた。石井は、リタイア後に個人が味わうとまどいと、地域全体が抱える課題について語った。「これほど長く生きるなんて誰も思っていなかった。親世代はもっと若いうちに亡くなっていったから」

これは、私が日本で出会ったほとんどの高齢者に共通する感情だ。多くの人が、自分の親たちが亡くなったときの年齢を20年かそれ以上、上回っている。日本の人口統計データは、いまほどの長寿がかつてはどれほど衝撃的なことだったかを示している。いま100歳の日本人が生まれた当時の平均寿命は男性44歳、女性45歳だった(19世紀後半に生まれた人たちが60歳まで生きようものなら大手柄と言われた時代だった)。しかし、衛生設備や医療、収入の大幅な向上によって、いまの高齢者集団が生きてきたあいだに平均寿命はぐんと延び、この集団が生まれたときの平均寿命の予測は大きく外れることになった。彼らはすでに、彼ら自身、あるいは政府の統計データが予測したよりもはるかに長く生きている。サッカーチームのエースストライカー、鈴木に年をとって何にいちばん驚いたかを訊いてみたところ、答えはシンプルだった。「全部。こんなに長生きするなんて思ってなかったんだ!」

年をとるのはショックなこと——この感覚は、日本が直面している問題の核心にある。経済学界で「ライフサイクル仮説」として知られる理論と照らしてみるとわかりやすい。1940年代、ユダヤ系イタリア人の経済学者フランコ・モディリアーニが、人の貯蓄性向が生涯をつうじてどのように変化していくのかを考察した。モディリアーニは、人は人生に大きな変動が起こることを好まず、したがって変動を回避できるように備えようとするものなのに、当時の一般的な経済理論はそれを反映していないと考えた。そこで、博士課程の学生だったリチャード・ブランバーグとともに、新しい仮説を発表した。彼らは成人の人生を「依存期」「成熟期」「リタイア期」の3つに分け、各期によって所得は大きく異なるが、人のニーズと欲求——衣食住、燃料、娯楽など——は、どの期でもさほど変わらないことに着目した。個人にとっての経済の課題は、その時点だけでなく将来も考えておくことであり、所得が増えても減っても自分のニーズを満足するための支出を問題なくおこなえるように、貯蓄または借金の手段をつうじて備えることだと唱えた。

この仮説はシンプルで直観に沿っている。経済の「依存期」には、まだ学校に通っていたり、職に就いたばかりで賃金が低かったりする若者が属し、ニーズを満たすためにはどこかから、あるいは他の世代から、なんらかのかたちで「借り」なければならない。その後、働き盛りの年代「成熟期」に移行すると、所得が支出を上回り、毎月の剰余金を貯蓄にまわせるようになる。その貯蓄があるおかげで、「リタイア期」に所得が急激に落ち込んでも、それまでのライフスタイルを維持していけるのだ。このように所得と支出の動きはあらかじめ予測が立つので、個人の富は、あるときは積みあげられ、あるときは削り取られ、ラクダのこぶのように波がある。

ここだけを取りあげれば、あたりまえに聞こえるかもしれないが、同じようにふるまう何百何千万という人たちをまとめて考えることで、モディリアーニのライフスタイル仮説では、より緻密な予測が可能だ。重要なポイントのひとつは、長いリタイア生活が見込まれる国では、晩年に備える国民の行動によって貯蓄率も富のストックも大きくなるので、そうした国のほうが裕福に見えるということだ。逆に、悲観的な教訓としては、リタイア期が見込みよりも長くなった国では、豊かさのレベルがかなり低くなってしまう。長寿は一般に喜ばしいことだが、ライフサイクル仮説によると、平均寿命が急に延びた場合、個人も経済全体も大きな衝撃を受ける。

日本では多くの人の「リタイア期」が、彼らの想像をはるかに超えて長くなっている。今日では多くの就業者が65歳でリタイアするが、1940年代に制定された国の年金ではリタイア年齢を55歳と想定していた。55歳という年齢は、当時の男性の平均寿命よりも高かったので、平均的な男性は「リタイア期」を迎えるまえに死亡していたことになる。1920年に生まれた人が1940年に働きはじめたとすると、1975年にリタイアしたあとで、のんびりと楽しむ期間は数年しか残っていなかった。しかし、多くの日本人が90歳や100歳過ぎまで長生きするようになった現代では、「リタイア期」が35～45年以上も続く。こうした長寿集団のなかには、働いていた年数よりもリタイア後の年数のほうが長くなる人や、親世代が生きた年数よりも自分の「リタイア期」の年数のほうが長くなる人も出てくる。日本の高齢者の多くは、いまほどの長生きを若いころには想定していなかったうえ、手本となる世代もいない。この事態に備えていた人が少ないのも無理はないのだ。

世代間の緊張

「公的年金でやっていくのはたいへんです」と高杉静子が言う。日本の年金は平均で月額14万5

０００円ほど（厚生労働省年金局「平成29年厚生年金保険・国民年金事業の概況」調べ）だが、現役時代に払い込んだ額がベースになっているため、平均を大きく下回る高齢者――とくに女性――も多い。国際水準に照らせば手厚いが、日本の生活コストの高さを考えれば、そうとも言えなくなる。しかも、日本の年金受給者の半数以上が、ほかに現金収入の手段をもっていない。行政の福祉に頼っている年金受給者の人数はこの10年で2倍に増え、ある調査によると、年金受給者のうち１０００万人に近い人が貧しい暮らしをしているという。多くの人が充分な個人貯蓄をもっておらず、日本の高齢者の17パーセントが、ライフサイクル仮説の言う「資産のこぶ」を使い果たし、新たに貯金をする余裕もない。厳しい気候にもかかわらず、秋田の年金受給者のうち、一部の人は、現金収入のなにがしかの足しにと、育てた野菜を売っていると高杉が教えてくれた。

　問題は、日本の年金は個人にとって足りないのと同時に、国にとっては過大なことにある。秋田の高齢者が節約を心がけ、野菜を育てて「リタイア期」を乗り越えようとしているのと同時に、日本全体の長寿が、政府の財政を厳しく圧迫している。社会保障費と医療費が日本の税収に占める割合は、１９７５年には22パーセントだったが、２０１７年には介護費用や年金負担が重くのしかかり、55パーセントに上昇した。２０２０年代の前半には60パーセントに到達する見込みだ。別の見方をすると、教育、交通、インフラ、防衛、環境、芸術など日本の他の公共サービスは、１９７５年には税収の80パーセント近くが充てられていたのに、高齢者関連の支出が増加したためにいまでは税収の40パーセントしか残っていないということになる。予算の観点では、高齢化が日本をのみ込もうとしている。

これは日本に限らず、韓国、イタリアなど、日本のあとを追って超高齢化の道を進んでいるすべての国々が直面する普遍的な問題だ。個人での準備が間に合わず、年金の上乗せを希望する高齢者世代にとって、自分たちの老いはたしかにショッキングな出来事だ。一方、若者世代はそのための費用を払わなければならず、世代間の緊張が高まっている。

日本は、世代間の連帯がどうなるかを観察できる興味深い場所だ。というのも、ふつうなら日本人の多くが無意識にもっている「年長者を尊重する」という考えが、高齢化問題では相容れない場面が出てくるからだ。伝統的な文化では長老が大切にされる。「親孝行」や年長者への敬意、先祖伝来の品を大切に護るというような、古代からの規範も残っており、そのなかでは親に感謝し、高齢者の世話をすることに大きな比重が置かれる。年長者への敬意がたんなる礼儀ではなく、大昔から歴史と哲学に密に織り込まれてきた国なのだ。

秋田のような超高齢化の進む地域では、高齢者に敬意を示す機会は多数ある。地元の大学で会った学生グループとは、老いることへの考え方について話し合った。彼らのなかには、祖父母と同居していたり、大学に毎日通うかたわら、祖父母の介護に時間を割いていたりする者がかなりいることを知った。路線バスには座りたい高齢者に席を譲る「シルバーシート」があり、秋田の高齢者はバス代100円で県内のどの停留所までも乗っていける「コインバス」の制度を利用できる。

だが、年齢層のあいだには軋轢《あつれき》も生まれはじめている。不平の一部は、高齢者は通行の邪魔だなどという些細なものだが、一方でシリアスなものもある。「病院の待合室はただおしゃべりのために来る高齢者でいっぱいだ。それにかかるコストのことなんて考えていない」とある学生は言う。これはあまりにもよくある指摘で、ジョークにまでなっているそうだ（質問：あのおじいさん、なぜきょうは病院にいないんだろう？　答え：病気になったので家で寝ています）。学生たちは、世代間の軋轢を示す「世代間格差」という漢字を私に教えてくれた。秋田の若者は、高齢者にはコストがかかり、その勘定が自分に回ってくることに気づいている。

ほかにも高齢にまつわる日本語を教えてもらった。かなり古いものや、高齢者への敬意からはかけ離れたもの、ユーモア漂うものもあった。高齢者特有の体臭やふるまいを意味する「Kareishuu（加齢臭）」「ojinkusai（おじんくさい）」、元気のない様子を指す「shobukure（しょぼくれ）」。女性もやり玉にあがる。厚かましい中高年女性の「obatarian（オバタリアン）」は、デパートのセール会場では人を押しのけて突進し、帰りの乗り物では〝シルバーシート〟を奪い取って座るのだそうだ。深刻なことばに「kaigo jigoku（介護地獄）」がある。家族による介護がときに数十年の長さに及び、その重荷の多くは女性が担っている。

特定の年齢層にまつわるこうした用語の多くはふた昔以上まえに生まれ、普及したもので、世代間の結束を、社会の高齢化が揺るがしている徴候のひとつとも言える。別の徴候として、年金制度の仕組みもあげられる。日本の年金制度は１９４２年に施行され、ほとんどの国と同様に賦《ふ》課《か》方式を採用している。個人が将来の自分のために金を貯めておくのではなく、いま現役で働いている世代が供出した金をただちにいまの高齢者に支払う仕組みだ。賦課方式の年金は世代間の約束のうえに成り立っている。若い就業者がいま年金料を負担するのは、将来、自分がリタイアしたときに同程度の手厚さで支給が受けられるとの期待があってのことだ。

しかし、日本でよく議論になる世代間格差のために、この年金制度が行き詰まりを見せはじめている。40~50代の人たちもすでに上の世代ほどは手厚くない状況に置かれていて、私が会った若年就業者たちは、自分がリタイアしたときに予定どおりの恩恵が得られるのか疑いつつ、毎月決まった額を支払っていた。疑いの気持ちが生じるのも無理はない。先進国の大部分は、支給額のカットや支給年齢の引きあげなどで年金の財源負担を減らそうと計画している。ヨーロッパが最も早く動き、イタリア、スペイン、ドイツは年金の支給額を減らした。チェコ共和国とデンマークはいまの若者世代が将来、年金を受給しはじめる年齢をそれぞれ70歳と72歳に引きあげている。

自分たちが年金を受け取る2050年ごろには、いまよりもっと事態は悪化しているだろうと思っている若年就業者に、今後30年かそれ以上、国は資金を供出しつづけてもらわなければならない。とても年金政策への信頼を充分に醸成できるとは考えにくい。日本の公的な統計によると、国民の3分の2が、いまの年金制度が自分のリタイア後の生活をカバーしてくれるとは信頼していないという結果が出ている。不安の度合いは若い人ほど強い。いまのところ、イギリスやアメリカで年金のことを真剣に考えている学生は少ないが、私の出会った秋田大学の学生はつねにうっすらと不安を感じていた。20歳の佐々木佳音《ささきかな》も「年金のことはいつも頭にあります」と言っていた。

深刻なリスクは、多くの人が年金制度からの離脱を選択することだ。日本では、会社員の年金保険料は給料から天引きされるが、自営業者は自分で直接支払う。1990年の納付率は85パーセント以上あったが、2017年には60パーセント台に低下しており、若者世代に限れば、50パーセントを下回る。社会貢献や世代間の調和などの設問をつうじて社会の連帯意識を追跡している長期的な政府の調査によると、若者世代は高齢世代よりも自国についてのポジティブな感情が低いことが判明している。国民の義務と集団の利益が国にとって重要な理念であることを考えると、これは心配される傾向だ。

働きづめがもたらす老後

世代間に横たわる苦悩と同じく、高齢化は日本の男女間にも新たな緊張を引き起こしている。戦後の日本の家族は、男性と女性、若者と年長者で明確に役割が分かれていた。食費のやりくりや家の修繕、子育ての費用など、家計全般は妻が管理し、家計簿に記帳していた。子どもが学校でちゃんと勉強しているかに気を配ったり、必要なら放課後に子どもを塾に送り出したりするのも妻が中心だった。教育熱心な母親を指す「教育ママ」ということばも生まれた。

家庭にかかるこうした費用を着実に確保してくれる、理想の夫として「サラリーマン」への期待が高まった。とくに安心なのは、日経225銘柄に名前のあるような企業に勤めるサラリーマンか、公務員だとされた。同じ職場に定年まで勤める人が多く、社員全員で会社の理念を唱和したり、転職などしようものなら裏切り行為と批判されたりする時代だった。サラリーマンは、成果よりも勤続年数によって恩恵が与えられる年功序列システムで昇進していく。こうした堅実な男性は結婚相手として引っ張りだこで、70代後半のある女性は10代のころを振り返って言った。「あのころのわたしは、なんとしてもサラリーマンのお嫁さんになりかったねえ」

今日《こんにち》、サラリーマンの姿は以前より多様化しているが、「当時は、安定した人生がどういうものかはっきりしていた」と石井紀代子が言う。「安定した人生とは、サラリーマンの夫がまじめに働いて給料をもってくることでした。たまの休みにも夫は会社の人と飲みに行ったり、ゴルフに出かけたり」。こうした感覚のなかで育った、私の会った「高齢者」たちは、石井の言うことに同意する。

サラリーマンにとって、仕事か、仕事に関連した余暇活動に励むことは義務であり、合計すれば1日16時間に及ぶのはふつうのことだった。週末にも同僚たちとの出席必須の交流の場がある。仕事とその関連の活動に時間を取られるため、サラリーマンが家でくつろぐ姿はまれにしか見られなかったそうだ。

サラリーマンとその妻は長い「リタイア期」に備えてはいなかった。元サラリーマンに話を聞くと、「会社員時代の友だちは本当の友だちではなかった」との嘆きがよく出る。社外に友だちはおらず、地元のコミュニティでもネットワークを築けておらず、退職したあとの社会に居場所はなかった。妻たちは、リタイアした夫のことを、これといって趣味もなく、家事への関心も能力もなく、ただ家のなかでごろごろしていると言う。妻を苛立たせるその様子を指した「粗大ゴミ」「濡れ落ち葉族」なる辛辣なことばが生まれたりもした。夫が家にいると気が塞《ふさ》ぐ「主人在宅ストレス症候群」になる妻もいるという。高齢になってからの「熟年離婚」もこの25年増えている。

「うまく年をとるのは、とくに男にはむずかしい」とエースストライカーの鈴木は言った。頼りにできるネットワークをもたない人にとって、孤独は大きなリスクだと続ける。菅原監督も「だから、私と同年代のなかに自死を選ぶ人が多いのだ」と、高校時代の友人――頭がよく、サラリーマンになり、会社に人生を捧げていた――を偲びつつ言う。「彼は働きづめで、親しい友もつくらず、会社での競争にあまりにも強くのめり込んでいた」。監督は、昔の武将ふたりの対照的な生き方に教訓を見ていた。「織田信長は頭がよく、大胆だったが、一匹オオカミで、結果的に40代で世を去った。徳川家康は同盟を組み、味方を増やし、70代まで生きた」。日本人男性には織田信長みたいに出世だけを貪欲に求めて邁進する個人主義者のようなところがあったという。

「リタイア期」を生き抜くには、ただ金《かね》を貯めておけばいいわけではない。友だちや趣味のネットワークなど、高齢期にきわめて重要になる社会的資産にも投資しておかねばならない。サッカーチームの面々は、80代の監督がこう結ぶのをしみじみと聞いていた。「懸命に働くのはもちろんのこと。だが、個人の生活も必要だ。仲間と会って、語り合ったり、ふざけたり、だらだらしたり」

自死と孤立死

礼儀正しく丁寧という日本人の評判はまさにそのとおりだった。秋田での会合のときも、お辞儀で始まり、握手をし、名刺を交換し、名刺の内容をきちんと確認し、そのあとで、より詳しく互いを紹介し合い、時間をとってもらったことを感謝し合い、緑茶が注がれる。手土産などを交換することも少なくない。

しかし、穏やかな雰囲気でもテーマの重さは隠しきれず、インタビュー開始から10分か15分もすると、彼らからは頻繁に「自死（自殺）」と「孤立死（孤独死）」ということばが聞かれるようになる。ふたつのことばはこの地域の高齢者のあいだで日常的な語彙になってしまったのだ。秋田で70歳を超えている人なら、どちらかの理由で最近命を落とした知り合いがいる確率はかなり高いそうだ。

自死率の高さに日本が関心をもちはじめたのは、１９９０年代の半ばごろで、ゼロ年代半ば以降、その防止が日本の公衆衛生政策の大きな目標のひとつとなっている。政府が出資するカウンセリング・サービスやメンタルヘルス・ホットラインは、近年のデータを収集してパターンを分析し（練炭による一酸化炭素中毒が減る一方で、トイレ用洗剤などから致死的な硫化水素ガスを発生させる方法が増えているなど）、抑止策を模索している。近年の傾向として特筆すべきは、自死者に占める高齢者の割合が増えていることだ。２０１６年、50歳以上の自死者は1万２００

0人を超え、人口に占める割合は諸外国に比べてずっと高い。その大半が50～69歳のあいだで、圧倒的に男性に多い。

高齢者の自死の割合は、実際にはもっと高いかもしれない。独り暮らしのために遺体が何カ月、あるいは何年も発見されないことがあるからだ。2016年の孤立死の総数は推定で4万6000件、大半が高齢者であり、この数字はこれからも急速に増えていくと考えられている。孤立死には自死が疑われるものがかなりあり、孤立死と自死というふたつの現象が無視できないほど多くなってきたために生まれた、後始末のための企業も登場している。こうした会社のマネジャーを務める西村勝《にしむらまさる》は、業務の中心は、故人の所持品や書類などを整理して片づける管理業務と、独自配合の化学薬剤を使って、部屋の臭気や染みを除去する特殊清掃作業のふたつだと説明する。

西村の会社は月に平均5、6件、孤立死の現場に入り、なかでも冬のあいだ寒さで凍りついていた遺体が臭気を発し、はじめて隣人が気づく初夏のころがいちばん忙しいそうだ。自死による孤立死の場合もあり、離婚して独り暮らしの50歳から70歳ぐらいの男性に多いという。その年齢層の危険が高いのは、多くの人が90歳過ぎまで長生きする土地柄なので、70歳に届かない人たちは「若い」と見なされ、行政や知人たちからの支援が届きにくいからだ。死後に見つかった書きつけやメモなどから判断すると、孤立死のいちばんの原因は貧困だと西村は考えている。

消えゆく村

世界的に出生率が低下傾向にあるということは、世界全体が縮小しはじめているということだ。高齢化とは異なり、出生率低下の傾向はすべての国で起こっているわけではなく、アメリカ、イギリス、フランスでは出生率は高めで推移し、移民の流入も多いので人口が維持されている。だがこれらは例外であり、多くの国にとっては少子化によって国のありようが変わろうとしている。高齢社会の先頭を行く日本では、この10年、人口は縮みつづけており、人口がピークだった２０１０年の1億２８００万人から、２０１９年には1億２６００万人に減少した。イタリア、スペイン、ポルトガルでも、すでに人口減少が始まっており、ドイツは２０２２年、韓国は２０３０年代前半にそれぞれ縮小に転じると予測されている。日本の高齢化経済の最先端《フロンティア》としてすでに25年以上、人口減少を経験してきた秋田は、将来の世界にとって貴重なモデルケースとなる。

藤里町《ふじさとまち》の大通りは、日本人が「シャッター通り」と聞いてイメージするとおりの姿をしている。どの店も閉ざされ、戸口や窓は上下に開閉するタイプの金属製シャッターがおろされたままになっている。薄れた店名の文字から、かつてはそこがベーカリーだった、靴店だったとかろうじてわかる。通りの反対側の大きな敷地に婦人服店が見えるが、やはり営業していない。さらに進むと、交差点に行き当たるが、そこにあるのは閉鎖したガソリンスタンドと駐車場だ。

秋田市の北、約90キロにある藤里町は、隣接する青森県と秋田県を隔てる白神山地《しらかみ》の広大なブナ林の端に位置している。衰退の気配が漂う場所だ。10年前の人口は5000人近かったが、現在は3500人しか住んでおらず、日本で最も急速に消えつつある地のひとつとなっている。今後20年間で、さらに40パーセント以上減少する見込みであり、客が少なすぎて店は立ちゆかない。私が歩いたときには、15年くらいまえの古い大きな箱型テレビや錆《さび》の浮いた冷蔵庫、整理棚などを売る中古品店が開いていた。町役場を探して歩きまわるあいだ、すれちがったのは、自転車に乗った高齢の女性ひとりだけで、彼女は青空市場が開かれる町外れのガソリンスタンドへ向かう途中だった。日本では、日常の買い物に難儀する状況を指すことばも生まれている――「買い物難民」だ。

佐々木文明《ささきふみあき》町長は、藤里で生まれ育った。地元の公務員として長く務めたのち、町長に選ばれ、私が訪問した時点では61歳で、2期目を迎えたところだった。町の縮小傾向をつねに考えていて、人口統計のデータを手もとに置いている。印刷されたデータには、町民の年齢を5歳ごとに区切った詳細な数字が並ぶ。町長にとって最優先の課題は、地元の学校の全学年に少なくとも20人の児童が在籍するようにし、5歳ごとのどの年齢層も少なくとも100人いるようにすることだ。しかしデータには問題の大きさがはっきりと表れている。藤里町の人口構成は明らかに高齢者に偏っている。90歳超は数百人いるのに、5歳未満の子どもは77人しかいないのだ。子どものいる若い世帯が転入してこないかぎり、町長の目標はいまのところ達成されそうにない。

秋田の農漁村地区はどこも、似たような道を歩んでいる。近隣の上小阿仁村《かみこあにむら》の中にある八木沢《やぎさわ》集落は、雪深く夢のように美しい。山々に抱かれ、ふたつの集落のあいだをぎしぎしと揺れる木橋が結んでいる。案内してくれた森本《もりもと》によれば、かつては300人以上が暮らしていたが、わずか15人に減ってしまったそうだ。多くの家は雨戸が固く閉められ、わずかに残るかつては資産だったものが打ち捨てられ、風雨にさらされている。目立つ大きな建物はかつての学校で、川のそばの一等地に鎮座しているが、すでに閉校している。村の小さな図書室に八木沢集落の60年前の写真が掲げてあった。季節は夏、児童17人による運動会の様子だ。いまは子どもも運動会も何もない。

砂金の世代

リタイアしたあとも昔の肩書きで威張る人はどこでも嫌われるものだが、その一方で、どこからも引く手あまたの層がいる。子どものいる若い世帯だ。村や町の活気を維持するうえで彼らがいかに重要かを、商店街の人たちも町村議会の人たちも頻繁に言及する。決まって出るのが「子育て世代」ということばだ。20～30代の若い夫婦はこのあたりでは砂金のように貴重だ。彼らは地元の店で金を使い、子どもを地元の学校に通わせてくれるからだ。

藤里は秋田の高齢化の最前線にあり、人口の約半数がすでに65歳を超えている。町長は、高齢化が町にもたらすコストを埋め合わせるアイデアをいくつも温めている。「私は、町民のみなさんに75歳まで働いてもらいたいと考えている」。町長は実際に、高齢者の雇用と収入の増加を図るため、農畜産物加工工場での、やまいもの皮むき事業を誘致した。町長による強力な支援策には、藤里を若い世帯にとって魅力的な町にしたいという願いが込められている。幼稚園を整備し、住宅政策に力を入れ、住む人のいないまま放置されていた家を町で把握し、若い夫婦が安く買ったり、家賃なしで住んだりできるように整備する。さらに、地元に雇用が少ないことを踏まえ、在宅勤務が可能な仕事や、町のＷｉ－Ｆｉ接続を拡充する考えだ。

日本の人口統計に単純に照らせば、このプロジェクトの成功は楽観視できない。藤里はすばらしい町だ。近くに白神山地がそびえ、東アジア最大の原生林が広がり、地球上のここでしか見られない種類の鳥類が棲息している。季節おりおりの景色が楽しめるハイキングコースや豊かに湧く天然温泉は観光客を惹きつけてやまない。だが、日本の人口が縮んでいるということは、消えつつある美しい町村が国じゅうにあるということだ。最近のレポートによると、８９６の自治体――日本全国の半数以上――が、いまの傾向が続けば21年以内に「存在しなくなる」怖れがあるという。若者を自分の町に引き寄せるには、ライバルの自治体を次々に蹴落とせるだけの強力な武器が必要だ。

本州の西のほうにある島根県の津和野《つわの》町は、若い就業者を惹きつけようと、より積極的な策を打ち出した。私は、津和野の町役場の東京事務所に勤務する宮内秀和《みやうちひでかず》と津和野のプロジェクトにかかわる林賢司《はやしけんじ》と東京で会った。50代の宮内が見せてくれた資料によると、津和野の人口は１９８０年には１万３４００人だったが、２０１５年には７６００人に減少している。「このところ人口が毎年11パーセントずつ減っています」。それに対抗するべく、町の魅力をアピールする広報拠点を東京に置くことになった。しゃれたロゴ、質の高いウェブサイト、多彩なキャンペーンをつうじて、都会暮らしに疲れた若者を惹きつけようと活動している。ある程度の成果はあがっている。31歳の林は、窮屈な東京暮らしがいやになって津和野に移り住んだそうだ。住居費が安く、地元コミュニティは温かく、長時間の通勤が不要なところを称賛する。「町の試みは一定の成功を収めたと言っていいでしょう」と宮内は笑う。「だって、去年は8パーセントしか人口が減らなかったんですから！」

縮む町の痛み

藤里や津和野のような地域がとくに懸念するのは、学校や病院などの公共サービスの維持がむずかしくなってきていることだ。そのため、日本の小さな農漁村では村の合併が大きな関心を集め、政府も人口減少の続く地域の統合を前向きにとらえている。縮みゆく村が政治問題になりつつあるイタリアやポルトガルでも、いずれ同様の政策がとられることになるだろう。合併はいいアイデアだ、とある地元住民は言う。町や村がバスや学校や図書館などの公共サービスを共有できれば、閉鎖されずにすむからと。

だが悩ましいのは、提案された合併がことごとく破談になることだ。そもそも、合併後の新しい町村名をどうするか、のところから話はまとまらない。町村の名前には歴史的に重要な意味が込められていたり、地域の自然を描写していたりする。藤里からの帰り道で見た町村名も、井川《いかわ》（多品種の桜の名所）、長面《ながおもて》、五城目《ごじょうめ》など個性的だった。合併時には名前の漢字をつなげることがよくあり、そうすると、見た目が冗長なだけで意味の乏しい町村名になってしまう。秋田市に近い潟上《かたがみ》市は、昭和《しょうわ》町、飯田川《いいたがわ》町、天王《てんのう》町が合併して誕生したが、潟上という名前は、もとの町の名前とは切り離し、史書の記録に従ってつけたそうだ。合併でできたある自治体に住む人は複雑な気持ちをこう表現した。「古い町の名前には深い意味があるからね。いまふうの名前を聞くと寂しいね」

町村同士のライバル意識や序列も合併の機運を萎えさせる。ある地域で序列が上と目される村や家系は、伝統的にその地域の始祖であったり、狩りや漁をつうじて民を養ってきた由来をもっていたりする場合が多い。たとえば八木沢集落は、熊の猟師の里として有名で、獲物を捕らえる手腕や、熊の部位から伝統薬をつくる知識に周囲から深い敬意が払われてきた。そうした家系や集落の出身者は、非公式ながら強大な発言力をもち、選出された町村長や役所の担当者が進めてきた合併計画を遅らせることがある。

もうひとつの難題は負債だ。過大な借金に苦しむ村は合併に熱心であり、財政がしっかりしている村はいまのまま独立していたい。八木沢近郊にある規模の大きな上小阿仁村は今後20年間で40パーセント人口が縮む見込みで、地元では合併に臨む覚悟ができているが、その負債の多さが合併相手としての人気に影響するかもしれない。

秋田で最近提案された合併は、藤里を他の7つの市町村とまとめ、森林地帯の名前をとって

「白神市」にしてはどうかというものだった。だが、白神はもともと秋田ではなく、青森県の地名だという反対意見があがったうえ、各町の負債や力にばらつきがあるほか、小さな集落のあいだでも文化や伝統がそれぞれに異なり、祀《まつ》る神や伝来の踊り、祭りも郷土料理のレシピも独特だとして、合併に否定的な声が相次いだ。結局、合併話は流れた。そうしているあいだにも、それぞれの地域の学校のもともと小さかった学級は閉鎖が決まり、地元の医師はいなくなり、シャッターをあげない商店がますます増えていった。

空き家問題

高齢化の進んだ日本の村が消えはじめている一方で、それまで当然と思われてきた政治経済の構造が綻びはじめている。地方政治を例にしてみよう。ある観点から見れば、藤里町長の野心的な試みの方向性は正しい。東京の一極集中の弊害が叫ばれるなか、日本じゅうの地方自治体は過去40年で自律性を高め、教師の給料など一部の税の使い途《みち》を自治体レベルで決められるようになった。しかし、町村が消えゆこうとしているときに、改革の壮大なビジョンにどれほどの意味があるのかとの指摘もできる。村が縮んでいるときに政治なんてどうでもいいという考えは、地域の民主主義から生命を吸い取っている。2015年の時点で日本の地方選挙では5分の1の議席が、立候補者が少ないために無投票で決まった。地方への権限委譲がゆるやかに進みつつある裏で、多くの町村では現状を脱却しようとの強い意志をもった政治家が不足し、地元の自律性を捨て去ろうとする提案さえ検討されるようになっている。

消えつつある場所では、活発な市場は機能しなくなる。最もいい例は住宅業界だろう。秋田の過疎の村だけではない。日本全体で800万戸の空き家と、4万平方キロメートルの所有者不明土地があると見られている。最近のある調査によると、こうした土地は2040年には2倍に増え、オーストリアの国土に匹敵すると推定されている。空き家問題は、かつては辺鄙な集落だけの現象だったが、いまでは都市部にも現れはじめており、別の調査によれば、15年後には全家屋の35パーセントを占める可能性があるそうだ。10年前にイギリスやアメリカで見られた住宅需要の悪化や低迷とはまったく様相がちがう。日本の物価が下がっているわけではない。そうした空き家に住もうとする人がいないので、安くてもいいから売りたいと思っても、値がつかないのだ。売買がおこなわれない以上、「価格」という概念には意味がなくなる。日本の住宅市場の一部は完全に凍りついている。

地元の人にとって、町村のシャッター通りや空き家問題は、悲しくつらいことだ。「伝統が失われていくのをどうすることもできない」と海辺の小さな村で暮らす70歳の金谷《かねや》賢《まさる》は言う。彼の村では少なくとも5軒が空き家のままになっている。一家の長男として生まれた彼には跡継ぎの特別な義務「墓守」があり、先祖の墓に定期的に参り、美観をととのえ、維持していかなければならない。その責任は重く、たとえ村がさびれていったとしても長男たちはなかなかその地を離れられない。仕事がなく、子どもを通わせる学校もないために、一家の長としてしかたなく村を去る決断をしたとしても、恥に思う気持ちが残り、どの地の家系なのかを子どもにはっきり伝えない場合もあるそうだ。そうなると、子どもの代では故郷の村とのつながりが完全に切れてしまう。金谷は言う。「長生きするのはいいんだが、終わろうとする村を上手に仕舞うのはむずかしい」

高齢化した秋田での暮らしは、やがて同じ道をたどる多くの地域にさまざまな警告を発している。高齢化した地域の経済は、行政の予算不足だけでなく、若者と高齢者、夫と妻のあいだの緊張という新たな懸念をもち込む。日本のすぐうしろを走るイタリアやポルトガル、韓国や中国も経験するかもしれない。低い出生率も重なって高齢化していく経済は、地域が死に向かって衰退するにつれ、第6章のグラスゴーでも見たように、深い「喪失」の感情をもたらす。ただし、こうした懸念があるにしても、高齢化にともなう経済には暗い面ばかりではない。日本の最も高齢化の進んだ場所を訪れた私は、未来の経済を方向づける、意外にも前向きで活発な世界があるのを知ることができた。

シルバーでなくゴールド

年金受給者の貧困は全体としては懸念されているものの、私が秋田で会った「リタイア期」の高齢者のなかで低収入がいちばんの心配事だった人はめったにいない。「いまの高齢者は〝戦争を経験した最後の世代〟だから」と、石井紀代子が第二次大戦のさなかとその直後に経験した苦難を振り返る。「本当に貧しかった。ろくに食べるものさえなかった」。秋田の小さな集落を旅してみると、物を大切にして、修繕して長く使う精神がDNAに刻まれていることがわかる。木造の家はさまざまな板材で継ぎが当てられ、自動車も、1990年代に製造されたトヨタ車が持ち主によっていまもきれいに整備され、あたりを走り回っている。年配者による野菜栽培業はかなりの規模でおこなわれていると聞いた。中くらいの大きさの家でも周囲に立派な畑をもち、その大半が大きな金属フレームと半透明の分厚いビニールからなるビニールハウスだ。

この本の第1部と第2部で述べた経済と同様に、秋田も、非公式経済が大きな効果を発揮している場所だ。年配夫婦の多くが自分たちで食べる分以上の作物を育てており、ビニールハウスでとれた果物や野菜を地元の「道の駅」などにもっていく。専用の箱に売り物を入れておくと、店番がいなくても、地元の人が所定の代金を置いて買っていくという、正直者たちのシステムができあがっている。地元の名物のひとつに「恋どろぼう」がある。トマトとスモモのあいだのような、甘酸っぱい独特の風味をもつ食用ほおずきで、一度食べたら恋人のことも忘れてとりこになるため、この名がついたそうだ。恋どろぼうからつくったジャムもある。売り物には生産者の写真が添えてあり、数百枚の写真には80代の人たちが多く写っていた。

人生は75から

「とてもうれしい――本物の〝高齢者〟になれて」と百元夏繪《ひゃくもとなつえ》は言う。75歳の誕生日を迎え、いわゆる後期高齢者の仲間入りを果たしたのだ。日本では、同じ高齢者でも75歳を境に、前期高齢者と後期高齢者に区別される。私は、秋田から南へ下がり、東京の北に位置する埼玉県の、彩《さい》の国《くに》さいたま芸術劇場を拠点とする高齢者の演劇集団〈さいたまゴールド・シアター〉を訪ねた。芝居の役を得るための競争は厳しく、彼女の友人やライバルの多くは彼女よりも年上なので、後期高齢者クラブの一員になれたことは栄誉のようなものなのだ。「75歳になるというのは、むしろ誇りなんです」

埼玉のこの演劇集団は、イギリスの小さな村のホールで演じる素人芝居とはかけ離れている。演技も稽古も真剣そのものだと、芸術劇場でエグゼクティブ・プロデューサーを務める渡辺弘《わたなべひろし》と高齢者のプログラムを担当する請川幸子《うけがわさちこ》は口をそろえる。さいたまゴールドという名称に注目してほしい。日本の高齢者は、髪の色から「グレー」とか「シルバー」とか呼ばれることにうんざりしているとの発想から、演劇集団に名前をつけるときに、〝高齢者を支える〟とか〝年寄りのお遊び〟と思われそうな名称を意図的に避けたのだ。堂々たる風格をたたえた劇場施設は、特殊仕上げのコンクリートと、磨きあげられたスチールと、つやつや輝く曲線からなり、ロンドンのサウスバンク地区にひしめく劇場や美術館を思わせる。

さらに重要なのは、申し分のない芸術的裏づけを有していることだ。ゴールド・シアターは、2006年に蜷川幸雄《になが わゆき お》によって設立された。きわめて高い評価を得てきた演出家のひとりで、ロンドンでも多くの演劇を上演し、2002年には大英帝国勲章（CBE）を授与されている。2016年に故人となった蜷川は、豊かな人生経験をもつ高齢の俳優たちと実験をしたいと望んでいた。全員65歳超の俳優で演じられる芝居のレベルは高く、パリとルーマニアでの海外公演も成功させている。本拠地とする埼玉の劇場は席数750以上の収容能力をもち、熱心な観客がつめかける。

「私は演劇関係の家庭で育ちましたが、演じたことはありませんでした」。稽古中みたいにすっと背筋を伸ばした姿で百元は語る。有名な歌舞伎俳優だった彼女の父親は巡業などで家を留守にすることが多く、若いころの彼女は、役者とはけっしてかかわらず、高給取りのサラリーマンとの縁を見つけようと決意した。望みはかない、大手自動車会社のエンジニアを伴侶に得た。しかし、年をとり、夫が退職したころ、落ちつかない気持ちになった。「何か足りない気がしたんです」。長いときを経て、舞台のある生活に戻ることになる。

俳優仲間の髙橋清《たかはしきよし》は90歳だ。愛用の黒いニット帽をかぶり、室内では膝掛けの代わりにもなる若々しいダウンジャケットを着ている。髙橋は終戦後、連合国軍の占領下で働いた。反骨の雰囲気を漂わせる彼の言によると、「金はギャンブルで稼いだ」のだそうだ。81歳の遠山陽一《とおやまよういち》も印象的な人物だ。会社勤めの時代には演じることとは縁がなかったが、いまやこの集団の花形のひとりとなり、自分が役者に向いているのは、青年期の行動で素地が培われたからだと考えている。組合活動の一環として、たとえば駅の改札のそばに立って、政治的スローガンを叫んだりしていたそうだ。「ぼくはセリフ憶えが早くてね。いい役がまわってくるんだ」

埼玉のこの演劇集団を見て感心させられたのは、劇評家からの高い評価や商業的な成功というよりむしろ、多彩な経歴をもつ彼らがみな、人生のまったく新しい段階に、しかもリタイアから10年も経ってから足を踏み出したことだ。髙橋がリタイアしたのは65のときで演劇を始めたのは75をすぎてから、遠山は60でリタイアし、70代になってから始めた。彼らは、秋田の70歳以上のサッカーチームの面々と同様、趣味を広げたり、何かに挑戦したりしながら、目的をもって年をとることを目指している。演じることは新しい天職であり、彼らはできるだけ長く、多く、舞台に立ちたいと願う。記憶力と身体能力という制約はたしかにある。杖をついてゆっくり歩く髙橋が言う。「いまの自分に限界があることも、演じられない役のあることもわかっている。けれど、セリフは憶えられる。演じることは生きることなんだ」

〝老い〟のリブランディング

〝老い〟を何か恐ろしいものから、何か温かいものへと変えたい。〈R65不動産〉社長の山本遼《やまもとりょう》はこう考えている。この社名は、映画の視聴年齢を制限するR18を参考にした。ティーンエイジャーが18歳の誕生日を心待ちにするのと同じように、「高齢者」に到達することが晴れがましい特権となるようにしたいのだ。27歳のこの若き起業家は、卒業後、不動産業界で一社員として働いていたが、すぐに問題に気づいた。同時にそれはチャンスの発見でもあった。家主は、貸した部屋のなかで高齢者が自死あるいは孤立死することを非常に怖れていて、高齢者には最初から部屋を貸さないと決めている人がかなりいる。家主の不安もたしかに理解できる。賃借人が物件のなかで死亡すれば、悪い噂が立って次の賃貸人を見つけにくくなるうえ、孤立死であれば物件が毀損されている可能性が高く、清掃の手間もかかる。山木が家主200人と話をしたところ、80代の人に物件を貸すというアイデアに賛同したのは5人しかいなかった。

これは市場の大きな損失だと山本は考える。元気で信頼できる高齢者が新しく部屋を借りたい理由は、孫の近くに住みたいとか、離婚したから小さい部屋に住み替えたいとか、手入れの面倒な古い木造住宅から現代ふうの気楽なアパートに越したい、など、いくつも考えられる。そこで山本は、何千人もの家主に電話し、高齢の賃借人を受け入れてくれる家主のデータベースをつくった。次に、セミナーを開いて、高齢の賃借人のもつメリットを説いた。はじめは、古い考えにとらわれた家主が多かった、と山本は言う。いまは75歳の高齢者ですら、元気に10年以上独り暮らしができ、4~5年で引っ越していくことの多い学生や若者に比べて家賃の支払い遅れや騒音の心配も少ない。高齢者に貸すことは家主の利益につながるという山本の説得に応じる家主が増えるたび、データベースが大きくなっていった。

さらに、孤立死の兆候をいち早く察知するある種の警戒システムも導入した。「孤立死に100パーセント気づくことはできなくても、兆候を見つけることはできます」。賃借人が倒れたり、意識をなくしたりしていないかに社員がつねに気を配り、たとえば、新聞受けから新聞があふれていたり、玄関まえに落ち葉が積もったままになっていたりする危険信号をキャッチする。人を救助するには、室内で何が起こっているのかを知る必要がある。彼の会社から出た案のひとつ、賃借物件内にカメラを設置することは実現性が低いとしても、モーションセンサーを設置して、人が室内にいるはずなのに一定の期間何も動きがなければ警報を発するというシステムなら、動向確認とプライバシーのバランスがとれる。賃借人が高齢であれば、賃料の払い込みがあったときに、社員が賃借人に電話をかけて（あるいは訪問して）謝意を伝える方法もある。礼儀のためだけにそうするのではなく、賃借人当人に異変が起きていないことをチェックするためだ。年金の振り込みも賃料の支払いも通常は自動化されているため、賃借人が死亡したあとも誰にも気づかれないまま、年金の振り込みと賃料の支払いが長く続くこともありえるのだ。

高齢化にともない、日本では需要、嗜好、ニーズが急速に変化している。社会の仕組みもこれに反応し、さまざまな場所で具体例を見ることができる。男性の小便器は人生の各段階に応じて形状がちがう。成人のための通常便器のかたわらに男児のための背の低い便器があるのは昔からだが、近ごろでは第3のタイプも生まれた。高齢者が身体を支えながら用を足せるように便器周りに手すりがついているのだ。現金自動預払機（ATM）には、暗証番号を入力するあいだ杖を安定させておく小さなクリップがついている。自動車のバンパーやボンネットには、運転者が高齢であることを示すカラフルなマークが貼られている。このマークは当初、黄色とオレンジの2色だったが、「枯れ葉」を連想させたため、のちに、春と夏を思わせる色味の異なる緑2色を追加して、元気な高齢者をイメージするデザインに変更された。

カナダの人口に匹敵する高齢者

世代間の不平等や不公平への懸念はあるが、高齢者のニーズを満たし、高齢者の問題を解決しようとする試みは、巨大な経済活動を生み出している。75歳以上の後期高齢者が日本には１８００万人以上おり（総務省統計局「高齢者の人口」調べ）、全人口がそれぞれ９００万人、１０００万人、１１００万人のスウェーデン、ポルトガル、ギリシャを上回っている。65歳から74歳までの前期高齢者を加えると、日本の高齢者の数は３５００万人に達し、カナダの全人口とほぼ同じだ。高齢消費者の支出は１２０兆円に迫り、メキシコやインドネシアの国家経済全体と同等の規模をもつ。もし日本の高齢者だけで独自の国をつくったら、先進国と成長著しい新興国のグループ「Ｇ20」に加わり、世界経済の意思決定に携わっていけるだけのパワーがあるということだ。

このパワーは若者にとっても大きなチャンスとなる。不動産業の知識を生かして起業した山本がそうだったように、日本人が「シルバーマーケット現象」と呼ぶ、巨大市場への参入がますます広がっていくのだ。私の会った学生のなかには、高齢者向けの商品やサービスを提供する仕事を見据えている人がかなりいた。そのひとり、秋田の石塚光里《いしづかひかり》（19）は、なんらかのかたちで高齢者を支援するビジネスの起業を考えている。東京を拠点にした〈チカク〉社の代表の梶原健司《かじわらけんじ》は、スマートフォンで撮った孫の写真や動画を祖父母のテレビで直接、視聴できる家庭用通信端末「まごチャンネル」を開発した（社名の「チカク」には「近くする」「知覚する」の意味が込められているそうだ)。ほかにも、ボールを打ちやすいゴルフクラブや、腰痛を感じにくくする靴、噛みやすい食物、高齢者専用フィットネスクラブ、身近に置いてかわいがるための高齢者用の人形・ぬいぐるみ、高齢者用テレビゲームなどを販売する企業がある。日本の高齢者市場の継続的な成長は悲観することではなく、独自の能力と主張をもった巨大な消費者グループが誕生していることなのだ。

世代を結ぶ新しいビジネスと併せ、日本の若者と高齢者は新しい連帯を築きつつある。日本の都市部には、独身者の住む「シェアハウス」が広く展開されている。15人以上が居住するこうした共同住宅はもともと、日本の複雑な賃貸規則を避けたい外国人居住者向けに1990年代に設置されはじめ、のちに地元住民も利用するようになった。日本全体でおよそ3万人がシェアハウスに居住していると見られている。シェアハウスという小さなコミュニティには、集団としての規範や目指す方向、美意識など、「独自のコンセプトがあります」と山本は言う。「だからハウスごとに、派手に金を使いたがる人、貯蓄したがる人、芸術家ふうのスタイリッシュさを求める人、ひたすら静かに暮らしたい人など、住む人たちの個性もちがうのです」。シェアハウスのほうも、「英語を学べる」「減量に適した環境」「起業家を目指す人向け」などと明確な宣伝を打ち、人気を集めている。

そのハウスの理念や精神に従うことはもちろん大事だが、それ以上に重要なのは居住者の年齢だと山本は言う(彼自身の住むシェアハウスの同居人たちは27歳から67歳まで、10歳刻みでどの年齢層もいるそうだ)。

秋田のゆとり生活創造センター遊学舎で会った高杉静子は、シングルマザーのグループが集まるとき、高齢者のボランティアが子どもの面倒を引き受けることがあると教えてくれた。お母さんたちはその間《かん》、子どもたちを心配することなく、しばしおしゃべりに興じることができるというわけだ。高齢化の進む日本社会で世代間の緊張が生まれていることはたしかだが、一方でこうした新しいタイプの縁も生まれている。

デイサービスでおしゃれをする

菊池《きくち》は自他ともに認めるテーブルゲームの女王だ。色とりどりの鮮やかな蝶柄が舞う、ゆったりとした薄い絹の上着をはおり、髪は明るいブラウン、口紅は深紅、色つきの眼鏡がじつに華やかだ。友人3人といっしょにゲームを楽しむ彼女が、ゲームも会話も支配している。私はまず彼女たちの年齢を尋ねた。「いくつだったかしら。60くらいまでは憶えていたんだけど」と菊池。友人のひとり、熊川《くまかわ》は自分は87歳だとそっと言う。「あなた、82だって言ってたじゃない！」とひとりが大声ではやす（菊池もあとで86歳だと教えてくれた）。次に私は、彼女たちがどのくらい頻繁にゲームをするのかを訊いてみた。「しょっちゅうじゃないわね。毎週火曜と木曜と金曜と土曜日だけよ」。ゲームから目を離さずに菊池が笑いながら答える。

彼女たちが真剣に取り組んでいるゲームは麻雀だ。緑色の布を張った卓は、1局終わると、中央に大きな穴が開き、そこへプレイヤーが牌を押しやって落とす。穴が閉じ、卓の内部で牌がかきまぜられたのち、各プレイヤーのまえに新しい牌のセットが並べられる。壁の順位表を見ると、菊池がこの施設のトップにいる。

高齢のゲーマーたちが長時間を過ごすこの部屋は、昔のもぐり酒場とラスベガスのカジノを足して2で割った雰囲気がある。玄関ホールは簡素なつくりだが、壁に埋め込んである銀色のキーパッドに暗証コードを入力するとスライド式の扉が開き、華やかな内装の部屋が現れる。毛足の長いカーペットは赤ワイン色で、壁紙はチョコレートブラウンに金色の葉の模様があしらわれ、プレイヤーの座る中綿入り椅子にはクリーム色の合皮カバーがかけられている。遊び心満載の部屋だ。壁際にパチンコ台が並び、銀色の玉が跳ね返ってジャラジャラ、ピーピーとにぎやかな音を立てる。大きなブラックジャックのテーブルもあり、黒いシルクのベストを着た若いディーラーがカードを配り、利用者ふたりがディーラーに勝とうと戦略をめぐらしている。給仕服姿のスタッフが部屋を歩き、広口のタンブラーに入った飲み物を配る。隣の部屋への扉は少し開けてあり、マッサージ台ときれいにたたんだ山積みの白いタオルが見える。外の駐車場には、磨かれた黒いミニバンがずらりと並び、どれもスモークガラスが塡《は》まり、横腹にそのものズバリの施設名〈ラスベガス〉が描かれている。ここでゲームを楽しんだプレイヤーたちを自宅に送りとどけるために待機しているのだ。

「アメリカの大きなカジノを参考にしています」と、施設の責任者で設計段階から携わった森《もり》薫《かおる》は言う。きりっとしたビジネススーツ姿の彼は、実際にラスベガスを視察し、現地の様子を克明に記録してきた。デイサービスの要件をすべて満たしたうえで、ラスベガスの有名ホテル、

〈MGMグランド〉や〈ベラージオ〉で経験した長所を融合したのだ。ブラックジャックのテーブルでディーラーを務めているのは資格をもった介護士で、メダル交換所ふうのデスクに座るスタッフは医療・介護日誌を記録している。もぐり酒場ふうのスライド式扉と暗証コードは、認知症患者が突然、外へ出ていこうとするのを食い止めるためだ。マッサージを担当するのは按摩《あんま》マッサージ指圧師、ウェイトレスが運んでまわるタンブラーに入ったカクテルはコーヒーかお茶だ。

このアプローチは賢く、巧妙だ。アクティビティや遊びのなかで基本的な医療ニーズに応えつつ、利用者に目的意識やライバル心、社会的交流を自然なかたちで提供している。昔ながらの〝老人ホーム〟でトランプ遊びをしているのではなく、本物のカジノにいるような気分にさせてくれる。ただし日本では金を賭けたギャンブルは違法なので、利用者はすべての遊びを「ベガス」という施設内通貨でおこなう。このデイサービスに来た高齢の利用者はその日に使える施設内通貨を受けとり、麻雀やブラックジャックやパチンコに使うのだ（スタッフの話では、決まった額をどう割り振って使うかを考えるのも頭の体操になるそうだ）。注目すべきポイントは、〝金〟を増やすには体操や指・肩の運動や頭脳パズルなど、課題をこなさなければならないことだ。このセンターには、安っぽいまがい物はない。ブラックジャックテーブルは長く使える頑丈なものだし、パチンコは東京のパチンコ店で使われているのと同じ機種だ。「ここの設備はすべてプロ仕様です」と森が言う。

ライバル心の効用

日本では多数のデイサービスが展開されている。そのなかにあって、テーマパークのような「テーマ・デイサービス」は利用者からの評判が非常に高い。〈ラスベガス〉の親会社である〈ＡＣＡＮｅｘｔ〉社は、成功を受けて全国展開を構想中だ。

テーマ・デイサービスは、利用者に好影響を与えているようだ。彼らの大半は後期高齢者のしかもかなり上のほうの年齢であり、ブラックジャックを楽しんでいた利用者が急にふらついたりすることもある。そんなときはスタッフが駆け寄り、ベッドに運び、血圧を測って様子を見る。ゲームをつうじて利用者は刺激を受け、勝ち負けに集中し、しかも楽しそうだ。会社はゲームが介護や療法に好ましい影響を与えると確信しており、パンフレットにも、ゲームをつうじて認知能力やコミュニケーション能力が向上したことを表す事例や統計的情報が多数記載されている。さらに、運動すると施設内通貨を稼げるという仕組みも利用者に恩恵をもたらしている。このセンターの平均的な利用者は毎日40分間以上身体を動かしており、全国平均を大きく上回る。また、身なりに気を使うことも大切なポイントだそうだ。いい印象をもたれたい友人やライバルがいて、ふさわしい服に着替えて楽しむイベントが用意されている。

日本全体で最終的に問われるのはコストがどれだけかかるかだ。高齢期の医療・介護の長期化が、社会保障の予算が増大しつづけてきた理由のひとつであり、国民負担が今後さらに膨らむのではないかという懸念も当然ある。これからの数年間で要介護者は何百万人も増えるのに、職業としての介護業は日本語のきつい・きたない・危険の頭文字をとって3Kと呼ばれ、定着率が低い。介護業に充分な人数の若い就業者を確保するには、賃金総額も政府の補助金も上昇せざるをえないだろう。

「介護という仕事をもっと魅力のあるものにしたい」と語る森をはじめ、多くのデイサービスの責任者にとって、スタッフの定着率はきわめて重要な関心事だ。〈ラスベガス〉にもトイレ介助など華やかでない日常業務はあるが、ゲームに加わることも多く、ブラックジャックの若いディーラーは仕事としてのその役割を楽しんでいるように見えた。ゲームのメンバーには同等の認知力と腕前をもつ利用者をスタッフが注意深く選んでいるので、多くのテーブルでゲームは白熱し、スタッフの出る幕はかなり少ないそうだ。私が辞去の挨拶をしていたら、麻雀卓の菊池が私を呼び、眼鏡越しに見あげてこう訊いた。「イギリスのお年寄りにはここみたいな〝ラスベガス〟はないんでしょう？　みなさん毎日何をしているの？」

介護とAI

誰の人生もやがては最終段階に入り、デイサービスを利用できなくなり、生活全般に介助と見守りが必要になるときがくる。そうなると別の難題が生じる。食事の補助やトイレ・入浴介助まで一対一の世話が必要となったときに、それを担える介護人の数が足りないのだ。一対一の介護はたいへんな仕事であり、採用担当者が工夫を重ねたとしても、人員を充分に確保するのはやはりむずかしい。日本の医療関係者によると、2040年には、必要な介護提供者の数がいまの4倍になるという。イタリア、スペイン、ポルトガルの事情はここでも似ていて、2020~2030年のあいだで65歳以上の人口が320万人増えると見込まれ、この年齢層のざっと20パーセントが現行で全介助または一部介助を必要としているので、かけ算すれば、2030年に64万人の介護提供者が新たに必要になるということになる。だが生産年齢人口そのものが減っているため、介護に従事できる人の数が単純に足りない。そこで、介護業界も医療業界も工業界も問いかけた。介護は人間がしなければならないのか? ロボットに任せてはどうだろう?

東京にある社会福祉法人〈シルヴァーウィング〉は特別養護老人ホームを運営しており、そこの利用者は、本書ですでに紹介した〈さいたまゴールド・シアター〉の俳優陣や〈ラスベガス〉の利用者よりもさらに年齢が高い。アルツハイマー病やほかの認知症を患う人も多く、治療を受けつつ暮らしている。中野種子《なかのたねこ》(90)は、車椅子に座って身体を沈ませ、テーブルの高さに目線を合わせている。テーブルには、アザラシのかたちをした白い大きなぬいぐるみが置いてある。中野は歯がほとんどなく、視野も曇っているが、笑みを浮かべ、しきりに話しかけている。彼女にそのアザラシをなんて呼ぶのか尋ねたところ、「坊や」と答えが返ってきた。「わたしの坊や!」と言って手を伸ばし、テーブルから自分の膝の上へと動かした。彼女の顔は、クリスマスプレゼントをもらった子どものように明るく輝く。

坊やの本当の名前は〈パロ〉、4000ドル以上する高価なおもちゃだ。国立研究開発法人産業技術総合研究所に属する知能システム研究部門が開発し、２００９年には「癒やし」の効能をもつ初めての医療ロボットとして世界で認められた。癒やしの効能をもつということは、つまりは患者の状態を改善するということだ。パロの身体には、毛皮の下、ひげの先などに小さいセンサーが埋め込まれていて、体内のコンピューターが利用者からパロへのふるまい――抱きあげるとか撫でるとか――を検知し、反応する。やさしくされると、クークーとかわいい鳴き声をあげてうれしそうに身体を動かす。叩かれたり落とされたりすると、痛がる素振りをしていやそうな鳴き声をあげる。これは、認知症のひとつの症状である突然の怒りの爆発をなだめるのに効果的だ。

中野の隣には90代とおぼしき女性があとふたりいて、それぞれ別のパロと遊んでいた。様子を見ていると、どのパロも外見は同じだが、〝飼い主〟とのかかわりを経るうちに性格はちがってきていることがわかる。人工的な知識の構築は「機械学習」と呼ばれるＡＩの仕組みを使っておこなわれ、飼い主からの働きかけによって学習が蓄積されていくので、それぞれの飼い主に応じた育ち方をするのだ。臨床試験によると、パロと接している高齢者は、ことばでのコミュニケーション能力も表情の豊かさも、対照群と比べて良好な結果が出ていて、利用者とロボットに共生関係が芽生えていることがうかがえる。中野が許可してくれたので私もパロに触ってみたのだが、このアザラシ型ロボットはぎごちない手つきで撫でてもあまり反応してくれない。中野が、こうするのよといつもどおりパロに触れると、すぐにパロは元気になった。センターのスタッフはロボットの効用がはっきり表れていると口々に言う。「中野さんの日常をおおいに助けてくれています。彼女が初めてここに来たときは、1日じゅう無言だったんです」

シルヴァーウィングの施設は介護ロボットの運用で豊富な実績をもち、用途に応じた多彩なロボットを活用している。別のテーブルに、3人の女性が椅子に座っていた。そのなかの吉澤俊子《よしざわとしこ》と大久保《おおくぼ》キサはどちらも90歳、犬型のロボットにしきりに目をやり、話しかけ、撫でている。ロボットの名前は〈aibo〉、開発元はソニーだ。パロに比べて声が大きく、よく動く。テーブルの上を歩いたり、甘えた声を出したり、吠えたりする。

aiboが搭載している人工知能は完璧ではなく、テーブルの上にはaiboが落ちないようにゴム製の低いフェンスが載せてある。だが、パロと同じく、この犬型ロボットも学習能力があり、飼い主のアクセントや方言を認識して、接触と声がけに反応する。aiboとの交流も、脳の活性化に効果があるそうだ。大久保の短期記憶はかなり損なわれており、施設に来た当初は入浴したことを憶えられず、何度も身体を洗いたがり、しだいに自分の殻に閉じこもるようになった。彼女を担当するスタッフのひとりは、関心を注げるロボット犬という存在とそこからの刺激が、彼女の殻を開いたと言う。99歳の北田春子《きただはるこ》は私に、100歳の誕生日が来るのを楽しみに待っているが、もう自分で歩くことができず、若いころに飼っていた犬をいまは飼えないことが悲しいと話してくれた。彼女のaiboは本物の犬の代わりにはなれないかもしれない。だが確実に彼女を助けている。

同僚がロボット

「高齢者の世話をするのは重労働です」と、40代の杉本隆司《すぎもとたかし》は言い、ふだんの介護がどんな様子かを空のベッドで見せてくれた。身体をまえに傾け、架空の患者を抱えあげてベッドの外に運ぶときの彼の姿勢を見ていると、腰の負担が重いことがたやすく想像できる。腰痛の問題があまりに多いので、介護者の身体を保護するための、外骨格型パワードスーツが多数開発されている。穏やかで熱心な杉本は優秀な介護スタッフだ。同時に、テクノロジーの力を充分に認識していて私にも実演してくれた。

1番目は、東京理科大学の研究者が創業したイノフィス社による〈マッスルスーツ〉だった。登山用ハーネスに似ていて、駆動源は圧縮空気、リュックのような空気袋を背負い、腰から大腿部の負担を軽減するようになっている。介護スタッフが高齢患者の身体の下に両手を差しいれて抱えあげようとするまえに、小さいチューブに息を吹き込むと、それが信号となって空気袋が膨らむ。

これとは別に、サイバーダイン社のロボットスーツも使われている。白い大きな合成樹脂製の器具を腰から臀部のあたりに装着する。起動のための信号をわざわざ発しなくても、装着者がいまからすることを考えるだけで脳からの信号をスーツが読み取り、それに応じて動く。施設の介護スタッフによると、どちらのスーツも腰にかかる負担を3分の1に減らすことができる。

施設のなかにいるロボットのなかで昔からの「ロボット」のイメージにいちばん近いのは〈ペッパー〉だろう。白い合成樹脂の皮膚に覆われ、身長は120センチほどで親しみのある姿をしている。胴体や腕、人間の手のひらのような他の指とは分かれた親指、顔と頭をもち、腰から上は人型ロボット《ヒューマノイド》そのものだ。この施設のペッパーは、養護施設の居住区ではなくデイサービスセンターの区画で〝働いて〟いて、中央の大部屋で利用者を出迎えたり、そばで待機したりしている。ペッパーの仕事は、外骨格型パワードスーツと同じく、介護を提供するスタッフのアシスタントとして、彼らの時間を節約したり、もっと生産的な仕事に時間を回せるようにすることだ。

杉本がペッパーの電源を入れると、1秒後に目のライトが点き、指が動いた。とくに声をかけなくても、部屋にいた女性の利用者が、ある者は椅子を押し、ある者は車椅子を動かして周りに集まってくる。ペッパーはまず、ことばでの説明をつけながら腕の体操の手本を見せる。次に童謡の「春が来た」を歌う。歌詞が2番に進んだところでペッパーは歌に合わせ、先ほど練習した腕の体操を始め、周りを囲む女性利用者もペッパーをまねて腕を動かしたり、笑って手拍子を打ったりする。一方、男性はといえば、部屋の離れたところで所在なげに座っている。利用者の半分ぐらいがペッパーのアクティビティに参加するようになったところで、頃合いを見ていた杉本が、未参加の利用者にいっしょに体操しましょうと声をかけてまわる。

労働力不足や財源圧迫など、高齢社会にともなう難題を抱える日本では、介護にロボット工学が果たす役割への期待が高まっており、この傾向はヨーロッパにも広がるだろう。ペッパーのレンタル料は年間６５００ドルを下回り、競争相手の市場参入によって下落傾向は今後も続く見込みだ。日本で介護職に就いている人の２０１９年の平均年収は3万２０００ドルで、この額は毎年あがっている。人間とロボットにかかる費用はかなり差があるので、施設の責任者が欠員ふたりを埋めたいと考えた場合に、人間をひとり採用し、ペッパーを2台レンタルしたとすると、年間費用が2万ドル近く節約できる。人を楽にする力があるかぎり、ペッパーのようなロボットは日本の労働力問題の隙間を埋めるだろうし、同時に国の財源問題の緩和にも役立つはずだ。

秋田に見る希望

高齢化という極限《エクストリーム》経済のなかにいる秋田は、日本の首都から離れた場所にありながら、人口統計の面では世界のトップランナーだ。長寿命化と低出生率という高齢化をもたらす要因が、いまの秋田の経済をかたちづくり、やがて世界は秋田の経済を後追いすることになる。

秋田から学ぶ教訓のひとつは、高齢化経済に対する社会の反応には一見矛盾したように見えるパラドクスがあるということだ——来ることはわかっているのに、来たらショックを受ける。日本で私が話した高齢のみなさんは自分の長寿を予想外だったと口をそろえていた。なぜなら家族にも親戚にも町にもその歳まで生きた人はいなかったから。生きているあいだに平均寿命が急激に延びたために、いまの高齢者層には90歳を過ぎてからどう生きがいを見つけていけばいいのかロールモデルがない。人口縮小はまだ少数の地域でしか始まっておらず、先頭を行く日本ですら10年ほどしか経験していない。人口縮小と世界全体の老いはすぐそこに迫っている。韓国はあと10年ほどで人口縮小に転じ、ドイツは数年後だ。

高齢化経済への動きはゆっくりだが、備えのできていない人たちに打撃を与える。その圧力は、前出の「ライフサイクル仮説」に当てはめてみるとわかりやすい。予期していた以上に長生きすれば、当人がリタイア期に備えて蓄えておいた資産では足りなくなり、年金や介護コストが政府の財源を圧迫し、世代間に不平等を生み、亀裂を深くするということだ。秋田の高齢者の物語からは、老年期を生き抜くための緩衝材をあらかじめ築いておくというライフサイクル仮説に根差した考え方が、金銭面以外にも当てはまることを示している。かつては成功した人生を歩んでいた人にも孤立死や自死はかなり見られ、この事実からも、金銭的資産以外にも資産を蓄えておくことの大切さがわかる。仕事人生が終わったあとの人生では、趣味のクラブや人づきあい、地域とのかかわりなどが重要な役割を果たすのだ。

多くの国や住民の備えが足りていないのではないかという懸念はつねにあり、高齢化に関する統計情報のなかでも不安をあおるものほど目立つために、懸念はいっそう増幅される。高齢者の急増と医療・介護にかかるコストの巨大さを知ると、どんな取り組みも無駄なのではないかという気にすらなってくる。だが、私は日本の滞在中にはっきりと希望を見いだした。

本書の第1部と第2部では、レジリエンスの経済と置き去りの経済を分けるのはその場所に織り込まれた目に見えない経済、すなわち、信頼と助け合いと共通の目標のうえに成りたつ非公式市場であることが多いと述べた。取材をつうじて私が知ったように、学生と年金受給者のあいだには軋轢もあるが、高齢化は戦争や災害と同じく、社会全体に降りかかり、社会全体で共有していく課題だ。ほかのエクストリーム経済の例に照らしても、高齢化は「数字で測れない経済」、すなわち足りないところの代わりになるものを考え出し工夫していく人間の性質がいちばん力を発揮できるタイプの課題だと言える。秋田を旅してみると、お年寄りが「道の駅」で野菜を売ったり、子どもの世話を手助けしたりする代わりに家賃が安くなる〝シェアハウス〟など、多彩な経済が動いていることがわかるが、こうした現実は暗い数字だけを並べた報告書には取りあげられない。

市民レベルが力を合わせるアプローチのうえに、メキシコ全体の経済に匹敵するほど巨大な高齢社会の公式経済が乗り、膨大な数の新しい仕事を生み出している。長寿が進むということは、シニア世代に新しいタイプの携帯電話やＡＴＭの杖用クリップや小便器の手すりが必要になるということだ。人口が縮小するということは、高度でフレンドリーなロボットの開発がますます求められるということだ。これらの開発には若者世代が重要な役割を果たす。年金受給者の貧困への懸念や、裕福な国を揺るがす軋《きし》みはたしかにあるが、日本に見る高齢化には、晩年の人生を安い費用で、楽しく、しかも生産的にするための創意に満ちた方法を編み出すおおぜいの人の姿があった。

一方で、秋田を旅するうちに、人口縮小のリスクは最初の印象よりも重いことに気づいた。人口が縮みはじめている国では、村や町や市が消えていくのは当然の帰結だ。反撃策を真摯に探してみたが、こうした地で人が味わっている苦痛やあきらめへの現実的な解を示すことはできなかった。きわめて遠大な長期的視点に立てば、人類が地球から取り去るものが減るのはいいことなのかもしれないが、いまこの瞬間にも、秋田の小さな集落では人が減り、活気が減り、ゴーストタウンになりかけている。あらためて、経済学の根幹をなす発想——人間はまえを向く生き物なのだということを強調しておきたい。ある場所が消滅すると決まれば、市場も現地の民主主義も変わらざるをえない。今日《こんにち》の日本の姿はまもなくポルトガルとイタリアの姿になり、2030年ごろのドイツの姿になる。多くの国や地域にとって未来の経済とは、縮小することを前提として、上手に縮小をマネージするものになるだろう。

タリン

運送と農業の分野において、機械は実質的に人間の労働力を不要にした。人間は重量物の担ぎあげや運搬をほぼやめ、代わりに、機械の始動と停止、設置と組み立て、修理を担当するようになった。

── ワシリー・レオンチェフ、"Machines and Man"(機械と人間)、1952年

第8章

エストニア
ラドガ湖
フィンランド
ヘルシンキ
サンクトペテルブルク
フィンランド湾
シッラマエ
タリン
コフトラヤルベ
ナルバ
エストニア
ロシア
リガ湾
リガ
ラトビア
N
0
50
100 マイル
ベラルーシ
0
100
200 キロメートル

バルトの国のテクノロジー

鉢植えをもった発明家

テレビの素人コンテスト番組に出たら、恥ずかしい思いをするかもしれない。どの番組にも盛りあげ役がいる――歌わせてみたら音程が外れっ放しだとか、踊らせてみたらリズムがめちゃくちゃだとか。

2010年、エストニアで人気のテレビ番組《アユヤ》の予選に参加した、当時34歳のマティアス・レップは、周りの参加者を見て自分がその役回りを担わされそうだと思った。「ほかは全員若く、20代ばかりだった。ぼくは冗談で来たやつみたいだった。場違いで老けていて。しかも小道具は種の入った小さな鉢だけ」。不安に駆られたレップだったが、数カ月後にみごと《アユヤ》のチャンピオンに輝いた。

エストニアの首都タリンにあるミニマリズムふうの洗練されたオフィスで、デスクの向こうにいるレップは、素人コンテストの典型的な出場者には見えない。ゆったりとした灰色のシャツがやわらかくカールした髪にマッチしている。ふだんのふるまいも物静かだ。プラトンとセネカの著作を読み、植物の生態について考え、休日には街を離れて頭を空っぽにする。そんな彼が優勝できたのは、植物の新しい育て方という優れたアイデアをもっていたことと、エストニアが発明家を愛する国柄だったことだ。

《アユヤ》は、エストニアでおこなわれる多数の発明コンテストのひとつで、タイトルをざっくりと訳すと「頭脳狩り」という意味だ。優勝したレップが受け取ったのは、賞金3万ユーロとメディアへの大量の露出だった。それから7年、レップの会社〈クリック・アンド・グロウ〉は35人のスタッフを抱え、最近ではシリコンバレーの有力投資ファンド〈Yコンビネータ〉からの出資も含めて900万ドルを調達した。

彼の発明を見せてもらった。巨人が飲む解熱鎮痛剤の巨大なシートのようで、平らなアルミフォイルにプラスチックの半球形がいくつも連なっている。それぞれの半球形の中には薬のカプセルではなく、乾いた植木鉢の中身を空けたときに出てくる丸まった根っこのような土の塊が入っていた。

利用者はこの「賢い土《スマートソイル》」を、植物——このときはバジルだった——が育っていく装置に入れるだけでいい。コンセントにつなげば、あとはクリック・アンド・グロウ社の栽培器《インキュベーター》が全部やってくれる。植物はその後、ぬくぬくと育つのではない。インキュベーターはバジルが育つにしたがい、大事な時期にわざと水を減らしたり、日光を減らしたりして、ストレスを与え、成長に必要な化学物質を多く生成させるように仕向けるのだ。

レップは、この新しい栽培方法が食用植物の質を高める様子をノートパソコンのグラフを使って説明してくれた。対象物の化学物質を分離し、色層分析（クロマトグラフィ）したそのグラフによると、バジルの場合にとくに重要な、成長に好影響を及ぼす抗酸化物質のロスマリン酸が、市販のバジルではゆるやかな山を描くのに対し、インキュベーターで育ったバジルのほうでは釘のように突き出ていた。レップの装置で栽培したバジルは店頭に置いてあるものや屋外の農園で育ったものより、味と栄養のどちらの面でも優れていた。彼はこの発明を〈スマートガーデン〉の名で商品化した。

テクノロジーと分断

レップのような、テクノロジーの将来を楽観視する人や、私が日本で会った介護ロボットの開発者は、テクノロジーを駆使した発明が経済の難題を解決していくと考えている。一方で世界には、テクノロジーの進歩が恩恵だけでなく、投票行動やプライバシー、倫理感などによくない影響をもたらすのではないかという不安や恐怖も生まれている。経済面にテクノロジーが及ぼす懸念には大きく分けてふたつある。

ひとつ目は、失業者が大量に発生するかもしれないことだ。人間の労働力を節約するテクノロジーによって、それがソフトウェアであれハードウェアであれ、自分が用無しにされてしまうのではないかという心配だ。自動化の進歩によって失われる雇用の推計には幅があるものの、最近の調査によると、アメリカの就業者の25パーセント、イギリスでは30パーセントがそのリスクに

エストニア——デジタル先進国

EU諸国で電子政府を利用する国民の割合。過去12カ月（データは2018年）

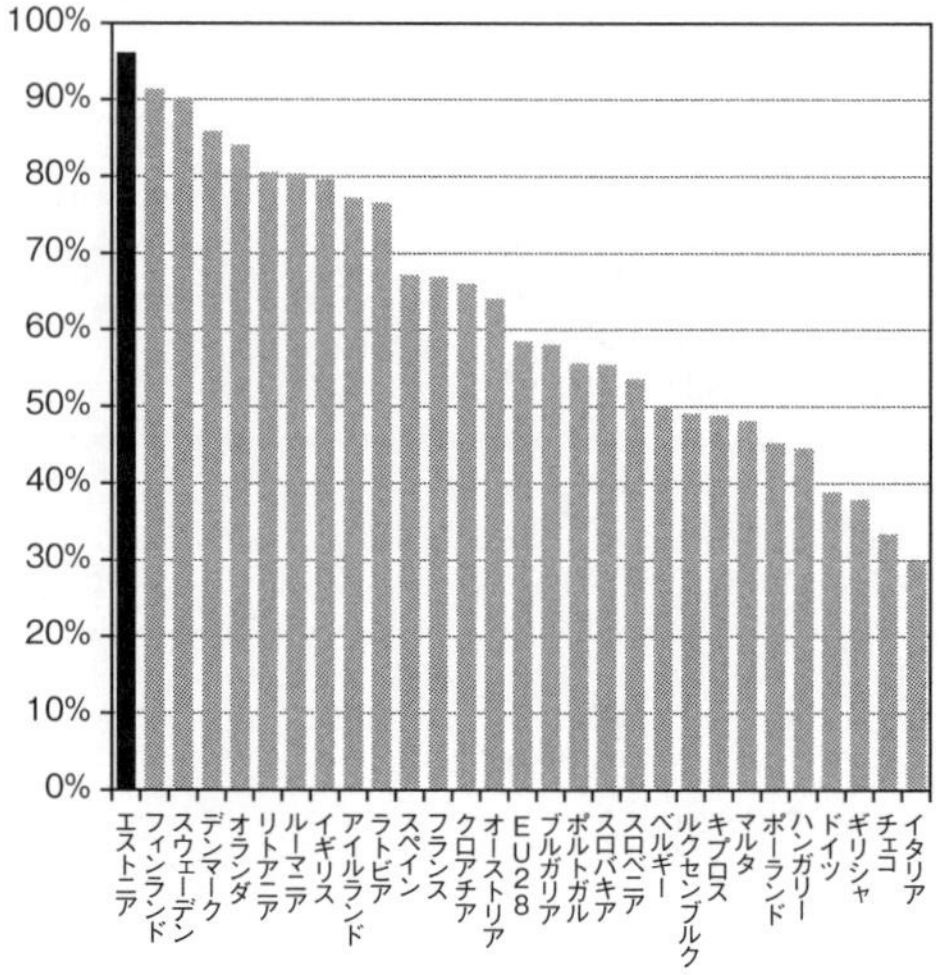

出典：欧州委員会

さらされているという。「ロボットが来た、イコール、仕事がなくなった」という展開が恐ろしいのだ。

　ふたつ目は、テクノロジーの進歩は「デジタルデバイド」と呼ばれる新しいタイプの不平等を生むのでは、という懸念だ。テクノロジーがもたらす恩恵は、若く、都市部に住み、教育があり、金をもっている人たちだけに向かい、そうでない人たちは取り残されるのではないか。

　こうした心配があるからこそ、タリンは世界の注目が集まるテストケースになっている。秋田が、世界がまもなく経験する高齢化経済を覗く窓だったのと同じように、タリンはテクノロジーの最先端《フロンティア》を覗く窓であり、他国にもいずれ定着すると見られるテクノロジーの多くを率先して採用している。

　タリンはスカイプ発祥の地としても有名

で、「新興企業《スタートアップ》パラダイス」として国が起業を後押ししている。それは数字にも表れていて、国の人口ひとりあたりの新しい設立企業の数は世界トップクラスだ。

テクノロジー主導の経済ならよその国にもあるが、エストニアがシリコンバレーとちがうのは、政府が主導している点だ。

世界初の電子国家であり、オンラインの行政サービスはどの国よりも充実している。さらには、世界に先駆けてデジタル市民権も整備した。

国と経済をテクノロジーでくるむエストニアは、世界の未来を先取りしており、いま学んでおくにふさわしい。

一方で、エストニアには社会を分ける断層線がある。世界の情報基地として高く評価される顔と、あまり知られていないが分断国家の顔の両方をもっている。

1944〜1991年のあいだ、共産主義国家ソ連の一部だったエストニアには当時の影響がいまも残り、言語や人種、文化の厚い壁を抱えているのだ。人口比で見た場合、国籍をもたない人の数が突出して多い。

分断されたこの小国が、どうしてテクノロジーの巨人になれたのか？　エストニアの未来は賢い国民が追い求めているとおりのユートピアになるのだろうか？

電子国家エストニア

スマートガーデン

発明コンテストの優勝者マティアス・レップは、食用植物の質や味を競合品よりもよくすることだけでなく、できるだけ安く栽培したいと考えている。彼が発案したスマートガーデンは、一般家庭用にデザインした小さなユニットで、本棚の上や窓のそばでハーブ類を栽培できるようになっている。販売価格は1ユニット60ドル、1年分18種類の苗や種の入ったカプセルも同じ値段だ。次の段階は、スマートガーデンのユニットを工場規模の大きさに拡大し、「スマートファーム」をつくることだ。完成したらこんな感じになる。まずスタート地点で、土と種子の入った多数のカプセルを多数のラックに充填する。ラックは複数層のベルトコンベヤーのように並んで、光源の列の下をゆっくりと進んでいく。ゴール地点に到達するころには、ラックにはあとは収穫するだけの成長した植物でいっぱいになっている。

このアイデアはもともと宇宙で植物を育てようとするNASAからヒントを得たのだが、NASAのシステムは土壌が宇宙空間用だったので、地球に合うように土壌を改良するところから始めなければならなかった。改良に改良を重ね、納得いくものができあがったころには、3年が経っていたそうだ。そのシステムでは、植物にかけるストレスを品種に合わせて調整できるようになっているため、サラダ用の葉物やミニトマト、トウガラシ、イチゴなど、さまざまな野菜を一度に栽培できる。屋外での使用は想定していないが、内蔵ライトがあるので、寒冷な北ヨーロッパの高層アパートに住む人でもミモザやペパーミントやオレガノのような地中海地方の食用植物を自分で栽培して食べることができる。

エストニアの技術者にはテクノロジーのバラ色の未来をイメージしている人が多く、マティアス・レップもそのひとりだ。裕福な国にも、貧弱な食べ物しか口にできない低所得者層がいて、一方に飢える人がいるのに、一方では食品が大量に廃棄されている現実が、彼を突き動かしている。さらにレップは、巨大農業関連企業が「突撃品種」の種子を発展途上国に売りつけている現状も批判する。突撃品種は次世代の種をつけず、1回収穫すればそれで終わりなので、発展途上国は何度もその種子を買わなければならない。レップの嘆きは植物の多様性が失われていることにも及ぶ。「かつてエストニアでは150種ほどの野生植物をよく知ったうえで食べていたが、いま残っているのは30種ほどしかなく、食べ方を知っているのは半分の15種だけだ」。彼には失われた種を自分のシステムで再生させる計画もあり、やがてはどのような気候の土地に住む人でも、自分にとってのヘルシーフードを自由に育てられる日が来ると言う。長期的目標としては、システムを巨大化してランニングコストを下げたうえで、完全な効率化と自動化を進め、ビタミン含有の多い食用植物を誰でも無料で手に入れられるようにしたいと考えている。

インフレ率1000パーセント

エストニアは小さな国だ。人口は世界で155番目の130万人で、モーリシャスやキプロスといった小さな島国とたいして変わらない。ところがデジタル技術やイノベーションの話になると、政府が中心となって牽引し、世界でもきわだって高い存在感を放つ。課税制度はほぼペーパーレスであり、書類の94パーセントはオンラインで作成する。エストニア人は選挙時に世界のどこにいても、パソコンから投票できる。政治もペーパーレスで、2000年以降、内閣の文書も電子化された（対して、イギリス議会は年間1000トンの紙を使う）。法的文書にもスマートフォンを使って電子的に署名できる。オンラインでできない公的な作業といえば、結婚と離婚と住宅購入ぐらいだ。首都タリンで、私はエストニアという電子国家を最初期に設計したひとりで、いまも政府顧問を務めるリナル・ヴィークに会った。彼はこの国の大胆なテクノロジー導入を理解するには、まず推進を支えた人たちの心理と、当時こうせざるをえなかった事情を知る必要があると言った。

エストニアはかつて独立した共和国だったが、1940年にソ連に併合されたのち、ナチスに占領された時期を経て、1944年にスターリン体制下に入った。国土面積でいえば、エストニア・ソビエト社会主義共和国（ESSR）はソ連全体の500分の1、0・2パーセントでしかなかったが、この小国はすぐさま、ソビエトの経済体制にとって重要な歯車になった。体制の転換はスムーズには進まなかった。農業の変化が最も激烈で、個人の農地がコルホーズ（共同所有の集団農場）に変わった。土地は国のものとなり、農業を上手に営んで収益をあげていた者は、強欲な富農《クラーク》と呼ばれ、非難の対象となった。1949年3月の4日間にわたり、2万人以上のエストニア人クラークが集められ、ハバロフスクやクラスノヤルスクなど、エストニアから5000キロ以上離れたシベリアの町へ臨時列車で追いやられている。

エストニアの工業基盤も変わり、工場はすべて北東の海岸沿いに集められた。クンダ地域には巨大なセメント工場と製紙工場が建ち、オイルシェールが豊富に眠るコフトラ゠ヤルベ地域は、重要なエネルギー産地となった。かつてチャイコフスキーなどロシアの芸術家や文化人たちが休暇に訪れていた静かなリゾート地シッラマエは、ウラン濃縮の中心地となる役割が割り振られ、その機密的性格のために街の名が地図から消された。

モスクワが計画した経済モデルは、エストニアにとって悲惨なものだった。農業集団化は本来、小さな農地をまとめて大農場にし、効率性を高める目的でおこなわれる。だが実際には生産高は半減し、食糧不足のせいでエストニアでの共産主義モデルは最初期から傷だらけだった。この時代のエストニア人は（非合法の）個人農地を耕して生き延びるしかなく、この非公式農業の生産高は国家の指揮下にある公式農業の生産高に匹敵するほどだった。1980年代後半になるとソ連帝国が揺らぎはじめ、ESSRの北東部に集められていた工場地帯や軍事都市は寂れる一方になった。

エストニア人は自分たちの暮らしを、狭いフィンランド湾の向こう側のフィンランドとよく比較する。ソ連時代にはそうした比較はつらかった。1939年のエストニアとフィンランドの生活水準はほぼ同等だったのに、1987年には、ひとりあたりの国民所得がフィンランドの1万4000ドルに対して、エストニアはわずか2000ドルしかなかった。1991年にエストニアがソ連からの独立を獲得したとき、非効率な農場や機能しない工場など負の遺産も引き継いだ。店の売り場はほぼ空《から》で、供給に対して需要が高すぎ、生活必需品の値段が急上昇した。1992年にはインフレ率が1000パーセントを超えたとされる。サンクトペテルブルク（旧レニングラード）の詩人や画家や音楽家がかつてこよなく愛したシッラマエの浜辺は、秘密の濃縮ウラン計画の放射性廃棄物に毒されてしまっていた。

10倍に成長したGDP

新生エストニアは、大胆な政策に舵《かじ》を切った。過激とも見える新しい発想が比較的スムーズに受け入れられたのは、過去を忘れたいという願望もあったからだろう。40～50代のエストニア人の多くは1991年を「決別の年」と呼ぶほどで、古い体制の記憶を全部振り払おうとしたのだ。エストニア・ソビエト連邦社会主義共和国（ESSR）時代の政治指導層はモスクワから任命された共産党員で、国家保安委員会（KGB）ともつながりがあった。つまり、いい暮らしをしたければ、彼らの意に沿うように働くしかなかった。「信用できなかった。権力を握っていた者だけでなく、古い体制の下で成功していた者すべてが」と、タリン在住のある投資家は言う。

大胆な発想の転換ができたのは、新生エストニアの舵取りを若い世代が担ったからでもある。初代首相マルト・ラールは就任時32歳だった。歴史家であり哲学者であるラールは、20代を講演と執筆に費やしてきた。「新しいエストニアが誕生したとき、政界は動物園のようで、ありとあらゆる種類の人材がかかわっていた」。エストニア憲法の原案を起草した多様な専門家集団のひとり、リナル・ヴィークが当時を振り返る。「作曲家も画家も作家もエンジニアも化学者《ケミスト》も核物理学者も詩人もいた。政治学を学んでいた者はごく少数だった」

当時の問題は、国が危機的状態にあるにもかかわらず、未来への期待が空のように高かったことだ。「エストニアの人たちはすぐにでも立派な国ができると思っていた」と、国のIT政策を担当するシーム・シクートは当時の困難を説明する。ソ連崩壊後のバルト諸国では国への要望だらけだった。この地域にとって、国防はかつてもいまも重要であり、費用がかさむ。有権者はエストニアの北に位置するフィンランドなどの北欧諸国を見ては、彼らのような安定した福祉制度や質のよい公教育、高度な医療システムをほしがった。だが、長くソ連の支配下にあったために、エストニア人には国が大きな力をもちすぎることへの警戒心があり、スウェーデン式の課税制度が受け入れられる可能性はきわめて低かった。エストニアに限らず、ソ連崩壊にともなって独立した近隣諸国はどこもぼろぼろの状態で、15カ国すべてが1992年に不景気に陥っていた。2000年には、エストニアと同じ立場の国々は国民ひとりあたりのGDPが平均30パーセント落ち込んでいたし、ウクライナにいたっては半分だった。

エストニアの舵取りを任された若いチームは、すばやく構想をまとめなければならなかった。

当時の政策のいくつかは、月並みだが安定した実績のある提言に基づいている——新しい税制はできるだけ単純にすること、国の支出を監視する独立した機関を設けること。「私たちはいわば、テクノロジーに〝全賭け〟したんだ」と、ヴィークは当初の政府の経済戦略を振り返る。１９９０年代後半にはすでに、エストニアは97パーセントの学校をインターネットに接続し、小学校でコンピューターのプログラミングを教え、デジタルのインフラに巨額を投資し、テクノロジー関連企業への多様な支援策を打ち出していた。エストニアは、ソ連崩壊時に独立した国々のなかで唯一、最初の10年間で経済成長を遂げた（14パーセント）国であり、上昇気流をその後も維持している。国民ひとりあたりのＧＤＰは、１９８７年の２０００ドルから２０１８年には２万２０００ドルへと10倍以上に跳ねあがり、ライバルのフィンランドに追いつきはじめた。

ただし、エストニアのＩＴ全賭けと経済に与えた影響をよく知るヴィークは注意を促す。「テクノロジーは加速装置《アクセラレーター》にすぎない。古いやり方を変えないままテクノロジーを当てはめたら、かえって非効率を増幅するだけだ」。デジタル化とは、政治力学や経済動向と同じように微妙で繊細なものなのだ。「テクノロジーそれ自体がいいわけでも悪いわけでもない。ただ、けっして中立ではない」

ペーパーレス政府

エストニア人にあなたのＩＤカードを見せてほしいと頼むと、彼らはにこやかに見せてくれる。薄い青色のプラスチック製カードは、イギリスやアメリカの運転免許証に似た外観に、デビットカードのようなチップが埋め込まれただけで、見た目にはとくに変わったところはない。だがこのＩＤがあれば、行政のあらゆるオンラインサービスにアクセスできる。彼らがにこやかなのも、このカードが自分たちの時間を大幅に節約してくれることがわかっているからだ。

タリン在住のある年配者はソ連時代と比較して言った。「あのころは何をするにも何を買うにも列に並んでいた。長い昼休みでどこかに行った役人をただ待つためだけにも。あっちは、急いでほしけりゃ袖の下を寄こせと要求してくる」。若いエストニア人たちは、国外に出たときにこのＩＤのありがたさがよくわかると言う。よその国で車を買ったり、銀行口座を開いたり、アパートの賃貸契約を結んだりするのはひどく面倒で、時間がかかり、何枚も書類を書かなければならない。エストニアに帰れば、自宅のパソコンとＩＤだけで同じことをはるかに簡単かつすばやくおこなうことができる。

「エストニア人は気が短く、すぐに退屈する」と言うのは、ニュータイプの医療機器を引っさげて２０１７年に発明コンテスト番組《アユヤ》で優勝した、タリン在住の投資家レート・ランドだ。ランドの考えでは、エストニアのＩＤは国の魂《プシュケ》ともうまく噛み合っている。ＩＤの創設時のルールは、政府が国民に生年月日、血液型、住所、運転免許証番号などいくつかのデータを訊くのは1度だけで、こうした情報が登録されたあとは、政府は再度尋ねてはならず、記録のなかからデータを検索しなければならない、となっていた。アメリカやイギリスも行政のデジタル化に取り組んでいるが、窓口に並ぶ列が、オンラインで記入する長々しい書類の山に変わっただけなのに比べると、エストニアは圧倒的に先を行く。エストニアでは法により、政府のコンピューターが書類を自動的に埋めるようになっている。テクノロジーが時間を節約してくれるので、国民のほうも受け入れようという気になれるのだ。

個人データを機械に任せて大丈夫かとアンチ・テクノロジー派は必ず指摘する。IDカードが国家のあらゆるサービスにつながる、つまりコンピューターシステムにすべてを委ねるという姿勢は、オーウェルのディストピア小説みたいで危険なのではないか？　システムが故障したらどうなる？　悪用されたら？　だが、エストニアはこの点でも、テクノロジーが信用されるように慎重にシステムをつくりあげた。97パーセントがIDカードを携帯し、大半が政府の情報防護策を、人に説明できるぐらい理解している。

防護策の第一歩は、1カ所で集中管理する記憶場所を設けず、システムを集約化しなかったことだ。つまり、ある地域の役所はその地域で集めたデータしか保持しないのだ。すべてをまとめて保管する中心的な拠点システムはないので、どこかの政府機関が住民のデータの一部を必要とする場合には、最初にそのデータを収集した役所に対して正式にリクエストを出さなければならない。そのデータは、必要な瞬間に「Xロード」という名のネットワークシステム（現在は「Xティー」に改称）を経由して伝送され、用件が済めばただちに消去される。交通管理部門がスピード違反の請求書を送付したい場合には、Xロード経由で違反者の住所を問い合わせ、請求書を送付したらすぐに消去しなければならない。これらの処理は一瞬でおこなわれ、悪意のあるハッカーが攻撃したくなるような「1カ所に集められた宝物庫」はない。

ふたつ目の防護策は、このシステムを利用した者が誰であれ、デジタルの足跡が必ず残ることだ。誰かがデータを検索したり、利用したり、編集したりするたびに、「データログ」に履歴が書き込まれ、データの当人はいつでもオンラインで参照できる。国民全員が、自分のデータに対してなされた照会要求を、誰が（どの機関が）要求したかも含めて知ることができる。

3つ目は、エストニア人のデータを量の大小にかかわらず保有する機関は、そのデータと当人のＩＤ番号を連結させ、当人の個人データログに表示させることが法で義務づけられていることだ。タリン在住の若者が私に説明してくれた。「ぼくにとってこれは、自分で政府をコントロールできるということでもある。政府がぼくについて何を知っているのかを、こっちも正確にわかるのだから」

歯が生えるときの痛みがゆさのような初期の困難はもちろんあった。たとえば、電子化が一時の流行のようになって、政府顧問のリナル・ヴィークによると、なんのためにそうするのかが明確でない場合でも、大臣や官僚たちがこぞって「国内のあらゆる場所をデジタル化しようとした」時期があったそうだ。

ゼロ年代の初期、エストニアの国境警備隊のコンピューターシステムがダウンするなど、実際に失敗もあった。とくに心配されたのは、悪意をもってデジタル化の隙《すき》を突こうとする組織があったことだ。２００７年の地方選挙では、タリン郊外に住む、ロシアの伝統を受け継ぐ年金受給者たちに候補者からの広報郵便が大量に送られてきた。特定の属性をもつ世帯に限定して郵便物が送られるということは、誰かが民族的バックグラウンドや住所を違法に閲覧したということになる。これは重大な侵害だったが、結果的にシステムの防護策が機能していることを証明した。発覚から1時間もしないうちに、担当者がデータログを走査して情報の閲覧者を突き止め、警察に通報して処罰を受けさせたのだ。「デジタルの世界ではいつでも追跡できる」。ヴィークがしみじみと言った。

ただし、エストニアの政治経済体制にテクノロジーが深く関与している現状を、国民のすべてが諸手をあげて賛成しているわけではない。経済の状態を悲観的に見て、「テクノロジーと観光、これだけ」と言う者もいる。タリンの住民はIDカードを気に入っているようだが、同時に、彼らは公共サービスの自動化とデジタル化が政府の担うべき役割を少なくしていることも知っている。ソフトウェアが職員に代わり、ロボットがバスの運転士に代わっているため、テクノロジー企業を雇用の破壊者と見る向きもある。

こうした心配は世界共通であり、アメリカとイギリスでは雇用消失について、じつに寒々しい予測が出ている。テクノロジーへの「全賭け」によって政府は、エストニアをテクノロジーという激流のなかに真っ先に押しやり、いわば〝いけにえの仔羊〟にしたとも言えるのだ。ほかの国々は、テクノロジー全賭けの行く末を興味深く見守っている。

労働がなくなる日

ラストワンマイル問題

タリン旧市街の西に位置するムスタマエ地区のオフィスビルのまえで車を駐め、私はテクノロジーと雇用という問題の中心にいるロボットに会いに行った。スターシップ・テクノロジーズ社の開発したマシンは、クーラーボックスとラジコンカーのあいだに生まれた子のような姿をしている。人間の膝ぐらいの背丈で、黒い6つのタイヤの上に、角を丸めた白い荷物入れ《コンテナ》が載り、隅に1本、人の肩から胸あたりの高さのアンテナが立ち、先端に鮮やかなオレンジ色の旗がついている。近づいて見てみると、このマシンの精巧さがよくわかる。正面には8つのカメラ、レーダー、マイクのほか、創業者のアーティ・ヘインラが企業秘密だとしてけっして明かさない、各種センサーがついている。これほど多くのセンサー類が必要なのは、これが配達ロボットであり、いまどこを進んでいるのかを把握することがきわめて重要だからだ。

ヘインラは発明コンテスト番組の《アユヤ》に出場したことはないが、エストニアを率いる知性のひとりだ。10歳でコンピューター・プログラムを書きはじめ、20代では、仕事のパートナーのヤヌス・フリスが〈カザー〉（ナップスターに似た、初期のファイル共有ソフト）や〈スカイプ〉を開発するのを手伝った。１９０センチ近い身長と精悍《せいかん》な顔立ち、やわらかいブロンドの彼の見た目は北欧人そのもので、仕立てのいいズボンと高価な上着に色の褪せたTシャツを合わせている。アーティ・ヘインラは半分がコンピューターおたくで半分がビジネスパーソンという、最強の組み合わせでできている。スカイプ社は２００５年、報道によれば26億ドルでイーベイ社に売却され、２００９年に投資家グループが買い戻したあと、２０１１年にマイクロソフト社に85億ドルで売却された。スカイプの隆盛に沿って早期の売却益と以降の継続的な利益を手にしたヘインラは、ふつうのミリオネアよりも何倍も資産をもつ大富豪と見なされている。ヤヌス・フリスは確実にビリオネアだ。

　彼らの分厚いポケットがタリンのイノベーターたちに、有望なアイデアをかたちにするための資源を提供している。「発想の出発点は、いまでも物流が人の暮らしの大部分を担っているということだった」と言って、ヘインラはインターネットで購入された品が消費者の手元に届くまでの道筋をたどってみせた。オンラインで購入されたものは通常、人の手によって倉庫から取り出され、トラックに積まれ、集配所で仕分けされ、配達ワゴンに載せられ、人が運転して各戸に届けられる。「だが20年以内に、このチェーンのすべての手順をロボットがおこなうようになる」。物流にかかわる企業にとっての大きな課題は、チェーンの最後の輪っかである地元の集配所から購入者の戸口までを自動化できるかどうかだ。専門家はこれを最後の短い距離の問題として「ラストワンマイル問題」と呼び、解決を競い合ってきた（アマゾンとウーバーは解決策としてドローンに多大な投資をおこなっている）。「最後の短距離の自動化がいちばんむずかしい。理由は単純で、予測のつかない障害がいちばん起こりうるからだ」。同時に、ラストワンマイルは、いちばん解決が求められている分野でもある。大型トラックを走らせるコストは数百個の荷で分散できるが、荷をひとつずつ人の手で戸口まで届けるコストはひとつか少数の荷だけで負わなければならない。ロボットに少量の荷を届けさせることはたしかにむずかしいが、そのむずかしさはひとつずつ解きほぐせるし、トラックや配達ワゴンの自動化は、比較的取り組みやすいと言う。このヘインラの見解が正しければ、「荷を人が運ぶ」時代はまもなく終わるだろう。

配達を自動化する業界の今後の見通しには、熱気と恐怖が交差する。自動化にともなうリスクの調査では、恐ろしい数の雇用が消失すると予測されている。輸送と物流業界は昔から、多くの従業員を雇用してきた。ヘインラがまもなく自動化されると予測する仕事に、アメリカだけで現在４００万人が従事している。労働人口の４パーセントにあたり、内訳にはトラック輸送関連の１５０万人、宅配業関連の63万人、スクールバスや路線バスの運転士14万人、タクシーやリムジンの運転士７万５０００人を含む。イギリスでは、アメリカより割合の高い、労働人口の６パーセントがこの業界の仕事に就いている。物流の自動化は経済に大きなショックを与え、膨大な人の職業人生を根本的に変えてしまいかねない。

エストニアも事情は同じだ。労働人口の６パーセント、３万９０００人が輸送か物流に関係のある業種で働いている。タリンには中高年のタクシー運転手が多数おり、自転車に乗った数百人の若者がファストフードのエストニア版出前アプリ〈ウォルト〉の食事を首都じゅうに届けている。もしロボットが仕事を引き継いだら、配達ワゴンを運転する人も手紙や荷物を届ける人もいらなくなり、こうした人たちは生計のための別の方法を見つけなければならない。スターシップ・テクノロジーズ社の社屋から街の中心地へ戻るときに私の横を通り過ぎた路面電車《トラム》に人の運転士の姿はなく、自動で走っていた。さて、エストニアの「テクノロジー全賭け」は、先見の明なのか狂気の沙汰なのか？

テクノロジーと労働力

第7章の秋田のような人口の超高齢化にともなう経済の動きは、20世紀後半から出現した比較的新しい傾向だが、テクノロジーと労働力のあいだで綱を引き合う問題は、少なくとも3世紀前からあった。エストニアが現代の格好の研究材料なら、過去を知るにはイギリスの農園や工場がぴったりだ。秋田に住む人が自分たちには長生きのロールモデルがないと嘆いたのとはちがい、テクノロジーと労働力の分野では、まえの世代の経験をたっぷりと学ぶことができる。テクノロジーは就業者にどんな影響を与えてきたのか？　どんなイノベーションが就業者を怒らせ、どんなイノベーションが受け入れられたのか？　エストニアでも似たようなことが起こるだろうか？

18世紀初期、イギリスの就業者の80パーセント以上は農業従事者だった。当時は食糧不足や飢《き》饉《きん》はめずらしくなく、男も女も子どもも1日の大半を耕作と収穫と家畜の世話に費やしていた。

現代のような農具はなく、18世紀後半でも刈り取りに使う農具の90パーセントは柄《え》の短い鎌だった。人間工学的には痛ましい代物で、その鎌を使って収穫するには人は腰をかがめなければならなかった。同じ刃に長い柄をつけた大鎌の登場によって立ったまま作業できるようになり、収穫にかかる時間は半減した。カブはよく実って畑地の生産性を高め、目的に合わせた交配が家畜の生産性を高め、道具が人間の生産性を高めたが、道具の改良は仕事を終わらせるのに必要な時間数を減らすため、いまの配達ロボットがエストニアの郵便配達人に脅威を与えるのと同じように、当時の小作農民にとっては脅威になりかねなかった。それでも、当時は道具が単純で、使い途がはっきりしていたせいか、大鎌を使うことに腹を立てる者はいなかった。むしろ道具の効果によって、農場の生産量は増し、飢饉は減り、人口が増えはじめた。

機械が生んだ雇用

人間と機械が衝突しはじめたのは、発明される機械が高度になったことがきっかけだった。18世紀にジョセフ・フールジャムとディズニー・スタニーフォースが発案した犂《すき》「ロザラム・プラウ」は、従来の重い犂に比べて、ひとりで楽に扱えるほど軽く、安価で、強靭だった。ジェスロ・タルが発案した「種蒔《ま》き機」は、農地を耕し、耕したところに種を蒔き、種の上に土をかぶせ、正確な植えつけができたので、必要な種の量が従来より70パーセント少なくなった。1780年ごろ、アンドリュー・ミクルが発明した蒸気脱穀機は、1エーカー（約4000平方メートル）の脱穀にかかる時間を半日にまで減らし、人の手よりも90パーセント速くなった。19世紀前半は農業工学が大きく花開いた時期で、農業従事者は刈り取り機や乾草機《ヘイメーカー》、カブ収穫機、もみ殻選別機などを次々に実用化していった。新しい技術がイギリスの農業地帯に行きわたるにつれ、生産高は激増した。1850年には、1世紀前と比べて2倍半以上を収穫している。

だが、農場で働く多くの人たちは省力の機械をいやがり、脱穀機の打ち壊しに端を発した暴力行為が1830年にケント州で起こっている。怒りは広まり、暴力も伝播《でんぱ》し、各地で起こった数百件の騒乱は、のちに「スウィング暴動」と呼ばれるようになった（農場主らに向けた要求や警告の書状に、「隊長《キャプテン》スウィング」の署名があったことから）。暴徒数千人が投獄され、500人近くがオーストラリアの流刑地に送られ、数百人に死刑が宣告された（最終的に16人が公開で絞首刑に処された）。スウィング暴動の参加者ははじめ、ある程度の成功を得ていた。賃金の引きあげ要求はだいたい通り、脱穀機への投資は食い止められた。だがこうした暴動も、テクノロジーの進歩を遅らせることにはほとんど役に立たなかった。1896年にはトラクターが、1911年にはコンバイン収穫機が、1960年代には食肉処理機械が、1970年には自動搾乳機が登場し、そして2015年からはエストニアの起業家が、農業テクノロジーの粋を集めた「スマートファーム」を展開している。

テクノロジーに失業させられる恐怖は、農業に限らない。産業革命時代には発明家に怒りがぶつけられ、産業機械への破壊行為が頻発した。ランカシャー生まれの発明家ジェームズ・ハーグリーヴスの例を紹介しよう。1700年代前半、紡織に使う糸をより合わせる糸紡《つむ》ぎの工程が紡織業のボトルネックになっていた。動きの速い織り機に追いつくように糸を送り出すには5人の紡ぎ手が必要だった。機織《はたお》りは労働集約的であり、シャツ1枚の布地を織るのに必要な580時間のうち500時間は糸紡ぎだった（現代のアメリカで最低賃金の働き手が18世紀の機械でシャツの布を織ったとしたら、1枚4000ドルのコストがかかる）。ハーグリーヴスの発明した「ジェニー紡織機」は、織り手ひとりで一度に8個の糸巻きを扱えるため、生産性が劇的に高まった。働き口と賃金がなくなることを怖れた紡ぎ手たちは、ハーグリーヴスの自宅を突き止めて押し入り、彼の紡織機を破壊した。

紡ぎ手の数が減らされるという彼らの恐怖は無理もなかった。ジェニー紡織機の初期バージョンでは糸巻きは8個だったが、1784年には80個に増え、イギリスじゅうで2万台の機械が動いていた。ジェニーにさらに別の発明が組み合わされて、リチャード・アークライトの水力紡績機、サミュエル・クロンプトンのミュール紡績機などが誕生し、人手はますますいらなくなった。かつては100万人単位でつくりあげていた製品が2～3000人でつくれてしまうのだ。ところが、凍りつくかと思われた雇用は激増した。織物全般の価格が下がり、需要が増え、輸出高も拡大したからだ。雇用を減らすどころか、織物業界は働き手をどんどん吸い込んだ。かつては副業として布を織っていた農業従事者まで、土地に見切りをつけて織物業に専念しはじめた。ランカシャーは当時の〝シリコンバレー〟であり、州外から一家で移り住む人が増え、フランスやアメリカの発明家も引き寄せられていった。

サービス業の天才

現代の農業と工業は、何世紀にもわたる省力化の技術のうえに成り立っている。だからこそ、イギリスでもアメリカでも2019年の農業分野での雇用が全体の5パーセントを下回り、製造業での雇用が10パーセントを下回っているのだ。人力に代わる機械の登場によって農業をやめ、工場を去った人たちは、いまはサービス業界で働いている。

「サービス」の定義は広く、小売りやホテル、レストランのほか、会計や建築設計のような専門職、学校の教師や講演業、作業療法士なども含まれる。サービス経済においては、調理や掃除、運転、衣服のクリーニングなど、時間を節約するためや面倒な作業を代わってもらうためにサービスを買う。あるいは、翻訳や設計図の描き起こし、ウェブサイトのデザインなど、自分ではできない部分をできる人に仕上げてもらう。現代の経済では、実際に自分の手で何かを育てたり、つくったりしている人はわずかしかいない。10人のうち8人は、時間、労力、スキル、知識の交換を毎日おこなっている。

一方では、人間はサービスの提供にかけては機械よりうまいから、機械に仕事を奪われる可能性はあまり心配しなくていいと考える人がいる。自動化についての報告書のなかにも、リスクにさらされているのは職の4分の1であって、4分の3は大丈夫だし、しかもそうした大丈夫な職は賃金の面でもスキルの面でもあらゆるレベルの就業者に比較的均等に広がっていると楽観視している。つまるところ、商店主もウェイターも美容師も、人間にとっては日常的だが、機械にとってはたいそうむずかしい作業——歩いたり、見たり、顧客の気持ちを理解したり——を膨大にこなしているのだ。あらゆる種類のサービスを提供するという話になれば、人間には天賦の才がある、と。

最先端の光と影

だが他方では悲観論もある。「ロボットにはできないことがあるという楽観的な仮定はまちがいだ」。配達ロボットを開発したアーティ・ヘインラは、いまのロボットは、長い階段をのぼったり、3D画像を処理したり、人間の感情や雰囲気を読み取ったりできると指摘する。できるようになったのは、AIのなかの「機械学習」という技術が進歩し、ロボットが経験をつうじて学べるようになったからだ。たとえば、ある画像を認識させ、一致するものを棚から取り出させ、屋内の障害物を避けながら運ばせたあと、そうした一連の作業が正しかったかまちがっていたかのフィードバックを与える。この「トレーニング」を数百回、数千回繰り返すうちに、ロボットは同じ失敗をしなくなり、作業が上手になっていく。

機械学習という考えは目新しいものではない。「機械学習」という用語をつくったアメリカのコンピューター科学者アーサー・サミュエルは、1950年代にはすでにこのテクニックを使ってボードゲーム「チェッカー」の指し方をコンピューターに教えている。

AIを支える頭脳の拡大

コンピューター・プロセッサーあたりのトランジスタの数。1970〜2017年（単位1000個）

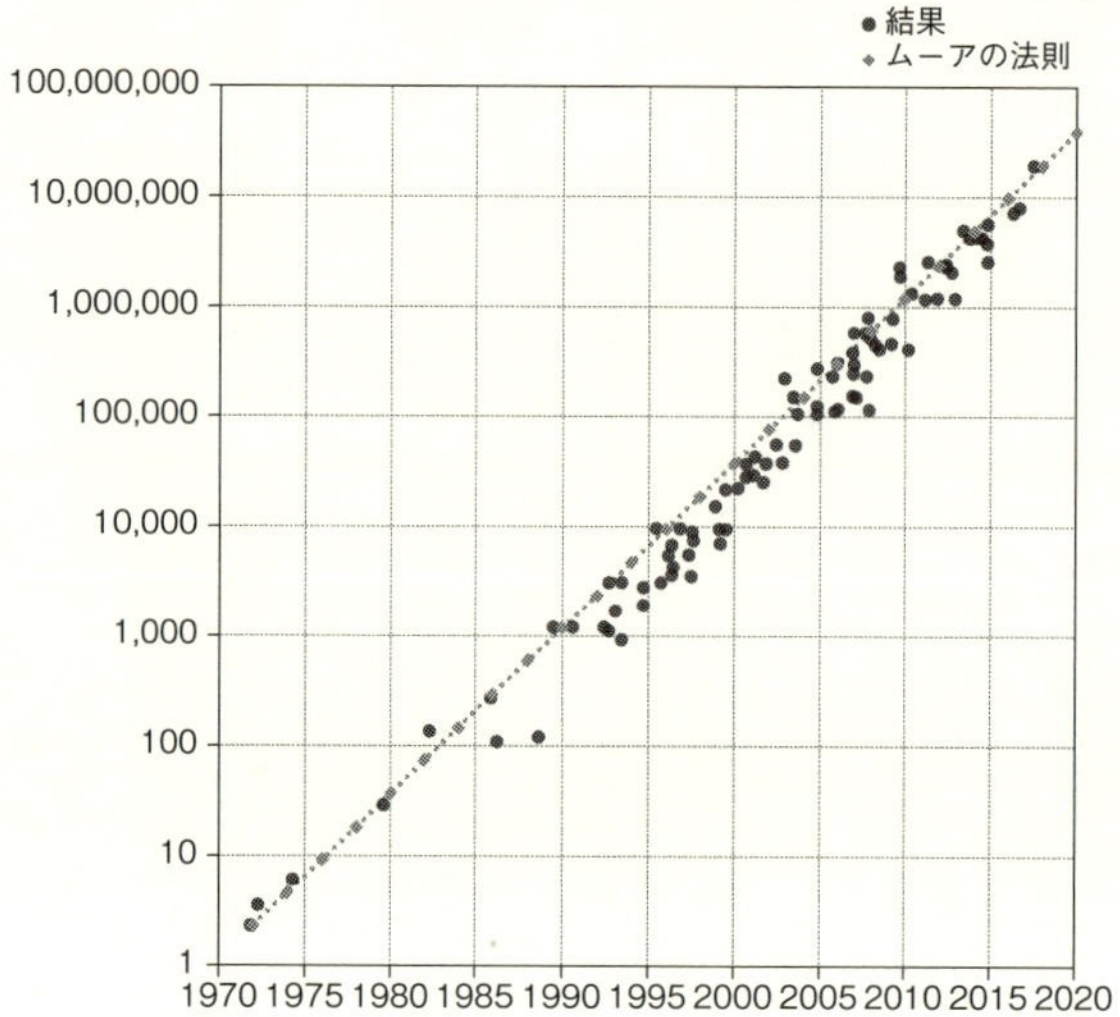

出典:Rupp（2018）

直近10年間でのコンピューター性能の著しい向上によって、ＡＩの能力も大きく進歩した。画像認識では、むしろ人間を上回っており、ガンの疑われる病巣を見つけるテストでは、ほぼつねに人間の検査技師よりもよい成績を収めている。

ロボットは画像や動画以外でも優れた解析能力を示し、たとえば、タリンのスタートアップ、リアルアイズ社は、ウェブカメラと機械学習を使って、人間の感情を読み取れるシステムを開発した。ヘインラの話では、世間にまだ公表されていない驚くべき機能の開発が進んでいるそうだ。

スターシップ・テクノロジーズ社の配達ロボットは、これまでタリン、ロンドン、カリフォルニアでのテスト走行を15万キロ以上こなし、収集したデータはエストニアの頭脳中枢に送られて、さらなる改善のために解析されている。

エストニアの最先端の発明家たちは、偽りの安心感に浸っていてはいけないと警告する。たしかに、ＡＩの成長を見ると、その警告を重大に受け止めるべきだという気になる。ロボットの頭脳はコンピューターチップのなかのトランジスタがつかさどっており、「ジェニー紡織機」からの流れもそうだったように、技術の進歩は非常に速い。１９６５年に当時36歳だったゴードン・ムーアは、コンピューターチップの演算能力は2年ごとに倍になると予測した。「ムーアの法則」と呼ばれるこの予測は驚くほど正確だった。１９７１〜１９８９年のあいだに、インテル社（ムーアが設立者のひとり）のチップに搭載されたトランジスタの数は２３００個から１２０万個に増えた。

最近では、進歩の速度が若干ゆっくりになった形跡があるが、能力が倍になるのが2年ごとでなく、たとえば3年ごとになったとしても、２０３０年のチップは２０１８年より16倍強力なのだ。その過程でＡＩの能力もさらに高度化され、多くの人の職業人生にかかわりが出てくるだろう。控えめに見ても、ＡＩがコントロールする機械は、人間のできることをすべて同等かそれ以上にうまくこなすようになる。

テクノロジーの最先端で開発している人たちから、あとに続く私たちへの教訓はこうだ――機械の力を見くびってはならない。

エストニアの経済には、本書の第1部と第2部のテーマにもつながるもうひとつの教訓がある。経済の成長とともに新しい分断が起こり、社会の秩序を損なう怖れがあることだ。

タリンには、テクノロジーの拠点として光り輝き、地元住民にいくらでもチャンスが降ってきそうな行政区域がたくさんある。ある起業家が私に言った。「ここのテクノロジー業界にいるのなら、たいして優秀でなくても、失業する日なんて来ないね」

だが、テクノロジー拠点ではない区域の景気はよいとは言えず、10年ほどまえのユーロ圏危機のときの動揺がいまだに残っている。政府のテクノロジー優遇やＩＴ企業の華々しさを妬《ねた》んだ業界が不平を言っているのではなく、高い教育を受けた若者も同じ懸念を示している。最近ロシアから移住してきたタリン住民のひとりが言った。「はじめは簡単に溶け込める。だがしばらく暮らすうちにわかってくる。この国のなかにはふたつの世界があると」

もうひとつのエストニア

無国籍の8万人

もうひとつの世界はタリンから200キロ東のナルバにある。6万人弱が住むナルバはEUの東端に位置し、タリンよりもロシアのサンクトペテルブルクに近く、ロシアの影響が色濃く残る国境の街だ。道路には国境越えの手続きを待つ貨物トラックが列をなし、エストニアのナンバープレートのトラックをロシア人が運転している。そうとわかるのは、フロントガラスに「ミハイル」「セルゲイ」「アレクセイ」などの名前が貼られているからだ。屋外の広告看板にはロシア語が並び、ショーウィンドウにはロシアのラジオ局〈ラジオ・イェリ95・6FM〉のポスターが貼られている。美術館に行けば、ピョートル1世とロシア人豪商セルゲイ・ラヴレツォフ遺贈の名品が並び、イワン・アイヴァゾフスキー、アレクサンドル・マコフスキー、イワン・シーシキンらロシア人画家の手による海の情景や山の細道を描いた絵画が展示されている。1993年におこなわれた住民投票では、タリンとは別の自治権を確立するほうに97パーセントの支持が集まった(タリン当局は却下した)。今日《こんにち》、ナルバ住民の90パーセント以上が民族的にはロシア人だ。

肩の強い者がナルバから石を投げればロシアに届く。この古い街は、流れの速いナルバ川の土手に沿って築かれ、なかほどにEUとの非公式な境界線がある(どこまでがエストニアでどこからがロシアかについては合意に到達していない)。目を引くのはふたつの大きな城で、ひとつはエストニア側のヘルマン城、ひとつはロシア側のイワンゴロド城だ。エストニアの土手には重りと餌をつけた糸を水底に垂らす釣り人が並ぶ。反対側の土手ではロシア人の釣り人が3人、胸まで水に浸かり、ロシアでいちばん大きな城塞をもつイワンゴロド城のそびえ立つ外壁を背に、糸を投げている。城の東端にある小塔では、年配の旅行者グループが銀髪を風に揺らしながらヨーロッパの方角を見やっていた。じつにのどかな光景だ。

だがエストニアには深い傷もあると、〈融合のための財団〉《インテグラッツィオーニ・シータズツウス》で研究を主導するマリアンナ・マカロワは言う。問題の多くは、ソ連体制下では国の命令によって人が移動していたことに由来する。「行き先を選ぶ自由はありませんでした」。当時、近隣のサンクトペテルブルクで学位を取得した若いロシア人エンジニアは、いまはエストニア領のナルバとエストニア最東端のイダビル県に集中する工場やシェールオイル採掘施設へ送られることが多かった。エストニア地域の生活水準はモスクワよりもずっと低かったから、この配属を喜ぶ者はあまりいなかったが、家族や縁故のない者は与えられたものを受け取るしかなかった（北極圏にかかるカラガンダとボルクタの炭鉱などに比べれば、まだましだった）。ソ連の体制下では住む場所は国が決めていたため、エストニア・ソビエト社会主義共和国（ＥＳＳＲ）の民族構成が変化してしまった。第二次大戦後、少なくとも21万人がソ連の別の地域から流入し（大半はロシアから、ほかにウクライナとベラルーシからも）、エストニアの総人口に占める生粋のエストニア人の割合は、１９４５年の94パーセントから１９５３年には72パーセントに低下している。

今日、ロシアの血を引く33万人は、エストニアの総人口の25パーセントを占める。ナルバとイダビル県では彼らが最大グループであり、タリンにも人口の40パーセント、15万５０００人が暮らす。

集中しているのは首都タリンのふたつのラスナマエとバイケ・ウィズマエ地区だ。ラスナマエは、幹線道路の脇に多層階の住宅が立ち並ぶ、タリン東の目立たない地域だ。だが、バイケ・

ウィズマエのほうはソビエトそのもので、どの街区にもわずかな湾曲があり、灰色の低層の建物が3棟、高層が1棟、再び低層と、なんらかの規則に沿って配置されている。通りを歩くうち、やがてそこが巨大な同心円のなかに幾何学的に建物が並んでいるのだと気づく。

バイケ・ウィズマエなどに送られてきた者はそこそこの暮らしができていたので、1991年にソ連が崩壊したとき、彼らは人生を左右する決断を迫られた——エストニアに残るか、ロシアに戻るか。ロシアに戻った者は5パーセントだけだったが、エストニアに残った者も自分はエストニア人ではないと感じると言う。私が話を聞いた人の多くが自身のことを取り残された者だと感じている。あるロシア系エストニア人は言った。「本当の居場所がどこかわからない。何国人なのかすら」。別の人は、激情家の多いロシア人の気性とクールで合理的なエストニア人の気性をもじって、「自分はロシア人になるには冷静すぎ、エストニア人になるには温かすぎる」と表現した。

約8万人の民族的ロシア人が無国籍だというのはたんなる心情ではなく、法に照らした真実でもある。正式にエストニアの市民権を取得するには、申請書を出し、簡単には合格しない言語テストに合格しなければならない。そのため彼らは、赤紫色のエストニアのパスポートではなく、薄灰色の表紙に金色の文字で「在留外国人《バリスマーラセ》」と書かれたパスポートをもっている。つまりエストニア人でもロシア人でもないということだ。エストニアの公共サービスは利用でき、税金もエストニアで払うが、国政選挙への投票権はない。このいびつな状況は隣国ラトビアも同様で、EU内のロシア国籍をもたない民族的ロシア人の数は、世界の無国籍者のなかで最大集団のひとつになっている。
エストニアにいる民族的ロシア人は、平均賃金がエストニア人に比べて低く、失業率は高い。職に就いていたとしても、エストニア人に比べて不利な労働条件なので、不況時に解雇されやすい。

2008年の金融危機のあと、民族的エストニア人の失業率は17パーセントにあがったが、民族的ロシア人のそれは27パーセントに跳ねあがり、「在留外国人《バリスマーラセ》」のパスポートをもつ者の場合には30パーセントを超えた。この数字の差には、雇用を奪うテクノロジーの脅威を考えるときに注意しなければならない。

民族的ロシア人の境遇は、先を見越してハイテクの経済戦略に注力したエストニアのような国にも、機会をつかめずにいる人がおおぜいいることを示している。民族的ロシア人はすでにいろいろな意味で取り残されている。エストニア人に比べ、アルコール依存者が多く、平均寿命は短く、とくに男性には顕著な開きが見られる。

ナルバでは、観光スポットの川沿いから離れると、何本も走る裏通りに傷みの目立つソビエト時代の安アパートが多数残っている。タリンの旧市街でスキルのいらない低賃金の仕事に就いているのは、みなロシア語の話者だ。

マリアンナ・マカロワの話では、とりわけ気の毒なのはそうした最低賃金で働く人たちのなかに、もともとはロシアの大学で上級学位を取得し、ソビエトのエネルギー施設で管理職に就くはずだった、現在50代～60代の女性も含まれていることだ。

この地の民族的ロシア人が人生をあきらめているように見えるのも無理はないのかもしれない。親切な地元住民が案内してくれた、円を描くバイケ・ウィズマエ地区の中心にある大きな池には、50代後半から60代ぐらいの男たちがおおぜいいた。

案内人は意味ありげにウィンクし、指でクォーテーションマークをつくって〝魚釣りだよ〟と言って、それとわからないぐらいかすかに彼らのほうを身振りで指した。物陰に強いラガービールの入った袋が突っ込んであり、平日の午前10時だというのにたくさんの缶がすでに空になっていた。

新しい架け橋

テクノロジーへの全賭けがもたらすもの

25年にわたりテクノロジーに全賭けしてきたエストニアの経済には、デジタル化の脅威とチャンスの両方が見えている。悲観論者は、行政の背骨となった「Xロード」データ交換システムが、現代の脱穀機かジェニー紡織機のような存在になると心配する。行政サービスをデジタル化するということは、たとえば予約を取るとか、窓口へ行って並ぶとか、そういう人と人とのやり取りが生活から消されるということだ。複数の調査が、デジタル化によって2014年に年間6400人分の就業時間を節約し、この傾向はますます強まっていくと報告していた。恐怖の解釈をすれば、エストニア政府の事務職員2万5000人のうち4分の1以上にあたる6400人の仕事がリスクにさらされているということになる。実際、Xロードの影響を強く受ける部署では、職の数が2015〜2018年のあいだだけで2450減った。

この点については楽観論のほうに説得力がありそうだ。中央政府で職が減ったと言っても、もとからあった長期的な人事計画のなかのひとつのピースにすぎない。高齢化の進む日本のように、エストニアでも高齢者のリタイアにともなって労働力は縮んでおり、政府が毎年750人分の仕事を減らさなければ、国全体に占める公務員の割合を増やしてしまう。このレンズを通して見れば、自動化はリスクというより必要なものなのだ。経済全体を見渡しても、テクノロジーのせいで人材需給がゆるんでいる徴候はほとんどない。失業率は4・4パーセントにすぎず、労働参加率（生産年齢人口に占める労働人口の割合）はここ20年で最も高い72パーセントを記録し、アメリカよりもEU諸国の平均よりもはるかに高い。ロボットにしてもソフトウェアにしても、エストニア人の賃金を下げているようには見えないのだ。近年のインフレ調整済み賃金は4パーセント上昇しているし、2018年の公式調査によると、看護師、教師、コンピューター・プログラマー、バスと貨物トラックの運転士への需要が大きい。こうした統計を大まかに見ると、雇用はうまく回っているようだ。

《アユヤ》の優勝経験をもつ発明家のレート・ランドは、エストニアの経済再生は国が率先したのだと言う。歴代の政権が、たとえば失業給付を手厚くするなど、発明家がチャンスをつかみやすい政策を積極的に打ち出したこともその表れだった。発明家あるいは起業家としての道を進むと決断した者は、明確なビジネスプランを示し、それに向かって進んでいることを証明できるかぎり、誰でもエストニアの失業給付を受け取ることができる。安定した職を離れ、リスクを取ろうとしていたレート・ランドにとって、これは重要なことだった。

40代前半のランドは、キャリアの大半をちょっとした機械の設計に費やしてきた。電子設計と物理学を学んだあと、大企業の新規開発室に入り、ゼネラルモーターズのハンドルロックや、再生可能エネルギー企業ABBの風力タービン、通信機器メーカー〈エリクソン〉の電子部品などを設計してきた。転機が訪れたのは2017年はじめのことだった。母校のタルトゥ大学の付属病院から電子センサーをテーマにした講演を頼まれ、院内を案内されたときに、看護師たちが患者のケアよりも看護記録を書き留めることのほうに多くの時間を割いていることに気づいた。検温は一般患者で日に4回、小さい子どもならさらに頻繁におこなわれる。講演の最後にランドは聴衆に向かって、もしそのプロセスを自動化できたら役に立つだろうかと尋ねた。きわめて良好な感触を得た彼は2017年3月、そのアイデアにフルタイムで取り組むため会社を辞める。数カ月後、「体温《テンプ》ID」という名で商品化した。

レート・ランドはにっこりし、「こいつはすごいよ。私のこれまでの発明はたいていトレーラーでなきゃ運べないぐらい大きかったけど」と言って、ズボンのポケットから発明品を取り出した。テンプIDは薄くて小さなピンク色の円盤で、患者の皮膚にぽんと貼り、看護師が観察しているあいだそのままにしておくだけでいい。ランドが円盤をスマートフォンにかざすと、過去4週間の彼の体温が1分ごとのグラフで表示された。競合品はあるが、既存のアメリカ製センサーは充電が24時間しかもたないうえ、ブルートゥース経由でデータを転送しなければならないのに対し、テンプIDは使用者のスマートフォンに直接リンクされ、充電は1年もつ。エストニア政府が後援する発明コンテスト番組《アユヤ》で優勝した数週間後、レート・ランドは国内大手製薬会社3社との契約に署名した。

エストニアのデジタル民主主義も発明家を間接的に後押ししている。テンプIDが集めたデータ（体温記録）は個人的なものだが、医療関係者のあいだで共有し研究に使えれば貴重なデータになる。しかし2018年、データセキュリティ上の不安から、患者と担当医師のあいだであっても、秘密の個人情報をメールで共有することは禁止された。これに対応し、テンプIDの開発チームは、患者と医師が直接やり取りできる安全な通信経路を開発中だ。この新しい経路は、エストニア人が携帯する物理的なIDカードを政府支援のもとでスマートフォン化した「モバイルID」を使用する。国の肩に乗っかることの利点を彼は強調した。「うちの安全な経路の基本は政府がすでに設置した経路だ。エストニアのテクノロジー開発者にとって、土台はすでにできていることが多いんだ」

デジタル市民

エストニア政府のＩＴ政策を主導するシーム・シクートは、デジタルのＩＤシステムが成功したことで新たな問題も生まれたと指摘する。経済が上向くにつれ、エストニアには他国からの投資が集まり、エストニア企業の役員に就く外国人も増えていった。ＩＤシステムの効率がよかったのは、大企業の多くが役員会議事録などの機密書類をすでにデジタルに切り替えていたからだが、外国人役員はそれを読んだり署名したりするのに必要な政府認証の電子署名を入手できなかった。エストニアの企業は「仕方なく一部に紙の書類を復活させたが、その面倒さといったら」とシクートは当時の状況を説明する。

当初の解決策は、エストニアの主要な外国人投資家にその場限りのＩＤカードを付与し、機密書類にも電子署名ができるようにすることだった。だがその後、より大胆なアイデアが開発チームにひらめいた。ＩＤシステムを国が外国人投資家に解放するのなら、投資家に限らず、外国人みんなに開いてもよくはないか？　チームには、これがエストニアに恩恵をもたらす予感があった。新しい「デジタル市民《eレジデント》」は、エストニア企業の顧客となってくれるだろうし、会計処理やウェブデザインなどの専門的サービスに金を使ってくれるだろう。このアイデアは世界的にも例のない、斬新なものだったため、ケーススタディに使える事例をもたない彼らは苦肉の策をとった。「観測気球を打ちあげて、どんな軋轢《あつれき》が生まれるかを探ることにした。24時間後にはこちらの予測を超えた反響があった。市場はこう言っていた。〝行け、進め〟と」。すでに138カ国から3万5000人のデジタル市民が集まり、さらに増えつづけている。彼らはみな、政府のスローガン「新しい電子国家」の民なのだ。

エストニアのデジタル市民になるのは簡単だ。ウェブサイトで基本情報を入力し、顔写真とパスポートのスキャン情報をアップロードし、100ユーロを支払い、どの国のエストニア大使館で受け取るかを選択するだけでいい。ここまで5分とかからない。少し面倒なのは申請動機を書く欄があることぐらいだ。このシステムを現在管理している29歳のオット・ヴァッターによると、さまざまな申請動機があるそうだ。「このアイデアが気に入ったから」「話の種にカードをもってみたかった」「国境を超えた連帯を感じられるから」など、実利よりも興味が先に来る人もいれば、「ユーロで取引できるエストニアに銀行口座をもてるから」というビジネス上の理由もある。現状への不安から、電子的だろうとなんだろうと安定した国に足がかりを置きたいという切羽詰まった願望もあった。EUの研究プロジェクトで働くイギリス人のなかにもこの制度に関心を示す人たちがいるのは、おそらく、イギリスがEUから離脱したら資金状況が逼迫するのではないかと怖れ、保険の意味でデジタル市民になっておこうと考えたからだろう。

小さなイノベーション大国

発明コンテスト番組《アユヤ》の運営を支える地元企業家のひとり、ハリー・タリンは、政策をつうじてイノベーションを促進しようとするエストニアの思い切った実験は、新たな雇用を生んでいると見ている。彼が過去の優勝者5人の資産状況を追跡したところ、5人の合計で250人を雇い、2017年前半に100万ユーロの税金を払っていたことがわかった。こうした数字が今後も上昇すると思われるのは、《アユヤ》で人気を博したスタートアップ企業数社が、この2、3年ですでに投資家から3000万ユーロの資金を集めているからだ。彼らがその資金を使うことで、材料を納入する業者の収入も、就業者の賃金も、政府に入る税金も全部増えるのだ。

デジタル市民というエストニアの新しいタイプの居住者も、雇用創出にひと役買っているようだ。2017年末には、国外のデジタル市民がエストニアに設立した企業は3000社に達していて、今後4年間でGDPを3000万ユーロ以上押しあげると見られている。いちばんの心配はデジタル市民カードの需要が増えるかどうかではなく、カードを確実に供給していけるかどうかだと担当者のオット・ヴァッターは言う。というのも、そのカードは政府の公式文書と見なされるので、各国のエストニア大使館でしか受け取れないにもかかわらず、エストニア大使館は34カ国にしかないからだ。私がオット・ヴァッターのチームに会ったとき、彼らはどの国にも少なくとも1カ所は受け取れる拠点をつくろうと、各国の有力機関と提携する可能性を探っているところだった。エストニア政府は、2025年までに1000万人のデジタル市民を集めたいという壮大な目標を掲げている。半分だけ達成できたとしても、経済への影響はじつに巨大だ。

エストニアの成功に見る教訓のひとつは、国がデータを共有する方法から、勤めをやめて起業に踏み切れるような失業給付の微調整まで、経済全体に響く大胆な政策を打ち出すことがいかに大切かということだ。この政策の基盤として政府は「Xロード」を構築し、多くの民間企業がその基盤上で動作するサービスをさまざまに開発している。時間と公的資金を節約できるうえ、民間企業での雇用増が見込めるため、エストニアはスピード感を強く意識してこの政策を推進した。エストニア政府と直接契約して技術を利用する近隣国も現れ、フィンランドはすでに2017年からXロードを使っており、デンマーク領フェロー諸島とアイスランドも将来的にそうすることを発表している。ほかの国もIT大国エストニアへの関心を強め、デジタルIDやXロード、電子投票、デジタル市民の状況を視察するために多くの政府職員を送り込んでいる。エストニアの電子政府広報センターが受け入れた視察団の数は2018年だけで800にのぼった。

テクノロジーが経済全体で失業を増やしてきてはいないにせよ、雇用の様相を大きく変えることはこれまでも起こってきた。人を何かで置き換えるのではなく、人同士をかき回すこのプロセスはエストニアでも見られ、たとえば多くの企業の事業計画に、ある種の仕事をなくし、別の仕事を増やすことが書かれている。クリック・アンド・グロウ社がいい例だ。「スマートファーム」は、ある視点から見れば人の労働の必要を減らした。大量の植物を栽培する機械の監視は、ひとりいればよく、しかも週に2時間もかからないからだ。だが同時に、その機械を設計したり、製造したり、宣伝・販売したりする人たちの雇用を増やした。過去の技術革新がそうだったように、なすべき仕事の種類は変わったが、トータルで見た労働時間は変わっていない。クリック・アンド・グロウ社が最近アメリカに進出したのは創業者レップの強い意志によるもので、アメリカでは、輸送中や貯蔵中などに食料品の40パーセントが変質・廃棄されるという驚くべき報告がある。エストニアと同じように、自宅で食物を育てられるようになれば、使う水の量が農地の場合よりも40分の1に減らせるうえ、農薬もいらない。輪作という優れた農法と脱穀機が登場してから数百年経つが、農法の改良にはいまも大きな恩恵が見込めるのだ。

経済とテクノロジーの未来を考えるとき、雇用がなくなる恐怖とは別に、雇用の量は保持されたとしても質が損なわれるのではないかという恐怖がある。やりがいのある、価値の高い仕事は全部ロボットがこなし、人間には、頭を使わない、ただ繰り返すだけの、安い仕事しか残らないのではないか？　エストニアはこれにも反論を用意している。テクノロジー企業でロボットと働く仕事にはさまざまなレベルのスキルが必要であり、高い知的刺激が受けられる、と。

スターシップ・テクノロジーズ社での取材がひととおり終わったあとで、私は配達ロボットの動く様子をモニターしている部屋に案内された。大きな部屋のなかで、ロボットおたくふうな格好の若者たちが、ずらりと並ぶコンピューター画面を見ていた。ひとつの画面が配達ロボット1体と対応し、ロボットがカメラとレーダーで捕捉したとおりの画像と、ロボットがいまどこにいて次にどこへ向かおうとしているかの経路が表示される。道路が交差した箇所に到着すると、ロボットは停止し、指示を待つ。開発段階のロボットは、道路を渡ってよいかどうかを人間の「制御官」に判断してもらうように設定されている。チームは計画ルートを見ながら、ロボットにフィードバックを与え、ロボットの人工知能を強化しているのだ。

私が社屋を出るとき、6つの車輪のついた配達ロボットがゴロゴロとやってきて、受付のあたりですれちがった。そのロボットは訓練中だったので、「制御官」がリモートで監視するだけでなく、実際に人間がそばについて歩いていた。彼は若いジェームズ・ボンドのようだった。20代前半ぐらい、会社支給の革のボマージャケットを着て、濃い色のサングラスをかけている。エストニアでは、トラックやバスの運転士も含めて労働力が不足しており、さまざまな職種に空きがあるが、この会社で働く人たちは車を動かす仕事ではなく、ロボットに動き方を教える仕事に就いている。ゲームのようにロボットを操作することも、格好いいジャケットとサングラスを身に着けてタリンの街なかをロボットと歩くことも仕事のうちなのだ。こうした新しい種類の仕事は、古くからある仕事よりも人を惹きつける。

北欧のシリコンバレー

デジタルテクノロジーが雇用を根こそぎ奪いはしなくても、社会を経済的に分断したり、これまであった格差を大きくしたりするのであれば、やはり社会のダメージになる。タリンの主要なテクノロジー拠点のひとつ、ウレミステ・シティには、民族と言語の断層線が残り、エストニアという国の挑戦をより価値あるものにしている。ウレミステ・シティは、住民の多くがロシア語の話者であるラスナマエの中心地に近く、最近ビジネスパークが完成したところで、タリンの過去と未来を同時に見ることができる。「北欧のシリコンバレー」とのキャッチフレーズがついた新しいビジネスパークは、1991年まで鉄道車両を製造していたレーニン国営工場の広大な敷地に建つ。ウレミステ・シティには数百社のテクノロジー企業が稼動しており、オフィスビルの並ぶ大通りのすぐそばにソ連時代の巨大な倉庫が残っている。大きな扉の上の壁には、赤いレンガで埋め込んだスローガン——ひとつはロシア語の話者に向けた〈ソビエト連邦共産党に栄光あれ!〉、もうひとつはエストニア語の話者に向けた〈飛べ高く、エストニア共産党よ!〉——が見てとれる。従業員のしゃれた車が並ぶ広い駐車場の隅には、雑誌などを売るフランスふうの売店があり、そのうしろにはソ連時代の労働者に向けた悲壮な詩が彫られた碑がある。新しい社会のデジタルデバイドを見たいのなら、まさにここがその場所だ。

ウレミステ・シティを拠点にした企業の雇用記録は、テクノロジーが不和の原因にも癒やしにもなりうるわかりやすいヒントになる。ここではイノベーターにも起業家にも民族的ロシア人がおおぜいいて、しかも多くが幹部職に就いている。ギャンブルサイトやゲームサイトのソフトウェアを開発しているプレイテック社は、1999年にエストニアで創業し、現在は17カ国に5000人以上の従業員がいる。本拠地であるタリンのオフィスにはロシア語話者が多数働き、数百人のコーディング要員は南のウクライナのオフィスにいる。別のソフトウェア企業のパラレルズ社は、MacとPCユーザーのあいだで作業をつねに互換に保てるある種のブリッジを構築した。タリン周辺で800人が勤務し、モスクワにもオフィスがある。その隣のソフトウェア企業、ヘルメス社は、タリンだけでなくベラルーシ共和国の首都ミンスクにも支社があるそうだ。機械学習の企業が必要とする膨大なデータを保管するアストレックデータ社は、タリンとロシアのサンクトペテルブルクにオフィスを構える。社名のロゴの下には〈東と西をつなぐ〉の文字がある。

ここのテクノロジー企業では、ロシアなど旧ソ連諸国の出身者かその縁者が少し優遇されているように見える。著名なイノベーターの何人かに、本流ではないそうした集団は新しい社会ではふつうはうまくいかないはずではないかと尋ねてみた。考えられる理由のひとつは、教育にあった。スターシップ・テクノロジーズ社の創業者アーティ・ヘインラは、ソ連時代には数学と工学のスキルがとりわけ重視され、物理の分野ではロシア人の学校とのあいだでバトルを繰り広げたと熱く語る。民族的ロシア人は生まれつき数字に強いと思われていたので、1990年代にIT産業が栄えはじめると、プログラマーやシステム開発者として引っ張りだこになった。こうした経緯から、ロシア語話者のエストニア人たちは、技術教育を重視し、わが子にその大切さを繰り返し言って聞かせる。

数学そのものというより、それを使ってコミュニケーションをとれる能力のほうが重要だと言う人もいた。タリンでは言語自体がよく議論の的になり、政治的にも厄介な問題になっている。根本の問題は、この国のふたつの母語がかけ離れていて意思の疎通ができない点だ。「遠い親戚」どころではなく、アルファベットからしてまったくちがうし、共通する単語もほとんどない。これが政治的にも問題なのは、エストニア語で教える学校とロシア語で教える学校のふたつが並行しているため、言語の異なる子どもたちや親同士がいつまでもなかなか交われないからだ。大学制度はひとつなので、ふたつのグループはそこでいっしょになるが、講義のまえやあとで会話するグループは結局、ふたつに分かれてしまうという。だが、テクノロジー企業のなかでは事情が変わる。タリンのある発明家が言うところの「3つの国際言語」すなわち、数学、コンピューターコード、英語が使われるため、日常言語のバリアが取り払われるからだ。

政府の教育指針である2車線構造《ツートラック》の学校制度のためにこの国の分断は残っているが、その分断を埋めるのにイノベーションが役立っていると言えそうだ。国が後援している発明コンテスト番組《アユヤ》でも、近年はロシア語話者の出場が増えてきた。２０１７年には、出場者が自分の発明をエストニア語とロシア語と英語で説明していたし、モスクワからや、エストニアのロシア語話者のチームも出場している（カクテルバーの酒がどれも品切れにならないように在庫管理と注文を自動化するポワロ・システムを引っさげた、若いバーテンダーのチームは決勝まで進み、病院の検温作業を合理化するレート・ランドの「体温《テンプ》ＩＤ」にあと一歩のところで敗れた）。Ｘロードやデジタル市民と同じように《アユヤ》自体も国外への広がりを見せ、《アユヤ》の運営を支える地元起業家のハリー・タリンはモルドバ共和国の政府が同様の発明コンテストを開催する手助けをしている。ロシア語話者が大半を占めるエストニア東端の街ナルバは、２０１４年から本家ＴＥＤのコンセプトを引き継いだＴＥＤｘセミナーを開始した。２０１７年のテーマは「境界はない」で、エストニア、ロシア、ウクライナからテクノロジー分野の発明家や科学者が参加した。

ただし、エストニアのテクノロジー全賭けがこの国の分断をやわらげてきたと言っているのではない。独立してから約30年が経つが、エストニアはいまだに、法律や行政や芸術など伝統的な分野では労働市場に深い分断があり、ほとんどの民族的ロシア人には門戸が閉ざされている。雇用統計の数字にも、民族的エストニア人への偏りがはっきり表れている。２０１８年、エストニア語を解さない人の失業率はエストニア語の話者の2倍以上だった。主流から追いやられているロシア人にとって最近の懸念は、ヘロインやフェンタニルの依存者が増えていることと、それに呼応してＨＩＶの感染率とドラッグの過剰摂取も上昇していることだ。

一方、住民の40パーセントがロシア語話者であるタリンを見ていると、テクノロジーが分断社会の希望になると感じられる。その希望どおりに事が進むとすれば、職場が大きな役割を果たすだろう。

以前からエストニアにあった言語と民族の分断を解決するうえで職場の役割が大きいのは、民族的ロシア人も民族的エストニア人も、家庭にいるときや遊んでいるときよりも、職場にいるときのほうが互いの交流を深めやすいからだ。

数学、コンピューターコード、英語という世界三大共通言語のうえに成り立つテクノロジー業界は相対的にフェアな職場と見なされており、ここでは民族的ロシア人も存在感を発揮できている。むろん、誰でもこの職に就けるわけではなく、テクノロジー企業に入れるのはざっと大学生10人にひとりぐらいだが、この業界では大量の人材需要がまだ満たされておらず、法律や行政職とはちがって、どのような家系かに関係なくすべてのエストニア人に開かれている。

分断を抱える国にとって大切なのは、民族や言語ではなく能力によって仕事を得られる業界を増やしていくことなのだ。

デジタル民主主義

今後数年のうちに、エストニア発の新しい経済モデルについてのニュースを私たちは聞くことになるだろう。タリンの試みは、そのコスト節減効果と雇用拡大の可能性を追い風に、急速に広まりつつある。タリンにある「eガバナンスアカデミー」では壁に大きな世界地図が貼られていて、エストニア国民がいっしょに働いている人の都市の場所に小さなＬＥＤライトが何百個も光っている。まもなくナイジェリア政府とのプロジェクトが、毎日２０００人も人口が増えている大都市ラゴスで始まることになっている。このプロジェクトは、スマートフォンの利用状況を追跡することでいまの人口を把握し、電力供給や衛生設備、輸送、警察活動などを機敏に調整していくためのものだ。

「そのうち、発明はもっと自由になるだろう」。レート・ランドがテンプＩＤのディスクに触れながら言った。「何かいいアイデアを思いついたら会社をつくって、自分で仕切るんだ」。企業の意思決定が遠いモスクワからおこなわれていた時代の記憶が残っている国にとって、自由の意味は大きい。テクノロジーが自分たちの民主主義を損なうどころか、防護し発展させると考える人は少なくない。投票箱をなくすことで、エストニアのデジタル民主主義は若い有権者を投票行動に惹きつけたし、政治家の個人資産がすべて閲覧できるようになったために汚職の可能性も減らした。政府のテクノロジー政策の第一人者であるシーム・シクートが言うように、「コンピューターに賄賂を贈ることはできない」のだ。

配達ロボットの発明者アーティ・ヘインラによると、人工知能という聖域にひびを入れてもっとふつうに活用したい人たちは、コンピューターを使って民主主義体制そのものを強固にすることも狙っているという。世界じゅうのチームがいま「汎用人工知能（AGI）」の開発に邁進している。AGIとは、そのデジタル頭脳を戦略的に構築し、人間の「教師」から教わるのではなく、推論も、何を学ぶべきかも、自分で計画できるほどの強力な能力をもつコンピューター化された知性を言う。この種の能力を追求する人たちは、AGIが、核軍縮や貿易協定などの人類にとってむずかしい問題の解決に役立つのではないかと期待する。

テクノロジーは民主主義の使い勝手をよくすることだけでなく、より平等な経済も目指している。アーティ・ヘインラは、職場で仕事をしている人が自宅の牛乳や歯ブラシが切れていたことをふと思い出してオンラインで注文しておけば、帰宅したときにはすでに、ただ同然の送料で家に品物が届いているようになることも平等な経済の一例だと言う。「王様みたいに〝召使い〟がいつもそばに控えている人ばかりじゃないからね。こうして誰もが平等にサービスを受けられるように社会は変わっていくんだ」。人を雇って荷物を配り回れば当然、人件費が発生するし、一定の配達コストはどうしても避けられない。人を雇えば、小さな荷物を1日以内に届けるために5ドルか10ドルのコストがつねにかかる。「高すぎる。だからロボットなんだ」。ロボットには賃金がいらないので、時間あたりの費用が非常に安い。アーティ・ヘインラの構想では、配達ロボットはふつうの人にとっての〝召使い〟になる。ロボットは私たちみなを王様にするのだ。

テクノロジーと賢く向き合う

テクノロジーによって経済がどんなふうに変わるかを予測しようとすると、不安でいっぱいの声があがりがちだ。10年以内に、新しいタイプの知的な機械が登場し、人間から仕事を抜き取っていくだろう、とか、自分のそれまでの役割が自動化されるのを見てショックを受けた人たちが、テクノロジーの「大波」やら自動化の「大嵐」やらのおどろおどろしいことばを使って歴史に刻印するだろう、とか。おびただしい数のデータが示す恐怖の未来には、備えのできていない私たちが不意打ちにされ、コントロールもできないまま、ただ叩きのめされる姿が描かれる。

エストニアへの旅をつうじて、私はテクノロジーをこのように見るのは、課題やリスクのとらえ方をまちがっていると考えるに至った。本書の別の章で取りあげた、さまざまな極限《エクストリーム》経済のもとで生きる人たちの苦難を論じるときに、一面的に見てはいけないと感じたのと同じだ。タイミングの問題から始めてみよう。タリンで聞いたなかでおそらく最もインパクトがあった、自宅のなかに農場を移すというアイデアは、実現すれば環境に多大な恩恵をもたらす。だが同時に、マティアス・レップの展開する「スマートファーム」は、昔から使われてきた種蒔き機や脱穀機の直系の子孫にあたる、ひとつの装置にすぎない。なんらかの工夫がなされた自動化装置には数世紀の歴史があり、いまもてはやされている機械学習や人工知能のテクノロジーもすでに70

歳になっている。テクノロジーを発明し、普及させ、実用化していくことは、急性ではなく慢性的な作業であり、高速ではなく緩慢燃焼であり、人の働き方を何世紀にもわたってじわじわと変えてきた。自動機械は新しそうに見えてじつは古いニュースなのだ。職場とテクノロジーの問題も、明日のトレンドのようでいて、実際にはすでに深くなじんでいる。テクノロジーをユニークに活用しているエストニアを見ると、テクノロジーにまつわる否定的な話が本当ではないかもしれないと気づかせてくれる。仕事の自動化、あるいは仕事のなかの重要なタスクの自動化は、人の責任を変える。これにともなって、人の役割の性質も、社会的な重さも変わってくる。歴史に見る教訓は、テクノロジーは大規模な失業を招くのではなく、農業から工業へ、工業からサービス業へという具合に大規模な職の転換を促すということだ。最先端にいるエストニアは、歴史が繰り返すことを、つまり職が減るのではなく働き方の中身が変わることを身をもって示してくれている。本書で述べてきたように、人の役割や責任や地位が急に揺さぶられるこうした経済的ショックには意味がある。ただし、アブラハム・マズローの唱えた欲求のピラミッドの高位にある欲求が不安定になることは、自然災害のような直接的な破壊によって低位の欲求が不安定になるのと同じくらい社会的コストがかかる可能性がある。経済の移り変わりとともに、仕事の中身が変わり、さまざまにかき回されると、力強く成長していて人手不足だった経済でも傷つくリスクはあるのだ。

古いやり方を破壊すべきだと信じているテクノロジー信奉者にとって、これは見落としがちな点だ。ロシア語話者の住むタリン郊外や、ＥＵの東端にあるロシア人の街ナルバを訪問してみると、経済の新しいパラダイムから置いていかれる恐怖を強く感じる。高度なスキルをもった若いロシア人をテクノロジー業界がどんどん吸収しているエビデンスが多数ある一方で、テクノロジー主導の成長に「全賭け」して25年が経ったが、いまも多くが置き去りのままだ。人工知能が政治的な問題や経済的な問題のすべてをどうにか解決してくれるという期待は揺らいでいる。エストニアは国民が地球上のどこからでも投票でき、100ユーロと5分の時間を出せば外国人でもデジタル市民になれる国だ。だがこの世界最初のデジタル民主主義の国は、8万人が国籍をもっていない国でもある。表紙が薄灰色の「在留外国人《パリスマーラセ》」パスポートをもつロシア語話者は、税金は払っているのに投票権はなく、彼らの状況は民主主義の理念を根底から損なっている。最速で最も強力な人工知能でも、こうした問題を解決してはくれない。

エストニアは、テクノロジーの変化は、人間でコントロールできないなんらかの外部要因から来るという神話を払拭《ふっしょく》してみせた。テクノロジーとは、人の仕事を食うロボット軍団を派兵する無機質な企業から発信されるのではない。厳しい予算や働き手の不足という根本的な問題に取り組むために、政府主導で業界の戦略を立てた結果なのだ。耕作や果物摘み、配達から介護補助まで、人が待ちわびる自動機械の多くは、働き手が足りていない分野のために設計されている。未来と賢く向き合おうとするなら、自動化によって失業が一気に広まるかもしれないと危機感をもつことは大事だ。だが、テクノロジーは、今日すでに起こっている、しかもこれからも続くであろう多くの問題の解決策であることもたしかなのだ。ロボットは高齢化社会や地球環境の悪化、各国の予算不足などの難題をやわらげる解決策になりうる。「賢く向き合う」という立場は、テクノロジーの採用に慎重になるという意味だけでなく、私たちが自動化を充分に早く進めていないかもしれないという意見にも真摯《しんし》に耳を傾けることを意味するのではないか。

サンティアゴ

とくに問題なのは、

政策や計画をその結果ではなく意図で判断することである。

―― ミルトン・フリードマン、1975年

第9章

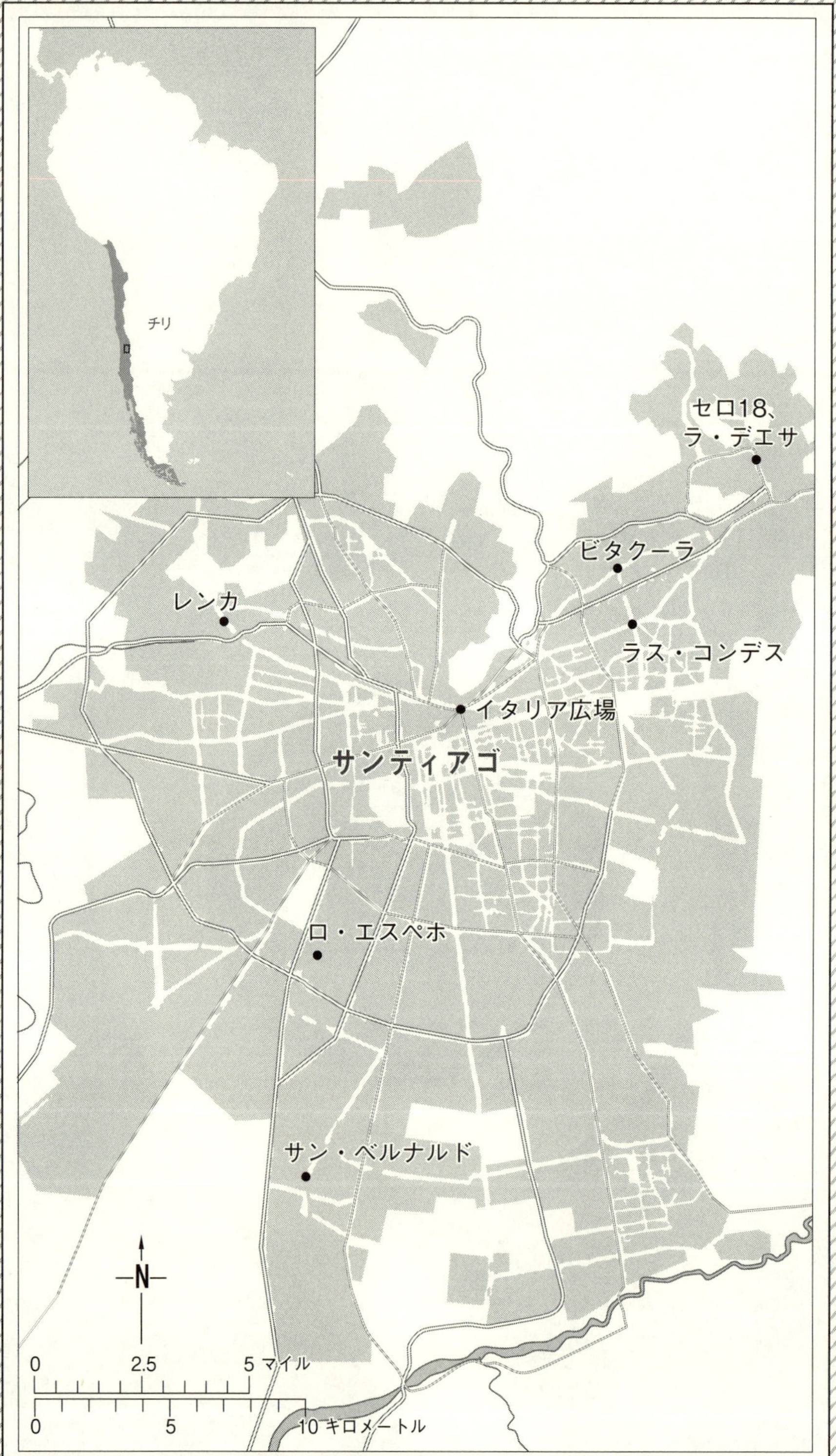
チリ
セロ18、
ラ・デエサ
ビタクーラ
レンカ
ラス・コンデス
イタリア広場
サンティアゴ
ロ・エスペホ
サン・ベルナルド
N
0
2.5
5 マイル
0
5
10 キロメートル

憧れの経済

丘の頂上と階層の底辺

サンティアゴの眺望といえば、セロ・ディエスィオチョ（セロは丘、ディエスィオチョは数字の18の意味）のあたりが飛び抜けてすばらしい。

この「セロ18」は、リオデジャネイロを囲む山の斜面に密集する有名なファベーラ（スラム街）に似た、こぢんまりした郊外住宅地だ。色とりどりの粗末な住宅が丘の急斜面に互いに重なり合うように立っている。

斜面の住宅地と町の中心とを結ぶバスは、丘の途中までしか行かない。そこから先は、住宅のあいだを抜けるつづら折りの狭い階段を徒歩でのぼる。息が切れるが、その価値はある。丘の頂上からは、新興富裕層のために開発され、きれいな四角形の区画に整備された郊外住宅地のラ・デエサ近辺に、トタン屋根の小屋が溶け込む様子が見渡せる。さらに遠くを見やれば、ビタクーラ区やラス・コンデス区の緑豊かな園地と成功したチリ人エリートたちのしゃれた住まいが目に入る。

セロ18からの眺めは、豊かな街に掘っ立て小屋が立ち並ぶ、世界で最も経済的不平等が進んだ国の首都のありさまそのものなのだ。

ただし、この丘の斜面周辺はスラム街ではない。屋根葺《ぶ》き材こそブリキ板かもしれないが、壁の多くにはレンガが用いられ、大きくて立派な住宅もいくつかある。土地の勾配がきつすぎるため、大量生産の住宅資材では対応できないうえ、住民が隙間なく建物を詰め込むので、どの住宅も独特のかたちをしている。

住宅は丘のてっぺんで途絶え、空き地が現れる。サッカー場として使われるほか、地元の夫婦が隅に仮設ガレージを建てて、くたびれたルノー・クリオのリムを交換したり、マフラーを太くしたりする改造を加えている。丘の反対側は勾配がさらに急なため、小屋を建てたり、サッカーをしたり、車を改造したりすることはできない。ただ低木が生え、石がごろごろしているだけだ。そこを、以前は建築現場で働いていたがいまは失業中のクリスティアン・アラベアラがピンク色の麻袋を抱えて歩いてきた。

アラベアラは43歳で、アルミ缶を集めているところだった。地元の人たちはこの場所を、車の整備やボール遊びだけでなく、勝手にゴミを捨てる場所としても利用している。だから、漁りがいのあるゴミ袋がたくさん落ちていて、アラベアラにとっては旨みのある場所だ。ティーンエイジャーたちが、サンティアゴのゴージャスな夜景を見ようとここにやってきて、たき火をしたり酒を飲んだりするので、翌朝にアラベアラが歩き回れば、ちょっとした幸運――ビールの空き缶が5、6本入った青いビニール袋――に恵まれることがよくある。彼は足で缶を踏みつぶし麻袋の中に入れながら、缶は1キロあたり300ペソ（およそ40セント）で売れると教えてくれた。その日は6キロ集めるつもりで、そうすれば、バスで45分ほどかかる郊外の町プロビデンシアに入院している高齢の母親を見舞うためのバス代になる。休まず動き回るうちに袋はいっぱいになっていく。

だが、時刻は正午、気温は31℃あり、さらに暑くなりそうだった。6キロ集めるには、1缶たった15グラムのアルミ缶を400個集めなければならない。容赦ない暑さに、爪は剝がれかけ、指先はひどく腫れあがっている。

秋田やタリンと同じく、サンティアゴは都市の未来をいま覗ける極限《エクストリーム》経済の地だ。チリの首都サンティアゴは、国で突出して強い経済の中心地であり、国民の3分の1にあたる520万人が暮らし、国の経済生産のほぼ半分を担っている。

1970年代、貧困国だったチリのひとりあたりの国民所得はアルゼンチンの半分だった。今日《こんにち》では、中南米で最も高い1万4000ドルに上昇し、ギリシャやポルトガルにも引けをとらない水準になった。

並外れた成長を遂げたチリは、2010年に経済協力開発機構（OECD）への加盟が認められ、南アメリカで「新興国」から「先進国」への階段を正式にのぼった最初の国になった。急速な成長とそれにともなう貧困の撲滅によって「経済の奇跡の国」と呼ばれ、有力な国際機関が各国に「チリモデル」を推奨するほどの成長の代名詞の国になった。

だが、このサクセスストーリーには陰の面がある。すさまじい不平等だ。チリはすばらしい成

所得の不平等

主要経済大国の高所得者上位10%が総所得に占める割合

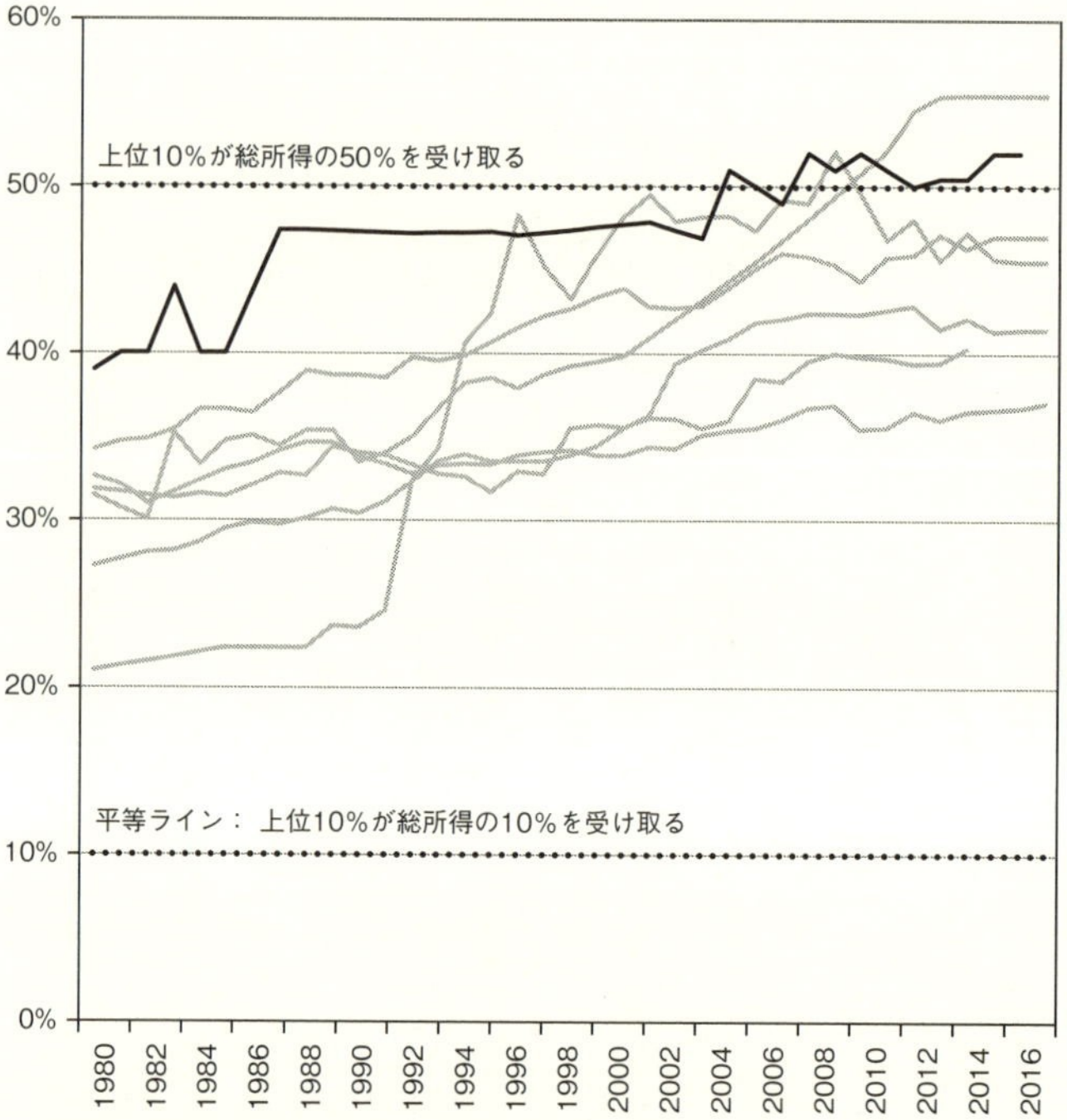

出典:World Inequality Database（世界不平等データベース2018）
黒い線がチリ。グレーの線はアメリカ、中国、インド、ロシア、ドイツ、ヨーロッパ

果を引っさげてＯＥＣＤに加盟した一方で、国民の格差がきわめて大きく、世界の経済大国のなかでは経済が最も不平等な国でもあった。

不平等を測る指標としてよく使われる、労働者の所得上位層１割の所得が総所得に占める割合は、１９７０年代初期の30パーセントから１９９０年代の後半には50パーセント近くまで上昇している。それ以降、高い水準をじりじりと続けたままで、ということは上位１割以外の全員、つまりチリの９割の人たちで、国民所得の約半分を分け合っていることになる。

急成長と不平等の急拡大というサンティアゴがたどってきた道は、これから発展する国々にとっても歩く可能性の高い道であり、チリレベルの不平等が世界標準になるかもしれない。両国合わせて世界人口の3分の1以上を占めるインドと中国も、これまでの30年間で経済を拡大させたが、不平等はより強まっている。チリの隣国ペルーのリマや、ナイジェリアのラゴス、マレーシアのクアラルンプールにしても、急成長を遂げた都市はどこも不平等がはなはだしい。未来の経済とは、秋田のような高齢社会、タリンのようなデジタル社会に加えてもうひとつ、サンティアゴのような不平等社会なのだ。

私はサンティアゴへ赴き、最上位と最下位の所得層の人たちや、このエクストリーム経済を生んだモデルの生みの親であり、称賛も非難も浴びてきた政策当事者に会った。

チリ型の経済は世界で注目され、他国も真似するべきだと言われたが、チリの人たちは自国の発展をどのように考えているのだろうか。成長が貧困を軽くしてくれるのなら、不平等には目をつぶるべきなのか？

不平等がもし重大な問題だとするなら、その未来を先取りしているこの地に、秋田やタリンのような、困難を跳ね返す力や人の助け合いやレジリエンスはあるのだろうか？　未来を楽観していられる理由があるだろうか？

経済実験

シカゴボーイズ

「当時の私たちは、不平等は最終的に消えると思っていた」。ロルフ・ルデスはラス・コンデス区の自宅アパートメントで、今日のチリに依然として影響している1970年代初期の出来事を振り返る。サンティアゴは32の区《コムナ》に分かれ、彼の住むラス・コンデス区はとくに裕福なエリアで、道路の向かい側に会員制のゴルフクラブがあり、地下鉄のエルゴルフ駅周辺の通りには、青々とした芝生がまぶしい各国大使館が集まっている。ロルフ・ルデスは現在83歳、襟元の開いたシャツに質素な灰色のカーディガンを着て、近年は学究生活にあるとの話どおり、研究者らしい見た目をしている。だが、部屋に置かれた美術品や足元の敷物が、かつては世界を飛び回っていた彼の生活をうかがわせる。若いころのルデスは、チリ経済のすべての糸を操り、1980年代初期には国の財務と経済開発の両方を率いていた。そしてまた、ある特異な経済実験に関与した数少ないメンバーのひとりでもあった。

チリの実験は、フランクリン・D・ルーズベルト大統領の1933年の就任演説で掲げられた政策と関係がある。大統領は戦争を憎む気持ちを述べ、近隣諸国の内政にもはや軍事的な干渉はせず、中立になると約束したのだ。それ以降、アメリカからの干渉はソフトで目立たないものになった。1930年代後半には、のちに国際協力局（ICA）となる前身の機関が開設され、ラテンアメリカ諸国とのあいだで専門技術の指導者の育成や人材の訓練に共同で取り組む「技術支援」政策に資金を投下しはじめた。アメリカの専門家がラテンアメリカ各地でのプロジェクトに関与し、たとえばエクアドルのバナナ農園で新しい殺虫剤について教育したり、エルサルバドルで公衆衛生の改善に取り組んだりしたほか、ペルーの豆栽培、ホンジュラスの治安維持、グアテマラの教員養成など、数百の計画にかかわった。

チリの大学教育の質を向上させるプロジェクトもあり、その一環として1955年、シカゴ大学とチリ・カトリック大学がICAの後援のもとで技術援助協定を結んだ。具体的には、チリの博士課程の学生が2年間シカゴへ赴き、経済を学んでから本国に戻り、サンティアゴで教鞭をとるというものだ。この留学にはチリ経済の水準を高めること以外にも、教育者や学生たちを社会主義的な左派の思想から遠ざけるもくろみもあった。影響は想定以上に大きかった。「シカゴボーイズ」と呼ばれるこの時期の留学生たちが、国の経済を完全に支配することになったのだ。

学問と現実世界

1950年代、シカゴ大学で教えられていた経済学理論は、その独特の姿勢や着目点から、チリの学生たちが到着したころにはすでに「シカゴ学派」として有名だった。方法論の厳密さを重視し、仮説は統計データに基づいて検証し、アメリカの政策にも影響を及ぼしていた。彼らの理論は、限りのある資源を配分する方法として市場を信頼する一方、国家や政治家による人為的な操作には警戒を示した。1ドルを使うにふさわしい人物は1ドルを稼いだ人物であり、国の歳出が労働者のポケットや商店の現金箱の中身に頼っている以上、政府はなるべく小さくあるべきで、経済への関与も限定されるべきだと提唱した。

留学生たちに、そしてのちのチリにきわめて大きな影響を与えたシカゴ大学の教授がふたりいる。ひとりはミルトン・フリードマンだ。1950年代なかごろに40代だった彼は、すでに10年ほど経済学部の指導的立場にあった。チリからの留学生は全員、彼の授業を受け、留学生にとってのフリードマンは尊敬と憧れの対象であると同時に、手の届かない畏怖する存在でもあった。論文指導教官がフリードマンだったロルフ・ルデスは、複雑な理論を日常の身近な話にたとえて説明する明快な講義のことをいまでもよく憶えているという。学生に影響を与えたもうひとりの人物は、アーノルド・ハーバーガーだ。フリードマンと同じく、独占企業の規制から企業への課税まで、実務的な経済問題に関心をもっていた。学生たちから親しみを込めて「アリト」と呼ばれたハーバーガーは、シカゴボーイズのよき相談相手であり、親戚のおじさんのような存在でもあり、また飲み仲間でもあった。

1958年、シカゴで学んだ留学生の最初のグループが、サンティアゴに帰ってきた。あふれんばかりの知識と未来図と情熱を携えた彼らが最初の数年間でおもになしたのは、むずかしすぎる試験を課すと噂されたことぐらいだった。チリ人の同僚や学生のなかに、シカゴボーイズがアメリカで修得してきた厳しい基準についてこられる者はいなかった。年数が経つにつれ、シカゴボーイズの登録者名簿は大きくなり、彼らのほとんどが学問の世界やシンクタンクでの仕事に戻っていった。当初の目的に照らして評価をするなら、この留学はうまくいった。サンティアゴの経済戦略はより緻密になり、市場に信頼を置くシカゴの考え方が注入されたことで社会主義の傾向はやわらいだ。だがこれはすべて、学問の世界での話だ。第一陣の留学から15年以上にわたり、シカゴボーイズがふつうのチリ人の生活に与えた現実世界での影響はゼロだった。

エクストリームな資本主義

チリですべてが変わったのは１９７０年代に入ってからだった。チリの左派、人民連合の統一候補として大統領選に臨んだ当時62歳のサルバドール・アジェンデが、新しい10年の幕開けとなるこの年に僅差で大統領に選出された。アジェンデは自身を、チリのリベラルな伝統を引き継ぐ者と位置づけ、１９７２年の国際連合の場で「文化的、宗教的、イデオロギー的に無制限に寛容な国にする」と約束している。筋金入りのマルクス主義者でもあり、肉体労働者や農業従事者の生活を改善すると公言した。自由市場にはできない公正な結果を保証するために、政府は市場を管理する必要があるとして、企業の国営化や農地の集団化へ乗り出していった。

アジェンデ大統領は公約を守った。当選するとすぐに、アメリカ所有だった銅山ふたつとチリ最大手の電話会社を国有化し、その際、過去の過剰利益などを理由に外国人所有者への補償はおこなわなかった。政府は金融のコントロールを市場から取り戻した。1971年の終わりには、すべての外資系銀行を買いあげ、国内信用供与の90パーセントを統制下に置いた。1930年代から長らく忘れられていた法律の抜け穴を利用して企業を売却させ、政府が産業の40パーセントを直接管理するようにした。80ヘクタールを超える農地は政府の言い値で買えるようになり、5000を超える大規模な私有地による総計1000万ヘクタール――チリの農地の約60パーセント――がこのようにして収用された。大統領は肉体労働者と事務労働者の最低賃金を引きあげ、供給価格を管理する委員会を設け、政府の価格設定を破る業者がいないかどうか監視員を雇って見張らせた。

企業、市場、物価を国家で管理するアジェンデ大統領の一連の施策は、シカゴボーイズが学んできたこととは正反対だった。一連の施策ははじめ大成功を収め、チリの人たちも喝采を送った。住宅建設の巨大プロジェクトが立ちあがり、政府の支出は30パーセント以上増加した。1971年、経済成長率は3・6パーセントから8パーセントに跳ねあがり、1950年代以降で最高となった。失業率が急落し、価格統制によりインフレが落ち着いたため、消費者の購買力は1年で22パーセント上昇した。経済の成長と同時に公平性も考慮された。低賃金労働者の賃金を強制的に56パーセント引きあげ、専門職の23パーセント（これでも破格だ）よりもあげ幅を大きくした。スキルのある者とそうでない者との賃金格差は減少し、所得の不平等は小さくなった。アジェンデの公約はわずか1年間で成果をもたらしたように思われた。

だが、経済をこれほど大きく転換させた場合、成功したかどうかは数年ではなく数十年単位で見ないとわからない。チリの短期間の急成長は人為的であり、持続性はなかった。住宅建設と公共事業への過剰な支出により、政府の赤字が１９７０年の３パーセントから１９７３年の30パーセント超に急増した。増大する賃金を支払えなくなった企業は生産量を減らし、ストライキの頻発によって多くの工場が休止状態に陥った。経済は縮みはじめ、失業率はあがり、さらに、１９７０年代のキンシャサでモブツ・セセ・セコ大統領の経済計画をぶち壊した、銅の国際価格の暴落に直撃され、チリは輸出で稼げなくなった。平均で年25パーセントと、つねに高い状態で推移していたインフレは、政府の支出を支えるために中央銀行が紙幣を刷りつづけた結果、１９７２年には２５０パーセント、１９７３年には６５０パーセント超に達した。

物価が賃金より速い速度であがり、１９７３年にはチリの労働者の購買力はほぼ40パーセント減少している。非公式経済が生まれ、違法業者による闇市場での商売が横行した。対抗策として政府は、30種の主要な食品の販売を禁じる計画を発表した。油、米、砂糖、肉類など主要な食品は市場経済から完全に引きあげられ、政府による直接配給が、世帯所得ではなくその家族の必要性に基づいておこなわれた。物価上昇が所得上昇をさらに引き離し、チリの人たちはますます貧しくなっていった。米と油を配給するという政府の約束は、労働者の不安をほとんどやわらげられず、１９７３年のはじめには全国的なゼネストに発展した。同じ時期に、新聞各紙が申し合わせたようにアジェンデ大統領とそのマルクス主義的政策を批判するキャンペーンを張った――のちに機密解除された文書から、このキャンペーンにはアメリカＣＩＡから資金が援助されていたことが判明している。社会的な混乱は増大し、6月には大統領官邸のモネダ宮殿が軍の戦車で包囲されるというクーデター未遂が起こった。このときは失敗に終わったが、1973年9月11日、チリの空軍が宮殿を爆撃し、陸軍が官邸を急襲した。サルバドール・アジェンデ大統領はみずから命を絶った。キューバのフィデル・カストロ議長から贈られたAK－47自動小銃を自分に向けて発射したとされる。同日、陸軍総司令官アウグスト・ピノチェト率いる軍事政権が権力を掌握し、チリからマルクス主義のガン細胞を取り除くと宣言した。こうしてチリで社会主義が試みられた短い実験期間は終わりを告げ、急激な成長と激しい不平等をもたらすことになるエクストリームな資本主義の新段階が始まろうとしていた。

テントから持ち家に

サンティアゴの南にあるマイポ県のサン・ベルナルド区は、とくに貧しい地域のひとつだ。毎週日曜日には、区の中央広場のほど近くに幅10メートル、長さはおそらく500メートルもある広大な張り出し屋根の下、巨大な市場《いちば》が現れる。この張り出し屋根が市場に青空商店街の雰囲気をもたらし、露天商と買い物客の両方に気持ちのよい日陰をつくっている。南半球のこの国では、クリスマスまえの旺盛な買い物シーズンと、暑い季節が同時に到来する。クリスマスカラーの三角旗が風にはためくなか、地元の人たちは巨大なスイカや、赤ピーマン、大粒のニンニクなど、農産物の品定めをしている。

市場の日よけから外れると、陽射しが容赦なく照りつけてくる。街頭で水を売るアンジェラ・シルバが自分の店のパラソルの下に置いた椅子を勧めてくれた。中央広場もこの市場も活気があっていいですね、と私が言うと、「あたしの家のほうとは大ちがい。あっちの市場にも行ってみて」という答えが返ってきた。彼女の住む地域では、狭いところに隣人たちが重なるようにして生きているのだと手振りも交えて教えてくれた。まがい物のラルフローレンのポロシャツを着た買い物客が、こんなに暑いんだから、ピニャコラーダでも売ってくれよとアンジェラに冗談を飛ばして通り過ぎていった。

サン・ベルナルドのもうひとつの市場は、通りの名前にちなんでロ・ブランコと呼ばれている。日陰をつくる屋根などのインフラはない。青色の防水シートの屋根をつけた高級店が何軒かあるが、大半の店は、商品を積んだ簡易テーブルに、日光をさえぎる傘を取りつけているだけだ。市場の端では、違法な露店商が集まり、ビリヤード台くらいの大きさのビニールシートの上に商品を並べていた。どちらの市場でも、彼らのビジネスモデルはキンシャサの「海賊市場」と同じで、いかに逃げやすくしておくか、だった。シートの四つ角に長い紐を結びつけておき、いざというときには紐を引っ張ってシートを袋状にし、抱えて逃げるのだ。中心部の市場では、違法な露天商はタバコやiPhoneの充電器などを売っていてまあまあ繁盛しているようだったが、ロ・ブランコの露天商は年老いて痩せていて、ひどく貧しそうに見えた。彼らが並べる、埃っぽい古着や壊れたビニール玩具や、ずいぶん前に消滅した2Gの携帯電話のずんぐりした充電器に関心をもつ客はいない。違法な露天商でもシートに紐をつけていない者がけっこういたのは、わざわざ取り締まりに来る警察官がいないからだった。

ロ・ブランコの治安はよくなく、そこへ行こうとすると地元の人たちから泥棒に注意するように言われる。だが、ロ・ブランコの人たちは親切で、何組ものハイチ人カップルがよそ行きの服を着てのんびり歩き、友だちを見かけてはことばを交わしていた（近年、チリでは災害に見舞われたハイチからの移民が増え、その多くが建築関係の仕事に就いている）。市場の端へ行ってみると、小さな屋台で48歳のジェシカ・ヴィジャールが、靴下や肌着、やがて来る夏に向けてディズニーキャラクターの描かれた子ども用の水泳タオルを売っていた。

ジェシカは1979年、彼女が9歳のときに両親とともにチリの辺地からサンティアゴに移ってきた。近郊のエル・ボスケ区にたどり着いたときのジェシカ一家の家は、スペイン語でキャンプ場の意味の「カンパメント」と呼ばれる、チリの急速な都市化に合わせて現れた仮設キャンプのようなものだった。「カンパメントの暮らしは寒くて、いつもおなかを空かせていた」。枝や棒を結わえた枠に防水シートをかけ、紐や石で留めただけの間に合わせの住居なので、頻繁に場所を移動しなければならなかった。その後、もう少し土台のしっかりした住まいに変わったが、そこまでに10年が経っていて、しかもその住まいもリオデジャネイロのファベーラ（スラム街）に似た、粗末で隙間風の通る小屋だった。

だが、そのころから彼女の人生は変わりはじめた。テントや掘っ建て小屋で育った彼女にとって、経済的な成功を測るいちばんの目安は家だ。「いまではわたしも家をもっているし、母ももっているのよ」。ジェシカは2004年に小さい建売住宅を買うことができた。私たちが話しているあいだにも、建築現場での仕事でコンクリートの粉まみれになった若いハイチ人が、ジェシカの売るボクサーショーツを品定めする。ジェシカは、サンティアゴに来たばかりの人たちと比べて、しっかりと身を立てて安定しているように見える。スパンコールがちりばめられた濃い藤色の服を着て、ジャクリーン・オナシス風のサングラスとキラキラ光るイヤリングをつけた姿には余裕がある。「チリではうちは幸運なほう」

こうして貧困から抜け出し、暮らし向きをよくした話は、チリの目覚ましい発展をデザインした人たちからすれば、彼らの戦略がうまくいった証拠だと誇るだろう。すべては、シカゴで学んだチリの若い経済学者たちの大胆な青写真がもたらしたのだと。

市場経済モデルの最も極端な実例

軍事クーデターで政権を握ったあと、ピノチェト大統領は自分には「強い拳《こぶし》」があり、規則に従わないチリ人は誰でも軍事裁判にかけると警告を発した。すぐさま、報道機関の検閲が始まった。新聞、テレビ、ラジオで報じる内容には軍の承認が必要とされた。通称「沈黙作戦《オペレーション・サイレンス》」の法律が制定され、新聞はエル・メルクリオとラ・テルセーラの2紙のみに減らされた。少なくとも11の左寄りの新聞社が、いくつもの雑誌やラジオ局とともに閉鎖された。逆らうと生命に危険が及び、批判者はピノチェトやその部下によって即座に拘束され、拷問を受けた。17年間に及ぶピノチェトの独裁政権下で、およそ4万人のチリ人が投獄や拷問などの人権侵害をこうむり、最低でも3200人が殺害されたことがわかっている。サンティアゴの中央墓地にある巨大な灰色の石碑には、犠牲になった人たちの名前が彫られている。片側には遺体が発見された人の名前が並び、もう片側にはいまだ行方不明の人の名前が並び、真ん中にあったのはサルバドール・アジェンデ元大統領の名前だった。

経済については、ピノチェトは報道機関への荒っぽい扱いとは異なる方針をとった。経済の知識はなかったから、自分が指揮する軍事訓練のように細部までこだわったりはせず、シカゴボーイズと彼らの自由市場の考え方に任せることにした。チリのマルクス主義への傾倒に失望していたシカゴボーイズは、1970年の選挙以降、右派の候補者を支持し、政策の助言をおこなっていた。アジェンデ大統領の社会主義的な政策が失敗に向かいつつあるあいだも、彼らは独自の代替案の設計に取り組みつづけていた（彼らの活動はアメリカCIAから間接的な資金提供を受けていたとの噂があるが、関係者はこれを否定している）。1973年、シカゴボーイズの経済計画は200ページに及ぶ文書にまとめられ、その分厚さから『エル・ラドリージョ』（「レンガ」の意味）と呼ばれるようになった。シカゴボーイズは『エル・ラドリージョ』をピノチェト大統領に送り、ピノチェトは全面的に導入することを決定した。当初、シカゴボーイズは顧問や相談役に徹していたが、1975年、ICAの留学生プログラムで育成された最初のチリ人のひとり、セルヒオ・デ・カストロが経済大臣に就任した。18カ月のあいだにシカゴボーイズは、日の当たらない学界の隅から、チリの経済をほぼ一手に握る独裁者お抱えの経済学者にまで出世したのだ。

『エル・ラドリージョ』は、チリのインフレや不安定さ、貧困など多くの問題を考察していたが、とくに字数を割いたのは肥大化した国家主義についてだった。経済における政府の役割を減らすということは、いったん、アジェンデ前大統領が実行した政策をすべて取り消すことを意味していた。1970〜1973年のあいだに、アジェンデの社会主義政府は民間企業から所有権を取りあげて国有化を進め、国営企業の数はそれ以前の46社から300社に跳ねあがっていた。ピノチェト政権のもとでシカゴボーイズは民営化の計画を推し進め、1980年には国営企業の数は24社までに減っている。金融界でも同じことが起こった。国営化されていたチリの銀行は民間に売られ、外資系の金融機関にもチリ国内への返り咲きが許された。国家が利率を決めていた前政権のやり方は撤廃され、各銀行が自由に条件を設定できるようになった。政府の支出は切り詰められ、とくにインフラ、住宅供給、教育、社会保障制度の予算が大きくカットされた。シカゴで養成された経済学者のなかで唯一、1980年代にこの計画に批判的だったリカルド・フレンチ＝デイヴィスは、この状態を「市場経済モデルの世界で最も極端な実例」と呼んだ。

当初の効果はよい面と悪い面が交ざり合っていた。よい面は、消費者の選択肢が広がったことだ。タバコや鶏肉などの配給が廃止され、貿易の門戸が開放された。90パーセントだった関税を10パーセントに引き下げたため、アメリカ、ドイツ、日本からの製品がにわかに手の届く価格になった（カメラの輸入は200パーセント、ラジオは870パーセント、テレビは9000パーセント以上、それぞれ増えた）。けれども経済成長率は予想よりはるかに悪く、アジェンデ政権下よりはよかったものの、3パーセント足らずの伸びにとどまった。

シカゴボーイズが仕切った最初の10年間、経済は深刻な落ち込みに見舞われた。ラテンアメリカを席巻した1982年の経済危機のときにいちばんひどい目に遭ったのは、スーパースターの経済学者たちがいるはずのチリだった。生産活動は14パーセント、工場生産量は25パーセントそれぞれ減少し、失業率は27パーセントになった。不況にもかかわらず、物価は依然として20パーセント以上あがり、インフレ調整後の実質賃金は1973年の水準に戻ってしまった。仕事や住む家を見つけられない多くのチリ人が職を求めてサンティアゴへ移動し、最終的には首都のはずれにある仮設キャンプ――ジェシカ一家が暮らしていた「カンパメント」――に行き着いた。

ぱっとしなかった最初の10年間とその終わりに起こった大不況は、貿易や金融面で国を開いた初期の段階にともなう痛みであって、シカゴボーイズが推し進めた市場主義のせいではないとされた。チリ政府は、年金制度、教育、医療、低所得者住宅のすべてにおいて地方への分散化をおこない、政府の管理を弱め、民営化の動きも落着させた。チリの景気はようやく改善しはじめ、1985〜1997年の年平均成長率は7パーセントを記録する。このような急激な拡大はインフレにつながりやすいが、チリでは物価上昇はわずかで安定していた。以前には、他の南米諸国より遅れていたチリの投資と輸出率は、南米トップに躍り出た。経済的な条件では長らく同じくらいの立場だった隣国のペルーやエクアドルを抜き去り、歴史的にははるかに豊かなアルゼンチンと比べても、1970年代半ばには所得が半分しかなかったが、1996年にはサンティアゴがブエノスアイレスをしのぐ大都会になっていた。

チリの奇跡

『エル・ラドリージョ』の最初のページには、「持続可能で高い経済成長率を、できるかぎりの短期間で確実に達成するための方策」を希求することが明記されている。成長を目指すこの信念《マントラ》のうえに築かれた国家は、国際的な評価を勝ち取りはじめた。1982年の時点ですでに、ミルトン・フリードマンがニューズウィーク誌に「チリは経済の奇跡だ」と記しており、その年はひどい不況だったが翌年からの輝かしい成長によって、フリードマンの見立てどおりになった。1990年代の終わりごろには、チリは、おもにワシントンDCやジュネーブにいる、成長や発展や貿易について各国に助言を与えたがる国際機関の官僚たちのお気に入りになった。チリの昇り調子を祝して、国際通貨基金（IMF）は、チリがいま大飛躍のまえの「最後の追い込み」に入っていると発言し、世界貿易機関（WTO）は、自由貿易の力がチリの経済に「世界でもとくにすばらしいレジリエンスを発揮させた」と語り、世界銀行は、「先駆者」であるチリの「複製可能な教訓」に各国も倣《なら》うよう勧める450ページの報告書を公開した。

経済成長が大切なのは、最も貧しい人たちの収入を引きあげ、貧困を減らせるからだとシカゴボーイズは言う。たしかにチリでは真実だった。公式な統計によれば、1987年時点のチリでは、45パーセントが貧困（収入では基本的な衣食住をまかなえない）にあり、17パーセントが困窮状態（食料すらまかなえない）にあったが、2000年には貧困と困窮状態の割合がそれぞれ

20パーセントと6パーセントに下がった。急成長の時期に貧困が最も大きく減り、景気のよくない時期は貧困の減り方が小さいなど波はあったものの、経済の変化は統計の数字上だけでなく、チリの人たちの暮らしに本物の変化となってはっきりと表れるようになった。経済成長の恩恵を、ある露天商はこう表現した。「以前はここを裸足で走り回っていた子どもたちが、いまでは靴を履いている」

不平等も広がっていたが、撲滅すべき根本的な問題だとは考えられていなかった。当時の経済政策にかかわったロルフ・ルデスは、緑豊かなラス・コンデス区の自宅で、「相対的な収入の差に目を向けるか、絶対的な収入の伸びに目を向けるかの選択だった」と言う。チリの「奇跡」の数年間をたどると、不平等を把握するための指標が、華々しい経済成長の裏でいかに悪化しうるかがわかる。1973〜1980年代の終わりまでのあいだ、最も貧しい1割の国民の収入はあがったため、彼らの暮らし向きは絶対的な意味では改善したし、貧困家庭が大幅に減ったことにもそれは表れている。だが、それと同じ期間、金持ちグループの所得はより急速に上昇し、最も裕福な上位1割の収入は、チリの平均の7倍から、ほぼ35倍に急伸した。チリ全体のパイはさらに大きくなったが、1割の富裕層以外の者たちに切り分けられる部分はまえより小さくなった。相対的な意味では、貧しい人たちの暮らし向きは悪化したのだ。

シカゴボーイズにとっては、貧困の減少という事実が、彼らのモデルがうまく働いたことの証拠だった。サンティアゴはかつて、貧しい地区の子どもたちが裸足で駆け回り、多くの世帯がテントで暮らす街だった。それが、子どもたちは靴を履き、多くの人がちゃんとした家に住む街になったのだ。シカゴボーイズは、少しぐらい不平等が広がったって、経済成長につきもののちょっとした不具合ぐらいに思っていた。不平等に対する彼らの見方はいささか冷たく見えるが、シカゴ学派の経済学者たちは当時、底辺の人たちの助けになりうる大きな理念を抱いていた。シカゴボーイズのまとめた青写真、『エル・ラドリージョ』のなかにも、どのような手順を踏めば、機会の平等が達成され、チリ人が本来もっている能力が全面的に発揮されるだろうか、との議論が多くなされていた。

結論として、学位を取得しやすくする方向へ教育政策を抜本的に改革することになった。高い教育を受けたことによる人生の恩恵はおもに本人が受けるのだから、費用面では国が助けるべきではなく、その代わりに学資ローンを充実させ、貧しい家庭の若者でも学費を自力で調達できるようにするという考えだった。才能の原石は社会全体にあり、貧しい人でも教育に手が届くようにすれば、チリに眠っている人的資本を花開かせられるだろう。これこそ公平であり、これこそ成長の促進剤だと――シカゴ学派の学者たちは、当時の大学統括機関は時代遅れで効率が悪いとして、実質的な統括権を地方行政機関や大学自体に移すよう中央政府に提言した。ピノチェト大統領は、こうした新しい自由を地方の行政機関や政治家に与えることを正式に許可し、それまであった大学統括機関を撤廃した。

その結果、教育ブームが起こった。１９７０年代にチリにあった8大学はすべて国が資金を出していた。１９９０年には大学が60校に増え、その3分の2は私立で、さらに約２５０の専門的な研究機関もできた。高い教育を受けるチリ人の総数は、10年間でおよそ12万人から25万人へと倍増した。高等教育が無料でなくなったとはいえ、教育課程が多様になり、多くの若者が学位を取得していった。「大学が増えれば学生も増える」のパターンは続き、1973年の『エル・ラドリージョ』で提示された「機会の平等」という目標は達成されたかのように見えた。

シカゴで学び、国の経済政策にかかわった学者たちも今日では80代だ。彼らはいまも、チリに根づかせたシステムを一貫性があって公平で完全だと考えている。彼らが主導した市場主導型の青写真に従ってチリは急速に成長し、貧困率は下がり、大学が増えて教育の機会も大きくなったことはたしかなのだ。世界銀行のような国際機関からも称賛されてきた。だが、現代のサンティアゴでは、シカゴボーイズ・ブランドの経済政策は頻繁にデモの対象になっている。シカゴボーイズはこれに困惑し、なぜ人生を懸けた業績が評価されないのか理解できない。ロルフ・ルデスも同じで、「妬《ねた》みもあるだろう」とまで口にする。チリでの抗議の声を伝え聞いた、シカゴボーイズの師のひとり、アーノルド・ハーバーガーも2011年にとまどいつつ語っている。「南米で最高の経済が手に入ったのに、チリの国民はそのよさがわかっていない」。シカゴボーイズ側の人たちにとって、チリの近代化を進めた仕事は完璧なのだ。彼らには、チリの人たちが何に文句を言っているのか見えていない。

隠された街

サンハッタンからの眺め

64階建ての高層ビル〈グラントーレ・サンティアゴ〉は、チリの高所得者層に向けた象徴的な建物だ。高さが３００メートルあり、ラテンアメリカで最も高層の建築物で、背の高い建物の少ないこの街のほかの建物すべてを小さく見せる。〈グラントーレ〉のいちばんの目玉は買い物だ。南アメリカ最大にしてフロア６階分を占めるショッピングモールは、チリの上昇志向の強い中産階級を惹きつけている（スペイン語に加えてポルトガル語でも商品説明がなされているので、資金力のあるブラジルからの旅行客にも人気の観光スポットになった）。ビルの表面を覆う青緑色のガラスが暖かい夕陽に映え、まるでニューヨークの摩天楼のようにきらめくことから、この名所は「サンハッタン」と呼ばれるようになった。〈グラントーレ〉の上階からはこの街のすべてが見渡せる。逆に、サンティアゴのどこに住んでいてもこのサンハッタンが見えるのだ。

南へ12キロ下ったヌエボ14地域はまったくちがう場所だ。艶消しコンクリートも鉄筋もガラスもなく、あるのは軽量ブロックとトタン屋根の粗末な建物だけ。さらに貧しい住居もある。地元住民が勝手にゴミを捨てていく違法なゴミ捨て場になってしまった空き地の一角に、40世帯が住み着き、小さな共同体をつくっていた。掘っ立て小屋のような住居に囲まれた中央の建物に、みなで共用する冷蔵庫1台とガスコンロが置かれ、集会所と台所兼食堂の役割を果たしている。

　住民は共同で生活し、集会所の壁には大切なリストがいくつか貼り出されている。夜間の見張り係の名前と日付を書いた当番表もそのひとつだ（違法ドラッグの売人や麻薬常習者から共同体を護るため）。ひときわ長いリストは貸し借り帳で、日常的におこなわれている食品や雑用の交換や貸し借りをチリペソに換算した借用書が並ぶ。集会所の外にはたったひとつのトイレとシャワーがあり、子どもたち56人を含めた40世帯が共有している。その横には、ゴミが2・5メートルの高さに積みあげられている。遠くに目をやれば、あのサンハッタンがまばゆいプラチナのインゴットのように輝いている。

　この共同体ではあらゆるものが繕《つくろ》ってあったり、リサイクル品だったり、どこかからの借用品だったりする。物を所有しないこの感覚は、空間の共同利用や交替制での作業分担とも合わさって、ニューエイジのヒッピーを思わせる。だが、ヌエボ14のゴミ捨て場で暮らす人たちは、電気や便利な生活に背を向けて新しい生き方を模索するアウトサイダーではない。彼らは性別に関係なく、誰もがフルタイムの職に就いている――ラス・コンデスやビタクーラのような高級住宅地で働いているのだ。

新しい中流階級

「ここで暮らしているのは、職場に近くて住める場所がここだけだったから」と24歳のメリッサ・ネイラは言う。サンティアゴは、通勤圏がどんどん外へ広がり、都心への通勤にはバスで約90分かかる(ヌエボ14の名前の由来は、何年もまえに開通した「新しい《ヌエボ》」バス路線の14番目の停留所から)。チリ政府が住宅に補助金を出しているが、そうした住宅は街のはるか外側にあり、都心に通勤するのは不可能なのだ。集会所は、仕事から帰ってきた人たちでいっぱいになっていて、みながメリッサのことばにうなずく。「それにどのみちわたしたちは、国の支援を受けるには裕福すぎるの。わたしたちは中流階級だと思われている。貧困層ではなく」。全員が笑った。

マンチェスター・ユナイテッドのサポーターで小太りのセルヒオ・ムニョスは、ゴミ捨て場で私と出会ったとき、自分の年齢を43歳だと言っていたが、「あんたは44よ、セルヒオ!」と彼の妻ベルタが大声で笑う。市内の小さな店で電気技師として働くセルヒオの月収は40万ペソ(約600ドル)だ。そこから、税金、年金、医療保険と雇用保険が引かれて手取りは月に32万ペソになる。妻ベルタは郊外の高級住宅地で庭師として働いている。給料を尋ねると、ベルタはほかの女性たちと顔を見合わせ、おどけて叫んだ。「スズメの涙(ラ・ミニマ)!」(チリの2018年度の最低賃金は月額25万ペソだ)。ここで暮らす夫婦にはよくある典型だ。ピンク・フロイドのTシャツを着た、アルミニウムとガラスのリサイクル業者エルネル・ゴメスは、月に42万ペソを稼ぐ。美容室で助手をしている彼の妻マルゲリーテが得ているのは、ベルタと同様、最低賃金だ。ここで暮らす人たちの収入は、夫婦ふたりの分を足して月におよそ70万ペソになる程度だ。チリでは、世帯の貧困ラインは月60万ペソと設定されていて、ムニョス夫婦もゴメス夫婦もここに住むほかの夫婦も、そのラインを超えているため、公式には貧困とは見なされない。だが、彼らの収入額はサンティアゴに存在する不平等の典型的な例だ。チリの国民所得が公平に分配されたなら、各世帯は280万ペソ、つまりゴミ捨て場の住民たちは稼ぎの4倍を受け取れることになる。ここに住む家族たちは、フルタイムの仕事にはまったく見合わないわずかな報酬しか得ておらず、買ったものを共有することでなんとか暮らしているにすぎない。コミュニティには電気もガスも通っていない。集会所のいくつかの電球と唯一の冷蔵庫の電気は、敷地外のオレンジ色のケーブルから違法に引いてきたものだ。ペラペラの板でつくった家は小さく（ほとんどが2メートル×3メートルぐらいで、窓もない）、三方にはいちおう壁があるが、残る四方目にはゴミが積み重なっている。ザータリのシリア難民がヨルダンの砂漠に自分で建てた住居のほうがまだ家らしかった。

非公式の借金

私が話をしたゴミ捨て場共同体の大人10人のうち、街の高級住宅地に住む人たちの賃金が不当に高いと不満を漏らす人はいなかった。さらに驚いたのは、自分の昇給を求める声も出なかったことだ。女性全員を含めて多くの人が最低賃金しか得ていないのに、給料があがれば問題が解決するとは誰も思っていない。メリッサは言う。「そうなっても無駄なのよ。給料があがっても、食べ物の値段もバスの運賃なんかもどんどんあがるから」。彼らは物価に腹を立てているのだ。「このあたりはみんな貧しいけれど、物価は高いの。金持ちの住んでいるラス・コンデス区の店のほうが安い」とマルゲリーテは言う。彼女が話しているのは、食品や家庭用品など生活必需品についてだ。つまり、金持ちは安い値段で生活必需品を買えるのに、貧乏人のほうが高い値段で買わされていることが不満なのだ。サンティアゴの抱える経済問題を見れば、彼女の言っていることは正しい。

サンティアゴの低賃金就業者は、その日暮らしをしていて、稼いだ額すべてを、ときにはそれ以上を生活費に費やす。セルヒオの説明によると、彼らは信用がなく公式の金融機関からは借りられないため、地元の商店でたびたびツケで買い物をして非公式な借金を重ね、給料日に精算するという。彼らの計算によれば、精算時にツケの約20パーセントが利子として上乗せされる。チリではツケでの買い物がふつうにおこなわれている。チリの現大統領セバスティアン・ピニェラは、国にクレジットカードを導入することで名と財を成し、クレジットカードの利用残高はこの数年急上昇しているが、この支払い形態はヌエボ14には普及していない。サンティアゴには、大規模小売店やディスカウントスーパーを併設したショッピングモールがたくさんあるが、ここヌエボ14の住民は、給料が右から左へというかつかつの暮らしをしているので、大量買いができない。最も貧しい地区の小売店では人は少量しか買わない。トイレットペーパーはひと巻きから売られているし、タバコも行商人が1本いくらで売っている。ゴミ捨て場共同体に住む家族たちは、高くつくツケでの買い物をやめてまとめ買いをすれば倹約できるとわかってはいるが、給料が少なすぎてそうすることができない。

また、ヌエボ14の住民たちは、使うべきでないところに金を使ってしまっていると自覚している。「使い途《みち》をまちがえているなとは思うんだけど」と、ふたりの幼い子どもをもつメリッサが説明してくれた。彼女は幼い子ども向けのテーマパーク〈キッザニア〉が大好きだと言う。「入場料はとても高いし、お金の無駄遣いだとわかってる」。にもかかわらず、チップやボーナスなど思いがけない現金収入があると、ベッドの下にしまい込んだり貯金をしたりするよりも、楽しいことにぱあっと使ってしまうことが多いそうだ。彼女の夫、エマヌエル・ネイラは低所得者が健康な生活を送ることのむずかしさを嘆く。「ぼくたちを見てくれ。太ったやつばっかりだ」(近年チリは、急速に肥満が増えていて、成人は4人にひとり以上、子どもも5人にひとりが肥満に分類されている。その傾向はヌエボ14でも変わらず、とくに男性のほうに体重オーバーが多かった)。「ラス・コンデス区の金持ちが身体にいい雑穀食《キヌア》を食べていることは知っている。ぼくもキヌアを食べるべきだとわかっているけど、24時間シフトを終えたばかりのときは、もっと腹にたまるやつがほしいんだ」

「サンティアゴを平等な街にするには教育が大切だ」とするシカゴボーイズの考えに、住民たちは苛立ちを隠せない。給料が追いつかない物価と同様に、教育費も彼らの大きな不満の種だからだ。公立の学校に入るということは、経済的に困っていて、私立の学費を払う余裕がないことを世のなかに宣伝するようなものだとベルタは言う。学校の入学手続きにはたくさんの書類に記入しなければならず、親の面接もあり、時間を取られる。ということは、その分の収入を失うということだ。教科書代も痛い。サンティアゴでは基本的な教科書代に2万ペソかかり、最低賃金労働者の2日間の稼ぎが飛ぶ。そのため、教科書の非公式市場が現れている。きれいに製本された白黒コピー版が、公式の教科書の10パーセントの値段で手に入る。海賊版の売り手は警察に見つかれば罰を受けるが、金銭的な余裕のない親たちからは歓迎されている。「つまりね、チリでは無償教育とはいっても、本当の無償ではないの」

夜になり、エマヌエルとセルヒオがタクシーの拾える幹線道路まで送ってくれた。エマヌエルが言った。「もしサンティアゴを理解したいなら、ここを人間の心臓と考えるといい。汚れた血液は、下から心臓へ入る。きれいな血液は上のほうにまず向かい、そこから循環する」。彼は、住民の収入の多さと住む場所の海抜との相関を譬《たと》えているのだ。貧しい者は南側の海抜の低い地域から坂の上の中心街に通勤し、一方、富める者は北側に広がる海抜の高い地域から丘を下って通勤してくる。完璧な英語で放たれたエマヌエルの自虐的なジョークは的を射ていたが、毒もあった。能力はあるのにそれを生かせず、単純作業の仕事でくたびれ果て、そのうえ、ゴミ捨て場を強盗や薬物依存者から守るために夜の時間を浪費しなければならないやるせなさが見える。ようやく〈ウーバー〉のタクシーが来て、私を乗せて走り出したところで、無事にお客さんを拾えてヌエボ14から離れられてほっとしたと運転手が言った。ここは危険だから、と。

教育のアパルトヘイト

「私たちが直面している不平等は残忍なほどひどい」と61歳のカルメン・マテマラは言った。そこは、サンティアゴでもとくに貧しいレンカ区にあるドミンゴ・サンタマリアゴンザレス校の校長室だ。教育主任のカルメン・マテマラのことばに、校長のルーシー・ニエトも大きくうなずく。彼女たちはここで5歳から11歳までの男子生徒650名を教えている。そのうちの80パーセントが、学業成績が悪いためにほかの学校に入れなかったり、素行不良により退学になったりした、とくに注意の必要な生徒だという。貧しい地域にあるいわゆる荒れた学校なので、教育の目標水準はゆるめに設定されている。「高校や大学に送り出すことは考えていません。この学校での私たちの仕事は、トラブルに巻き込まれないまともな若者になるように導くことです」とニエト校長が言った。

マテマラ主任が学内を案内してくれた。質素な紺色のエプロンドレス《ピナフォー》を着た小柄な彼女は、冷徹だが穏やかで、どことなく聖人のようなオーラを漂わせている。校舎の構えはいかにも学校らしく、各教室が中庭を囲むように並んでいる。ランチタイムには、その中庭でピッチの重なるサッカーの試合がいくつも交錯する。「誰がどのゲームのプレイヤーなのか、あの子たちだけはわかっているのよ」。この学校の問題は、建物や教室の劣化のような表面的なところではなく、学業の能力にあるという。幼い生徒たちの多くは読むことはもちろん、話すこともできない。

サンティアゴ地下鉄：駅と所得・学業成績
サンティアゴ地下鉄4号線の各駅と、ひとりあたりの月収とSIMCEスコア

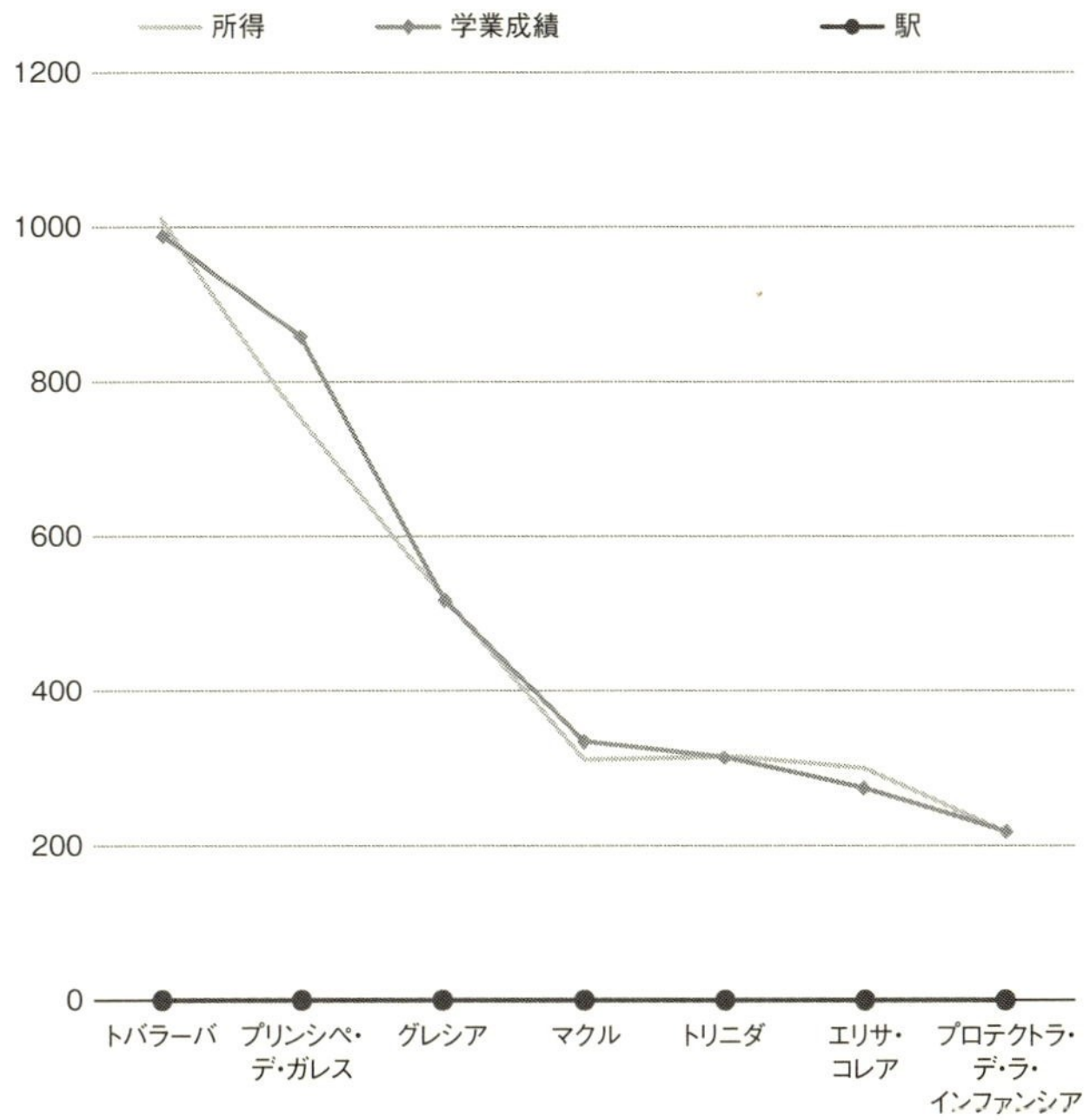

出典：エドゥカシオン2020

「入学したばかりの生徒にできるのは、ほしいものを指差すことだけ」。公式な貧困の統計には表れてこない、チリの発展に隠れたもうひとつのパラドクスだ。何十年と成長が続くあいだに、サンティアゴの学校の建物は立派になっていったが、依然としてこの街は就学年齢になっても話すことができない子どもの集団を生み出している。

　不平等は、彼女が教えている生徒たちが生まれるまえから始まっている、とマテマラ主任は嘆く。生徒の多くは親や兄が無職で、手本となるべき男性が周りにいない家庭や、本も新聞もまったくない家庭から来ている。そのため学校は、悲惨な家庭環境から来た生徒にも対応できるように、集中指導と言語療法を組み合わせた特別カリキュラムをまとめた。「すばらしい成果が出ています」と主任は顔を輝かせ、人生の厳しいスタートを切らされた子どもたちでも、いかにその遅れをすばやく取り戻せるかについて語った。上位の生徒は、チリで一番の公立高校であるサンティアゴ・カレッジに進学する。ということは、制度が機能していて、教育をつうじた機会の平等が進みつつあるのですね、と私が言うと、きっぱりと「いいえ」の答えが返ってきた。そうした生徒はごくまれなのだ。チリでは、教育は購入され、販売される商品になっている。しかも、「富裕層のための商品と、貧困層のための商品は分かれている」。教育制度は平等化の力になるにはほど遠く、人生の宝くじのようなものであり、生まれつき固定されたものを打ち破るのはものすごくむずかしい、とふたりは言った。

地元のシンクタンク〈エドゥカシオン2020〉の研究者たちは、教育の不平等という問題をひとつの表にわかりやすく表現してみせた。座標の横軸には、サンティアゴ地下鉄4号線の駅名が並んでいる。4号線は、始発のトバラーバ駅（富裕なラス・コンデス区やサンハッタンの近く）から、丘を下り、南側の貧しいプエンテ・アルト地域に通じている。表に記された駅の周辺地区の所得は、南へ向かうにつれて低くなる。学業成績のほうは、大学あるいは高等専門学校に入れるかどうかを判定するＳＩＭＣＥテストの結果で、これも南へ向かうにつれて低くなる。各駅と所得、学業成績のあいだにはほぼ完璧な相関が表れている。貧しい地域の生徒はＳＩＭＣＥテストで落第し、裕福な地域の生徒は高得点を取るということだ。この結果は、サンティアゴが分断の街であることをはっきりと突きつける。どこに住んでいるかを訊くだけで、試験の結果を正確に予測できるのだ。〈エドゥカシオン2020〉の研究部長マリオ・ワイスブルスはこれを「教育のアパルトヘイト」と呼ぶ。

バウチャー式教育機関

「サンティアゴの教育市場は、何層にも重なったケーキだ。裕福な子どもたちの学校があり、まあまあ裕福な子どもたちの学校があり、少しだけ裕福な子どもたちの学校があって、中産階級向けの層がまたいくつも分かれ、その下に貧困層のための学校がある」とワイスブルス部長は言う。いちばん下の層は、レンカ区のドミンゴ・サンタマリアゴンザレス校のような全額政府支援で無償の教育が受けられる学校で、サンティアゴの生徒の34パーセントが通う。中間層は、政府が補助金を出しているが、親にも自己負担を求める学校で、60パーセントが通う。この中間層には何百という薄い層があり、親の負担額が年間数千ペソというわずかなものから、年間24万ペソ（約360ドル）を超えるものまでさまざまな価格帯がある。最上層の、親が全額を負担する私立校には6パーセントが通っている。なかでも、イギリススタイルの小中高一貫校〈ザ・グランジ〉は、ケーキのいちばん上に載った豪華な飾りにあたり、年間の学費は2万ドル近い。

教育にいくらかけられるかは、のちの人生に重要な意味をもつ。サンティアゴの人事採用の担当者は、就職志望者がたとえ修士号・博士号の取得者であっても、出身高校を応募書類に記載するよう求めている。これはビジネスとして理にかなっている。ザ・グランジで教育を受けた人物を雇い入れるということは、ザ・グランジ卒業生の人脈もいっしょに買い取ることだからだ。本人の能力が同じなら、格式の低い学校の卒業生には付随する恩恵が小さいので、雇う側にとってのの旨みも小さい。将来、わが子にサンティアゴで活躍してほしいと願うなら、教育競争から逃げてはいられない。ある中産階級の親が言った。「この街の私立高校に10段階のレベルがあるとしましょう。どのレベルの人も自分より下を見下すの。だからみんな、ひとつでも上にあがろうと必死なのよ」。別の親は「教育戦争」と表現した。

この戦いの鍵を握るプレイヤーは、一部を自己負担する学校に通う中間層だ。1980年代に導入された自己負担金の仕組みでは、まず親たちに、学校への支払いに使える教育引換券《バウチャー》が支給される。学校は、親が利用したバウチャーの金額を国に請求し、足りない分を親に請求するのだ。この仕組みと同時に、各学校の教育の充実度を測るSIMCEという透明性の高い尺度を導入した。シカゴ学派の考えが色濃く反映されたもので、親にはわが子を通わせる場所を選ぶ自由と、選ぶ材料として信頼に足るデータが与えられるので、学校側は競って水準を高めなければならない。国が強制しなくても、市場の力で学校の質がコントロールされるのが狙いだ。

「バウチャー」式教育機関の大部分は、親に自己負担金を求めている。しかも国からの補助金が支給されているにもかかわらず、こうした学校法人の4分の3が営利のために運営されている。公開されているSIMCEテストの結果は、ある種の株価のように作用し、その学校の価値を志願者の親たちに示す。ただし弊害もあって、教師が生徒たちの成績をあげることに躍起になり、学校の平均点の向上に直結しそうな生徒にばかり特別な注意を向けてしまう。現実にサンティアゴの学校では、入試を利用して成績のよい生徒を選別したり、足を引っ張る生徒を排除したりして、学校全体のSIMCEスコアを護ろうとしている。同じ選別が教員にも起こっている。経験豊富で優秀な教師は、より高い報酬を提示するバウチャー校へ行き、能力が足りていない、あるいは、指導実績の劣る教員は、最終的に地方の不人気校へ行かざるをえなくなる。

チリの教育市場のどちらの両極端にいる学校長たちも、このケーキの階層を問題視する点では一致している。レンカの狭いオフィスで会ったとき、校長のルーシー・ニエトは教員の質が大切なので、教員の養成に投資し、学校が生徒を選別できる範囲を狭める新しい政策に期待していると語った。ザ・グランジでは、豪華な校長室でラシッド・ベナマール校長が、新設した教員養成学校で無料の講座を提供し、街の教育の底上げに貢献する準備があると述べた。どちらも尊重すべきアイデアだが、一方で課題も山積している。「奇跡の成長」と呼ばれ、先進国の仲間入りを果たしたにもかかわらず、チリの高校生の成績は、コロンビアのようなチリよりずっと貧しいラテンアメリカの国々のレベルとたいして変わらないのだ。

サンティアゴのいまの高校の姿は、経済の階層化をかき回すのではなく、むしろ固めてしまっている。『エル・ラドリージョ』の経済プログラムでは、教育をある種の保険ととらえ、一時的な格差があっても教育が均《なら》してくれると考えていたが、現状はそうなっていない。シカゴボーイズが描いた青写真は、持続可能な成長をつうじて貧困を減らし、質のよい教育をつうじて機会が均等に与えられる社会を目指すことだった。教育改革の政策は選択と競争を重視し、規制緩和や民営化をつうじて自由なイノベーションを促し、何より市場そのものに重きを置くシカゴ学派の考えを信頼した。だが、ダリエンやキンシャサで将来に害をなす自滅的な取引が現れたように、市場がつねによい結果をもたらすとは限らないのだ。チリの教育市場も、高校のレベルの低さや大学の学位を売買する現状を見ると、市場がまずい方向へ進んだ事例のひとつになってしまった。

高学歴の労働者

階層化した高校市場をどうにかくぐり抜けた学生が、もしサンティアゴの大学に進学するのなら、アメリカの西部劇さながらの混沌とした世界に足を踏み入れることになる。シカゴボーイズの計画は、国からはほとんど資金を投下しないが選択肢は多く用意するという民間組織を前提としたものであり、そのとおりの政策が実行されてきた。チリが高等教育に投じているGDPの割合は0・5パーセントにすぎず、OECD加盟国のなかで最下位だ。一方で大学市場は拡大を続け、学位を与える機関の数は150を超えたが、そのうちの3分の2は民間企業が運営する営利目的の組織だ。大学はサンティアゴのいたるところにある。幹線道路に、通りの脇に、自動車ディーラーのショールームに挟まれるように。地下鉄の駅やバスの停留所には、満面の笑みをたたえたどこかの大学生のポスターが所狭しと貼られ、うちの大学は就職率が高いと語りかける。

ヌエボ14地域のゴミ捨て場共同体に住む若い夫婦のメリッサとエマヌエルは、大学を卒業することが給料の高い仕事につながると信じていた。メリッサは心理学の課程を修了したが、それはあまり役には立たず、ラス・コンデス区の保育士補佐として働いている。夫エマヌエルは情報技術課程を3年終えたところで、夫婦にふたり目の子どもが生まれたのを機に学業を断念し、警備員として働くことにした。子どもたちが大きくなったら大学に戻って卒業したいと言い、妻のメリッサも、もっと稼ぎのいい仕事を探している。その日が来るまではふたりとも、高い学歴をもたないゴミ捨て場共同体のほかのメンバーと同じく労働者階級の給料しかもらえない。ただし、この夫婦がほかのメンバーとちがうのは、返済に何年もかかる学生ローンという借金がのしかかっていることだ。

市場競争が効果的に機能しているなら、企業間の競争は価格の低下と質の向上を推進するはずだ。自由市場の理想の上に築かれたチリの教育システムでは、平均所得に対する平均的な大学卒業までの学費の比率は41パーセントと、ＯＥＣＤ加盟国のなかで最も高い。学位を取得した学生は、卒業後の15年間にわたって収入の18パーセントを払いつづけなければならない多額の借金を負う。大学側が利潤を目的にすると学費はあがり、心のケアなどを含むコストはカットされる。チリでは、大学に入学しても50パーセントは中退し、この割合は不名誉なことに世界トップなのだ。となると、チリの首都サンティアゴには、エマヌエルのように学位は中途半端なのに、借金は満載という人たちがあふれているということになる。

学費があがっても質がともなわない。国家認定委員会が監督することになっているが、認定を受けるかどうかは各大学の意向に任され、約70パーセントの講座が認定を受けていない。大半の講座は審査も品質管理もなされないままなのだ。

こうしたことが起こる理由のひとつは、学生側に経験が足りないことだ。ほとんどの学生はその家で初めて進学する世代であり、大学側は学生の無知や純朴さにつけ込み、金儲けのことしか考えない。

教育省の元高官が私に言った。「近年、チリでベストなビジネスといえば、大学を設立して授業料を集め、あとは少しずつ資産を剝ぎ取っていくことだ」。学生にとってあまりに気の毒なスキャンダルがいくつも起こっている。マネーロンダリングへの関与で廃校となった大学は、経営者が学費の大半をポケットに入れ、学生にはわずかしか返金しなかった。歯科、建築科、法科など長期にわたる課程を学生がようやく修了したと思ったら、その仕事に就くための資格が実際には取得できていないことが明るみに出た事例もある。

シカゴボーイズの計画の中核は、より多く、より安く、より高品質に教育を提供することだったが、希望と約束が失望と借金に変わる教育の現実は、サンティアゴの象徴的な問題になってしまった。だがこの街に滞在するうちに、私は収入と機会の不平等がすでに政治に変革を起こしていたことを知った。そして、もしかしたらまったく新しい経済が生み出されるのかもしれないと思うようになった。

新しい風

ペンギンから大統領へ

２００６年、約80万人の高校生たちのストライキで反撃が始まった。彼らの白のシャツと黒のブレザー姿をペンギンになぞらえて、「ペンギン革命」と呼ばれるこの学生運動は、２０１１年になっても拡大を続けていた。60万人がサンティアゴを行進する大規模なデモが起こり、ポスターを掲げてシカゴボーイズと彼らの市場主導型の政策を非難した。「チリの冬」として知られる２０１１年の抗議行動で、学生たちのリーダー、チリ大学のカミーラ・ヴァジェーホとチリ・カトリック大学のジョルジオ・ジャクソンはおおいに名をあげ、２０１３年の国政選挙で議員に選出された。カミーラ・ヴァジェーホはチリの中道左派連合を支援する共産党に加わった。ジョルジオ・ジャクソンはさらに急進主義者だった。既成政党には属さず、新たに「民主革命党《レボルシオン・デモクラティカ》」をつくり、ほかの小さな政党と協議して左派政党連合「広域戦線《フレンテ・アンプリオ》」を結成した。２０１７年、結成後の初めての国政選挙で、広域戦線は投票数の20パーセントを勝ち取った。自身の選挙区で60パーセントの票を得たジャクソンは、上院議員１２０人のなかでもとくに支持が高いひとりとなった。

ジョルジオ・ジャクソンの議員事務所に行くと、サンティアゴの不平等を一気に見ることができる。8階建てのビルの最上階にあるオフィスには大きなバルコニーがついていて、古木と植民地時代の像がみっしりと配置された「サンタ・ルシアの丘公園」を見渡せる。右手にはゆるやかな上り坂の大通りが富裕なプロビデンシア区やビタクーラ区を走り、64階建ての高層ビル、サンハッタンが陽光に輝いている。左手の坂道を下れば、街の誰もが「金持ちと貧乏人の境界線」だと知っているイタリア広場があり、レンカ区のような近隣の町に向かう中距離バスもそこから出ている。ひげを無造作に伸ばした上院議員は、トレードマークになっている本を詰め込んだ小さなリュックサックを背負い、固定ギアの自転車で移動する。現在、30代前半の彼は、薄くなりはじめた頭に黒い野球帽をかぶっている。大学院生にでもまちがわれそうだが、彼はサンティアゴの多くの人たちにとっていま最も重要な政治家で、チリの未来の大統領と目されている。

中産上流階級《アッパーミドル》の家庭で生まれたジャクソンは、富裕なプロビデンシア区の私立学校に通った。運動能力にも優れ、U20のチリ代表のバレーボール選手だった。スポーツ奨学金の援助も受けて進んだ大学ではコンピューター・サイエンスと工学を学んだ。政治を目指すつもりはなかったが、教育をめぐるデモの頻発とサンティアゴの経済格差への危機感から政治の道に引き込まれていった。彼のなかで罪悪感と怒りの感情が大きくなり、行動しなければならないと決意したのだ。サルバドール・アジェンデ大統領時代の社会主義政策に揺り戻したい学生運動を追い風にする政治家が増える一方で、ジャクソンは社会主義とも既存政党ともちがう理念を新たに提案し、支持を広げつつある。

ジャクソンには政治家としての存在感がある。堂々としていて、場の雰囲気をつかむことに長《た》け、それでいて数学が得意なおたくっぽい印象もある。左とか右とかの古い区分けはもう機能しなくなっているとして、新しい政治に求められているのは、「2次元ではなくn次元で考える力」だと言う。

政党の方針や既存の思想にとらわれない彼は、自身の民主革命党がその政治力を急速に強めていることを率直に認めている。シカゴボーイズの『エル・ラドリージョ』の新版はまだないが、彼のチームは新版に匹敵する一連の新しい政策に取り組んでいる。未来の経済の作戦帳《プレイブック》に何が書かれているのかを知りたくなった私は、どんな本を読んでいるのかと尋ねてみた。

影響を受けた思想家として彼があげたのは、古典的な哲学者から現在の政治理論学者まで多岐にわたる。とくに、韓国生まれでベルリン在住の哲学者、韓炳鉄《ハン・ビョンチョル》の最近の研究に感銘を受けたという。韓炳鉄は、現代のパンフレッティア（小冊子をつうじて啓蒙宣伝活動をおこなう思想家）で、彼をドイツ哲学の星にした数多くの著作を生み出している。ミルトン・フリードマンを批判しており、それに関連してシカゴボーイズとチリの経済モデルにも批判的だ。韓炳鉄の考えでは、現代の資本主義のもとでは人は何を買ってどんな仕事に就くかを選ぶ自由があるとされているが、実際には消費至上主義の「奴隷」であり、誤った欲求をつくり出す市場に幻惑されているという。たとえばファッションの流行があるのは、ジーンズやドレスの最新スタイルが、マズローの言い方を借りれば強い欲求を抱かせるようにつくられているからだ。韓の見解では、データが大量に供給されるのは、私たち自身が大量に供給しているからでもある。私たちはデータの奴隷であり、フェイスブックやインスタグラムの「いいね！」のように、自分に価値があると思わせてくれる承認を追い求めている。ジャクソンがこれらすべてを考え合わせて導いたのは、「見せかけの欠乏」という考えだ。全員に配れるだけの基本的な資源はあるはずなのに、高すぎる市場価格のせいで多くの人が市場から締め出されている。こうなってしまう原因は、物品の供給をコントロールする「行き過ぎた独占」にあるとジャクソンは言う。彼はとくに、特許制度や知的財産保護をはじめ、市場を競争からかばおうとする動きに対して批判的だ。

サンティアゴの自由主義経済で、銀行や書店や宿泊施設や薬局などの主要産業がどのように動いているかを見れば、彼が何を言いたいのか、その考えがなぜ多くの人の共感を呼ぶのかがわかってくる。

適正価格の青空市場

毎週日曜日、ロ・エスペホ区の近くに市場《いちば》が立つ。ラテンアメリカでいちばん大きいと言う者がいるほど広大な市場には中心地といったものはなく、土ぼこりにまみれたこの貧しい一帯から、それを取り巻く鉄道の線路に向かって無秩序に広がっている。

サッカーのプレミアリーグの偽ユニフォームや洋服類、携帯電話や充電器など雑多な電気機器、音楽、映画、ソフトウェアの海賊版ＣＤやＤＶＤを売る露店がたくさんあり、食べ物を売る店もまた多い。野菜を扱う店の露台には、うまいペストリーの材料になる黄金色の果肉をもつ巨大な「サパージョ」が、板がたわむほど積みあげられている。客は買い物をしながら食事もする。グリルチキンやセビチェサラダ、緑のアボカド、白いマヨネーズ、赤いトマトがトッピングされていて、その色合いから「イタリアーノ」と名づけられた細長いホットドッグがあちこちで売られている。

ロ・エスペホ区の露店は、市場の本来の姿を示している。魚を例にあげてみよう。魚介類を売るカルロスは、鋭いナイフをすばやく数回転させるだけで、白身魚の頭と内臓を取り、さばいた切り身を積みあげていく。売値はマアジやメルルーサで1キログラム2000ペソだ。コングリオやバス、タラバガニなど、もっとめずらしい魚介類を扱えれば、もっと裕福な地域に店を出し、もっと稼ぐことができるが、大きな水産会社に買い占められてしまうので、カルロスのような店主は自分が獲った魚を売りにこの市場に来るしかない。私たちが話をしているあいだにも、彼はたえず魚をさばき、助手がせっせと売っていた。

別の店では、巨大な岩のようなチョコレートが置かれ、直径6~7センチほどの塊に砕いて、透明のビニール袋に包んで売られている。このチョコレートは、地元のチョコレートメーカーが機械を洗浄し、堆積物を掻き出したときに出たくずだ。富裕なラス・コンデス区では廃棄されるものが、ここロ・エスペホ区では価値があり、ちゃんと売れる。

この市場は地域にふさわしい役割を果たしている。余分なサービスを省いた安い値段の品は、貧しい客でも買うことができ、買う側と売る側の双方に恩恵のある商売がおこなわれている。品物は質に応じて分けられ、ふさわしい値段がつけられる。つまりこの市場では物の売り買いが透明なのだ。買い手と売り手を商品の質と値段によって並べ、何も捨てないので、現代エコノミストの目には好ましく映るようだ。

ロ・エスペホ区の巨大市場には新参者もわりと入りやすい。たとえば、58歳のエルナンは、働いていた地元の自転車工場が海外生産にシフトしたことで失業し、わずかな解雇手当を元手にトイレットペーパーと洗剤だけを売る店を始めた。質がいまひとつだが最も安い〈ノーブル〉（5ロールで1100ペソ）から、中級の〈コンフォート〉〈ファボリータ〉、高級品の〈エリート〉（5ロールで1700ペソ）など、買い手のために品揃えを充実させている。

エルナンの自慢は、どの価格帯の品でも地元のスーパーマーケットより大幅に安くしていることだ（〈エリート〉はスーパーでは2400ペソする）。「値付けはむずかしいが、顧客はうちが安いと信用してくれている」

サンティアゴで信用がとくに大事なのは、多くのチリ人が日用品の値段に疑いをもっているからだ。トイレットペーパーもそのひとつで、2015年、販売数の90パーセントを占めていた製造業者2社がひそかに結託して、販売価格をつりあげていたことが発覚した。2社が不当に儲けた額は10年間で4億6千万ドルにのぼる。

似たパターンがあちこちで見られ、バス会社が協定を結んで運賃を高く設定し、この街の通勤者に害を与えてきた例や、鶏肉市場の90パーセントを握る業者3社が共謀して価格を引きあげていた例も判明している。

14万人あたりに薬局1店舗

不当に高い鶏肉も運賃もトイレットペーパーも、低収入の世帯を直撃するだけでなく、国の経済に深く織り込まれた市場の問題をあらわにする。新聞業界の85パーセント、オンラインニュースの85パーセント、広告業界の80パーセントの売上を同じ大手2社が占めている。保健医療も寡占が強く、健康保険業界は少数の会社が市場を支配する。薬剤関係では、3社の薬局チェーンが医薬品の仕入れの90パーセントを押さえていて、3社すべてが最近、談合に関与した疑いで摘発された。

「市場は貧乏人のことは気にしない。薬の売られ方を見ればわかる」と、街の北にある貧しいレコレータ区の区長で、46歳のチリ共産党の代議士ダニエル・ハドゥエは言う。ハドゥエの選挙区の住民は収入が低すぎるため医薬品を買えないと見なされていて、大手薬局チェーンからは相手にされない。

裕福なラス・コンデス区には住民2万人あたり薬局が1店舗あるが、貧しいレコレータ区では14万人あたり1店舗しかなく、チリ全土では薬局がまったくない地域に何百万人もが暮らしている。

つまり、ヌエボ14地区のゴミ捨て場共同体のメリッサ・ネイラが指摘していたように、同じものを手に入れるために貧しい人のほうがより多くの費用を払わなければならないのだ。レコレータ区では、医薬品の価格がよそより高いうえ、高いバス代を払って買いにいかなければならない。薬が必要な高齢者や慢性疾患を抱える人たちをいっそう薬から遠ざけてしまっている。

この状況に対抗して、ハドゥエ区長はみずからの手で区役所の1階に「人民薬局《ファルマシア・ポプレール》」を開設した。ピノチェトの秘密警察に殺害された薬剤師リカルド・シルバ・ソトの薬局の名前にちなんだこの薬局は、抗生物質、抗ヒスタミン薬などの処方薬をはじめ、高齢者向けの目薬や尿漏れパッドなどさまざまな品を扱う。利権でがんじがらめの業界の支配から逃れて海外から薬剤を直輸入することで、サンティアゴの民間薬局と比べて最大70パーセント安く売ることができている。

眼鏡も薬局と同じ状況だ。レコレータ区にはまったく眼鏡店がなかったため、人民眼鏡店《オプティカ・ポプレール》がつくられ、眼鏡を6200ペソ（約9ドル）、度付きのサングラスを8800ペソで売っている。この店ができたために、地元住民は高いバス代を節約できるうえ、よその地区の民間眼鏡店より90パーセント安い輸入品を手に入れられるようになった。共産主義者の区長が基本的な必需品の輸入を強いられるという事実は、チリとその資本主義のモデルを「見習うべきお手本」と称賛する人たちに気まずい思いをさせるのではないか。

分断の街

公園なのに公園じゃない

秋田やタリンを訪れて勇気づけられたのは、高齢化とテクノロジーの最先端をゆくふたつの経済が、たしかに問題を抱えてはいるものの、市民を結びつける象徴の地でもあったことだ。若者と高齢者のあいだでも、歴史と伝統と言語によって分断された民族のあいだでも、互いを理解し、協力しようとする動きが見られ、経済の交流がおこなわれてきた。人が協力し合うということは、人的資本および社会資本を活用することであり、どちらも信頼と親切心と、いっしょに努力するという古くて新しい規範のうえに成り立っている。私はチリで、仮設キャンプのような「カンパメント」やゴミ捨て場共同体、教科書のコピーなど、公式経済には表れない非公式の助け合いをたくさん見たが、彼らの将来が心配になる理由もいくつかあった。

階層の一番上から始めよう。サンティアゴのエリートたちは街の状況には個人的に懸念を抱いている。よく見てみれば、富裕層と貧困層双方に影響を及ぼす亀裂がいくつもあることに気づくからだ。とくに、公式経済に多様性が不足していることを心配している。華々しく発展してきたチリはいま、現状に満足しているように見えるが、この国はサルバドール・アジェンデ大統領時代がそうだったように、依然として鉱業に依存していて、年間の政府歳入の30パーセントを銅山から得ている。シカゴボーイズの青写真『エル・ラドリージョ』では、銅山のような資源産業から脱却して多角化を図り、より進んだ産業基盤を築くはずだったが、ほとんど成果を出せておらず、チリはいまも世界の商品相場に翻弄される国のままだ。

自尊心の高いチリ人は、多角化が遅れている理由をすぐにふたつあげるだろう。ひとつは国土が狭いこと、もうひとつは実質的に陸の孤島だということ（北はアタカマ砂漠、南は南極大陸、東はアンデス山脈、西は太平洋に取り囲まれている）。国土の細長さとアクセスのしづらさが多角化をむずかしくしていると言いたいのだ。だが、批判的なチリ人やチリに住む移民は、こうした言い訳はナンセンスだと見る。チリは人口の多さで世界の上位3分の1に入っているし、1800年代はじめから海路による交易で成功してきたからだ。銅山に頼り切りで多角化できなかった本当の理由は、不平等と関係がある。既存業界の多くの経営者にとっては、わざわざ波風を立てる理由はないのだ。ぬるま湯に浸かって独占の旨みを手放さずにいれば、それなりにいい人生を送れるのだから。

子どもを〈ザ・グランジ〉に通わせているようなエリートの親たちも、居心地のよすぎる現状がわが子に及ぼす影響については思うところがあって、「ゾローン」と呼ばれる新しい上流階層の出現を心配している。アメリカの大学で社交クラブに属する男子学生の一部があえてむさ苦しいグランジファッションに身を包むように、ゾローンは身なりこそチノパンにカシミアのセーターだったりするが、タトゥーを入れたり、ポマードで髪をがっちり固めたりしている。彼らは上流階級の子息が集まる伝統大学に憧れなどなく、むしろ、授業料が超高額な新設の三流私立大学に通う。ほとんどは卒業後に親の経営する会社に入ることが決まっているので、自分より賢いクラスメートと就職先を争う必要がない。ある父親は心配して言う。「チリのエリートは、欧米の上流階級が子弟に与える試練をわが子に与えていない」

サンティアゴの不平等は、公共の場がどのように使われるかにも影響している。「ここの社会階層はまったく交ざり合っていない」と、ある外国人は、オフィスの親睦会でサマーピクニックを企画しようとして失敗したときのことを思い出す。場所や活動を「クイコ」かそうでないかで線引きをする暗黙の分断があるのだ（クイコとはおおまかに上流階級という意味で、労働者階級は否定的に、富裕層は親しみを込めて使う）。「職場の同僚なのに、職場以外のところで会うことはできなかった。なぜなら、公園にもクイコ公園と非クイコ公園があり、ある階級の人はほかの階級の人を訪ねることがないから」。表向きは、サンティアゴの公園は国民の税金を財源とした公共の場であり、誰でも利用できることになっている。だが実際には、国を覆う不平等が、公共の公園ですら、所得が多いか少ないかで利用者を分離する私的な場所に変えてしまった。

レジリエンスを考えるとき、こうした状況は懸念を呼ぶ。最近の研究では、図書館や公園のような「社会インフラ」は、社会が逆境にあるときの一種の保険のように作用するという結果が出ている。私がグラスゴーで見たこととも一致する。人が交ざり合い、隣人にどんなスキルがあって、いま何に困っているかがわかっていれば、大きな衝撃に直面したときも、社会がじわじわと後退しているときも、より柔軟に対応することができる。だがサンティアゴでは、そうした交ざり合いがない。街の犯罪率は低いが、貧しい地域も富裕な地域もセキュリティに莫大な資金を投じ、住宅の多くは鉄格子で護りを固めている。町内を抜ける裏道は封鎖され、公道も誰かが私的に警護していて、街なかを散歩したり、自転車で走ったりすることすらままならない。富裕なビタクーラ区では、複数の監視カメラを搭載した巨大なヘリウム風船が上空を昼夜漂い、金持ちの恐怖心をいくらかやわらげている。同胞を信用すると答えるチリ人は5人にひとりしかおらず、他の先進国に比べてはるかに低くなっている。

サンティアゴの所得階層の底辺でも、多くもらう人への妬みは見受けられなかったが、階層のあいだに悪感情のようなものはたしかにある。ヌエボ14のメリッサ・ネイラが言った。「ラス・コンデス区の使用人《メイド》は、外でも制服を着なくちゃいけないの。昼休みに買い物へ行くときにも、仕事が終わって家へ帰るときにも。ちがう階層だ、その地域には属していない、ということをわからせるために」。規則でも法律でもないが、階級や社会的地位の分断を維持していくための文化的規範なのだ。社会資本や社会インフラが経済のレジリエンスにとって重要だとするなら、チリの経済はみなが思うほど強くはない。

急成長と不平等

チリの多くの若者たちにとって、ロルフ・ルデスたちシカゴボーイズは、貪欲な資本主義と冷たい利己主義のシンボルだ。だが、『エル・ラドリージョ』からは、執筆者たちが真摯《しんし》に国を思い、もてる限りの知識と大志を注ぎ込んで書きあげたことがはっきりと伝わってくる。シカゴボーイズは、国の可能性を見通すことができていたし、周辺国に後れをとる状況を早く正したいと決意していた。彼らの経済計画は、シカゴでミルトン・フリードマンやアーノルド・ハーバーガーから教えられたことを土台として、持続的な成長をつうじて貧困をなくそうとするものだった。

だが、フリードマンの有名な格言に、経済政策については意図ではなく結果で判断すべき、というものがある。狭い見方をすれば、チリという国の現状を、シカゴ学派の経済モデルの勝利としてとらえることは可能だ。チリはラテンアメリカの至宝であり、民営化をつうじた改革の支持者にとってすばらしい研究材料でありつづけている。食べるものすら事欠くような極貧状態はほとんど解消された。サンティアゴの最も貧しい地域では、仮設キャンプのような粗末な「カンパメント」で寒さに凍えながら腹を空かせて育った人たちがたくさんいるが、数十年に及ぶ持続的成長が貧困率を年々低下させ、基本的な欲求は以前よりはるかに満たされやすくなり、こうした地域でも生活は大きく改善した。

「急成長はしたが、極端な不平等もついてきた」というチリの通った道は、多くの新興国やその国の成長頭の都市がたどる道でもある。同じ道を追いかけてくる者たちにサンティアゴは警告を発する。自由市場がつねに価値を生み出すとは限らないように、経済が力強く成長しているからといって、当然のように国全体が進歩するとは限らないことを。サンティアゴは他の都市と比べて、基本的な欲求は満たされやすいが、教育や主体性など高度な欲求には手が届きにくい、マズローのピラミッドが一方に引っ張られたようないびつなかたちをしている。チリのひとりあたりのＧＤＰは南米大陸で最も高い。だが、経済協力開発機構（ＯＥＣＤ）加盟の先進国同士で比べれば、肥満率の上昇速度が最も速く、教育実績は最も低く、大学授業料は最も高く、中退率は最も高い。私がサンティアゴで過ごした時間が、このすべては不平等と関係していることを示していた。

全体としては成長していながら、実務面の失敗が見えるサンティアゴは、再び、街をどうよくしていくか、さまざまなアイデアをぶつけ合える場所になった。社会主義政権の人工的な市場で厳しい経済統制がおこなわれた時代のあと、シカゴボーイズが実権を握り、自由市場こそ経済を動かす最善の方法だと示そうとした。たしかに、彼らの成し遂げた「奇跡」は彼らが勝ったように思わせた。だが、現代のサンティアゴでは、市場はゆがんだかたちの競争を繰り広げ、とくに、学業ではなく格や学費の高さの競い合いにむしばまれた教育業界がその最たる例となっている。市場は機会の均等を広められず、不平等を固定してしまった。所得が低いために住民が顧みられない地域が生まれ、基本的な必需品を政府が配給しなければならない事態に陥っている。世界じゅうの多くの国があとに続こうとする経済の道先案内人、サンティアゴでは、このエクストリーム経済のまっただなかを生きる若者たちが、市場とはそもそも信頼に足るものかどうかを問いかけつづけている。

終章 未来に向けて

生体の仕組みを学ぶのも教えるのも、書物からではなく解剖をもとにすることを、哲学の立場からではなく自然の構造をもとにすることを、私はここに言明する。

――ウィリアム・ハーヴェイ医師、“De Motu Cordis”（心臓の運動）、１６２８年

経済学とは日常の取引における人間の学問である。富の研究であると同時に、より重要な、人間研究の側面をもつ。

――アルフレッド・マーシャル、『経済学原理』、１８９０年

2030年に向かう場所

気後れするような、遠い、見知らぬ場所を訪れるときには、現地の優れたガイドはきわめて貴重な存在だ。長年そこに住み、地形とその難所を熟知し、準備の仕方をアドバイスしてくれる誰かが必要だ。

この本は、私たちが向かっている「未来」の不安やストレスを、「いま」経験している人たちを探すところから始まった。エコノミストがよく調査対象に選ぶようなありきたりの国や都市ではない。常識的なやり方から離れ、400年前にウィリアム・ハーヴェイ医師が最初に唱えた「極限《エクストリーム》に学ぶ」を経済の分野で追ってみることにした。極限の事例を分析することは、医学界では広くおこなわれている。その後、工学と物理学の世界でも、デイヴィッド・カーカルディらが率先し、極限に学ぶ姿勢を築いてきた。

いま、世界で最も極限にある経済は、2030年の不安やストレスについて何を教えてくれるだろう？　私たちはどのように備えるべきだろうか。

これから向かう未来のなかでも、確実にそうなることがわかっている代表的な例は都市化だ。1950年には、世界人口の70パーセント以上が農村部に住んでいた。経済学で考察する問題は、大半の人にとって農村部の問題だった。その後、長い年月をかけて人が移動した結果、街や都市は大きくなり、村は縮小した。

２００7年は、世界の都市人口が初めて農村部の人口を上回った、特筆すべき年だった。この傾向は今後も続き、２０２０~２０３０年にかけて都市人口はアメリカふたつ分の約7億９００0万人増加すると予測され、人口１０００万人以上の「メガシティ」の数は43にのぼる見込みだ。

２０５０年には1世紀前のパターンが逆転し、70パーセントの人が都市部に住むようになる。第6章グラスゴーで取りあげた、かつてアルフレッド・マーシャルが論じた集積の経済が、さらに力をもつようになるだろう。持続的な動向を追うことで、私たちが向かっている場所と、そこで大切になる経済のタイプが見えてくるはずだ。

次の10年間で最も重要な動向は、本書の第3部で扱った高齢化、テクノロジー、不平等だ。この3つは世界に共通する動向で、すでに大きな懸念を引き起こしており、今後も強まっていく可能性が高い。２０３０年には、日本、イタリア、スペイン、ポルトガルの4か国で、50歳以上の人口がそれ未満を上回り、今日《こんにち》の秋田のようになる。タリンの取り組みを真似て予算の節約を図ろうとする政府が増え、ロボットや自動化ソフトウェアなどのテクノロジーが職場や雇用への影響をますます強め、国家レベルでのデジタル化が進んでいく。サンティアゴに見る都市の不平等は、他の新興経済国において、高所得者の上位10パーセントの合計が全体の所得の50パーセントに近づくにつれて、ありふれたものになる。

２０３０年には、地球上の大半の人たちにとって、社会は、秋田、タリン、サンティアゴの3

つの街をミックスしたようなものになるだろう。高齢化が進み、テクノロジーが多くを担い、経済的に不平等な都市社会に。

市場は万能ではない

極限《エクストリーム》経済を学ぶことは、私たちの行き先を明確に知ることだけでなく、途中にある落とし穴に気づくのにも役立つ。困難にさらされ、ダメージを受けた場所では、装飾を剝ぎ取られた生《き》の経済が表出し、現在の政治経済でよく議論される自由市場の役割が浮かびあがってくる。21世紀に入って20年が経ち、市場をどのように管理するかについての意見はふたつに分かれている。左寄りの政党は、国家により大きな権力を与え、企業と技術の成果を管理したい。右寄りの政党は、起業家により自由な裁量を与えれば、競争が規律をもたらす一方で、貪欲な利益追求が課題を解決すると主張する。だが、世界で最も過酷な場所を見てみると、両極は避けるべきだとわかる。

本書の第1部で示したように、社会は非公式な市場を独自につくり、立ち直る力《レジリエンス》を発揮することがよくある。独自の取引と価値の交換は、大災害に見舞われたアチェ、ザータリ難民キャンプ、ルイジアナ州の重警備刑務所においてさえ短時間のうちに出現した。国の支援もなく、多くの場合かなりの障害に直面しながらも、自然発生的に出現し、栄えたのだ。独自につくった経済の仕組みも大繁盛している。

アメリカの刑務所の地下経済は、サバ缶、コーヒー、画期的な「ドット」など、さまざまな通貨を使い分けるし、アチェの伝統的な金《ゴールド》の文化は、ゴールドに貯蓄と保険の役割をもたせて活用している。ザータリでは、現金を手に入れる方法として、粉ミルクを介した裏技が使われていた。人は市場をつくることができ、価値を移す方法、すなわち支払いの方法を、たとえそれが複雑であっても築くことができる天性の能力をもっている。人工的につくり出された経済では、こうした能力や工夫の技能は生かされにくい。

統制された経済で非公式の取引を阻止することは、たんに物やサービスの交換を妨げるだけではない。きわどい状況に置かれてみると、自由に取引できることのすばらしさがわかる。私が訪問した場所の人たちも、何かを手に入れ、金を稼ぐ場としてだけでなく、経済活動を、自分が自分であるための重要な場としてとらえていた。

物品を生産し、売買することには、品質を維持し、契約を履行し、期限内に納品するなどの責任がともなう。責任を果たせば、いい評判が立ち、尊重され、次回の取引につながる。市場は、売り手と買い手のあいだで物が動く場であると同時に、個性と自己表現をサポートする場でもあるのだ。私が訪れた地のなかで、国や統治機関の管理が厳しく、自由な取引の芽生える余地のなかった場所ほど、活気がなく寂れていた。

ここで問題なのは、サンティアゴの貧しいレコレータ区の区長で、チリ共産党に所属するダニエル・ハドゥエ区長の言うことが正しいという点だ――市場は万能ではない。いい市場が価値を生むのはたしかだが、悪い市場は価値を破壊する。

ダリエンの熱帯雨林もそうだったように、問題の多くは経済の「外部性」にある。これは、ある当事者（ダリエンの場合は伐採者）が、ほかの当事者に課すことになるコストを考えずに何かを決めてしまうときに起こる。経済的な取引をしたいという熱意と、それをできる能力が、ダリエンに住む人たちの長期的な幸福を徐々にむしばんでいる。外部性はありふれたものだが、外部性が問題なのは、そのせいで自由市場がよくないものを大量に生み出したり、よいものをほとんど生み出さなかったりするところにある。外部性を直接の原因とする破壊を見てしまうと、監視のない市場のもとで公共政策の問題に対処できるという考えは、世間知らずの、ほとんど危険な思想のように思えてくる。

市場は、最も必要とされる場所に確実に誕生するわけでもなければ、弱ったときにすぐに回復できる保証があるわけでもない。ダリエンでの取引から利益を得るグループがふたつあるとすれば、金はないがジャングルに地の利のある元ゲリラと、そこを迷いながら命がけで通る、現金を抱えた経済移民だろう。だが安全に通れるようにする市場はできていない。キンシャサは、植民地時代と独立後の指導者の失敗により、公式経済は行き詰まり、日常生活の隅々まで腐敗が蔓延してしまった。グラスゴーの産業をロケットのように高く打ちあげた集積の力も、下降時には都市の没落を加速させてしまった。

これまで見てきたように、「外部性」によるダメージにせよ、合理的な選択のようでいてじつは生活をよくすることにつながっていない賄賂だらけの暮らしにせよ、外の世界とのネットワークを築けなかったことにせよ、こうした失敗の中心にあるのはすべて経済だ。うまくいっていいない場所には、根幹に市場の機能不全があった。

２０３０年に繁栄を謳歌しているのは、人間のもつ、市場をつくる能力を生かす一方で、抑制の利かなくなりがちな自由取引のマイナス面をやわらげる、中庸のモデルを見つけた都市だろう。だが、私が見てきたエクストリーム経済の失敗例は、そのモデルが簡単には発見できないことを示している。

人がレジリエンスを発揮できない状況に追いやられるのは、善意の政策による場合が多かった。波の来ない高台につくられたアチェの村、ダリエンのチーク材助成金、グラスゴーの複数の造船所を「グループ化」して強くする計画、キンシャサを水力発電の産業ハブに変えるモブツ・セセ・セコ大統領の計画、これらはすべて机上では理にかなっていたのだ。だが、よかれと思って市場を動かそうとした結果、ことごとくまちがった方向に進んでしまった。未来とそこへ続く中庸の道は平坦ではない。その道を歩いていくには、ＧＤＰの浮き沈みだけでなく、壊滅的な災難に遭っても耐えられる私たちの能力についてよく知り、経済のレジリエンスを大切にしなければならない。

日常のなかの非公式経済

レジリエンスを理解するには、現在の統計や政策の議論には表れてこない部分も含めて経済をとらえる必要がある。非公式経済の役割は、政策当事者が考えているよりもはるかに大きく、精巧で、革新的だ。世界のどこへ行こうと、経済が実際にどのように回っているかについて地元の人と話をすれば、ジャーナリストが報道しない、統計にも載らない、隠れた仕組みがあることに気づく。キンシャサの街は、公式データがいかに不完全な絵しか描けないかを示す好例だ。キンシャサには1000万人が住み、圧倒的に貧しいと、統計には書いてある。一方で、村がそのまま巨大化したような、にぎやかでエネルギッシュで創意工夫にあふれた非公式経済の街であることは描かれない。難民キャンプはもうひとつの例だ。ザータリとアズラクのなかにできた店の数を比べれば、このふたつの難民キャンプは似ているようでいて中身は別世界だとわかる。

人の暮らしに近い情報を現地で集め、それをつうじて非公式経済を追跡することで、経済の本当の姿がわかりやすくなり、レジリエンスがどのように機能するかの手がかりも得やすくなる。キンシャサはその面でも際立った例だ。カトリック教会の司祭が言ったように、貧しい人がそこで生き残るには、道ばたでの行商や「小分け」ビジネスなど非公式経済に頼るしか道がない。大災害に遭ったアチェでは、豊かさの象徴であるゴールドの腕輪が、表には出ない貯蓄と保険の仕組みも担っていた。暮らし向きの厳しいグラスゴーの造船技師たちは、困窮度に合わせて、体裁を保ちつつ質入れできる仕組みや「メナージュ」という名の貸出制度など、非公式のセーフティネットを利用してその場をしのいでいた。

いまのところ、非公式経済は主流の経済学の数字には反映されていない。レジリエンスを重視するのなら、これを変える必要があるだろう。

富の測定の仕方

富をどのように測定するかについても再検討が必要だ。経済学は、長期にわたり価値を保存し、町村、都市、国が生む支出と収入の年間フローに使用される「資本」を重視する。とくに注目するのは、金融資本（現金、株式、債券など）と物的資本（建物、工場、機械など）だ。両方とも不可欠で、キンシャサやダリエンで起こった経済の悲劇は、ひとつにはこれらの不足が原因だった。だが、このような富のかたちは全体像の一部にすぎない。ほかのすべてを除外して、これらの資本にのみ焦点を当てることは、富へのアプローチを狭く単純にし、レジリエンスの発揮された活発な経済の裏にある資産を見落とすことになる。

アチェ、ザータリ、ルイジアナは、それぞれにちがう困難に置かれた場所だ。そのどれもが金融資本と物的資本が乏しいなかで、アイデア、スキル、知識をさまざまに駆使していた。これこそ国の「人的資本」であり、過去30年で、経済成長の重要な源泉として認識されるようになってきた。エクストリーム経済ではさらに、人的資本は経済発展に役立つだけでなく、壊滅的な下落を予防する手段にもなるという見方も加わった。人的資本は、非公式経済と同じく、レジリエンスの宝庫だ。アチェの人たちは、２００４年の災害後の再建でそれを示した。だが多くの国は人的資本の測定に真剣に取り組まず、取り組んでいるイギリスなど少数の国にしても、本流ではないところで軽く扱っているにすぎない。

経済学における最大の欠落は、社会資本を完全に無視している点だ。無視する理由のひとつは、社会資本の意義のとらえ方が定まっていないからだ。左寄りの人は、社会資本に依存する経済システムは、右寄りの政治家に公共サービス削減の口実を与えるだろうと言う。右寄りの人は、自発的な発生を待つのが最善であり、政府が干渉したり金を出したりするようなものではないと考える。さらに、この概念はあまりにも不明確で、実際には使えないと考える人もいる。社会資本は測定がむずかしく、扱いが面倒なので、無視するほうへ流れやすい。

だが、極限のストレスにさらされ、大きく変化する場所では、社会資本の役割がはっきりとわかる。他者の資産を結びつける接着剤となって、そこからより多くを引き出すことができるのだ。信頼と互助が行き交う場所、つまり社会資本の高い場所では、物的資本と金融資本がより有効に活用されている状況を私は見聞きしてきた。この本では触れなかったが、アチェでのオートバイの共有も、グラスゴーの共同住宅（テネメント）の店で秤《はかり》を使って近所の赤ちゃんの体重を測ることも、前向きで楽観的な文化が社会を下支えし、社会の道具や機械やインフラを集中的かつ効果的に利用している例だった。イタリアじゅうをまわって行政関係者にインタビューをした社会学者ロバート・パットナムが言うように、非公式の資金調達では背後に社会資本がかかわっていることがよくある。私が目撃してきた驚くべきレジリエンスもこれを裏づける。困難な時期に広くおこなわれる、非公式経済のもとでの支払いや保険、信用貸し、貯蓄は、地域の伝統と昔ながらの社会規範に支えられている。社会資本の意義はシンプルだ――生産性を高め、経済のレジリエンスを強くする。

経済で見落とされがちな、収入に占める非公式な部分や、人的資本と社会資本が富の蓄積に果たす役割は、あいまいだったり測定しづらかったりする。だが、それらを考慮に入れないせいで、経済の巨大なピースが見逃されている。私たちが描く経済の絵には重要な部分が抜けていて、そのことが近い将来の経済を見通す力を弱めている。

新たな経済学

およそ400年前、ウィリアム・ハーヴェイは、本質というのは「踏み固められた道から離れた」場所で最もよく観察できると言った。解剖学者に向けたことばだったが、現代経済にとっても有益な助言だ。今後の数十年で、おおぜいの人たちが、高齢者があふれ、高度なソフトウェアとマシンが人を管理し、強烈な不平等の蔓延するメガシティだらけの世界という、誰も見たことのない経済への道を歩むことになる。いまの時点では、秋田もタリンもサンティアゴもふつうから離れた極限の場所であり、これらの街は経済論議の本流ではない。だが明日は彼らの生活がふつうになりうるのだ。

このなかを上手に進んでいくには、新たな経済学が必要だ。人は何かを取引するのが好きだし、得意でもあるが、つくった市場が価値を破壊することもある。歩むべき道は新しい中庸だ。高い潜在能力をもっていても困難に見舞われる可能性はどこにでもあり、それを踏まえて人や社会のレジリエンスをもっと重視しておく必要がある。

レジリエンスの経済学では、多くの人にとって、そして多くの国にとっても、所得を生む発端は非公式経済にあると考える。社会の富は人的資本と社会資本の上に築かれ、金融資本と物理資本はその次に来るととらえるのだ。所得と富をこのように人間寄りの視点から見ることは数値化しづらく、今日の経済指標や将来計画にほとんど組み込まれていない。もしそれらが組み込まれていたなら、高齢社会に広がる圧迫感や、テクノロジーの進歩がもたらす痛みの真の在処《ありか》、急成長の裏でレジリエンスを侵食する不平等を、見落とすことはないだろう。この旅の先々で私はそれを感じた。

著者あとがきにかえて
パンデミック経済

極限《エクストリーム》経済の視点でCOVID－19を見る

新たなエクストリームの年

本書では、9つの極限《エクストリーム》経済をつうじて、経済の脆《もろ》さと強さを探究した。エクストリーム経済は、日本のような先進国からコンゴ民主共和国のような発展途上の貧しい国まで、さらにはサンティアゴのような密集した街からダリエン地峡のような人影まばらな熱帯雨林の奥深くまで、世界のどこででも起こりうる。どこででも起こりうるからこそ、学んで備えておくべきで、失敗や敗北から立ち直る力《レジリエンス》を知る手がかりがそこにある。

2020年、世界には、誰も想像しえなかった新たなエクストリーム経済が出現した。本書の9つの地域とは種類のちがう、現代人がこれまで経験したことのない極限状態が世界を覆っている。私たちは、何が成功で何が失敗なのか、社会と経済のレジリエンスはどういうものか、未来がどうなるのかをこれまでにない真剣さで考えなければならなくなった。ここで振り返ってみよう。私がフィールドワークで出会った、エクストリーム経済で生きる人たちから、どんな教訓が得られるだろうか。

9つの経済、9つの教訓

教訓1　エクストリーム経済の根本原因を突き止めることで、将来とるべき行動が決まる。

正確な診断が治療に役立つ。あたりまえのことかもしれないが、災害で何もかも失ったインドネシア・アチェ州の人たちや、内戦で国を追われてザータリの難民キャンプで暮らす人たちは、その地に合った支援の貴重さを身をもって味わった。診断が不正確であれば、資源を無駄にするだけでなく、その地のコミュニティを傷つけることにもなりかねない。ただし、根本原因を突き止めるべき理由はほかにもある。経済が回復しはじめたときに、次に何が起こり、人々が何を考えてどう動くかを予測する精度を高められるのだ。この視点からＣＯＶＩＤ－19を見てみると、ふたつの懸念が浮かびあがる。

人為的な経済被害がずるずると続く。２０２０年5月の時点で、世界経済は深刻な不況に突入することが確実視されている。必要に迫られてのことだったとはいえ、ロックダウンという人為的な施策で経済を冷やしたため、従来の不況とは別種のものになるだろう。自然災害なら、復興の道筋がわかりやすく、再生のステップを踏むたびに景気は回復していく。難民キャンプの場合も、それまでの暮らしを壊したのは戦争という共通の敵だから、住民は団結し、助け合うことができた。一方、グラスゴーやダリエン、キンシャサなど、失政による景気低迷は、住民のあいだに諍《いさか》いと分断の種を蒔《ま》いてしまい、上昇の道筋が見えにくかった。

景気が急回復する可能性もあるが、恐怖が足かせになるかもしれない。本書のフィールドワークで私が訪れた場所の多くは、経済の基盤が傷ついていた。エクストリーム経済では、シリア内戦やインドネシアの津波、グラスゴーの産業政策の失敗やキンシャサの大規模な略奪など、橋や工場、道路、鉄道などのインフラが破壊されることがよくある。そうした場所ではあとに残った人的資本と社会資本がレジリエンスの源だった。ＣＯＶＩＤ－19は真逆のパターンを示す。物理的なインフラは無傷ゆえ、パンデミックが起こるまえの経済にあっさりと戻れそうな期待を抱かせる。だが、住民が力を出し合い、コミュニティをつくり直し、経済を盛り返してきた本書の事例とは異なり、ＣＯＶＩＤ－19では人的資本の働く余地が小さい。住民がウイルスを怖れ、「集まる」ことに抵抗を感じているときに、新しいコミュニティや市場は生まれるだろうか？

教訓2　新しい市場は、できるときにはほぼ瞬時に形成される。ただし、そのときにはビジネスのやり方が変わっている。

エクストリーム経済を観察していると、何かを取引したいという人間の欲求は巨大であり、そのための能力も充分に備えていることがわかる。ＤＮＡに刻まれていると言っていい。あるときは刑務所で、あるときは鬱蒼としたジャングルで、私は地下経済を目撃した。人の少ない秋田の小村で、90代の人たちが物品を交換するのを見た。エクストリーム経済は誰かにとっての新しい欲求とニーズを生み、別の誰かにとってのチャンスとなる。その地の住民は、部外者が想像するよりはるかに早く、数週間か数日でビジネスの新しい方法を見つける。強調しておきたいのは、市場とは、さまざまな要素がからみ合って、生き物のように育つものであり、各個人がほとんど瞬間的に下す決断が合わさってかたちが決まるということだ。サンティアゴの外れの貧しい市場で買い手と売り手を絶妙にマッチングさせていたのも、チリのあちこちでわざと供給を絞って価格のつりあげを狙っていたのも、エクストリームのなかで生まれた経済の例だ。ダリエン地峡の硬材市場のように、自分たちを痛めつける未来に突き進んでいるところもある。こうした市場は彼らにとっての生きる手段なので、なくすべきだと部外者がただ叫んでも意味はない（ソ連時代のエストニアを思い返せば、住民にできることはなかった）。

教訓3　エクストリーム経済は新しいビジネスを生み、新しい通貨を生む。

ＣＯＶＩＤ－19は通貨の使い方を変えるだろう。フィールドワークの過程で私は、厳しい制約の下に置かれた人たちが編み出した、金融のイノベーションとも呼べる新しい通貨や非公式の貯蓄・信用供与システムの事例に出会った。ザータリの難民キャンプで見た粉ミルクの裏技、ルイジアナの刑務所で見た独創性あふれる通貨、グラスゴーのテネメント（共同住宅）でおこなわれていた人の体面にも配慮した助け合いの金融システム、キンシャサで見た表と裏の課税制度。エクストリーム経済は物品やサービスの売買の仕方を強制的に変えることがよくあり、住民が経済に失望しているときにはとくに、これまでとはちがう売買方法が求められる。ＣＯＶＩＤ－19にも同じことが当てはまる。現金には、細菌やウイルスを媒介するリスクがつきまとうため、多くの人が非接触型の支払い方法に切り替えていくだろう。ただし、匿名性が守られる現金とはちがい、デビットカードやスマートフォンは履歴がくっきりと残るので、不正行為に手を染めている者や、親に隠れて買い物をするティーンエイジャー、プライバシーを何よりも重んじる人は、こうした支払い方法をいやがるはずだ。となると、非接触であり、かつ、匿名で利用できる支払い方法のニーズが高まることが予想できる。ビットコインのような暗号通貨のほか、私がルイジアナの刑務所で目撃した、プリペイド式のデビットカードを駆使した「ドット」通貨も候補にあがるかもしれない。

教訓4　経済的ダメージの測定では、一時的な打撃を過大に評価し、非公式経済の力を見落としがちだ。

私が訪れたエクストリーム経済の地では、苦しい時期にこそ非公式経済が伸び、強くなっていた。非公式経済は公式の経済統計には表れず、「地下《アンダーグラウンド》」「影《シャドウ》」「灰色《グレイ》」と呼ばれることが多い。こうした表現がどれも実態の理解に役立たないことは、サンティアゴの露天商や、渋滞の車のあいだを売り歩くキンシャサの行商人、ダリエンの熱帯雨林にある未許可の小さな店を見るとわかる。統計に含まれない経済はレジリエンスの源であり、社会が厳しい状況にあるときに存在感を増す。しかも巨大だ。国際通貨基金（ＩＭＦ）は最近、１５８カ国を対象に分析をおこない、非公式経済がＧＤＰの32パーセントに相当すると推計した。新興国と発展途上国ではさらにこの割合が高い。ＣＯＶＩＤ－19が経済にもたらしたダメージは非常に大きく、20世紀に勃発した大きな戦争を上回る被害を受けた国も少なくない。しかし同時に、公式のＧＤＰの数値には表れない、ビジネスの新しい仕組みや交流が各地で生まれる可能性もある。これからの世界を楽観視できる材料のひとつと言える。

教訓５　社会資本は実際の価値よりも低く見られやすく、そのために傷つけられやすい。

非公式経済は川の流れに似て、危機にあっても経済の生命力を維持する働きがある。非公式経済が川だとするなら、その力強さの源泉は社会資本だ。私はフィールドワークの先々で、伝統や規範、〝お互いさま〟の精神、近隣同士の助け合いが、地域の経済活動をなめらかに推し進めるのを見た。政治家の目には、社会資本は数値化しにくい、あやふやな存在としか映らず、まさにこの理由から、エコノミストによる政策提言にも盛り込まれない。これは大きな誤りだ。社会資本が強いアチェやザータリでの人の暮らし、社会資本が長年にわたって痛めつけられてきたダリエンやサンティアゴでの人の暮らしが、社会資本の軽視が誤りであると教えてくれる。

社会資本にまつわるいちばんのリスクは、グラスゴーがそうだったように、政策によって、コミュニティが、ひいては社会資本全般が弱体化させられることだ。COVID－19も他のエクストリーム経済と同じように人を団結させるという見方もあるが、楽観論に引きずられずに、リスクに備えておくべきだ。社会資本へのダメージは、ウイルスそのものではなく、ウイルスに対応した政策によってもたらされる。たとえば、景気を壊すとわかっているロックダウンは、あるグループ（高齢者や都市部の住民）を助けるために、別のグループ（若者や、感染が広まっていない農村部の住民）に犠牲を強いていると見ることもできる。自然災害や戦争だったらみなが強く団結できるのに、COVID－19は分断を生み、団結心を霧散させかねない。このあとがきの執筆時点ではイギリスのロックダウンは緩和されつつあるが、これすら逆に不満の種になるかもしれない。科学界と主流の経済界は、感染リスクに基づいて、地域ごと、グループごとに緩和を調整する方策を提案している。合理的ではあるが、生まれた時期や、住んでいる場所、働いている業界によって国民を恣意的に区別することで、不公平感を生むデメリットが見落とされている。社会資本を強くする自然災害や戦争とはちがい、COVID－19は社会資本にとっての試練になるかもしれない。

教訓6　各国の政府機関にとってIT大国エストニアの首都タリンは格好の手本だが、タリンの抱える問題点も知っておくべきだ。

テクノロジーを、あらゆる問題を解決してくれる万能の薬と見なす国は多い。各国の政府機関は大手テクノロジー企業と協力して、ウイルスの拡がりを監視し追跡するための新しいソフトウェアの開発に取り組んでいる。いずれやってくる次の波の影響をできるだけ抑えるために不可欠な策であり、アメリカとイギリスでは、これがウイルス関連政策の中心を占める。だからこそ、世界で最もデジタル化の進んだ国エストニアから学ぶことはたくさんある。まずは、エストニアの基幹ネットワークシステム「Xロード」を知っておこう。Xロードには、アメリカに多い「分散」ネットワークと、イギリスに多い「集中」ネットワークのそれぞれの長所が生かされている。政府は効率のよい集中システムの恩恵を得る一方で、国民の感じる、権力者である国家から不必要に生活を覗き見られるという不安を減らすために、分散システムを組み合わせてみずからの権限を狭めた。それでも、エストニアの事例からは、シンプルだが当面は解決できそうにないテクノロジーの欠点が浮かびあがる。政府のオンラインサービスに参加したくない、あるいは参加したいのにその能力がなく、デジタル接続の輪から漏れている人がおおぜいいるということだ。この巨大な「デジタルデバイド（情報格差）」はエストニアの足かせであり、COVID－19の問題でも、ITを使って安価にすばやくウイルスを追跡しようとする試みの妨げになりかねない。「全国民をカバーする」ために、ITではなく、遅くてコストのかかるペンと紙に逆戻りする日が来るかもしれない。人工知能はまだ、ウイルスの問題を解決できるまでには至っていないのだ。

教訓7　嗜好の変化は意外と小さく、消費財の需要はすぐに回復する。

グローバルなサプライチェーンを介した目に見えないつながりの存在が、ここ数カ月で強く意識されるようになった。そのつながりに傷が生じたいま、危機が去ったあとの経済がどう動くかの予測にはひとつのパターンがある——人の嗜好が変わり、生き方がシンプルになり、大量消費は影を潜め、サプライチェーンが短くなり、身近な場所での買い物が増える、というものだ。

だが、自然災害や戦争、刑務所など、本書で見てきたエクストリーム経済に照らせば、私はパンデミック経済がこの予測パターンどおりになるとは考えていない。アチェの人たちは災害まえと同じ場所に自宅を建て直し、災害まえに営んでいたのと同じビジネスを再開した。ザータリ難民キャンプには数千軒の店があり、季節に応じた流行のファッションなど、難民によく売れる消費財を並べている。ルイジアナの服役囚は、面会前になると身だしなみをととのえるため、正式な労役か闇仕事かはともかく、なんらかの仕事で手っ取り早く金を手に入れようとする。こうした場所にいる人たちと話してわかるのは、彼らの生き方がぶれないのは、あきらめないという強い決意があるからだ。人間には、何をどこで買うかという選択も含めて、自分の行動を外部の要因のせいで変えることは一種の敗北だと感じる性質がある。

ビジネスを営む人と、そのサービスを買う人は別の存在であって、たとえば持続可能な経済にしても、事業者側と買い手側では目線がちがうという考え方は、日常生活のなかで一般の人が経済活動に果たす役割を見誤っている。資本主義の市場はどこか冷たく、非人間的で、エコノミストは市場を限りある資源を分配する手段としてしか見ていない、との指摘がある。だが、その指摘は、金融市場や大企業など一部には当てはまるかもしれないが、世界で動いているビジネスの大半は小企業が担っており、結局のところ、大半の売り手と買い手には当てはまらない。何かを生産し、販売することは、注文を履行する義務を負うことであり、サプライヤーと顧客の両方に対して約束を守る責任を引き受けることである。これが、社会のなかで役割を生み、行動に意味と評価をもたらす。ダリエン地峡の荒れた様子が示すように、市場にはたくさんの過ちがあることはたしかだし、極端な方策をとらざるをえないこともある。だが、人がいれば必ず商取引と市場があり、経済活動にはそれだけで社会的価値があるのだ。

教訓8　「不平等」は、この危機が去ったあとも長く続く。

不平等は社会に蔓延している。失業者になってしまった元自由アチェ運動のメンバー、サンティアゴの教育システムの最下層に沈む人、ルイジアナの誰も面会に来ない服役囚、複数の難民キャンプに家族が散り散りに収容されたシリア人など、生まれた場所の巡り合わせで不運を強いられる人たちがいる。着実に進んでいる高齢化とテクノロジー化も、タリンの「デジタルデバイド」や日本で私がよく耳にした「世代間格差」のように、新しいタイプの不平等をもたらしている。

COVID－19にも、新しいタイプの不平等がともなうだろう。仕事中の密な接触を避けられる人、避けられない人、庭のある家に住んで屋外で過ごせる人、高層階に住んでなかなか外に出られない人のあいだにも差が生まれている。簡単な解決策はないにしても、サンティアゴの状況を教訓にしたい。ウイルスにさらされるリスクが職業によってちがう状況そのものは工夫して避けられるかもしれないが、公園や図書館といった公共の社会的インフラが分断されていると、社会が逆境にあるときにみなが手を取り合って立ち向かうことができない。一体感と結束のシンボル的な存在は、社会資本を充実させ、レジリエンスを高めるのに役立つだろう。そのための投資が必要になる。

教訓9　高齢化、都市化、グローバル化が進む社会を前提にした備えが必要だ。

COVID－19は高齢世代を最も苦しめる。ロンドンを、ニューヨークを、モスクワを食い荒らし、グローバル経済で結ばれた世界全体に広がった。ウイルスがもたらした損害は、本書の第3部で述べたテーマと密接に関係している。日本を先頭に、多くの国が「超高齢社会」へと突き進むなか、世界は急速に老いている。高齢者がかかりやすい病気は、30年前よりはるかに多い人間を感染させる。都市化によって、ウイルスのたまり場になる繁華街の面積も増えた。このような傾向は今後も続くだろう。たとえば10年後、似たようなウイルスが、もっと年老いてもっと都市化した地球にさらに大きな打撃を与えるかもしれない。ＣＯＶＩＤ－19よりひどいパンデミックが起こりうるのだ。

最後に、人のつながりについて触れておきたい。これを読んでいる人は、いまいる場所が世界のどこであろうと、幾百人もの人と個人的につながる製品を手にしているか、身に着けている。現代の消費者にとっては、衣服だけでなくスマートフォンも肌身離せない品となった。私たちは、見たことも聞いたこともない街や港や船や飛行機にいる人たちのあいだをネットワークをつうじて旅している。スマートフォンに使う金属が採れるコンゴのコルウェジにしろ、シャツが縫われるバングラデシュのダッカにしろ、会ったこともない世界じゅうの人たちとかかわりをもっている。隠れた非公式経済が私たちの強さとレジリエンスの源であるのと同時に、ＣＯＶＩＤ－19は、目に見えない経済のつながりが私たちの脆さとなることを突きつけたのだ。

２０２０年5月

写真と図版についての付記

とくに断りのない場合、すべての写真は著者の提供による。著作権のある資料を利用する際は可能なかぎり事前に必要な許可を得たが、万一漏れがあればお詫びするとともに、増刷時に適切なかたちで明記する。

地図の提供はラベル・ジョーンズ社、図表の提供はグローバル・ブレンディッド・ラーニング社による。

口絵クレジット：
Lampuuk mosque, Lhoknga, Indonesia © Greg Baker/AP/Shutterstock; Wilbert Rideau, Angola, USA © Anonymous/AP/Shutterstock; Logging trucks © David Meza/La Prensa Corp; HMS *Indomitable* launch © Hulton Archive/Stringer; Delivery robot image courtesy of Starship Technologies.

謝辞

本書に登場したすべてのかたがたに真っ先にお礼を申しあげたい。執筆にともなう調査のあいだ、延べ15万キロ以上の距離を旅し、５００人以上のかたと話をした。凍てつく寒さの秋田の村から、うだるような暑さのキンシャサの裏通りに至るまで、みなさんが私を自宅や事務所、教会、礼拝堂へと招き入れ、食事や飲みものをふるまい、快く話を聞かせてくれた。

このプロジェクトはキャロライン・ミシェルとピーターズ・フレイザー&ダンロップ社のチームのサポートがなければ、始まりも終わりもしなかっただろう。ティム・ビンディングの貴重なアドバイス、アレクサンドラ・クリフの励ましとビザ取得のための膨大な書類作業に感謝する。本書はまた、ペンギン・ランダムハウス社のヘンリー・ヴァインズ、ファラー・ストラウス&ジルー社のコリン・ディッカーマンの熟練の編集手腕によって多大な恩恵を受けた。最初に本書の企画を支持してくれたダグ・ヤング、旅の途中に走り書きした粗い原稿を苦労して読み、有益なコメントをくれたステファン・モリソンにはたいへんな世話になった。ラハト・シディークは疲れ知らずのリサーチアシスタントで、数えきれないほどの論文や書籍、絶版になった資料を見つけ、さらに、私が旅に出ているあいだにインタビューのアポイントを取ることも手伝ってくれた。エイミー・セバイアの賢明な忠告のおかげで、私は地球上で最も用心しなければならない危険な場所から無事に帰ってくることができた。

各地のガイドのみなさんは、私に同行し、有益な話を聞かせてくれる人との面談を手配し、通訳を務めてくれた。アチェ州では、ジュウィック・ファルカンが通訳で山岳ガイド、夕食仲間でもあった。ジーナン・ナスカバンディは、ザータリとアズラクの難民キャンプでシリア人の一家を紹介してくれ、アフマド・シャバナは私を自宅に招き、友人を紹介し、彼がいつも礼拝しているモスクの中まで見せてくれた。

ルイジアナ州では、ウィルバートとリンダのリドー夫妻が仲介役を務め、獄中にいたころのウィルバートが執筆していた、すでに絶版になった月刊誌の記事を提供してくれた。ケリー・オリアンズは、実際に刑務所に収監された経験のある人たちを紹介してくれた。

ダリエンでは、ファン・ベラスケスが自身の抱える経済の不安について語り、ハンモックのひとつを私に貸して眠らせてくれた。クナ族のデリフィーノ・デイヴィスは、私がひとりで道に迷って困っていたときに、道案内を買って出て、魚の酢漬けをごちそうしてくれた。

キンシャサでは、シルヴァン・ムヤリが熟練のガイド兼通訳を務め、ジーン・マリー・カロンジは、おおぜいの若者を紹介してくれた。

グラスゴーでは、フェアフィールド造船博物館のアビゲイル・モリスが地元の造船業者と引き合わせてくれた。

秋田では、中井《なかい》ミリーさんが通訳となり、森本さんが雪のなか車を出し、彼が見つけた田舎の廃村を案内してくれた。

カミラ・セアとフランシスコ・ラミレスは、サンティアゴで通訳を務め、街のあらゆる階級の人たちと会わせてくれた。

経済をテーマにした本に、一般の人たちのエピソードを盛り込んではどうかと助言してくれた同僚たちに感謝する。ザニー・ミントン・ベドーズとアンドリュー・パーマーは、論文調でない文章の執筆や編集に挑戦することを最初に私に勧め、そのやり方も教えてくれた。かつてのルームメイト、アン・マケルヴォイはいつも、経済は簡単なことばで説明しなさいと口を酸っぱくして言っていた。

エマ・ダンカンは、彼女の職務を通して、ザータリ難民キャンプへの初期の訪問を支援してくれた。ノリーナ・ヘルツは、本書の構想を話したとき、絶対書くべきだと励ましてくれた。ソウマヤ・ケインズは、私が腰を据えて企画書を書きはじめたときに、意見を述べて、知人を紹介してくれた。エドマンド・コンウェイとウィル・ペイジはずっと相談役を務め、貴重な情報やアイデア、資料を提供してくれた。

最初から最後まで家族に頼り切りだった。ジョセフィーヌ・デイヴィスは、彼女がかつて目の当たりにした刑務所の地下経済のことを教えてくれ、アイデアの種を蒔いてくれた。イアン・ブースは、ウィリアム・ハーヴェイに関する記事や資料を提供してくれた。アレクサンドラ・デイヴィスは、私に危機感をもたせてくれた。ピーター・デイヴィスは、本書の執筆に役立つ本をたくさんそろえてくれた。

自信をもたせてくれたフランシスス・ブースに深く感謝を捧げる。イザベル・シャピロは、読者であり、編集者であり、旅行仲間であり、オートバイの運転手まで務めてくれた。彼女の細かい支援がなければ本書を書きあげることはできなかっただろう。

最後に、初期の指導者でありメンターでもあるオリヴァー・ボード、ジョン・タシオラス、ピーター・シンクレア、そしてポール・クレンペラー、ピーター・デイヴィスに感謝を捧げる。私がこうして執筆できたのは、大学時代の教員のおふたり——ひとりは医療関係、ひとりは経済学者——のおかげだ。どれほど感謝しても感謝しきれない。

ICA (1959), Working with People: Examples of US Technical Assistance (Washington, DC: International Cooperation Administration).
Klinenberg, E. (2018), Palaces for the People: How Social Infrastructure Can Help Fight Inequality, Polarization, and the Decline of Civic Life (London: Bodley Head).
Larrain, F., and Meller, P. (1990), 'The Socialist-Populist Chilean Experience, 1970–1973', in Dornbusch, R., and Edwards, S. (eds.), The Macroeconomics of Populism in Latin America (Chicago: University of Chicago Press).
Mander, B. (2017), 'Leftwing Bloc Upends Chile's Traditional Balance of Power', Financial Times, 24 November.
Miller, H. L. (1962), 'On the "Chicago School of Economics" ', Journal of Political Economy, 70 (1), 64–9.
Montero, R., and Vargas, M. (2012), Economic Residential Segregation Effects on Educational Achievements: The Case of Chile.
OECD (2010), OECD Economic Surveys: Chile (Paris: OECD).
———— (2011), Divided We Stand – Why Inequality Keeps Rising (Paris: OECD). https://www.oecd.org/japan/49177721.pdf
———— (2018), Divided Cities: Understanding Intra-urban Inequalities (Paris: OECD).
Reder, M. W. (1982), 'Chicago Economics: Permanence and Change', Journal of Economic Literature, 20 (1), 1–38.
Riumallo-Herl, C., Kawachi, I., and Avendano, M. (2014), 'Social Capital, Mental Health and Biomarkers in Chile: Assessing the Effects of Social Capital in a Middle-income Country', Social Science & Medicine, 105C, 47–58.
Roosevelt, F. D. (1933), First Inaugural Address, 4 March.
———— (1936), Address at Chautauqua, 14 August.
Sanhueza, C., and Mayer, R. (2011), 'Top Incomes in Chile Using 50 Years of Household Surveys: 1957–2007', Estudios de Economia, 38 (1), 169–93.
Simons, H. C. (1947), Economic Policy for a Free Society (Chicago: University of Chicago).
Solimano, A. (2012), Chile and the Neoliberal Trap – The Post-Pinochet Era (Cambridge: Cambridge University Press).
Stokes, J. M. (1956), 'The International Cooperation Administration', World Affairs, 119 (2), 35–37.
United Nations (2018), World Urbanisation Prospects – Key Facts (New York: United Nations).
Valdes, J. G. (1995), Pinochet's Economists: The Chicago School of Economics in Chile (Cambridge: Cambridge University Press).
Vallejo, C. (2016), 'On Public Education in Chile', OECD Yearbook 2016 (Paris: OECD).
Weissbrodt, D., and Fraser, P. (1992), 'Report of the Chilean National Commission on Truth and Reconciliation', Human Rights Quarterly, 14 (4), 601–22.
Winn, P. (ed.) (2004), Victims of the Chilean Miracle – Workers and Neoliberalism in the Pinochet Era, 1973–2002 (Durham, NC: Duke University Press).
World Bank (1999), Chile: Recent Policy Lessons and Emerging Challenges (Washington, DC: World Bank).
World Inequality Report 2018, World Inequality Lab., Paris School of Economics.
邦訳『世界不平等レポート 2018』ファクンド・アルヴァレド他編、徳永優子・西村美由起共訳、みすず書房、2018 年 8 月

115–55.
Arango, M., Evans, S., and Quadri, Z. (2016), Education Reform in Chile: Designing a Fairer, Better Higher Education System, Woodrow Wilson School of Public and International Affairs, Princeton University, viewed 18 January 2019.
Bellei, C. (2008), 'The Private-Public School Controversy: The Case of Chile', in Chakrabarti, R., and Peterson, P. E. (eds.), School Choice International: Exploring Public-Private Partnerships (Cambridge, Mass.: MIT Press).
————, and Cabalin, C. (2013), 'Chilean Student Movements: Sustained Struggle to Transform a Market-oriented Educational System', Current Issues in Comparative Education, 15 (2), 108–23.
Brookings (2009), 'The IMF's Outlook for Latin America and the Caribbean: Stronger Fundamental Outlook', Washington, DC, 21 May.
CEP (1992), 'El Ladrillo': Bases de la Politica Economica del Gobierno Militar Chileno, (Santiago: Centro de Estudios Publicos).
Chovanec, D. M., and Benitez, A. (2008), 'The Penguin Revolution in Chile: Exploring Intergenerational Learning in Social Movements', Journal of Contemporary Issues in Education, 3 (1), 39–57.
Chumacero, R., Gallegos Mardones, J., and Paredes, R. D. (2016), 'Competition Pressures and Academic Performance in Chile', Estudios de Economia, 43 (2), 217–32.
CIA (2000), CIA Activities in Chile, Central Intelligence Agency, 18 September.
COHA (2008), The Failings of Chile's Education System: Institutionalized Inequality and a Preference for the Affluent, Council on Hemispheric Affairs, 30 July.
———— (2011), The Inequality Behind Chile's Prosperity, Council on Hemispheric Affairs, 23 November.
Corbo, V. (1997), 'Trade Reform and Uniform Import Tariffs: The Chilean Experience', American Economic Review, 87 (2), 73–7.
Dammert, L. (2012), Citizen Security and Social Cohesion in Latin America (Barcelona: URB-AL III).
Delisle, J., and Bernasconi, A. (2018), 'Lessons from Chile's Transition to Free College', Evidence Speaks Reports, 2 (43).
Diaz, J., Luders, R. and Wagner, G. (2016), Chile 1810 – 2010. La Republica en cifras. Historical statistics (Santiago: Ediciones Universidad Catolica de Chile).
Fernandez, I. C., Manuel-Navarrete, D., and Torres-Salinas, R. (2016), 'Breaking Resilient Patterns of Inequality in Santiago de Chile: Challenges to Navigate Towards a More Sustainable City', Sustainability, 8 (8), 820.
Ffrench-Davis, R. (1983), 'The Monetarist Experiment in Chile: A Critical Survey', World Development, 11 (11), 905–26.
———— (2010), Economic Reforms in Chile – From Dictatorship to Democracy (London: Palgrave Macmillan).
Fleming, J. (1973), 'The Nationalization of Chile's Large Copper Companies in Contemporary Interstate Relations', Villanova Law Review, 18 (4), 593–647.
FNE (2012), Competition Issues in the Distribution of Pharmaceuticals, OECD Global Forum on Competition, 7 January 2014, La Fiscalia Nacional Economica.
Foxley, A. (2004), 'Successes and Failures in Poverty Eradication: Chile', Working Paper 30806, 1 May.
Friedman, M. (1982a), Capitalism and Freedom (Chicago: University of Chicago Press).
邦訳『資本主義と自由』ミルトン・フリードマン著、村井章子訳、日経BP社、2008年
———— (1982b), 'Free Markets and the Generals', Newsweek, 25 January.
Fuentes, C., and Valdeavellano, R. (2015), Chicago Boys, CNTV, November.
Han, B.- C. (2017), Psychopolitics: Neoliberalism and New Technologies of Power (London: Verso).
Hsieh, C., and Urquiola, M. (2006), 'The Effects of Generalized School Choice on Achievement and Stratification: Evidence from Chile's Voucher Program', Journal of Public Economics, 90, 1481.

貧困の減少

貧困が減少した統計値については［Altimir（2001）］と［Ffrench-Davis（2010）］を参照。公式統計には表れない貧困があるという議論については［Solimano（2012）］を参照。

所得の不平等と拡大

チリの根強い貧困問題と深刻化する不平等問題については［Ffrench-Davis（2010）］と［Solimano（2012）］を参照。チリの発展と成長の恩恵は大多数の市民には届いていないという議論については［COHA（2011）］を参照。サンティアゴに見る不平等のレジリエンスについては［Fernandez, 他（2016）］を参照。

機会の均等

シカゴボーイズの計画における機会均等の重要性については［CEP（1992）］を参照。大学の急増に関する情報と、チリの教育事情の概要については［Arango, 他（2016）］を参照。

教育と分断

自己負担金のある、半分公立で半分私立の学校制度は論争の的になっている。［Bellei（2008）］を参照。批判的な調査結果については［COHA（2008）］［Hsieh, Urquiola（2006）］を参照。ただし、この制度の支持者もいる。［Chumacero, 他（2016）］は、教育引換券《バウチャー》制度を支持する側に立って、この制度がよい結果をもたらしていると主張する。経済階層と居住地の分離については［Montero, Vargas（2012）］を参照。大学の授業料と中退率については［Arango, 他（2016）］を参照。

ジョルジオ・ジャクソン、ペンギン革命、チリの冬

ペンギン革命と呼ばれた2006年の抗議行動については［Chovanec, Benitez（2008）］を参照。チリの冬と呼ばれた2011年の抗議行動については［Bellei, Cabalin（2013）］と［Vallejo（2016）］を参照。続いて起こった大学教育無償化への要求については［Delisle, Bernasconi（2018）］を参照。ジョルジオ・ジャクソンの影響力と「広域戦線《フレンテ・アンプリオ》」については［Mander（2017）］を参照。ジャクソンが感銘を受けた新しい哲学については［Han（2017）］を参照。

不正競争のスキャンダル

薬局チェーンの談合については［FNE（2012）］を参照。不正競争のスキャンダルとチリの産業界への蔓延については［OECD（2010）］を参照。

サンティアゴにおける分断、社会基盤と民間警備

図書館や公園などの社会インフラが人のつながりと関係することのエビデンスについては［Klinenberg（2018）］を参照。社会的一体感や、人間関係の不信、個人的な不安の感情については［Dammert（2012）］を参照。民間警備産業の隆盛については［Abelson（2006）］を参照。社会資本と人の健康との関連については［Riumallo-Herl, 他（2014）］を参照。

不平等な世界という未来

不平等を悪化させる要因については［OECD（2011）］を参照。都市化の進む動向については［United Nations（2018）］を参照。都市の不平等については［OECD（2018）］を参照。

参考文献

Abelson, A. (2006), 'Private Security in Chile. An Agenda for the Public Security Ministry', Security and Citizenship Programme, FLACSO-Chile, August.

Altimir, O. (2001), 'Long- term Trends of Poverty in Latin American Countries', Estudios de Economia, 28 (1),

第9章　サンティアゴ

注記

不平等社会の先頭を歩むチリ

過去から現在までのチリの不平等のデータは［Ffrench-Davis（2010）］と［Solimano（2012）］より。世界の動向は、OECDと［World Inequality Report 2018］より。近年、先進国の仲間入りを果たした国のなかではメキシコも不平等がはなはだしく、OECD諸国のなかでメキシコとチリが最も不平等な国の地位を争っている。

善隣外交、ICA、シカゴとの技術援助協定

F・D・ルーズベルト大統領は第1期就任演説で善隣外交に進むことを言明し、その後の演説でも善隣外交の拡大に触れている。［Roosevelt（1933, 1936）］を参照。アメリカ国際協力局（ICA）の活動とシカゴ・チリ間の技術援助協定については［Valdes（1995）］に詳しい。50年代半ばのICAの哲学と目的については、ICAの指導的立場にあった人物が［Stokes（1956）］で述べている。南北アメリカ大陸全土に及ぶICAの事例は［ICA（1959）］を参照。

フリードマンとハーバーガー、シカゴボーイズに与えた影響

シカゴ学派の根幹をなすヘンリー・サイモンズの論文‘A Positive Program for Laissez Faire’については［Simons（1947）］を参照。シカゴ学派の概要については［Miller（1962）］と［Reder（1982）］を参照。フリードマンの入門書としては彼の［Friedman（1982a）］が参考になる。シカゴボーイズの受けた教育や彼らの影響については［Valdes（1995）］を参照。ドキュメンタリー映画『シカゴボーイズ（Chicago Boys）』のなかの、シカゴでの若者たちのフィルム映像と当時のインタビューについては［Fuentes, Valdeavellano（2015）］を参照。

サルバドール・アジェンデの経済計画

アジェンデの経済計画と1970～73年までの成果は［Larrain, Meller（1990）］に詳しい。銅産業の国有化については［Fleming（1973）］を参照。

ピノチェト政権下の人権侵害

ピノチェト政権下の人権侵害に関してチリ人の手でおこなった最初の調査「レティング報告」は1991年に発表された。［Weissbrodt, Fraser（1992）］を参照。後続の報告が2004年、2005年、2011年におこなわれるたびに、人権侵害の推定件数は増えていった。これらの情報すべては、サンティアゴに建てられた「ムセオデラメモリア（人権と記憶の博物館）」に記録されている。ピノチェトのクーデター、アジェンデの死と人権侵害へのアメリカCIAの関与については［CIA（2000）］を参照。

エル・ラドリージョ（レンガ）

『エル・ラドリージョ』はチリのシンクタンクによって復刊された。［CEP（1992）］を参照。その「極端な実験」に対する初期の批評については［Ffrench-Davis（1983）］を参照。

チリの奇跡

貿易の自由化による初期の成功については［Ffrench-Davis（2010）］を参照。貿易禁止の撤回については［Corbo（1997）］も参照。

チリの「奇跡」というとらえ方はニューズウィーク誌の記事より。［Friedman（1982b）］を参照。チリに与えられた称賛の数々とそれに続こうとする他国の意欲については［World Bank（1999）］を参照。チリの「模範的な」政策については［Brookings（2009）］を参照。

Affecting People and Places', Report, Brookings Institution, 24 January.
Nilsson, N. (2009), 'The Quest for Artificial Intelligence', Cambridge: Cambridge University Press.
OECD (2018), 'Bridging the Rural Digital Divide', OECD Digital Economy Papers, No. 265 (Paris: OECD).
Overton, M. (1985), 'The Diffusion of Agricultural Innovations in Early Modern England: Turnips and Clover in Norfolk and Suffolk, 1580-1740', Transactions of the Institute of British Geographers, 10 (2), 205-221.
——— (1996), Agricultural Revolution in England: The Transformation of the Agrarian Economy 1500-1850 (Cambridge: Cambridge University Press).
Paide, K., Pappel, I., Vainsalu, H., and Draheim, D. (2018), 'On the Systematic Exploitation of the Estonian Data Exchange Layer X-Road for Strengthening Public-Private Partnerships', in Proceedings of the 11th International Conference on Theory and Practice of Electronic Governance, ICEGOV'18, April.
Priisalu, J., and Ottis, R. (2017), 'Personal Control of Privacy and Data: Estonian Experience', Health Technology, 7, 441.
Puur, A., Rahnu, L., Abuladze, L., Sakkeus, L., and Zakharov, S. (2017), 'Childbearing Among First- and Second-generation Russians in Estonia Against the Background of the Sending and Host Countries', Demographic Research, 35, 1209-54.
PwC (2018), 'How Will Automation Impact Jobs?', Economics: Insights, February.
Riello, G. (2013), Cotton: The Fabric that Made the Modern World (Cambridge: Cambridge University Press).
Roaf, J., Atoyan, R., Joshi, B., and Krogulski, K. (2014), '25 Years of Transition: Post-communist Europe and the IMF', Regional Economic Issues Special Report, IMF, October.
Saar, E., and Helemae, J. (2017), 'Ethnic Segregation in the Estonian Labour Market', in Estonian Human Development Report 2016/2017.
Sakkeus, L. (1994), 'The Baltic States', in Ardittis, S. (ed.), The Politics of East-West Migration (New York: St Martin's Press).
Samuel, A. L. (1959), 'Some Studies in Machine Learning Using the Game of Checkers', IBM Journal, 3 (3), 211-29.
Simonite, T. (2016), 'A $2 Billion Chip to Accelerate Artificial Intelligence', MIT Technology Review, 5 April.
Smith, D. (2002), 'Narva Region Within the Estonian Republic. From Autonomism to Accommodation?', Regional & Federal Studies, 12 (2), 89-110.
State Electoral Office of Estonia (2017), 'General Framework of Electronic Voting and Implementation Thereof at National Elections in Estonia', Document: IVXV-UK-1.0, 20 June.
Study of Social Groups in Integration: Summary and Policy Suggestions (2013), (Tallinn: Tallinn University IISS).
Tammpuu, P., and Masso, A. (2018), 'Welcome to the Virtual State: Estonian e-Residency and the Digitalised State as a Commodity', European Journal of Cultural Studies, 1-18.
Thomson, S. (2019), ' "It's Got Us Very Intrigued" : MPs to Study How Canada Can Learn From "Digitally Advanced" Estonia', National Post, 13 January.
Trimbach, D., and O'Lear, S. (2015), 'Russians in Estonia: Is Narva the next Crimea?', Eurasian Geography and Economics, 56 (5), 493-504.
UNHCR (2016), Ending Statelessness Within 10 Years, Special Report.
Vannas, U. (2018), 'Employment Rate at Record High in 2017', Quarterly Bulletin of Statistics Estonia, 7 June.
Waldrop, M. (2016), 'The Chips Are Down for Moore's Law', Nature, 9 February.
World Bank (2016), World Development Report 2016: Digital Dividends (Washington, DC: World Bank).
Wykes, D. (2004), 'Robert Bakewell (1725-1795) of Dishley: Farmer and Livestock Improver', Agricultural History Review, 52 (1), 38-55.

Chambers, J. D., and Mingay, G. E. (1966), The Agricultural Revolution 1750–1850 (London: B. T. Batsford).
Clark, G. (2002), The Agricultural Revolution and the Industrial Revolution, Working Paper, University of California, Davis.
——— (2005), 'The Condition of the Working Class in England, 1209–2004', Journal of Political Economy, 113, 1307–40.
Deane, P. (1969), The First Industrial Revolution (Cambridge: Cambridge University Press).
邦訳『イギリス産業革命分析』フィリス・ディーン著、石井摩耶子・宮川淑共訳、社会思想社、1973年
FINA (1995), Falling Through the Net : A Survey of the 'Have Nots' in Rural and Urban America, National Telecommunications and Information Administration, United States Department of Commerce, July.
FINA (1998), Falling Through the Net II: New Data on the Digital Divide, National Telecommunications and Information Administration, United States Department of Commerce, July.
Fox, H., and Butlin, R. (eds.) (1979), Change in the Countryside, Institute of British Geographers (Oxford: Alden Press).
Ghanbari, L., and McCall, M. (2016), 'Current Employment Statistics Survey: 100 Years of Employment, Hours, and Earnings', BLS Monthly Labor Review: August 2016, US Bureau of Labor Statistics.
Graetz, G., and Michaels, G. (2015), 'Robots at Work', Centre for Economic Performance Discussion Paper No. 1335, March.
Griffin, C. (2010), 'The Violent Captain Swing?', Past & Present, 209, 149–180.
Hobsbawm, E., and Rude, G. (1968), Captain Swing (London: Lawrence & Wishart).
Jaska, E. (1952), 'The Results of Collectivization of Estonian Agriculture', Land Economics, 28 (3), 212–17.
Kahk, J., and Tarvel, E. (1997), An Economic History of the Baltic Countries (Stockholm: Almquist & Wiksell International).
Kattel, R. and Mergel, I. (2018), Estonia's Digital Transformation: Mission Mystique and the Hiding Hand, UCL Institute for Innovation and Public Purpose Working Paper Series (IIPP WP 2018-09).
Keynes, J. M. (1930), 'Economic Possibilities for Our Grandchildren', in Essays in Persuasion (1963) (New York: W. W. Norton & Co.).
邦訳『ケインズ説得論集』J・M・ケインズ著、山岡洋一訳、日本経済新聞出版社、2010年
Koort, K. (2014), 'The Russians of Estonia: Twenty Years After', World Affairs, July/August.
Korjus, K. (ed.) (2018), E-Residency 2.0, White Paper.
Kotka, T., Alvarez del Castillo, C. I. V., and Korjus, K. (2015), 'Estonian e-Residency: Redefining the Nation-state in the Digital Era', Cyber Studies Programme Working Paper No. 3, University of Oxford, September.
Kruusvall, J. (2015), Rahvussuhted. Eesti uhiskonna integratsiooni monitooring. Uuringu aruanne.
Laar, M. (2007), 'The Estonian Economic Miracle', Heritage Foundation, 7 August.
Lebergott, S. (1966), 'Labor Force and Employment, 1800–1960',in Brady, D. S. (ed.), Output, Employment, and Productivity in the United States after 1800 (Cambridge, Mass.: NBER).
Leontief, W. (1952), 'Machines and Man', Scientific American, 187 (3), 150–60.
McCarthy, J., and Feigenbaum, E. (1990), 'In Memoriam: Arthur Samuel and Machine Learning', AI Magazine, 11 (3), 10–11.
Ministry of Culture (2014), The Strategy of Integration and Social Cohesion in Estonia, 'Integrating Estonia 2020'.
Ministry of Economic Affairs and Communications (2013), Digital Agenda 2020 for Estonia.
Misiunas, R., and Taagepera, R. (1993), The Baltic States: The Years of Dependence, 1940–90 (Berkeley: University of California Press).
Mokyr, J., Vickers, C., and Ziebarth, N. (2015), 'The History of Technological Anxiety and the Future of Economic Growth: Is This Time Different?', Journal of Economic Perspectives, 29 (3), 31–50.
Moore, G. E. (1965), 'Cramming More Components on to Integrated Circuits', Electronics, April, 114–17.
Muro, M., Maxim, R., and Whiton, J. (2019), 'Automation and Artificial Intelligence: How Machines Are

ロシアの血を引くエストニア人

ロシアからエストニアへの移民の歴史とその人数については［Sakkeus（1994)］を参照。旧ソ連の政策が果たした役割については［Kahk, Tarvel（1997)］を参照。ロシアとエストニアの民族問題の入門書としては［Koort（2014)］を参照。労働者市場で見られる人種差別と、失業と賃金への影響については［Saar, Helemae（2017)］を参照。妊娠出産や就学のようなさまざまな社会的行動を通して社会への溶け込みを追跡調査した、新しい研究については［Puur, 他（2017)］を参照。世界の無国籍者に関するデータは［UNHCR（2016)］を参照。エストニアの民族的背景の最新データはエストニア統計局より。

エストニアの経済統計、雇用、労働参加率、賃金

エストニアの労働市場の最近のデータは、エストニア統計局より。［Vannas（2018)］も参照。

IDカード、起業家たちへの支援、デジタル市民

当事者によるデジタル市民計画の解説については［Kotka, 他（2015)］を参照。デジタル市民制度の拡大計画については［Korjus（2018)］を参照。［Tammpuu, Masso（2018)］の独自の研究も参考になる。

エストニアの言語の壁

エストニア語は、フィンランド語やハンガリー語と親戚のウラル語族。ロシア語は、インド・ヨーロッパ語族の一部であるスラブ語族で、エストニア語より英語に近い。このことが、ソビエト占領下にあったエストニアが、ロシア語に言語が近いラトビアやリトアニアよりも厳しい扱いを受けていた理由のひとつだとされる。ちがう民族が融合して働ける労働市場については［Saar, Helemae（2017)］［Kruusvall（2015)］を参照。

エストニアを模倣する国々

エストニアの電子政府システムの他国での利用状況については、www.e-estonia.ee を参照。カナダの例は［Thomson（2019)］を参照。

雇用状況の懸念についての最新情報

職場でのロボットの戦力化については［Graetz, Michaels（2015)］を参照。失業の危険性を大げさに見る傾向と新しいタイプの雇用を予測できない状況については［Mokyr, 他（2015)］を参照。

参考文献

Allen, R. C. (2007), 'The Industrial Revolution in Miniature: The Spinning Jenny in Britain, France, and India', Economics Series Working Papers 375, University of Oxford, Department of Economics.

Almi, P. (1996), 'Estonia's Economy Takes Off', Unitas, 68, 16–18.

Ang, J. B., Banerjee, R., and Madsen, J. B. (2013), 'Innovation and Productivity Advances in British Agriculture: 1620–1850',Southern Economic Journal, 80 (1), 162–86.

Apostolides, A., Broadberry, S., Campbell, B., Overton, M., and van Leeuwen, B. (2008), 'English Agricultural Output and Labour Productivity 1250–1850, Some Preliminary Estimates', Mimeo, University of Exeter.

Ashton, T. (1948), The Industrial Revolution 1760–1830 (London: Oxford University Press).

Ayres, R. U. (1989), Technological Transformation and Long Waves, International Institute for Applied Systems Analysis, Research Report 89-1.

Baburin, A., Lai, T., and Leinsalu M., 'Avoidable Mortality in Estonia: Exploring the Differences in Life Expectancy Between Estonians and Non-Estonians in 2005–2007', Public Health, 125, 754–62.

Brynjolfsson, E., and McAfee, A. (2012), Race Against the Machine: How the Digital Revolution is Accelerating (Digital Frontier Press).

邦訳『機械との競争』エリック・ブリニョルフソン＆アンドリュー・マカフィー共著、村井章子訳、日経 BP 社、2013 年を参照。2018年度の数字は、エストニア統計局のウェブサイト www.stat.ee より。

Xロード

Xロードはe-エストニアの「背骨」と称されることが多い。この名は、2018年に「Xティー（X-tee)」に変更された。使い方やいまの状況については www.x-tee.ee/factsheets/EE/#eng で参照できる。個人情報を個人で管理するためにシステムが担う役割については［Priisalu, Ottis（2017)］を参照。民間企業によるシステムの利用については［Paide, 他（2018)］を参照。

物流と労働市場

輸送と物流に従事する労働人口のデータは、エストニア統計局、アメリカ労働統計局、イギリス国家統計局より。

初期の農業改革

農業の技術革新の重要性と、こうした考えがどのようにしてイギリス全土に広がっていったかについては［Overton（1985)］を参照。ロバート・ベイクウェルによる家畜飼育の改良については［Wykes（2004)］を参照。農業の機械化の重要性と、個人農家がいかに変革の推奨者であるかについては［Fox, Butlin（編）(1979)］を参照。17世紀のイギリスですばらしく技術革新が進んだ状況の最近の研究とデータについては［Ang, 他（2013)］を参照。農業生産性の推定については［Apostolides, 他（2008)］を参照。農業生産性の向上とイギリスの人口急増との関係については［Overton（1996)］を参照。

スウィング暴動

農業の機械化に対するイギリスの農業従事者の反応についての伝統的な解説は［Hobsbawm, Rudé（1968)］を参照。当時の暴力行使についての最近の洞察は［Griffin（2010)］を参照。

産業革命

産業革命に果たしたジェニー紡織機の役割については［Allen（2007)］を参照。綿花生産と紡織の技術革新の歴史と、インドや中国の綿花生産と照らしたイギリスの歴史については［Riello（2013)］を参照。

製造業の就業者数の落ち込み

アメリカの就業者数の変化は、アメリカ労働統計局より。アメリカの100年間の見通しについては［Ghanbari, McCall（2016)］を参照。

アーサー・サミュエルとAIの起源

人工知能の起源と初期の発展については［Nilsson（2009)］を参照。「機械学習」とゲームの「チェッカー」についてのアーサー・サミュエルのオリジナルの論文は［Samuel（1959)］を参照。サミュエルがAIに果たした貢献についての概説は［McCarthy, Feigenbaum（1990)］を参照。テクノロジーの長期的な変革に占める人工知能とロボットの位置づけについては［Ayres（1989)］を参照。

コンピューターチップとムーアの法則

ムーアの法則の原型は［Moore（1965)］に記されている。コンピューターチップの改良速度が最近、鈍化していることについては［Waldrop（2016)］を参照。新しいタイプのコンピューターチップにより、ムーアの法則ほどではないがそれに近い改良が続いていくことについては［Simonite（2016)］を参照。

ナルバ

エストニアのナルバ地区の特有な役割と歴史については［Smith（2002)］を参照。ナルバの地政学的重要性とロシアによって起こりうる侵攻の懸念については［Trimbach, O'Lear（2015)］を参照。

ESA/P/WP/248 (New York: United Nations).
Wakabayashi, M., and Horioka, C. Y. (2006), 'Is the Eldest Son Different? The Residential Choice of Siblings in Japan', October, NBER Working Paper No.w12655.
Waterson, H., and Tamura, K. (2014), 'Social Isolation and Local Government: The Japanese Experience' (London: Japan Local Government Centre).
WHO (2014), Preventing Suicide: A Global Imperative (Geneva: World Health Organization).
Yoshida, R. (2015), 'Vanishing Communities Find Themselves Facing Shortage of Leaders', Japan Times, 24 April.
Yoshimitsu, K. (2011), Japanese Moral Education Past and Present (Cranbury, NJ: Associated University Presses).
Zoli, E. (2017), Korea's Challenges Ahead – Lessons from Japan Experience, IMF Working Paper WP/17/2, January.

第8章　タリン

注記

ワシリー・レオンチェフ

章冒頭の引用は、ハーバード大学の経済学者ワシリー・レオンチェフの書いた"Machines and Man"（機械と人間）より。機械の自動制御がテーマのサイエンティフィック・アメリカン誌に掲載された。［Leontief (1952)］を参照。

テクノロジーがもたらすふたつの恐怖、失業と分断

技術の進歩が大量失業を引き起こすリスクについては［Keynes (1930)］と［Leontief (1952)］を参照。この種の懸念の歴史に沿った調査については［Mokyr, 他 (2015)］を参照。［PwC (2018)］は、職の30パーセントが自動化される——高いスキルを必要としない職については44パーセント——という予測をおこなっている。アメリカのブルッキングス研究所の調査報告については［Muro, 他 (2019)］も参照。デジタルデバイドおよび新たな「情報弱者《デジタルアンダークラス》」の最近の洞察については［World Bank (2016)］と［OECD (2018)］を参照。アメリカのデジタルデバイドについては、早い時期に［FINA (1995, 1998)］が論じていた。

エストニアのデジタル化の進展と税金、政治制度、電子政府

エストニアの「デジタル社会」の時系列に沿った日付と事実の一覧は、政府のウェブサイト www.e-estonia.com を参照。政府の長期計画については［Ministry of Economic Affairs and Communications (2013)］と［State Electoral Office of Estonia (2017)］を参照。選挙の投票数などのデータは選挙管理委員会のサイト www.valimised.ee/en で閲覧できる。

ソビエト統治下の経済

食糧不足にともなって増加した違法農業など、ソビエト体制が経済に及ぼした影響については［Misiunas, Taagepera (1993)］を参照。農業の集団化については［Jaska (1952)］を参照。

エストニアの発進

ソ連体制の終焉後、1990年代半ばにエストニアが切った再スタートについては［Almi (1996)］を参照。国づくりにかかわった当事者による「経済発展の奇跡」の解説は［Laar (2007)］に詳しい。同時期にソ連からの新しいスタートを切った他国と比べて、エストニアが取り組んだより大きな改革については［Roaf, 他 (2014)］

Liu, Y., and Westelius, N. (2016), 'The Impact of Demographics on Productivity and Inflation in Japan', IMF Working Paper, WP/16/237, December.
Meow, J. (2015), Abandoned Japan (Paris: Jonglez).
Ministry of Finance 財務省 (2016), Public Finance Statistics Book: FY2017 Draft Budget (Tokyo: Ministry of Finance).
Ministry of Health, Labour and Welfare 厚生労働省 (2011), Creating a Welfare Society Where Elderly and Other People Can Be Active and Comfortable (Tokyo: Ministry of Health, Labour and Welfare).
——— (2015), The 22nd Life Tables (Tokyo: Ministry of Health, Labour and Welfare).
Mervin, M., et al. (2018), 'The Cost- effectiveness of Using PARO, a Therapeutic Robotic Seal, to Reduce Agitation and Medication Use in Dementia: Findings from a Cluster- randomized Controlled Trial', Journal of the American Medical Directors Association, 19 (7), 619–22.
Morikawa, M. (2018), 'Labor Shortage Beginning to Erode the Quality of Services: Hidden Inflation' (Tokyo: Research Institute of Economy, Trade and Industry).
日本語版サイト https://www.rieti.go.jp/jp/columns/s18_0012.html
Moyle, W., et al. (2017), 'Use of a Robotic Seal as a Therapeutic Tool to Improve Dementia Symptoms: A Cluster- randomized Controlled Trial', Journal of the American Medical Directors Association, 18 (9), 766– 73
Nakane, C. (1970), Japanese Society (Berkeley: University of California Press).
日本語版原書『タテ社会の人間関係 単一社会の理論』中根千枝著、講談社現代新書、1967 年
Nozawa, C. (2017), 'Vacant Houses Are Undermining Tokyo', Discuss Japan, Japan Foreign Policy Forum, No. 41, Society, 11 September.
Odagiri, T. (2011), 'Rural Regeneration in Japan', Centre for Rural Economy Research Report, Research Report 56 (Newcastle: CRE).
Petersen, S., Houston, S., Qin, H., et al. (2017), 'The Utilization of Robotic Pets in Dementia Care', Journal of Alzheimer's Disease, 55, 569–74.
Pew Research (2014), Attitudes About Aging: A Global Perspective, Pew Research Center, 30 January.
Poole, W. and Wheelock, D. C. (2005), 'The Real Population Problem: Too Few Working, Too Many Retired', Regional Economist, Federal Reserve Bank of St Louis, April.
Reich, M., and Shibuya, K. (2015), 'The Future of Japan's Health System – Sustaining Good Health with Equity at Low Cost', New England Journal of Medicine, 373, 1793– 97.
Roberts, S. (2017), 'Dr Shigeaki Hinohara, Longevity Expert, Dies at (or Lives to) 105', New York Times, 25 July.
Satsuki, K. (2010), Nature's Embrace: Japan's Aging Urbanites and New Death Rites (Honolulu: University of Hawaii Press).
Schneider, T., Hong, G. H, and Le, A. V. (2018), 'Land of the Rising Robots', Finance and Development, 55 (2), IMF.
Statistical Handbook of Japan 2018 (2018), (Tokyo: Statistics Bureau, Ministry of Internal Affairs and Communications).
Takahashi, K., Tokoro, M., and Hatano, G. (2011), 'Successful Aging through Participation in Social Activities Among Senior Citizens: Becoming Photographers', in Matsumoto, Y. (ed.), Faces of Aging: The Lived Experiences of the Elderly in Japan (Stanford: Stanford University Press).
Takahashi, M. (2004), 'The Social Solidarity Manifested in Japan's Pension Reforms', Shimane Journal of Policy Studies, 8, 125–42.
Traphagan, J. W. (2004), 'Interpretations of Elder Suicide, Stress, and Dependency Among Rural Japanese', Ethnology, 43 (4), 315–29.
Ueno, C. (2009), The Modern Family in Japan: Its Rise and Fall (Melbourne: Trans Pacific Press).
日本語版原書『近代家族の成立と終焉』上野千鶴子著、岩波書店、1994 年
United Nations (2017), World Population Prospects: The 2017 Revision, Key Findings and Advance Tables,

Gratton, L., and Scott, A. (2016), The 100- Year Life: Living and Working in an Age of Longevity (London: Bloomsbury Information).
邦訳『LIFE SHIFT 100 年時代の人生戦略』リンダ・グラットン&アンドリュー・スコット共著、池村千秋訳、東洋経済新報社、2016 年
Health and Welfare Bureau for the Elderly (2017).
厚生労働省老健局「百歳の高齢者へのお祝い状及び記念品の贈呈について」
Hijino, K. L. V. (2018), 'Japan's Shrinking Democracy: Proposals for Reviving Local Assemblies', Nippon, 16 May.
Hinohara, S., (2006), Living Long, Living Good.
日本語版原書『生き方上手』日野原重明著、ユーリーグ、2001 年
英訳書『Living Long, Living Good』S. Hinohara 著、マイケル・ブレーズ訳、IBC パブリッシング、2006 年
Hiroya, M. (2014), 'The Decline of Regional Cities: A Horrendous Simulation – Regional Cities Will Disappear by 2040, A Polarized Society will Emerge', Discuss Japan, Japan Foreign Policy Forum, No. 18, Politics, 20 January.
Hommerich, C. (2014), 'Feeling Disconnected: Exploring the Relationship Between Different Forms of Social Capital and Civic Engagement in Japan', Voluntas: International Journal of Voluntary and Nonprofit Organizations, 26.
IMF (2012), 'The Financial Impact of Longevity Risk', Global Financial Stability Report, April (Washington, DC: IMF).
——— (2017), Asia and Pacific: Preparing for Choppy Seas, Regional Economic Outlook, April (Washington, DC: IMF).
IPSS 国立社会保障・人口問題研究所 (2013), Regional Population Projection for Japan: 2010– 2040 (Tokyo: National Institute of Population and Social Security Research).
日本語版サイト http://www.ipss.go.jp/pp-shicyoson/j/shicyoson13/t-page.asp
——— (2017a), Selected Demographic Indicators for Japan (Tokyo: National Institute of Population and Social Security Research).
日本語版サイト http://www.ipss.go.jp/syoushika/tohkei/Popular/Popular2017RE.asp?chap=0
——— (2017b), Population Projection for Japan: 2016– 2065 (Tokyo: National Institute of Population and Social Security Research).
日本語版サイト http://www.ipss.go.jp/pp-zenkoku/j/zenkoku2017/pp_zenkoku2017.asp
Ishiguro, N. (2018), 'Care Robots in Japanese Elderly Care: Cultural Values in Focus', in Christensen, K., and Pilling, D., The Routledge Handbook of Social Care Work Around the World (London: Routledge).
Japan Times (2017), 'After One- year Hiatus, Akita Again Has Highest Suicide Rate in Japan', 23 May.
Ito, M, (ed.) (2013), Public Pensions and Intergenerational Equity, NIRA Policy Review No. 59 (Tokyo: National Institute for Research Advancement (NIRA)).
日本語版サイト https://www.nira.or.jp/pdf/review59.pdf
Jøranson, N., Pedersen, I., Rokstad, A. M., and Amodt, G. (2016), 'Group Activity with Paro in Nursing Homes: Systematic Investigation of Behaviors in Participants', International Psychogeriatrics, 28, 1345– 54.
Keynes, J. M. (1937, reprinted 1978), 'Some Economic Consequences of a Declining Population', Population and Development Review, 4 (3), 517–23.
Kohlbacher, F., and Herstatt, C. (eds.) (2011), The Silver Market Phenomenon – Marketing and Innovation in the Aging Society (Berlin: Springer).
Kumagai, F. (1992), 'Research on the Family in Japan', in The Changing Family in Asia (Bangkok: UNESCO).
Kumano, H. (2015), 'Aging Consumers Reshaping Japanese Market: Consumption Patterns of Japan's Elderly', Nippon, 25 November.
Larkin, E., and Kaplan, M. S. (2010), 'Intergenerational Relationships at the Center: Finding Shared Meaning from Programs in the US and Japan', YC Young Children, 65 (3), 88– 94.

高齢消費者の購買力

高齢者集団の大きさについてのデータは［IPSS（2017a）］より。高齢消費者を意識した商品やデザインについては［Kohlbacher, Herstatt（2011）］を参照。リタイア後に、従来はなかったような個性的な趣味を楽しむ高齢者の例については［Takahashi, 他（2011）］を参照。高齢消費者が新しい商品の出現を刺激する役割については［Kumano（2015）］を参照。高齢者の労働人口が生産性の低下（とインフレ）につながる懸念については［Liu, Westelius（2016）］を参照。

3Kの仕事

就業者に人気のない3Kの仕事と人手不足の問題については［Morikawa（2018）］を参照。この問題の介護システムへの影響と、ロボットで補える役割については［Ishiguro（2018）］を参照。人手不足の日本で広がるロボットへのニーズについては［Schneider, 他（2018）］を参照。

介護ロボット〈パロ〉の誕生、コスト、影響力

臨床現場でのパロの使用についての文献が増えている。高齢者の不安、ストレス、痛みに対する効用については［Petersen, 他（2017）］を参照。うつ状態の緩和や社会的交流の促進については［Jøranson, 他（2016）］を参照。ロボットの癒やしの効果とコスト効率を批判的にとらえた研究としては［Moyle, 他（2017）］［Mervin, 他（2018）］を参照。

2050年までの推移

日本以外の国の人口高齢化の予測については、国連の「世界の推計人口」データベースより。［United Nations（2017）］を参照。2050年がどうなっているかの予測は、［Pew Research（2014）］で議論されている。韓国に迫る課題と、日本から得られる教訓については［Zoli（2017）］を参照。各国が、豊かになるまえに老いてしまうかもしれないという懸念については［IMF（2017）］を参照。アメリカの高齢化問題については［Poole, Wheelock（2005）］を参照。日本で顕在化している「長生きのリスク」が経済に及ぼす影響については［IMF（2012）］を参照。

参考文献

Allison, A. (2013), Precarious Japan (Durham, NC: Duke University Press).

Bando, H., Yoshioka, A., Iwashimizu, Y., Iwashita, M., and Doba, N. (2017),'Development of Primary Care, Lifestyle Disease and New Elderly Association (NEA) in Japan – Common Philosophy with Hinohara-ism', Primary Health Care, 7 (3).

Barrett, B. (2018), 'When a Country's Towns and Villages Face Extinction', The Conversation, 14 January.

Billington, M. (2016), 'Yukio Ninagawa', obituary, Guardian, 16 May.

Breit, W., and Hirsch, B. T. (2009), Lives of the Laureates: Twenty- three Nobel Economists (Cambridge: MIT Press).

邦訳『金融経済の進化に寄与したノーベル賞経済学者たち：碩学の学究生活講演録』William Breit, Barry T, Hirsch 編、村中健一郎訳、金融財政事業研究会、2008年

Chaplin, D. (2018), Sengoku Jidai. Nobunaga, Hideyoshi, and Ieyasu: Three Unifiers of Japan (CreateSpace Independent Publishing).

Coulmas, F. (2008), Population Decline and Ageing in Japan – The Social Consequences (Abingdon: Routledge Contemporary Japan).

Deaton, A. (2005), 'Franco Modigliani and the Life Cycle Theory of Consumption', Lecture, March.

Fushimi M., Sugawara, J., and Shimizu, T. (2005), 'Suicide Patterns and Characteristics in Akita, Japan', Psychiatry and Clinical Neurosciences, 59 (3), 296–302.

参考の日本語版サイト https://journal.jspn.or.jp/jspn/openpdf/1110040367.pdf

年金

財政支出の総額に占める社会保障費を時系列にまとめたデータは［Ministry of Finance 財務省（2016）］を参照。医療制度にかかる高齢化の負担については［Reich, Shibuya（2015）］を参照。

日本の先祖代々の家系、年長者への敬意

先祖代々の家系および親孝行や家という概念については［Yoshimitsu（2011）］を参照。会社組織の序列など、経済の仕組みに見る儒教概念の影響については［Nakane（1970）］［Kumagai（1992）］を参照。

世代間の不平等

世代間の公平さについての比較的新しい調査は［Ito（2013）］を参照。年金制度改革が日本人の団結心に及ぼすリスクについての初期の論文は［Takahashi（2004）］を参照。世代間の団結を狙った政府の計画については［Larkin, Kaplan（2010）］を参照。

ふたりの侍

織田信長は1534年生まれ。天下統一に重要な役割を果たした。明敏な統治者であり、経済に強い戦略家としても知られる。多くの敵対者やライバルを殺害し、1582年に47歳で自害した。天下統一を果たしたもうひとりの武将、徳川家康は1543年生まれ。数多くの戦《いくさ》にかかわったが、婚姻関係などで同盟を結び、対立を回避する知略にも優れていた。1616年、73歳で寿命を全うした。その後、徳川一族の支配は250年以上続く。天下を統一した武将たちについては［Chaplin（2018）］を参照。

自死率

日本における自死問題とその増加については、［WHO（2014）］の事例研究を参照。秋田の自死率と自死原因となる経済不安については［Fushimi, 他（2005）］を参照。日本の地方で起こっている高齢者の自死問題については［Traphagan（2004）］を参照。

孤立死

死亡原因のデータは、厚生労働省（MHLW）によって追跡調査されている。「孤立死」の件数は、すぐに入手可能な統計データでは見つからなかったが、［Ministry of Health, Labour and Welfare 厚生労働省（2011）］が参考になる。［Waterson, Tamura（2014）］も参照。社会資本、人とのつながり、孤独については［Hommerich（2014）］を参照。

消えゆく町、藤里町と津和野町

藤里町のデータは町長より紙の資料で提供された。本書ウェブサイト www.extremeeconomies.com を参照。「買い物難民」の増加については［Odagiri（2011）］を参照。

津和野町のデータは、町役場より紙の資料で提供された。写真と他のデータについては［Barrett（2018）］を参照。

民主主義の危機、無投票当選

急速な高齢化が進む県では多くの村が消えるとの予測については［Hiroya（2014）］を参照。日本の地方自治体に関連した危機については［Yoshida（2015）］と［Hijino（2018）］を参照。

空き家問題

空き家の増加と、開かれた住宅市場と空き家の関係については［Nozawa（2017）］を参照。人の消えた町村や廃工場、島の写真は［Meow（2015）］を参照。

蜷川と〈さいたまゴールド・シアター〉

蜷川幸雄と日本の演劇界における彼の役割については［Billington（2016）］を参照。

Wainwright, O. (2018), 'Charles Rennie Mackintosh: "He Was Doing Art Deco Before It Existed" ', Guardian, 7 June.
Walker, F. (2001), The Song of the Clyde: A History of Clyde Shipbuilding (Edinburgh: John Donald).
Walpole, S. (1878), A History of England from the Conclusion of the Great War in 1815.
Walsh, D. (2016), History, Politics and Vulnerability: Explaining Excess Mortality in Scotland and Glasgow, Glasgow Centre for Population Health, May.
————, Bendel, N., Jones, R., and Hanlon, P. (2010), 'It's Not "Just Deprivation" : Why Do Equally Deprived UK Cities Experience Different Health Outcomes?' Public Health, 124 (9), 487–5.
————, Taulbut, M., and Hanlon, P. (2008), The Aftershock of Deindustrialisation Trends in Mortality in Scotland and Other Parts of Post-industrial Europe, Glasgow Centre for Population Health and NHS Health Scotland, April.
Whyte, B., and Ajetunmobi, T. (2012), Still the 'Sick Man of Europe'?, Glasgow Centre for Population Health, November.
Withey, D. (2003), The Glasgow City Improvement Trust: An Analysis of Its Genesis, Impact and Legacy, and an Inventory of Its Buildings, 1866–1910, PhD thesis, University of St Andrews.
Worsdall, F. (1977), The Tenement – A Way of Life (Edinburgh: Chambers).
Woodley, J., and Bellamy, C. [directors] (1984), Red Skirts on Clydeside, Sheffield Film Co-op.
Wright, J., and MacLean, I. (1997), Circles Under the Clyde – A History of the Glasgow Underground (Capital Transport Publishing).

第7章　秋田

注記

日野原重明

長寿界の導師的存在の医師で、2017年に105歳で死去。百数十冊の著作があり、なかでも『生き方上手』（[Hinohara (2006)]）は日本のベストセラーになった。彼の人生については［Roberts (2017)］を参照。「日野原イズム」の影響については［Bando, 他 (2017)］を参照。

日本の人口統計

日本の人口統計データは、国立社会保障・人口問題研究所（IPSS）より。［IPSS (2017a)］を参照。地域ごとの年齢の数字や、地域ごとの高齢化予測については［IPSS (2013)］を参照。性別で分けた100歳以上の高齢者の人数は［Health and Welfare Bureau for the Elderly 老健局 (2017)］から参照できる。

平均余命

日本の同時期に出生した集団の余命は、［Ministry of Health, Labour and Welfare 厚生労働省 (2015)］のLife Tables（生命表）にまとめられている。他の国々の長期的な余命予測については［United Nations (2017)］のWorld Population Prospects（世界人口予測）を参照。

モディリアーニとブランバーグのライフサイクル仮説

ライフサイクル仮説の由来については［Breit, Hirsch (2009)］に掲載されているモディリアーニの小論を参照。モデルの意義と重要性については［Deaton (2005)］を参照。

King, E. (1993), The Hidden History of Glasgow's Women: The THENEW Factor, (Edinburgh: Mainstream).
Lorenz, E. H. (1991), Economic Decline in Britain: The Shipbuilding Industry 1890–1970 (Oxford: Oxford University Press).
Lukes, S. (1992), Emile Durkheim: His Life and Work (London: Penguin Books). McArthur, A., and Kingsley Long, H. (1956), No Mean City (Neville Spearman). MacFarlane, C. (2007), The Real Gorbals Story (Edinburgh: Mainstream).
Marshall, A. (1890), Principles of Economics (London: Macmillan and Company).
邦訳『経済学原理 1』～『経済学原理 4』アルフレッド・マーシャル著、馬場啓之助訳、東洋経済新報社、1965～67年
Morgan, A. (2010), 'Social Capital as a Health Asset for Young People's Health and Wellbeing', Journal of Child and Adolescent Psychology, S2, 19–42.
Moss, M., Forbes Munro, J., and Trainor, R. H. (2000), University, City and State: The University of Glasgow since 1870 (Edinburgh: Edinburgh University Press).
Muthesius, H. (1904), Das englische Haus (Berlin: Ernst Wasmuth).
National Records of Scotland (2018), Drug Deaths in Scotland 2017, 3 July.
Nichol, N. (1966), Glasgow and the Tobacco Lords (London: Longmans).
Pagden, A. (1988), 'The Destruction of Trust and Its Economic Consequences in the Case of Eighteenth-century Naples', in Gambetta, D. (ed.), Trust: Making and Breaking Cooperative Relations (Oxford: Blackwell).
Perry, R., (1844), Facts and Observations on the Sanitary State of Glasgow, Shewing the Connections Existing Between Poverty, Disease, and Crime (Glasgow: Gartnaval Press).
Peters, C. M. (1990), Glasgow's Tobacco Lords: An Examination of Wealth Creators in the Eighteenth Century, PhD thesis, University of Glasgow.
Potter, A. and Watts, H. D. (2012), 'Revisiting Marshall's Agglomeration Economies: Technological Relatedness and the Evolution of the Sheffield Metals Cluster', Regional Studies, May.
Pulteney, W. A. (1844), Observations on the Epidemic Fever of MDCCCXLIII in Scotland and Its Connection with the Destitute Condition of the Poor (Edin- burgh: William Blackwood & Sons).
Putnam, R. (1993), Making Democracy Work: Civic Traditions in Modern Italy (Princeton: Princeton University Press).
邦訳『哲学する民主主義―伝統と改革の市民的構造（叢書「世界認識の最前線」）』ロバート・D・パットナム著、河田潤一訳、NTT出版、2001年
———, with Leonardi, R., and Nanetti, R. (1993), Making Democracy Work: Civic Traditions in Modern Italy (Princeton: Princeton University Press).
Ragonnet-Cronin, M., with Jackson, C., Bradley-Stewart, A., Aitken, C., McAuley, A., Palmateer, N., Gunson, R., Goldberg, D., Milosevic, C., and Leigh Brown, A. J. (2018), 'Recent and Rapid Transmission of HIV Among People Who Inject Drugs in Scotland Revealed Through Phylogenetic Analysis', Journal of Infectious Diseases, 217 (12), 1875–82.
Scottish Violence Reduction Unit (2018), 'SVRU Welcomes Formation of VRU in London', 18 September.
Smith, C. (2018), Coal, Steam and Ships: Engineering, Enterprise and Empire on the Nineteenth-century Seas (Cambridge: Cambridge University Press).
Smith, R., and Wannop, U. (eds.) (1985), Strategic Planning in Action: The Impact of the Clyde Valley Regional Plan 1946–1982.
Solow, R. M. (2000), 'Notes on Social Capital and Economic Performance', in Dasgupta, P., and Serageldin, I. (eds.), Social Capital: A Multifaceted Perspective (Washington, DC: World Bank).
Stephen, A. M. M. (2015), Stephen of Linthouse: A Shipbuilding Memoir 1950–1983 (Glasgow: IESIS).
Valtorta, N. K., Kanaan, M., Gilbody, S., et al. (2016), 'Loneliness and Social Isolation as Risk Factors for Coronary Heart Disease and Stroke: Systematic Review and Meta-analysis of Longitudinal Observational Studies', Heart, 102, 1009–16.

CES (1985), Outer Estates in Britain: Easterhouse Case Study, Paper 24 (London: Centre for Environmental Studies).
Chadwick, E. (1842, reprinted 1965), Report on the Sanitary Condition of the Labouring Population of Great Britain (Edinburgh: University of Edinburgh Press).
Checkland, S. (1976), The Upas Tree – Glasgow 1875–1975 (Glasgow: University of Glasgow Press).
Coleman, J. (1990), Foundations of Social Theory (Cambridge, Mass.: Harvard University Press).
邦訳『社会理論の基礎』（上下）、ジェームズ・サミュエル コールマン著、久慈利武訳、青木書店、2004年、2006年
Connery, S. [director] (1967), The Bowler and the Bunnet, available on BFI (2018), Tales from the Shipyard: Britain's Shipbuilding Heritage on Film, DVD (Lon- don: BFI).
Connors, D. P. (2009), The Role of Government in the Decline of the British Ship-building Industry, 1945–1980, PhD thesis, University of Glasgow.
Coutts, J. (1909), A History of the University of Glasgow from its Foundation in 1451 to 1909 (Glasgow: University of Glasgow Press).
Couzin, J. (2003), Radical Glasgow: A Skeletal Sketch of Glasgow's Radical Tradition (Voline Press).
Craig, A. (2003), The Story of Drumchapel (Glasgow: Allan Craig).
Damer, S. (1989), From Moorepark to 'Wine Alley': The Rise and Fall of a Glasgow Housing Scheme (Edinburgh: Edinburgh University Press).
Defoe, D. (1707), A Tour Through the Whole Island of Great Britain, Book XII.
Devine, T. (1990), The Tobacco Lords: A Study of the Tobacco Merchants of Glasgow and Their Trading Activities, c.1740–90 (Edinburgh: Edinburgh University Press).
Dodds, S. (2014), Ten Years of the GCPH: The Evidence and Implications, Glasgow Centre for Population Health, October.
Durkheim, Emile (1897), Le suicide: étude de sociologie.
邦訳『自殺論』エミール・デュルケーム著、宮島喬訳、中央公論社、1985年
Durkheim, Emile (2002), Suicide [English translation] (London: Routledge Classics).
Faley, J. (1990), Up Oor Close – Memories of Domestic Life in Glasgow Tenements 1910–1945 (Oxford: White Cockade).
Ferragina, E., and Arrigoni, A. (2017), 'The Rise and Fall of Social Capital: Requiem for a Theory?', Political Studies Review, 15 (3), 355–67.
Fowle, F. (2011), Van Gogh's Twin: The Scottish Art Dealer Alexander Reid (Edinburgh: National Galleries of Scotland).
Garnham, L. (2018), Exploring Neighbourhood Change: Life, History, Policy and Health Inequality Across Glasgow, Glasgow Centre for Population Health, December.
Garvin, E., et al. (2012), 'More Than Just an Eyesore: Local Insights and Solutions on Vacant Land and Urban Health', Journal of Urban Health: Bulletin of the New York Academy of Medicine, 90 (3), 412–26.
GCPH (2008), A Community Health and Wellbeing Profile for East Glasgow, Glasgow Centre for Population Health, February.
Glasgow Museums (1997), The Burrell Collection (London: HarperCollins).
Glasser, R. (1986), Growing Up in the Gorbals (London: Chatto & Windus).
Hill S., and Gribben, C. (2017), Suicide Statistics: Technical Paper, Scottish Public Health Observatory, NHS Information Services (ISD), NHS Scotland.
Inquiry into Housing in Glasgow (1986), Glasgow District Council.
Johnman, L., and Murphy, H. (2002), British Shipbuilding and the State since 1918: A Political Economy of Decline (Exeter: University of Exeter Press).
Johnston, S. (2006), 'The Physical Tourist Physics in Glasgow: A Heritage Tour', Physics in Perspective, 8, 451–65.

が抱える問題は、［Garnham（2018）］で説明されているように、いまも続いている。

テネメントの歴史

テネメントの歴史、法的根拠、構造、家具、社会への影響、および地図や図面、写真などは、［Worsdall（1977）］を参照。テネメントに暮らしていた人々の記録は、［Faley（1990）］にまとめられている。ラルフ·グラッサーの3部作には、ゴーボールズ地区で始まった彼の人生を題材に、質入れをしながらも尊厳を保つ重要性に触れた記述がある。［Glasser（1986）］を参照。

周縁の住宅団地暮らしに関する歌や詩

アダム·マクノートンの「Jeely Piece Song」は、「The Skyscraper Wean」（高層住宅の幼子）としても知られ、キャッスルミルク地区の高層住宅に住むはめになった子どもたちのつらさを歌にした。

グラスゴーの薬物死とHIVの増加

スコットランドでは薬物による死亡者数が増加しつづけている。2017年には、同種の記録がとられはじめてから最高レベルに達した。なかでもグラスゴーは突出して高い。注射によるコカイン摂取の普及が、過去2年間でそれまで以上に多くの死を引き起こしたと考えられている。［National Records of Scotland（2018）］を参照。関連するHIVの伝染については［Ragonnet-Cronin、他（2018）］を参照。

参照文献

AAPSS (1897), 'Notes on Municipal Government', Annals of the American Academy of Political and Social Science, 9, 149–58.

Abercrombie, P., and Matthew, R. H. (1949), Clyde Valley Regional Plan 1946 (Edinburgh: His Majesty's Stationery Office).

Arrow, K. (1999), 'Observations on Social Capital', in Dasgupta, P., and Serageldin, I. (eds.), Social Capital: A Multifaceted Perspective (Washington, DC: World Bank).

Atkinson, R. (1999), The Development and Decline of British Shipbuilding.

Barras, G. W. (1894), 'The Glasgow Building Regulations Act (1892)', Proceedings of the Philosophical Society of Glasgow, xxv, 155–69.

Berkman, L. F., Glass, T., Brisette, I., and Seeman, T. E. (2000), 'From Social Integration to Health: Durkheim in the New Millennium', Social Science and Medicine, 51, 843–57.

Board of Trade (1965), Japanese Shipyards: A Report on the Visit of the Minister of State (Shipping) in January 1965.

——— (1966), Shipbuilding Inquiry Committee 1965–1966 – Report (London: HMSO), Cmnd. 2937.

Bourdieu, P. (1986), 'The Forms of Capital', in Richardson, J. G. (ed.), Handbook of Theory and Research for the Sociology of Education (New York: Greenwood Press).

Bremner, D. (1869), The Industries of Scotland: Their Rise, Progress and Present Position (Edinburgh: Adam and Charles Black).

Brinkman, J., Coen-Pirani, D., and Sieg, H. (2015), 'Firm Dynamics in an Urban Economy', International Economic Review, 56 (4), 1135–64.

Broadway, F. (1976), Upper Clyde Shipbuilders – A Study of Government Intervention in Industry (London: Centre for Policy Studies).

Bruce, R. (1945), The First Planning Report to Highways and the Planning Commit- tee of the Corporation of the City of Glasgow, 2 volumes (Glasgow).

Burton, A. (2013), The Rise and Fall of British Shipbuilding (Stroud: The History Press).

Carstairs, V., and Morris, R. (1991), Deprivation and Health in Scotland (Aberdeen: Aberdeen University Press).

作品はイギリス映画協会から入手可能。［Connery（1967）］を参照。

健康的な習慣

食事、喫煙、運動など健康的な生活習慣に関するデータは、グラスゴー公衆衛生センターおよび同センターの研究員による刊行物から引用した。［GCPH（2008）］、［Whyte, Ajetunmobi（2012）］、［Dodds（2014）］を参照。グラスゴーの地域ごとの貧困と健康状態に関する地図とデータは、GCPHのウェブサイトから入手可能。［Carstairs, Morris（1991）］も参照。

暴力と薬物

薬物死亡に関するデータは［National Records of Scotland（2018）］より引用。自殺率は国民保険サービス（NHS）のスコットランド支局より。

デュルケームと『自殺論』

フランス語で書かれたデュルケームの原著作は［Durkheim（1897）］。最初の英語版は1952年版を底本にしたもので、最近、［Durkheim（2002）］として再版された。デュルケームの生涯と作品の伝記は［Lukes（1992）］を参照。また、デュルケームの業績の意義を、「社会の現実」も含めていまの時代に問い直した研究として［Berkman, 他（2000）］などがある。

パットナム、イタリア、社会資本

イタリアを旅して、社会資本と民主主義を調査したパットナムの報告は［Putnam（1993）］を参照。［Pagden（1988）］も参考になる。社会資本という考え方の形式化と数学的な考察は［Coleman（1990）］を参照。

社会資本への右派と左派からの論評

エコノミストからの社会資本批判には、［Arrow（1999）］や［Solow（2000）］などがある。社会資本の概念が新自由主義の経済政策を支えるという議論の例として、［Ferragina, Arrigoni（2017）］がある。

グラスゴーのテネメントの過密で劣悪な状態

密集と貧困と疾病との関連性は、19世紀から優れた疫学調査をつうじて明らかになっていた。詳細は［Pulteney（1844）］と［Perry（1844）］を参照。

都市改善トラスト、メアリー・バーバー、家賃ストライキ

都市改善トラストの歴史と、グラスゴーで最初に建てられた社会住宅については［Withey（2003）］を参照。メアリー・バーバーら当時のグラスゴーの女性について、および家賃ストライキについては［King（1993）］を参照。ドキュメンタリー映像［Woodley, Bellamy（1984）］も参照。

ブルース、アバークロンビーらによる、グラスゴーの都市計画の夢と失敗

グラスゴーを再配置するふたつの計画は［Bruce（1945）］と［Abercrombie, Matthew（1949）］を参照。グラスゴーの歴史地区の解体を含むブルース計画の多くは、あまりに急進的だと見なされたが、そのアイデアは何十年ものあいだ、グラスゴーの都市計画に影響を及ぼした。アバークロンビーの立案した「クライド流域地区計画」も大きな影響力があった。［Smith, Wannop（1985）］を参照。アバークロンビーの計画は［Checkland（1976）］でも論じられている。

ビッグ・フォー、野心と失敗

ビッグ・フォーの状況を示す貧困マップは［Inquiry Into Housing in Glasgow（1986）］を参照。［Damer（1989）］は、グラスゴーでもとくに悪名高い地域となり、「ワイン・アレイ」と呼ばれたムーアパーク地区の大戦間の住宅計画について、詳細な情報やインタビュー、批評などを記載している。［Craig（2003）］は、［CES（1985）］で考察したイースターハウス地区の問題とともに、ドラムチャペル地区での生活を調査した。周縁の住宅団地

グラスゴーの芸術界、アレクサンダー・リードと印象派

グラスゴーの芸術界がロンドンに優るという主張は、20世紀への変わり目にロンドンのドイツ大使館で文化と技術担当の大使館員として働いていたドイツの建築家ヘルマン・ムテジウスが発表した〝Das englische Haus〟（イギリスの住宅）に書かれている。［Muthesius（1904）］を参照。アレクサンダー・リードの影響力については［Fowle（2011）］を参照。サー・ウィリアム・バレルは、美術品は一貫してリードから購入し、芸術を敬愛する機運をスコットランドに築いたのはリードの功績だと認めていた。作品の多くがバレル・コレクションとして残されている。［Glasgow Museums（1997）］を参照。

グラスゴーが発祥地のワット、ケルビン、地下鉄

グラスゴーの物理学と応用科学の歴史と、ワット、ケルビン、ランキン、ロジー・ベアードなどの科学的発見と産業との関連については［Johnston（2006）］で論じられている。グラスゴー大学の歴史と役割については［Coutts（1909）］と［Moss, 他（2000）］を参照。ロンドンとブダペストに次いで1896年に開通したグラスゴー地下鉄は、独立したエンジン室を設けたワイヤー牽引方式で走行する、つまり煙を吐かない最初の地下鉄となった。［Wright, MacLean（1997）］を参照。

「バージニア殿下」の栄枯盛衰

「煙草（タバコ）卿」の栄枯盛衰と、グラスゴー中心地の建築への影響については［Nichol（1966）］で説明されている。グラスゴーの商人がかかわったタバコ貿易は、［Devine（1990）］に詳しい。

グラスゴー造船業の高み

クライド川と、クライド川が支える産業への旺盛な投資意欲から、「クライド川がグラスゴーをつくり、グラスゴーがクライド川をつくった」のことばが生まれた。グラスゴーの造船業の栄華は［Bremner（1869）］で詳述され、近代史は［Walker（2001）］、最高級の船というグラスゴーの評判をつくりあげた逸話は［Smith（2018）］にまとめられている。

都市経済と集積効果

集積の経済学についてのマーシャルの考察は、著書の［Marshall（1890）］より。マーシャルの知見を土台にした最近の研究例については［Potter, Watts（2012）］［Brinkman, 他（2015）］を参照。

造船業の急速な衰退

イギリス造船業の衰退の歴史を語るとき、通常はクライド川から始まり、話の中心もクライド川になる。業界の急速な衰退と、造船業に関与し、補助金政策を打ち出し、最終的に破綻させた国家の役割は［Johnman, Murphy（2002）］に詳しい。アレクサンダー・スティーヴン造船所の最後の所長がまとめた記録は［Stephen（2015）］を参照。イギリスの造船技術が、規模の経済の追求にそぐわないものだったとする説については［Lorenz（1991）］［Burton（2013）］を参照。

イギリスの日本への関心

造船産業を衰退に追いやったイギリス政府の積極的な関与については［Connors（2009）］を参照。生産データを含む、日本の造船所を調査した結果は［Board of Trade（1965）］にまとめられた。投資の不足については［Johnman, Murphy（2002）］より引用。

ゲデス委員会、アッパー・クライド・シップビルダーズ（UCS）の始まりと終わり

ゲデス委員会の設立と成果については［Johnman, Murphy（2002）］［Connors（2009）］を参照。日本を視察した報告書は［Board of Trade（1966）］として発表された。UCSの「実験」が始まった経緯と失敗の歴史は［Broadway（1976）］に簡潔にまとめられている。UCS計画当時の造船所のフィルム映像は、ショーン・コネリーが監督とナレーションを務めたドキュメンタリー「The Bowler and the Bunnet」で見ることができる。

of Antwerp.
——— (2018b), 'How Kinshasa's Markets Are Captured by Powerful Private Interests', The Conversation, 11 March.
Pakenham, T. (1991), The Scramble for Africa (London: Weidenfeld & Nicolson).
Peterson, M. (ed.) (2015), The Prisoner's Dilemma (Cambridge: Cambridge University Press).
Poundstone, W. (1992), Prisoner's Dilemma (New York: Doubleday).
Putzel, J., Lindemann, S., and Schouten, C. (2008), 'Drivers of Change in the Democratic Republic of Congo: The Rise and Decline of the State and Challenges for Reconstruction', Working Paper No. 26, Crisis States Research Centre, London School of Economics, January.
PwC (2018), 'Congo, Democratic Republic: Corporate – Taxes on corporate income', PwC.
Reno, W. (2006), 'Congo: From State Collapse to "Absolutism" , to State Failure', Third World Quarterly, 27 (1), 43–56.
Richburg, K. B. (1991), 'Mobutu: A Rich Man in Poor Standing', Washington Post, 3 October.
Stanley, H. M. (1878), Through the Dark Continent (London: Sampson Low, Marston, Searle & Rivington).
邦訳『シルク・ロード ベーリングの大探検 暗黒大陸』S・ヘディン著、長尾宏也訳、S・ワクセル著、平林広人訳、H・スタンレー著、宮西豊逸訳（世界教養全集 23 第 2 版）、平凡社、1974 年、1961 年
Stearns, J. K. (2012), Dancing in the Glory of Monsters (New York: PublicAffairs).
Trefon, T. (2009), 'Public Service Provision in a Failed State: Looking Beyond Predation in the Democratic Republic of Congo', Review of African Political Economy, 36 (119), 9–21.
United Nations (1989), 'Report on the Rehabilitation of the Mauluku Steel Mill (Sosider), Zaire', United Nations Industrial Development Organization, PPD.112 (SPEC.), 21 March.
van Reybrouck, D. (2015), Congo: The Epic History of a People (London: Harper Collins).
Vansina, J. (2010), Being Colonized: The Kuba Experience in Rural Congo, 1880–1960 (Madison: University of Wisconsin Press).
Verhaegen, B., and Vale, M. (1993), 'The Temptation of Predatory Capitalism: Zaire Under Mobutuism', International Journal of Political Economy, 23 (1), 109–25.
WHO (2018), World Malaria Report 2018, 19 November.
World Bank (2018a), Atlas of Sustainable Development Goals 2018: World Development Indicators (Washington, DC: World Bank).
World Bank (2018b), Doing Business 2019 (Washington, DC: World Bank).
Wrong, M. (2001), In the Footsteps of Mr Kurtz: Living on the Brink of Disaster in the Congo (London: Fourth Estate).
Young, C., and Turner, T. (1985), The Rise and Decline of the Zairian State (Madison: University of Wisconsin Press).

第6章　グラスゴー

注記

グラスゴー、栄華から低迷へ、ウォルポールからウォルシュへ

グラスゴーの自然の美しさは［Defoe（1707）］に詳しい。この街の工業の発展については［Walpole（1878）］を参照。「グラスゴー効果」については［Walsh, 他（2010）］を参照。

Brannelly, L. (2012), 'The Teacher Salary System in the Democratic Republic of the Congo (DRC)', Case Study: Centre for Universal Education, Brookings.
Butcher, T. (2008), Blood River: A Journey to Africa's Broken Heart (London: Vintage).
Cameron, V. L. (1877), Across Africa (New York: Harper & Brothers).
Casada, J. A. (1975), 'Verney Lovett Cameron: A Centenary Appreciation', Geographical Journal, 141 (2), 203-15.
Congo Research Group (2017), All the President's Wealth: The Kabila Family Business, Pulitzer Center on Crisis Reporting, July.
Dash, L. (1980), 'Mobutu Mortgages Nation's Future', Washington Post, 1 January.
de Boeck, F. (2013), Kinshasa: Tales of the Invisible City (Leuven: Leuven University Press).
de Herdt, T., and Titeca, K. (2016), 'Governance with Empty Pockets: The Education Sector in the Democratic Republic of Congo', Development and Change, 47 (3), 472-94.
Englebert, P. (2003), 'Why Congo Persists: Sovereignty, Globalization and the Violent Reproduction of a Weak State', Queen Elizabeth House Working Paper 95.
Eriksson Baaz, M., and Olsson, O. (2011), 'Feeding the Horse: Unofficial Economic Activities Within the Police Force in the Democratic Republic of the Congo', African Security, 4 (4), 223-41.
Foster, V., and Benitez, D. (2011), The Democratic Republic of Congo's Infrastructure: A Continental Perspective, Working Paper 5602 (Washington, DC: World Bank).
Global Witness (2017), Regime Cash Machine, Report.
Gottschalk, K. (2016), 'Hydro- politics and Hydro-power: The Century-long Saga of the Inga Project', Canadian Journal of African Studies/Revue canadienne des études africaines, 50 (2), 279-94.
Haskin, J. M. (2005), The Tragic State of the Congo: From Decolonization to Dictatorship (Algora).
HCSS (2013), Coltan, Congo & Conflict, Hague Centre for Strategic Studies.
Hochschild, A. (1999), King Leopold's Ghost: A Story of Greed, Terror and Heroism in Colonial Africa (New York: Mariner Books).
IMF (2015), Democratic Republic of the Congo - Selected Issues, IMF Country Report No. 15/281 (Washington, DC: IMF).
Jeal, T. (2007), Stanley: The Impossible Life of Africa's Greatest Explorer (London: Faber and Faber).
——— (2011), 'Remembering Henry Stanley', Telegraph, 16 March.
Jeune Afrique (2013), 'RD Congo: la saga des salaires', 5 November.
Kaplan, L. (1967), 'The United States, Belgium, and the Congo Crisis of 1960', Review of Politics, 29 (2), 239-56.
MacGaffey, J. (1991), The Real Economy of Zaire: The Contribution of Smuggling and Other Unofficial Activities to National Wealth (Philadelphia: University of Pennsylvania Press).
——— (2018b), 'How Kinshasa's Markets Are Captured by Powerful Private Interests', The Conversation, 11 March.
Marivoet, W., and de Herdt, T. (2014), 'Reliable, Challenging or Misleading? A Qualitative Account of the Most Recent National Surveys and Country Statistics in the DRC', Canadian Journal of Development Studies/Revue Canadienne d'études du développement, 35 (1), 97-119.
Mbu-Mputu, N. X., and Kasereka, D. K. (eds.) (2012), Bamonimambo (the Witnesses): Rediscovering Congo and British Isles Common History (Newport: South People's Projects).
Morel, E. D. (1906), Red Rubber: The Story of the Rubber Slave Trade Flourishing on the Congo in the Year of Grace, 1906 (New York: Nassau Print).
Moshonas, S. (2018), 'Power and Policy-making in the DR Congo: The Politics of Human Resource Management and Payroll Reform', Working Paper, Institute of Development Policy, University of Antwerp.
Neff, C. B. (1964), 'Conflict, Crisis and the Congo', Journal of Conflict Resolution, 8 (1), 86-92.
Nkuku, A. M., and Titeca, K. (2018a), 'Market Governance in Kinshasa: The Competition for Informal Revenue Through "Connections" (Branchement)', Working Paper, Institute of Development Policy, University

白で、モブツの権力の失墜につながった。モブツがキンシャサで過ごした最後の年の報告については［Wrong (2001)］を参照。

馬に餌、公務員と非公式税

キンシャサでは警察による非公式な徴税がいたるところで見られた。これについては［Eriksson Baaz, Olsson (2011)］で論じられている。モブツ政権下での腐敗については［Reno (2006)］を参照。

海賊市場の街

「憲法第15条」の非公式経済の規模について推定した調査はほとんどないが、その重要性については［Putzel, 他 (2008)］で論じられており、［IMF (2015)］ではいくつか試算もなされている。キンシャサのなかに非公式市場をつくるというキンシャサ住民の行動については［de Boeck (2013)］で論じられている。ザイール時代の経済に非合法および非公式な経済が果たしていた役割については［MacGaffey (1991)］を参照。地域特有の非公式な税金の仕組みについては［Nkuku, Titeca (2018a, 2018b)］を参照。この仕組みがコンゴ経済のデータに与える影響については［Marivoet, de Herdt (2014)］を参照。

教育制度、公務の勝手な民営化、モチベーションボーナス制度

国の教育予算の崩壊については、［Brannelly (2012)］で論じられている。公務の勝手な民営化については［Trefon (2009)］を参照。また、公教育の民営化については［Brandt (2014)］［de Herdt, Titeca (2016)］［Brannelly (2012)］を参照。

役所の道路部門と公共インフラ(道路)

モブツ政権下の役所の道路部門の苦難については［Young, Turner (1985)］を参照。コンゴのインフラの整備状況に関する比較的新しい分析については［Foster, Benitez (2011)］を参照。

カビラとモブツ政権後の国家資産の私物化

カビラ家の富とその出処については［Congo Research Group (2017)］を参照。採掘収入の横領により失われた資産額については［Global Witness (2017)］が推計をおこなっている。コンゴ東部の紛争で鉱石コルタンが担った役割については［HCSS (2013)］、カビラへの論評、カビラとモブツの手法の類似性については［Bavier (2010)］を参照。

身動きのできない状況、「憲法第15条」の行き詰まり

弱い国の得体の知れない強さについては［Englebert (2003)］を参照。賄賂は地域に深く根差しているため、取り除けば経済が傷つくという考えについては［Jeune Afrique (2013)］を参照。「憲法第15条」と「上手に少しだけ盗む」という文化が、現代の給料体系に果たす役割については［Moshonas (2018)］を参照。

参考文献

ACTwatch Group (Mpanya, G., Tshefu, A., and Losimba Likwela, J.) (2017), 'The Malaria Testing and Treatment Market in Kinshasa, 2013', Malaria Journal, 16 (94).

Bavier, J. (2010), 'Congo's New Mobutu', Foreign Policy, 29 June.

Bayart, J.- F. (2009), The State in Africa (Cambridge: Polity Press).

Berkely, B. (1993), 'Zaire: An African Horror Story', Atlantic, August.

Berwouts, K. (2017), Congo's Violent Peace: Conflict and Struggle Since the Great African War (London: Zed Books).

Bierman, J. (1990), Dark Safari: The Life Behind the Legend of Henry Morton Stanley (New York: Knopf).

Brandt, C. (2014), Teachers' Struggle for Income in the Congo (DRC): Between Education and Remuneration, thesis, University of Amsterdam.

ヘンリー・モートン・スタンリーの著作と生涯

ヘンリー・モートン・スタンリーの著名なアフリカ旅行記は［Stanley（1878）］を参照。ティム・ブッチャーはその旅をゼロ年代にたどり直した回想録で彼の生涯と旅について論じている。［Butcher（2008）］を参照。

近年の伝記では、スタンリーの残虐な面と奴隷制度廃止に貢献した面の両方から論じられている。［Jeal（2007）］、論説記事［Jeal（2011）］，および［Bierman（1990）］も参照。コンゴ人による見解については［Mbu-Mputu, Kasereka（2012）］を参照。

ベルリン会議とアフリカ争奪戦

「アフリカ争奪戦」を決定づけた出来事は1884年のベルリン会議だ。14カ国が参加し、取り決めに調印した。フランスとイギリスが最も広範囲の植民地を獲得し、その次がドイツとポルトガルだった。［Pakenham（1991）］を参照。

レオポルド2世、コンゴ自由国がこうむった人道的な災禍

レオポルド2世の統治に関する近年の報告書については［Hochschild（1999）］、最新の報告書については［van Reybrouck（2015）］を参照。コンゴ自由国の惨状に同時代の関心を集めた重要な報告としては［Morel（1906）］と、ロジャー・ケースメントが1904年に発表した『Casement Report』を参照。『Casement Report』（とくに「別紙1」のインタビュー）では、レオポルド2世の私的な“王の植民地”での非道な行為について概要をまとめている。

コンゴでは1920年代まで公式の国勢調査がおこなわれていなかったが、その当時の人口は1000万人だった。国勢調査と埋葬記録がないことから、コンゴ自由国の死者数については、いまだに議論が続いている。『Casement Report』には、崩壊あるいは消えた村についての報告も多く含まれる。［Morel（1906）］は死者数を2000万人と推定した。ほかには、死者数を1000万人と推定する研究者が多い。［Hochschild（1999）］［Vansina（2010）］を参照。

コンゴ動乱

コンゴ動乱にまつわる調書や同時代の見解については［Neff（1964）］を参照。また、動乱の際にアメリカとベルギーが果たした役割については［Kaplan（1967）］を参照。

モブツ主義、初期の成功

モブツのもとでの動乱から安定を取り戻す過程と1967年の経済改革の成功については［Young, Turner（1985）］を参照。

モブツの貨幣価値の崩壊

モブツは1993年に、旧ザイール通貨の300万倍というレートで「新ザイール」を再導入しなければならなかった。1998年の夏に導入されたコンゴ・フランは、新ザイールの10万倍、旧ザイールの3000億倍となった。

モブツ体制下の農業と工業

農作物の生産量と農業生産高のデータを含む、モブツの農業計画とその破滅的な結果については［Young, Turner（1985）］を参照。

壮大なインフラ計画の背景にある思惑については［Young, Turner（1985）］を参照。マルク製鉄所の業績不振については［United Nations（1989）］で検証されている。インガダムをはじめとした大型のインフラ計画を現代から見た論評と政治問題については［Gottschalk（2016）］を参照。

キンシャサの2度の略奪

発生時期の順に第1の略奪、第2の略奪と呼ばれることもある。モブツの過ちと2度の略奪に関する同時代の報告については、［Berkely（1993）］［Richburg（1991）］を参照。キンシャサの略奪は［Haskin（2005）］［van Reybrouck（2015）］でも論じられている。2度の略奪による経済的影響は、国の生産活動のデータからも明

Council on Hemispheric Affairs, 18 November.
Miroff, N. (2016a), 'Peace with FARC May Be Coming, So Colombia's Farmers Are on a Massive Coca Binge', Washington Post, 8 July.
——— (2016b), 'The Staggering Toll of Colombia's War with FARC Rebels, Explained in Numbers', Washington Post, 24 August.
Nelson, G. C., Harris, V., and Stone, S. W. (2001), 'Deforestation, Land Use, and Property Rights: Empirical Evidence from Darién, Panama', Land Economics, 77 (2), 187–205.
Ostrom, E. (1990), Governing the Commons: The Evolution of Institutions for Collective Action (Cambridge: Cambridge University Press).
Paterson, W. (1701), A Proposal to Plant a Colony in Darien.
Playfair, W. (1807), An Inquiry into the Permanent Causes of the Decline and Fall of Powerful and Wealthy Nations (London: Greenland & Norris).
Prebble, J. (1968), The Darien Disaster (London: Martin Secker & Warburg).
Ridgely, R., and Gwynne, J. A. (1992), 'A Guide to the Birds of Panama with Costa Rica, Nicaragua, and Honduras' (Princeton: Princeton University Press).
Sidgwick, H. (1887), The Principles of Political Economy, second edition (London: Macmillan and Company).
Sloan, S. (2016), 'Tropical Forest Gain and Interactions Amongst Agents of Forest Change', Forests, 27 February.
United Nations (2016), Monitoreo de territorios afectados por cultivos ilícitos 2015, UNDOC, June.
Wafer, L. (1699), A New Voyage and Description of the Isthmus of America (London: Knapton).
Watt, D. (2007), The Price of Scotland: Darien, Union and the Wealth of Nations (Edinburgh: Luath Press).

第5章　キンシャサ

注記

コンゴの経済についての実情と数値

本章のGDPと失業率の数値は、世界銀行の世界開発指標データベースから引用した。ビジネス環境ランキングでコンゴが190カ国中184位であることは［World Bank（2018b）］で解説されている。国際貧困ラインの1日あたり1.90ドル未満で暮らす人の割合は、世界銀行のPoverty and Equity（貧困・公正）データベースより。なお、コンゴのデータは2004年（94パーセント）と2012年（77パーセント）の2年分しかなかったが、いずれも世界で最も切迫した貧困状態であることが示されている。マラリアの流行については［WHO（2018）］を参照。また、キンシャサでのマラリアの治療体制については［ACT watch Group（2017）］を参照。

バーニー・ラベット・キャメロンのアフリカの旅

ドーセット州ウェイマス出身のヴァーニー・ラヴェット・キャメロンは、自身のアフリカ全土の旅行記を［Cameron（1877）］に記した。奴隷制度廃止の活動家として彼の果たした役割については［Casada（1975）］で論じられている。

キンシャサの公式の税率と実質の税率

キンシャサの公式の税制度については［PwC（2018）］を参照。実際の運用状況についての情報は、キンシャサでのインタビューに基づいている。［Nkuku, Titeca（2018a, 2018b）］を参照。

政策については［Consulate of Panama（2018)］を参照。

エンベラ族の売る木の国際価格
公開市場で取引される硬材の国際価格については［ITTO（2018)］を参照。

参考文献

Arcia, J. (2017), 'Panama: The Ranching Industry Has Moved into Darién National Park', Mongabay, 26 June.
Belisle, L. (2018), 'Darien Suffers from Illegal Deforestation', Playa Community, 20 April.
Borland, F. (1779), The History of Darien (Glasgow: John Bryce).
Burton, P. J. K. (1973), 'The Province of Darien', Geographical Journal, 139 (1), 43–7.
Comptroller General of the US (1978), 'Linking the Americas – Progress and Problems of the Darien Gap Highway', Report to the Congress by the Comptroller General of the US, PSAD-78-65, 23 February (Washington, DC: General Accounting Office).
Consulate of Panama (2018), 'Panama Reforestation Visa Program', accessed December 2018.
Dampier, W. (1697), A New Voyage Round the World (London: Knapton).
邦訳『最新世界周航記』ダンピア著、平野敬一訳、岩波書店、2007 年
Dorosh, P., and Klytchnikova, I. (2012), 'Tourism Sector in Panama Regional Economic Impacts and the Potential to Benefit the Poor', World Bank, Policy Research Working Paper 6183, August.
Dudley, S. (2004), Walking Ghosts: Murder and Guerrilla Politics in Colombia (New York: Routledge).
Estrella de Panama (2009), 'Deforestation Is Killing Darien', 13 April.
Exquemelin, A. (1684), Buccaneers of America (London: William Crooke).
GMH (2016), BASTA YA! Colombia: Memories of War and Dignity (Bogotá: CNMH).
Griess, V., and Knoke, T. (2011), 'Can Native Tree Species Plantations in Panama Compete with Teak Plantations? An Economic Estimation', New Forests, 41, 13–39.
Gutierrez, R. (1989), 'La deforestación, principal causa del problema ecología ambiental de Pánama', Dirección Nacional de Desarollo Forestal.
Hall, J. (2018), 'Curing "Teak Fever" in Panama through Smart Reforestation', UN-REDD, 4 September.
Hardin, G. (1968), 'The Tragedy of the Commons', Science, 162 (3859), 1243–8.
Harris, W. (1700), A Defence of the Scots Abdicating Darien (Edinburgh).
Herlihy, P. (1989), 'Opening Panama's Darien Gap', Journal of Cultural Geography, 9 (2), 42–59.
——— (2003), 'Participatory Research Mapping of Indigenous Lands in Darién, Panama', Human Organization, 62 (4).
ITTO (2018), 'Tropical Timber Market Report', International Tropical Timber Organization, December.
Lloyd, W. F. (1833), 'W. F. Lloyd on the Checks to Population', Population and Development Review, 6 (3), 473–96.
McKean, M. A. (1996), 'Common- property Regimes as a Solution to Problems of Scale and Linkage', in Hanna, S. S., Folke, C., and Mäler, K.-G. (eds.), Rights to Nature: Ecological, Economic, Cultural, and Political Principles of Institutions for the Environment (Washington, DC: Island Press).
McKendrick, J. (2016), Darien: A Journey in Search of Empire (Edinburgh: Birlinn).
Mateo-Vega, J., Spalding, A. K., Hickey, G. M., and Potvin, C. (2018), 'Deforestation, Territorial Conflicts, and Pluralism in the Forests of Eastern Panama: A Place for Reducing Emissions from Deforestation and Forest Degradation?' Case Studies in the Environment, June.
Millar, A. H. (1904), 'The Scottish Ancestors of President Roosevelt', Scottish Historical Review, 1 (4), 416–20.
Miller, S. W. (2014), 'Minding the Gap: Pan-Americanism's Highway, American Environmentalism, and Remembering the Failure to Close the Darien Gap', Environmental History, 19, 189–216.
Miraglia, P. (2016), 'The Invisible Migrants of the Darién Gap: Evolving Immigration Routes in the Americas',

存者の日記は［Watt（2007）］に引用されており、［Borland（1779）］にも記述がある。そのスコットランド船に乗って遠征に参加した、セオドア・ルーズベルト元大統領の祖先の足跡については［Millar（1904）］を参照。

ヤビサの歴史、博物館、ハイウェイの影響
ヤビサ周辺地域と先住民の保護区域の地図が［Herlihy（2003）］にまとめられている。同資料には、金《ゴールド》を積んだスペインの輸送船の河川航路を守るために築かれた要塞など、現地の歴史についても記されている。

パナマで失われた熱帯雨林の大きさを示す航空写真
パナマ東部の森林破壊の度合いについては［Mateo Vega, 他（2018）］を参照。熱帯雨林の農地転用と森林伐採を防止するために施行された政策は、［Nelson, 他（2001）］で論評されている。また、森林被覆率の経年変化図と伐採による影響については［Gutierrez（1989）］、森林破壊による問題と牛の放牧数の増加については［Arcia（2017）］［Belisle（2018）］を参照。

「共有地《コモンズ》の悲劇」
生態学者のギャレット・ハーディンは、1960年代に人口過剰と環境について論じるなかで、「共有地（コモンズ）の悲劇」ということばをつくり出した。［Hardin（1968）］を参照。

自由市場の失敗
使いすぎによって損耗した共有地の例は、1832年にウィリアム・フォスター・ロイドがオックスフォード大学でおこなった“Two Lectures on the Checks to Population”（人口増に際して注意すべき点についてのふたつの講義）の1回目で取りあげている。

オストロムの業績、共有地の管理、トエルベル村、日本の村落
オストロムの研究成果は著書“Governing the Commons”（共有地の統治）で発表されている。［Ostrom（1990）］を参照。日本の村落で資源を管理するためにおこなわれている非公式システムについては［McKean（1996）］を参照。

パナマの第24号森林法とチークの木
パナマの生態系の多様性の均一化にチークの木が及ぼした影響については［Griess, Knoke（2011）］を参照。チークの植林熱に第24号森林法が及ぼした影響については［Sloan（2016）］を参照。チークの植林熱と、それによるダメージを軽減する森林再生については［Hall（2018）］を参照。

パナマの環境がもつ経済的潜在能力
パナマに棲息する鳥類の多様性については［Ridgely, Gwynne（1992）］を参照。パナマの環境が保護された場合の経済的潜在能力の評価については［Dorosh, Klytchnikova（2012）］を参照。

FARCの武装解除後の問題
コカインの原料となるコカの葉の産出量の増加については［United Nations（2016）］を参照。［Miroff（2016a）］も参考になる。

アメリカへの新しい移民ルート
ダリエンからアメリカへの移民ルートに関する公式情報はほとんどない。［Miraglia（2016）］にルートと人数などの情報が記載されている。

市民権を金で売るパナマの政策、チークの役割
パナマ政府は、チークの植林事業に一定額以上を投資する者に移民ビザを付与している。「投資と市民権の交換」

June 30, 2016, 30 December.
United Nations (2011), 'Synthetic Cannabinoids in Herbal Products', United Nations Office on Drugs and Crime, UN document SCITEC/24, April.
———— (2013), World Drug Report 2013, United Nations Office on Drugs and Crime (United Nations: New York).
US Bureau of Justice Statistics (2018), available at www.bjs.gov.
US Census Bureau, Historical Income Tables, www.census.gov/data/tables/ time-series/demo/ income-poverty/historical-income-households.html.
Vansina, J. (1962), 'Long- distance Trade Routes in Central Africa', Journal of African History, 3 (3), 375–90.
VOTE (2018), 'Advancing Justice in Louisiana: Policy Priorities', Voice of the Experienced, accessed December 2018.

第4章　ダリエン

注記

ダリエン地峡の歴史、先住民、地峡横断

［Burton (1973)］では、ダリエンの先住民、植物や鳥類の生態、また、それらがパンアメリカンハイウェイによってさらされるリスクについて論じている。ハイウェイを貫通させる試みと当時の地図については［Comptroller General of the US (1978)］を参照。ダリエン地峡の横断は冒険として有名であり、ところどころ船に乗り換えながら、車両でダリエン地峡を横断した事例がいくつか報告されている。たとえば1972年には、イギリス軍のジョン・ブラッシュフォード＝スネル少佐の支援のもと、「南北アメリカ大陸探検隊」が乾季のダリエン地峡を横断した。この探検隊の写真も含め、ダリエン地峡の歴史の詳細については［Miller (2014)］を参照。

コロンビア内戦、コロンビア革命軍（FARC）、右翼民兵組織

コロンビア内戦に関する事実や数値を掲載した膨大な量の資料が2013年に公開され、のちに"BASTA YA!（もうたくさん！）というタイトルの英語版が［GMH (2016)］で発表された。内戦に関する数字を簡潔にまとめた新しい報告書は［Miroff (2016b)］を参照。

冒険者《バッカニア》の歴史と逸話：ヘンリー・モーガン、ウィリアム・ダンピア、ライオネル・ウェハ

イギリス出身のヘンリー・モーガンの生涯をまとめた初めての報告書については［Exquemelin (1684)］を参照。スコットランドの世論を動かした冒険譚については［Dampier (1697)］［Wafer (1699)］を参照。いずれの版もオンラインで入手可能。3人のなかではとくにウェハの話が、ダリエンの地図も交えて細かいところまで臨場感たっぷりに紹介していておもしろく、世間をおおいに沸かせた。

スコットランド・カンパニーとダリエン計画

スコットランド・カンパニーは世界最初期の、個人が投資できる"株式"会社であり、のちにダリエン・カンパニーと呼ばれるようになった。同社の設立、投資した人たち、目指したところについては［Watt (2007)］を参照。

ダリエン大災害《ディザスター》

ダリエン遠征の悲劇については［Prebble (1968)］が詳細に記述している。新しいスコットランド《ニューカレドニア》を発見するための個人の旅については、近年、［McKendrick (2016)］で報告された。ダリエンの悲劇を直接体験した生

Reserve System, 20 December.
First 72+ (2018), 'Small Business Incubation', accessed December 2018: www.first72plus.org.
Forret, J. (2013), 'Before Angola: Enslaved Prisoners in the Louisiana State Penitentiary', Louisiana History: The Journal of the Louisiana Historical Association, 54 (2), 133–171.
Gauke, D. (2018), 'From Sentencing to Incentives – How Prisons Can Better Protect the Public from the Effects of Crime', Speech, Ministry of Justice, 10 July.
Her Majesty's Chief Inspector of Prisons for England and Wales (2014), Annual Report 2013–14 (London: Her Majesty's Inspectorate for England and Wales).
HMPS (2004), 'Prisoners' Pay', Prison Service Order 4460, 30 September.
Hudson, S., and Ramsey, J. (2011), 'The Emergence and Analysis of Synthetic Cannabinoids', Drug Testing and Analysis, 3, 466–78.
Hurst, D., Loeffler, G., and McLay, R. (2011), 'Psychosis Associated with Synthetic Cannabinoid Agonists: A Case Series', American Journal of Psychiatry, 168 (10), Letters, October.
Jevons, W. S. (1875), Money and the Mechanism of Exchange (London: Henry S. King & Co.).
邦訳『貨幣説』日奔斯(スタンリー・ジェボンス)著、大島貞益訳、文部省編輯局、1883年
邦訳『貨幣説』スタンリー・ジェボンス著、大島貞益訳、経済雑誌社、1893年
邦訳『貨幣及び交換機構』スタンレー・ヂェヴォンズ著、松本幸輝久訳、日本図書、1948年
Liep, J. (1983), 'Ranked Exchange in Yela (Rossel Island)', in Leach, J. W., and Leach, E. (eds.), The Kula (Cambridge: Cambridge University Press).
——— (1995), 'Rossel Island Valuables Revisited', Journal of the Polynesian Society, 104 (2), 159–80.
Louisiana Department of Public Safety and Corrections (2010), Annual Report 2009–2010.
Louisiana DOC (2018), La. Department of Public Safety and Corrections, Briefing Book. Data available at https://doc.louisiana.gov/ briefing-book.
Mechoulam, R., Lander, N., Breuer, A., and Zahalka, J. (1990), 'Synthesis of the Individual, Pharmacologically Distinct, Enantiomers of a Tetrahydrocannabinol Derivative', Tetrahedron: Asymmetry, 1 (5), 315–18.
Menger, C. (1892), 'On the Origins of Money', Economic Journal, 2 (6), 239–55.
National Center for Education Statistics (2016), Digest of Education Statistics: 2016, https://nces.ed.gov/programs/digest/d16.
Naval Today (2013), 'Naval Criminal Investigative Service Brings New Drug Awareness Campaign to NMCP', 27 March.
NCIS (2009), 'Introduction to Spice', Norfolk Field Office, 9 December.
Pew (2015), 'Banking on Prepaid: Survey of Motivations and Views of Prepaid Card Users', Pew Charitable Trusts, June.
Prison Enterprises, www.prisonenterprises.org.
Prison Studies (2016), World Prison Population List, eleventh edition. Statistics available at www.prisonstudies.org.
Pryor, F. L. (1977), 'The Origins of Money', Journal of Money, Credit and Banking, 9 (3), 391–409.
Public Health England (2017), 'New Psychoactive Substances Toolkit: Prison Staff', 1 January.
Rideau, Wilbert (2010), In the Place of Justice: A Story of Punishment and Deliverance (New York: Knopf).
Rising Foundations (2018), 'Our Small Business Incubator', accessed December 2018: www.risingfoundations.org.
Sacco, L., and Finklea, K. (2011), 'Synthetic Drugs: Overview and Issues for Congress', Congressional Research Service, 28 October.
Sawyer, W. (2017), 'How Much Do Incarcerated People Earn in Each State?', Prison Policy Initiative Blog, 10 April.
Slate (2005), 'Why Gift Cards Are Evil', 4 January.
State of Louisiana (2016), State of Louisiana Comprehensive Annual Financial Report for the Year Ended

［NCIS（2009)］［Naval Today（2013)］を参照。合成ドラッグを使用し、その後、精神的な問題を訴えるアメリカ海軍兵士のケーススタディについては［Hurst, 他（2011)］を参照。

アンゴラでのドラッグ類の押収とイギリスの刑務所での使用

アンゴラでのスキャンダルは［The Advocate（2017, 2018)］で何度か報告されている。

ドット・マネー、ストアカード

電子ギフトカードに関する歴史については［Slate（2005)］を参照。ゼロ年代の台頭の状況については［Dove Consulting（2004)］、また、近年のプリペイド式デビットカード決済数の急激な増加については［Federal Reserve System（2018)］で論じられている。利用者の人口統計学的特性については［Pew（2015)］を参照。

イギリスの「スパイス」

イギリスでの合成ドラッグについては［Her Majesty's Chief Inspector of Prisons for England and Wales（2014)］［Public Health England（2017)］［Gauke（2018)］を参照。

元服役囚の声と〈ザ・ファースト72+〉

ルイジアナ州の司法制度改革への挑戦については［VOTE（2018)］［First 72+（2018)］［Rising Foundations（2018)］を参照。

参考文献

Adams, J. (2001), ' "The Wildest Show in the South" : Tourism and Incarceration at Angola', TDR, 45 (2), 94–108.

Advocate, The (2017), 'Department of Corrections: Cadet, Visitor Caught Smuggling Drugs into Angola', The Advocate Staff Report, 13 June.

——— (2018), 'Four Angola Employees Arrested, Two Sanctioned After Investigation into Drugs, Sexual Misconduct at Prison', author Grace Toohey.

Alexandria Black History Museum, www.alexandriava.gov/BlackHistory.

Alexandria Times (2017a), 'The Center of Alexandria's Slave Operations', 19 January.

——— (2017b), 'Franklin and Armfield Office', 20 May.

Angola Museum History, www.angolamuseum.org/history/history.

Armstrong, W. E. (1924), 'Rossel Island Money: A Unique Monetary System', Economic Journal, 34, 423–29.

Buckley, T. (2002), Standing Ground: Yurok Indian Spirituality, 1850–1990 (Berkeley: University of California Press).

Cardon, N. (2017), ' "Less Than Mayhem" : Louisiana's Convict Lease, 1865–1901', Louisiana History: The Journal of the Louisiana Historical Association, 58 (4), 417–41.

Carleton, M. (1967), 'The Politics of the Convict Lease System in Louisiana: 1868–1901', Louisiana History: The Journal of the Louisiana Historical Association, 8 (1), 5–25.

——— (1971), Politics and Punishment: The History of the Louisiana State Penal System (Baton Rouge: Louisiana State University Press).

CDC (2017), Prevalence of Obesity Among Adults and Youth: United States, 2015–2016, NCHS Data Brief No. 288, October.

Chesterton, G. L. (1856), Revelations of Prison Life (London: Hurst and Blackett).

Dove Consulting (2004), 2004 Electronic Payments Study for Retail Payments Office at the Federal Reserve Bank of Atlanta, 14 December.

FBI (2018), Crime in the US 2017, https://ucr.fbi.gov/ crime-in-the-u.s/2017/crime-in-the-u.s.- 2017.

Federal Reserve System (2018), The Federal Reserve Payments Study: 2018 Annual Supplement, Federal

ルイジアナ州の収入、貧困、肥満、卒業、殺人率

収入と貧困についてのデータは、アメリカ国勢調査局の年度別収入表を参照。アメリカの肥満率については、[CDC (2017)] を参照。当該データを視覚化したサイト "State of Obesity"（肥満合衆国）でも閲覧することができる。学業成績については、[National Center for Education Statistics (2016)]、殺人件数および人口10万人あたりの割合については [FBI (2018)] を参照。

コンゴの人たち

コンゴの人たちとは、現在のアフリカ中西部のコンゴ共和国、コンゴ民主共和国、ガボン、アンゴラに相当する地域を支配していたコンゴ王国に属した人々を指す。コンゴ王国は19世紀後半にポルトガルによって植民地化された（当時のコンゴ王国はKで始まるKongoと表記し、現在のコンゴ民主共和国およびコンゴ共和国はCで始まるCongoと表記する）。コンゴの人たちは現代のコンゴ民主共和国の4つの公用語のうちのひとつ、キコンゴ語（コンゴ語）を話す。また、コンゴ民主共和国でとくに大きな民族グループのひとつでもある。

奴隷農場、アンゴラの歴史、フランクリン・アンド・アームフィールド社

アンゴラにはその歴史も紹介している手入れの行き届いた博物館がある。ルイジアナ州の刑罰制度と囚人貸出制度に関する証言をまとめた初めての報告書としては[Carleton(1967, 1971)]を参照。[Forret(2013)][Cardon (2017)] は、農場労働者としての服役囚の使役を政治経済学から考察している。フランクリン・アンド・アームフィールド社の果たした役割については、アレクサンドリア黒人歴史博物館で入手可能。

プリズン・エンタープライズ社

プリズン・エンタープライズ社の農作物やその他の生産物については同社のウェブサイトで公開されている。また、同社の業績はルイジアナ州の連結勘定に含まれている。[State of Lousiana (2016)] を参照。

アメリカおよびイギリスの刑務所の賃金水準

服役囚の賃金水準については、アメリカ全土を網羅した報告書は作成されておらず、[Sawyer (2017)] が州単位で公表されているデータをひとつずつ地道に集め、比較検討している。イギリスの服役囚の賃金水準はもっと不透明で、その数値は個々の聞き取り調査に基づいている。イギリスの服役囚の賃金水準に関する最新の報告書については [HMPS (2004)] を参照。

ジェヴォンズと金と「欲求の二重の一致」

ウィリアム・スタンレー・ジェヴォンズは、カール・メンガー、レオン・ワルラスとともに、「新古典派」経済学の創始者とされている。本文の引用箇所は [Jevons (1875)] より。

個性的な通貨類

ロッセル島の通貨制度は広く研究されてきた。古くは [Armstrong (1924)]、新しいものでは [Liep (1983, 1995)] を参照。キツツキのトサカの利用については、[Buckley (2002)] を参照。[Vansina (1962)] に、コンゴ王国のンジンブと呼ばれる貝や、アンゴラのラフィア織物が取りあげられている。原始的な通貨に関する大規模な調査については [Pryor (1977)] を参照。

合成ドラッグ

[Mechoulam, 他 (1990)] に、イスラエルでのHU-210の合成についてまとめられている。合成ドラッグの主要成分の分析に関する歴史やエビデンスについては [Hudson, Ramsey (2011)] を参照。合成ドラッグの使用と発展とその歴史を追跡した国連の報告は [United Nations (2011, 2013)] を参照。デイヴィッド・ロズガの死とのちに成立した法案（デイヴィッド・ミッシェル・ロズガ法）については、[Sacco, Finklea (2011)] を参照。

アメリカ海軍犯罪捜査局（NCIS）が合成ドラッグ「スパイス」を認識したのはゼロ年代後半のことだった。

Education, 20 June.
Sherine S., Lachajczak, N., and Al Nakshabandi, J. (2014), Exit Syria, Film (SBS Online).
Staton, B. (2016), 'Jordan Detains Syrian Refugees in Village 5 "jail" ', IRIN, 27 May.
Sweis, R. F. (2014), 'New Refugee Camp in Jordan Tries to Create a Community for Syrians, New York Times, 30 May.
UNHCR (2015), Factsheet: Zaatari Refugee Camp, February.
——— (2016a), 'Life in Limbo: Inside the World's Largest Refugee Camps', ESRI Story Map: https://storymaps.esri.com/stories/2016/ refugee-camps
——— (2016b), Factsheet: Jordan – Azraq Camp, April.
——— (2016c), Factsheet: Zaatari Refugee Camp, October.
——— (2016d), Incentive-based Volunteering in Azraq Camp, October.
UNHCR Population Statistics, available at www.popstats.unhcr.org
UNICEF (2014), Baseline Assessment of Child Labour Among Syrian Refugees in Za'atari Refugee Camp – Jordan, November.

第3章　ルイジアナ

注記

世界各国、アメリカ全土、ルイジアナ州の収監率に関する統計

各国の刑務所の収監者数の統計については［Prison Studies（2016）］、アメリカの刑務所の収監者数のデータについては［US Bureau of Justice Statistics（2018）］を参照。ルイジアナ州立刑務所の懲役年数のデータについては［Louisiana Department of Public Safety and Corrections（2010）］、さらに詳細な刑務所の動向については、ルイジアナ州公安矯正局の［Louisiana DOC（2018）］"Briefing Book"（概要書）を参照。

ジョージ・ラヴァル・チェスタートン

本章で言及した、「ロンドンの中央刑務所所長ジョージ・ラヴァル・チェスタートンが著した本」というのは、1856年に出版された"Revelations of Prison Life"（刑務所の内幕）を指す。チェスタートンは1829年から1854年のあいだ、コールドバス・フィールズ刑務所（別名ミドルセックス刑務所）の所長を務めた。「スチール」（鉄）とも呼ばれたその刑務所は、ロンドンの中心地、クラーケンウェルのマウント・プレザントにあった。チェスタートンの証言によって、服役囚にはかなりの自治権があり、互いにコミュニケーションをとる手段や充実した地下経済をもっていたことがわかる。

ウィルバート・リドー

ウィルバート・リドーの犯罪、死刑囚監房での生活、社会復帰、執筆活動については［Rideau（2010）］を参照。その著書は、長年アンゴラの所長を務め、リドーの執筆活動を支援し、指導したC・ポール・フェルプスに捧げられた。

『アンゴライト』

アメリカの多くの刑務所で所内の新聞を発行しているが、なかでも『アンゴライト』（The Angolite）はおそらく最も知名度が高く、リドーの編集のもと、数多くの全国的なジャーナリズム賞を受賞した。最近の号は定期購読か、刑務所の博物館で買うことができ、古い号はルイジアナ州立大学が所蔵している。ウィルバートの初期の著作のうちいくつかは失われてしまっているが、厚意により、彼の妻のリンダが著作のコピーを提供してくれた。

Ledwith (2014)］で考察されている。また、［Jordan Vista (2012)］も参照。

人工的なアズラク

アズラク難民キャンプがザータリの反省のうえにおこなった改善については［ReliefWeb (2014)］を参照。また、ふたつのキャンプに関する国連の公式見解については［Montgomery, Leigh (2014)］［Sweis (2014)］を参照。アズラクで模範的なキャンプを建設するためにとられた工程については［Gatter (2018)］を参照。アズラクの成り立ちが初期の報告に与えた影響の例については［Beaumont (2014)］を参照。

マズローの欲求5段階説と極限地域での応用

欲求の階層の原典は［Maslow (1943)］を参照。近年おこなわれた、この説の実験と考察については［Diener, Tay (2011)］を参照。また、難民キャンプでの適用については［Lonn, Dantzler (2017)］を参照。

アズラクの沈滞

アズラクの難民たちへのインタビューをつうじて、働き口の不足とそのための経済の沈滞が明らかになった。公式発表とアズラクの現実の生活との相違点については［Gatter (2018)］に詳しい。また、キャンプ内の隔離区域、第5ビレッジについては［Staton (2016)］を参照。キャンプでの公式の賃金労働（報酬のあるボランティア活動）と仕事を望むおおぜいの難民の相対的な関係については［UNHCR (2016d)］を参照。難民の健やかな生活状態のための雇用の重要性については［Bemak, Chung (2017)］を参照。

児童労働と失われた世代の危険性

児童労働の規模と危険性については［UNICEF (2014)］を参照。また、ザータリでの教育活動の取り組みについては［Schmidt (2013)］を参照。

参考文献

Amnesty International (2013), Growing Restrictions, Tough Conditions: The Plight of Those Fleeing Syria to Jordan (London: Amnesty International).
Beaumont, P. (2014), 'Jordan Opens New Syrian Refugee Camp', Guardian, 30 April.
Bemak, F. and Chung, R. C.-Y. (2017), 'Refugee Trauma: Culturally Responsive Counseling Interventions', Journal of Counseling and Development, 95 (3), 299–308.
Diener, E., and Tay, L. (2011), 'Needs and subjective well-being around the world', Journal of Personality and Social Psychology, 101 (2), 354–365.
Gatter, M. (2018), 'Rethinking the Lessons from Za'atari Refugee Camp', Forced Migration Review, 57, 22–4.
Institute on Statelessness and Inclusion (ISI) (2016), 'Understanding Statelessness in the Syria Refugee Context'.
Jordan Vista (2012), '26 Security Officers Injured in Zaatari Riots', 28 August.
Ledwith, A. (2014), Zaatari: The Instant City (Boston: Affordable Housing Institute).
Lonn, M., and Dantzler, J. (2017), 'A Practical Approach to Counseling Refugees: Applying Maslow's Hierarchy of Needs', Journal of Counselor Practice, 8 (2), 61–82.
Luck, T. (2014), 'Jordan's "Zaatari" Problem', Jordan Times, 19 April.
Maslow, A. H. (1943), 'A Theory of Human Motivation', Psychological Review, 50 (4), 370–96.
Montgomery, K., and Leigh, K. (2014), 'At a Startup Refugee Camp, Supermarkets and Water Conservation Take Priority', Syria Deeply, 6 May.
REACH (2014), Market Assessment in Al Za'atari Refugee Camp, Jordan, November.
ReliefWeb (2014), 'Opening of Azraq Camp for Syrian Refugees in Jordan', summary of ACTED report, April 2014.
Schmidt, C. (2013), 'Education in the Second Largest Refugee Camp in the World', Global Partnership for

Tsunami Survey Team on Sumatra', in Sound Waves (US Geological Survey).
Graf, A., Schröter, S., and Wieringa, E. (eds.) (2010), Aceh: History, Politics and Culture (Singapore: Institute of Southeast Asian Studies).
Institute for Criminal Justice Reform (2017), 'Praktek Hukuman Cambuk di Aceh Meningkat, Evaluasi atas Qanun Jinayat Harus Dilakukan Pemerintah' (Jakarta).
Johansen, L. (1985), 'Richard Stone's Contributions to Economics', Scandinavian Journal of Economics, 87 (1), 4–32.
Kendrick, J. (1970), 'The Historical Development of National Accounts', History of Political Economy, 2, 284–315.
Mill, J. S. (1848), Principles of Political Economy with Some of Their Applications to Social Philosophy (London: Longmans, Green & Co.).
邦訳『経済学原理』J・S・ミル著、末永茂喜訳、岩波書店、1959年－1963年
NASA (2005), 'NASA Details Earthquake Effects on the Earth', Press Release, 10 January.
Petty, W. (1662), 'Treatise of Taxes and Contributions', republished in Hull, C. H. (ed.) (1899), The Economic Writings of Sir William Petty Vol. 1 (Cambridge: Cambridge University Press).
邦訳『租税貢納論—他一篇』ペティ著、大内兵衛、松川七郎訳、岩波書店、1952年
————, (1676; published 1691), Political Arithmetick (London: Mortlock at the Phoenix, St Paul's Church Yard).
Reid, A. (2015), A History of Southeast Asia: Critical Crossroads (Chichester: John Wiley & Sons).
Ricklefs, M. C. (2001), A History of Modern Indonesia Since c 1200 (London: Palgrave Macmillan).
Studenski, P. (1958), The Income of Nations (New York: New York University Press).
World Bank (2006), 'Aceh Public Expenditure Analysis: Spending for Reconstruction and Poverty Reduction' (Washington, DC: World Bank).

第2章　ザータリ

注記

難民の人数を示した図

キャンプごとの規模についてのデータの出典はUNHCR。難民キャンプの人口数には増減があるため、本書では2010年から2015年にかけてのピーク時の数を採用した。その他の大規模な難民キャンプには、ケニア東部の小規模な難民キャンプ3つをまとめたダダーブ、ミャンマーから脱出したロヒンギャ難民が暮らすバングラデシュのクトゥパロンなどがある。［UNHCR（2016a）］を参照。難民が発生した国と受け入れた国の国別の難民データについては、UNHCRの人口統計データベースから入手できる。

起業、就労率、起業率など、ザータリの重要なデータ

難民キャンプ内の非公式な状況も含めた初期のザータリについては［Ledwith（2014）］を参照。また、非公式ビジネスによる収入を含むその他のデータについては、UNHCRが定期的に発行するファクトシートが出典。［UNHCR（2016c）］などを参照。起業率については、既存企業に占める新規企業の割合として算出した。難民キャンプの開設後、最初の18カ月間に難民が立ちあげた市場の概要については［REACH（2014）］を参照。後年の店舗数については、UNHCRで経時的に追跡確認できる。［UNHCR（2016c）］などを参照。

ザータリの否定的な側面

難民キャンプの開設後、最初の数カ月間の無法かつ制御不能な状態については［Amnesty International（2013），

経済への津波の影響

アチェ州の損害の推定は［World Bank（2006）］を参照。この文献には、支援機関の支出による現地のインフレのデータも掲載されている。現地で援助活動にあたったインドネシアの支援組織 BRR は、損害の範囲と、2005 年から 2009 年にかけての再建数を公表した。［BRR（2009）］を参照。

本書での GDP は、インドネシアの政府組織であるインドネシア中央統計局のデータを用い、非石油算出国の実質 GDP をもとに算出した。

内戦と自由アチェ運動（GAM）と和平交渉

アチェ州の戦争の歴史については［Graf, 他（編）（2010）］で詳述されている。2000 年と 2002 年の和平交渉がいずれも決裂したあとのインドネシア政府は、GAM を完全に排除しようとしたようだが、2005 年に元フィンランド大統領マルッティ・アハティサーリが運営するクライシス・マネジメント・イニシアティブ（CMI）が介入した。同じく 2005 年、インドネシア政府代表ハミド・アワルディン法務人権相と GAM の指導者マリク・マフムッドが和平協定に調印し、立ち会ったアハティサーリは後日、ノーベル平和賞を受賞する。和平交渉と CMI が果たした役割については［Daly, 他（編）（2012）］を参照。

現代のアチェのシャリーア（イスラム法）

2016 年に公開鞭打ち刑を受けた人は 300 人以上にのぼった。その 90 パーセントは男性で、おもな処罰の理由は賭け事だった。ほかに、飲酒や賭け事で有罪となった女性や、婚前交渉の罪に問われたカップルも含まれている。［Institute for Criminal Justice Reform（2017）］を参照。

ペティとミルの人的資本

「人的資本」という現代用語は、20 世紀後半になってからよく使われるようになったが、もとはウィリアム・ペティ（1662 年）とジョン・スチュアート・ミル（1848 年）が提唱した概念だ。ペティは、国家がその人民を殺したり投獄したりすることは、その国にとって損失にしかならない、なぜなら、これらの人民は、労働を通して富を生み出す源だからだ、と論じた。ミルは、「国家が荒廃から立ち直るときの驚くほどの速さ」を指摘し、その理由として、人は日常的に物的資本（機械や工場など）を消費し、壊し、つくり直しているのだから、人的資本と人口が大きく損なわれていないかぎり、物理的な生産手段は私たちが想像するよりはるかに速やかに回復しうると述べている。

参考文献

Albala-Bertrand, J. M. (1993), Political Economy of Large Natural Disasters (Oxford: Clarendon Press).

BRR (2009), '10 Management Lessons for Host Governments Coordinating Post-disaster Reconstruction' (Indonesia: Executing Agency for Rehabilitation and Reconstruction (BRR) of Aceh–Nias 2005–2009).

Cavallo, E., and Noy, I. (2009), 'The Economics of Natural Disasters: A Survey', Inter-American Development Bank Working Paper 124.

Coyle, D. (2014), GDP: A Brief but Affectionate History (Princeton: Princeton University Press).
邦訳『GDP ――〈小さくて大きな数字〉の歴史』ダイアン・コイル著、高橋璃子訳、みすず書房、2015 年

Daly, P., Feener, R. M., and Reid, A. J. S. (eds.) (2012), From the Ground Up: Perspectives on Post-tsunami and Post-conflict Aceh (Institute of Southeast Asian Studies).

Davies, R. (ed.) (2015), Economics: Making Sense of the Modern Economy (London: Profile Books).

Doocy, S., Gorokhovich, Y., Burnham, G., Balk, D., and Robinson, C. (2007a), 'Tsunami Mortality Estimates and Vulnerability Mapping in Aceh, Indonesia', American Journal of Public Health, 97 (Suppl 1), S146–51.

——, Rofi, A., Moodie, C., Spring, E., Bradley, S., Burnham, G., and Robinson, C. (2007b), 'Tsunami Mortality in Aceh Province, Indonesia', Bulletin of the World Health Organization, 85 (4), 273–8.

Gibbons, H., and Gelfenbaum, G. (2005), 'Astonishing Wave Heights Among the Findings of an International

注記と参考文献

第1章　アチェ

注記

災害

バンダアチェは、地質学的に言う「近地津波」の被災地だ。現地を調査した専門家は、目撃者の証言と現場の状況（建築物の損害や瓦礫の広がる範囲など）を踏まえて、津波の規模を分析した。ロンガ村やランプウ村がある北西の海岸では、津波の高さは30メートルにも及んだ。[Gibbons, Gelfenbaum（2005）] を参照。

地球の傾きと形状の変化については、NASAの科学者、リチャード・グロス博士とベンジャミン・フォン・チャオ博士が災害後、ただちに言及している。[NASA（2005）] を参照。

行方不明者の大半は死亡が推測されることから、犠牲者の数には行方不明者を含む。人口に対する死亡率はバンダアチェとアチェ・ブサールが高く、およそ23パーセントにのぼった。[Doocy, 他（2007a, 2007b）] を参照。

歴史

インドネシアの歴史については [Ricklefs（2001）] を参照。スルタン制、オランダとの戦争、インドネシア独立、アチェ例外論（アチェの孤立）を網羅した詳細なアチェの歴史については [Graf, 他（編）（2010）] の論文集を参照。胡椒の重要性と世界の胡椒供給量の半分を占めたアチェの台頭については、[Reid（2015）] を参照。

災害と成長

自然災害による経済への影響に関して、近年の最初期におこなわれた研究のひとつに、1960年から1979年のあいだに発生した26カ国の災害を調査した [Albala-Bertrand（1993）] がある。災害が経済成長に「肯定的な」影響を及ぼすかどうかを検証した文献としては [Cavallo, Noy（2009）] を参照。

災害の影響を調査する専門家は、災害疫学研究センター（CRED）が整備し、公式サイト www.emdat.be で公開している EM-DAT（国際災害データベース）を利用している。

ペティとストーンとGDP

ウィリアム・ペティの研究成果は、1662年の租税に関する書籍と1676年の『政治算術』で発表されている。また、国民経済計算方式の発展に対するペティの貢献は、[Kendrick（1970）]、および、より近年では [Davies（編）（2015）] で解説されている。

現代のGDP指標の発展には、アメリカのサイモン・クズネッツをはじめ多くの経済学者が寄与しているが、1984年にノーベル経済学賞を受賞したリチャード・ストーンが最も重要であることにほぼ異論はないだろう。彼の業績は [Johansen（1985）] で解説されている。多方面にわたる貢献についての詳細は [Studenski（1958）] を参照。歴史をたどる場合には [Coyle（2014）] がわかりやすい。

[著者紹介]

リチャード・デイヴィス

Richard Davies

ロンドンを拠点に活動する経済学者。ロンドン・スクール・オブ・エコノミクスのフェロー。英国財務省経済諮問委員会の顧問、イングランド銀行のエコノミスト兼スピーチライター、エコノミスト誌の編集者を歴任。ガーディアン紙、タイムズ紙への寄稿をはじめ、数々の研究論文の著者であり、世界中の大学の経済学の教師や学生にオープンアクセスのリソースを提供する慈善団体 CORE の創設にも携わる。本書はフィナンシャル・タイムズ（FT）紙とマッキンゼーが選ぶ 2019 年度のベスト・ビジネス書にノミネートされた。

[訳者紹介]

依田光江

Mitsue Yoda

お茶の水女子大学卒。外資系 IT 企業勤務を経て翻訳の道へ。主な訳書にクレイトン・M・クリステンセン他『ジョブ理論　イノベーションを予測可能にする消費のメカニズム』『繁栄のパラドクス　絶望を希望に変えるイノベーションの経済学』、アレック・ロス『未来化する社会　世界 72 億人のパラダイムシフトが始まった』（すべてハーパーコリンズ・ジャパン）、ジョセフ・F・カフリン『人生 100 年時代の経済　急成長する高齢者市場を読み解く』（エヌティティ出版）などがある。

エクストリーム・エコノミー

大変革《だいへんかく》の時代《じだい》に生《い》きる経済《けいざい》、死《し》ぬ経済《けいざい》

2020 年 10 月 9 日　第 1 刷発行

著者　リチャード・デイヴィス
訳者　依田光江
発行人　鈴木幸辰
発行所　株式会社ハーパーコリンズ・ジャパン
東京都千代田区大手町 1 - 5 - 1
03 - 6269 - 2883（営業）／ 0570 - 008091（読者サービス係）

印刷・製本　中央精版印刷株式会社

装丁・本文デザイン　TYPEFACE（AD. 渡邊民人　D. 清水真理子）

ISBN978-4-596-55159-7